管理科学与工程学科研究生系列教材

现代综合评价方法与案例精选

（第4版）

杜　栋　庞庆华　编著

清华大学出版社
北　京

内容简介

本书主要介绍了几种比较流行的现代综合评价方法的理论和应用。内容包括：层次分析法、模糊综合评判法、数据包络分析法、人工神经网络评价法、灰色综合评价法及其在经济管理中的典型应用案例。其中，关于人工神经网络评价法和灰色综合评价法的内容，是第一次比较系统地出现在此类著作之中。并且对几种综合评价方法的组合与集成做了讨论。本次修订版增加了一些新的智能化综合评价方法简介，并对综合评价方法的研究与应用进展进行了探讨。另外，本修订版继续提供层次分析法、模糊综合评判法、灰色综合评价法的程序光盘，供读者使用。

本书避开了某些深奥的数学背景，简明、系统地分析了几种方法的应用理论基础。本书既可作为经济管理类专业的研究生、高年级本科生的教学参考书，也可供从事统计、评价与决策、管理科学与系统工程的理论工作者和实际工作者参考。

图书在版编目(CIP)数据

现代综合评价方法与案例精选 / 杜栋，庞庆华编著. —4版. —北京：清华大学出版社，2021.6 (2025.7重印)

管理科学与工程学科研究生系列教材

ISBN 978-7-302-58209-0

Ⅰ.①现… Ⅱ.①杜… ②庞… Ⅲ.①综合评价—研究生—教材 Ⅳ.①F224.12

中国版本图书馆CIP数据核字(2021)第099037号

责任编辑：贺 岩
封面设计：傅瑞学
责任校对：王荣静
责任印制：沈 露

出版发行：清华大学出版社
网 址：https://www.tup.com.cn，https://www.wqxuetang.com
地 址：北京清华大学学研大厦A座 邮 编：100084
社 总 机：010-83470000 邮 购：010-62786544
投稿与读者服务：010-62776969，c-service@tup.tsinghua.edu.cn
质量反馈：010-62772015，zhiliang@tup.tsinghua.edu.cn

印 装 者：三河市龙大印装有限公司
经 销：全国新华书店
开 本：185mm×230mm **印 张**：17.5 **字 数**：369千字
版 次：2005年9月第1版 2021年6月第4版 **印 次**：2025年7月第5次印刷
定 价：49.00元

产品编号：092300-01

第4版修订说明

综合评价方法是管理实践中广泛采用的重要管理方法。基于综合评价基础上的决策可以优化管理措施，改善管理过程，从而提升管理效果。另外，它也是实施奖惩等管理行为的重要依据。在管理实践中，往往根据评价对象在评价事件中表现出的结果(进行排序和优选)对其实施奖励或惩罚。随着社会的进步，评价问题已经存在于人类社会生活的方方面面。

本书第3版出版后印刷了7次，本书自出版以来已经累计印刷了16次。从中国知网获悉，本书被引高达万余次，给予了研究生和科研工作者很大的支持和帮助。本书2017年曾列中国管理学学科高被引图书榜首(来自《中国被引图书年报》)，这也是对本书的使用面和学术影响力很好的评价。为了出精品，本次对第3版编排和内容再次进行优化。

杜 栋

2020年12月

第3版修订说明

《现代综合评价方法与案例精选》一书自2005年问世以来，得到广大读者的厚爱，并被许多高校作为研究生教学用书。2008年出版了第2版修订版。至今共印刷了7次，这对一本研究生教材来说是很不容易的。从中国知网CNKI获悉，被引用量达5000余次。能在综合评价研究与应用领域起到一定的作用，让我们感到欣慰。10年过去了，出版社应读者的要求，希望我们更新内容，进一步提升教材质量。于是，我们开始行动，力求给读者呈现更加完善的第3版。

本次修订一是进一步补充完善相关基础知识内容，二是专门增添了一章介绍一些先进的综合评价方法。虽然这些先进的方法反映了时代的步伐，但从应用情况来看，这些方法还未达到原来那些方法所发挥的作用。可能的原因主要有以下两点：一是虽然新的方法在理论上看起来有进步，但仍未能完全克服经典方法存在的局限性；二是评价方法必须是经过实践检验和考察的，而经典方法的作用和局限性比较清楚，所以其地位和可信度仍不可低估。这实际上牵涉到评价方法的效用性和实用性。一种评价方法的效用性要通过长时间的多实践的检验才能被证实；而具有实用性的评价方法则容易被人理解和接受。

另外，随着信息技术和信息化的发展，我们在前面开发的综合评价软件包基础上，又开始研制通用的现代综合评价支持系统，本版也将其单独作为一章予以介绍。

本次修订的具体分工如下：基础知识内容的补充完善工作由杜栋完成，一些先进的综合评价方法介绍由庞庆华完成，现代综合评价的支持系统由吴炎提供，最后由杜栋统稿和校对。

杜　栋

2015年盛夏于龙城

第2版修订说明

评价已经广泛深入社会的各个方面，在经济管理活动中，评价方法更是得到广泛的应用。

评价方法从单一指标评价发展到多指标综合评价，从定性的判定发展到模型化的评价，可以说，评价方法得到了迅速扩展。评价方法在得到快速发展的同时，也遇到一些问题，如对不同评价方法的适用性论述不够，缺少不同评价方法之间的综合研究等。因此，有必要针对常用评价方法的构造原理、各种评价方法的特点、评价方法的适用性进行研究，针对各种评价方法在应用时出现的问题进行分析，尤其是对综合运用各种评价方法展开研究，以便人们在今后的学习和工作中更好地、更有效地利用评价方法。

本书第1版出版后，收到全国各地读者的众多电子邮件，对本书给予了较高的评价，同时也提出了不少的问题，我们首先对读者的回音表示谢意。能引起读者的反响，并对他们的研究和应用有所帮助，就基本上达到了我们编写此书的目的，我们对此由衷地感到欣慰。

由于种种原因，原版中存在着不少的瑕疵，这就要求我们尽快地修订该书。本修订版继续保持了原版的简明和实用风格，对有些文字和段落进行了重新调整，对原版中的部分案例进行了更换。特别是，本修订版还提供了层次分析法、模糊综合评价法、灰色综合评价法的程序包(注:本书带程序包光盘)，以方便读者使用。这些通用性程序由我的研究生吴炎同学编制，并进行了大量测试。每个程序有友好的人机界面，还有大量案例库供参照，简便实用。

我们对综合评价的研究还在继续着，如综合评价方法的两两集成的研究和通用计算机支持系统的研制，编者期望得到新老读者的继续关心和支持，及时反馈使用中遇到的问题。

本书被列为河海大学“211工程”三期资助研究生系列教材。

杜　栋

2008年1月于江苏常州

出版说明

管理科学与工程是综合运用系统科学、管理科学、数学、经济和行为科学及工程方法，结合信息技术，研究解决社会、经济、工程等方面的管理问题的一门学科。本学科主要从事管理理论的应用研究，其发展趋势是以管理科学为基础，以多学科知识为支撑，利用现代化手段和技术，解决管理中的实际问题。

管理科学与工程作为管理学的重要组成部分，其研究的主要内容涉及管理科学与管理思想史、一般管理理论、运筹与管理、决策与对策理论、组织理论、管理心理与行为理论、管理系统工程、工业工程与工程管理、管理信息系统与决策支持系统、互联网管理理论与技术、评价理论与技术、预测理论与技术、数量经济分析理论与技术、金融工程、复杂性研究、知识管理等分支学科。

管理科学与工程是管理学的理论基础。作为管理学里的基础学科，管理科学与工程自其诞生就呈现出学科交叉与知识融合的特征，如现代数学的发展为研究复杂性管理问题提供了方法与理论基础；现代信息技术的广泛应用拓展了管理科学与工程的研究问题，同时也为解决管理问题提供了相应的技术；现代心理学的发展为研究人因工程提供了研究手段。因此，管理科学与工程在研究方法上更加强调定量与定性结合的科学分析与对包括工程科学、技术与方法在内的其他学科理论的融合。

管理科学与工程是理论研究与实际应用的结合。管理科学与工程的研究成果具有明显的理论意义，为其他管理问题的研究提供了理论基础、技术和方法。其服务对象主要是管理专业人员，主要是为管理专业人员进行管理研究和实践活动提供必需的理论指导和实践帮助。因此，我们应充分认识到管理科学与工程的应用性与针对性，对具有中国特色的管理问题投入更多关注，明确解决管理实际问题是我们的重要使命。

自 20 世纪 80 年代以来，我国管理科学与工程得到了快速发展并已经逐渐建立了较为完善的学科体系。它涵盖了系统工程、管理科学、管理信息系统、工业工程、工程管理与金融工程等分支学科。据了解，我国高校管理科学与工程学科已成为管理学门类下发展规模最大的一级学科，是我国管理学门类中唯一一门按一级学科招生的学科。本一级学科中，全国有权授予研究生学位的单位共有 113 个，其中具有一级学科博士学位授予权的单位共有 39 个。

学科建设的基本任务是出成果和出人才，在优化结构、提高质量上下功夫，统筹兼顾教学与科研，并相互促进。然而，作为一个新的发展中学科，它的教学内容以及教学方法都需要经历一个逐步完善、逐步成熟的过程，特别是教材的建设更需要经过长期的实践和探索。没有这样一个过程，符合中国实际的学科、具有学科特点的教材是不可能产生的。

我们认为，教材建设是当务之急，它不仅是培养目标的直接体现和落实，同时也是学科建设的根本所在和体现。可是，与轰轰烈烈的 MBA 系列教材相比，“管理科学与工程学科研究生系列教材”在国内尚属创新性的开发项目。可喜的是，在清华大学出版社的大力支持下，本系列教材予以立项并开始实施。

本系列教材首批主要是对清华大学出版社已经出版的相关教材进行整合、补充和修订，并新编了一些教材。初步策划的有《管理控制学》《运筹学教程》《信息系统教程》《信息系统开发方法》《决策支持系统理论和应用》《电子商务实现技术》《现代综合评价方法与精选案例》等书。

由于种种原因，目前的这套教材当然不会是完整的，也不会是完美的，只是一个基本的开头。它必然要不断补充、不断更新，尤其是陆续会有很多反映时代的分支学科的教材加入此行列。我们深感责任之重大和任务之艰巨。在这套教材问世之时，我们再次表示这样一个心愿：希望全国的同行行动起来，为管理科学与工程这一学科多添一块砖，多加一片瓦，多出一份力，培养出更多的优秀人才，生产出更高水平的科研成果。

杜　栋

前　言

随着我国社会经济发展与科学技术进步，人们对各类问题的考察视野已从分析拓广到了综合，而综合评价技术正是实现这一转变的有效方法。综合评价方法的科学化、现代化对促进社会发展和技术进步有着积极的意义。

综合评价方法是一个多学科边缘交叉、相互渗透、多点支撑的新兴研究领域，有的从统计学角度对其进行研究，有的从系统工程学角度对其进行研究，有的从具体的专业角度对其进行研究。由于研究出发点与基础不同，研究观点、偏好也不尽相同，使得综合评价这一重要技术仍然处于一种分散、零乱的状态之中，已有的研究成果没有得到很好的推广使用。

近年来，国内出现了不少用现代方法研究多指标综合评价问题的案例。然而在研究中还存在一些问题，主要表现在：第一，在理论发展和实践应用之间还存在空白，缺少应用理论基础研究；第二，各方法往往结合某个现实问题独立地被运用，缺少系统化综合研究和集成研究。

综合评价方法有许多。一些新兴的学科方法如模糊数学、人工神经网络技术、灰色系统理论等也都引入综合评价的研究中来。可以看到，当前关于传统的综合评价方法以及统计的综合评价方法已经有学者进行了比较系统的总结，而针对现代的、系统的综合评价方法而言，关于层次分析法和数据包络分析法这两种综合评价方法单独介绍的书籍已经有几本，关于模糊综合评判法这种综合评价方法更多的是在模糊数学书籍中以某一个章节出现的，关于人工神经网络评价法和灰色综合评价法主要是散见于各种期刊文章之中，比较系统地介绍现代综合评价方法的书籍相对来说还是比较少见的，特别是专门讨论现代综合评价方法在经济管理中的应用方面的书籍就更少见。因此，我们结合多年从事评价科研工作的实践，在查阅了大量的国内外学术论文与专著的基础上，编写了这样一本书。其中，第五章——关于人工神经网络评价法的内容和第六章——关于灰色综合评价法的内容，是第一次比较系统地出现在此类著作之中。最后一章，关于几种综合评价方法的结合与集成讨论，也属本书的开拓创新内容。

本书的特点是，强调先进性和实用性。一是突出现代综合评价方法（而非常规综合评价方法）；二是突出它们在经济管理中的应用。基于此，本书在基本理论的阐述上，力图做到简明直观、思路清晰、步骤具体、便于应用。除第一章和第八章外，每一章都有一节内容专门来介绍实际应用。书中一些实际应用的例子引用了许多同志的研究成果，谨在此向他们表示衷心的谢意。编者对所引用的文献进行了认真加工、整理，目的在于让读者有具体的实例可以借鉴和参考。

各章的编写分工如下：第一、七、八章由杜栋编写；第二、四章由庞庆华编写；第三、六章由杜栋和庞庆华合作编写；第五章由杜栋和徐绪堪合作编写。朱末霞提供了部分案例资料。书中的案例内容全部由庞庆华加工处理。杜栋负责全书的策划和大纲的制定，并负责全书的总纂和定稿。

本书可供有关大学生、研究生、教师、科技工作者、管理工作者、决策研究者阅读。由于作者水平有限，书中不足之处在所难免，望读者不吝赐教。

杜　栋

2004年10月

目　　录

第一章　概　论

第一节　综合评价概述

一、综合评价的概念

评价是人类社会中一项经常性的、极为重要的认识活动。在我们的日常生活中经常遇到这样的判断问题：哪个学生的素质高？哪个高等院校的声望高？在经济管理中也经常遇到这样的判断问题：哪个企业的绩效好？哪个地区发展的状况好？等等。

现实社会生活中，对一个事物的评价常常要涉及多个因素或多个指标，评价是在多因素相互作用下的一种综合判断。比如要判断哪个高校的声望高，就得从若干个高校的在校学生规模、教学质量、科研成果等方面进行综合比较；要判断哪个企业的业绩好，就得从若干个企业的财务管理、营销管理、生产管理、人力资源管理、研究与开发能力等多方面进行综合比较；等等。可以这样说，几乎任何综合性活动都可以进行综合评价。随着人们的活动领域的不断扩大，人们所面临的评价对象日趋复杂，人们不能只考虑被评价对象的某一方面，必须全面地从整体的角度考虑问题。

我们知道，评价的依据就是指标。由于影响评价事物的因素往往是众多而复杂的，如果仅从单一指标上对被评价事物进行评价不尽合理，因此往往需要将反映评价事物的多项指标的信息加以汇集，得到一个综合指标，以此来反映被评价事物的整体情况。这就是多指标综合评价方法。多指标综合评价方法是对多指标进行综合的一系列有效方法的总称。它具备以下特点：它的评价包含了若干个指标，这多个评价指标分别说明被评价事物的不同方面；评价方法最终要对被评价事物做出一个整体性的评判，用一个总指标来说明被评价事物的一般水平。

综合评价问题是多因素决策过程中所遇到的一个带有普遍意义的问题。评价是为了决策，而决策需要评价。从某种意义上讲，没有评价就没有决策。综合评价是科学决策的前提，是科学决策中的一项基础性工作。其中，排序是综合评价最主要的功能。所以，所谓综合评价即对评价对象的全体，根据所给的条件，采用一定的方法，给每个评价对象赋予一个评价值，再据此择优或排序。综合评价的目的，通常是希望能对若干对象，按一定意义进行排序，从中挑出最优或最劣对象。对于每一个评价对象，通过综合评价和比较，可以找到自身的差距，也便于及时采取措施，进行改进。可以看到，综合评价这种定量分析技术已经得到了广泛的认同，它为人们正确认识事物、科学决策提供了有效的手段。

二、综合评价问题的描述

综合评价是依据被评价对象过去或当前的相关信息，对被评价对象进行客观、公正、合理的全面评价。通常的综合评价问题都包含多个同类的被评价对象，每个被评价对象往往都涉及多个属性（指标），这类问题被称为多属性（指标）的综合评价问题。

一般地说，构成综合评价问题的要素有以下几个方面。

1. 评价目的

必须首先要明确评价的目的，这是评价工作的根本性指导方针。对某一事物开展综合评价，首先要明确为什么要综合评价，评价事物的哪一方面（评价目标），评价的精确度要求如何，等等。

2. 被评价对象

被评价对象可能是人，是事，是物，也可能是它们的组合。同一类被评价对象的个数要大于1，而且要具有一定的可比性；否则也就没有判断和评价的必要了。这一步的实质是明确被评价对象系统。被评价对象系统的特点直接决定着评价的内容、方式以及方法。

3. 评价者

评价者可以是某个人（专家）或某团体（专家小组）。评价目的的确定、被评价对象的确定、评价指标的建立、权重系数的确定、评价模型的选择都与评价者有关。评价者的知识、能力、理念、偏好等均影响着评价的结果。因此，评价者在评价过程中的作用是不可轻视的。

4. 评价指标

所谓指标是指根据研究的对象和目的，能够确定地反映研究对象某一方面情况的特征依据。每个评价指标都是从不同侧面刻画对象所具有的某种特征。所谓指标体系是指由一系列相互联系的指标所构成的整体。它能够根据研究的对象和目的，综合反映出对象各个方面的情况。指标体系不仅受评价客体与评价目标的极度制约，而且也受评价主体价值观念的影响。

5. 权重系数

相对于某种评价目标来说，评价指标之间的相对重要性是不同的。评价指标之间的这种相对重要性的大小，可用权重系数来刻画。指标的权重系数，简称权重，是指标对总目标的贡献程度。很显然，当被评价对象及评价指标都确定时，综合评价的结果就依赖于权重系数了。即权重系数确定的合理与否，关系到综合评价结果的可信程度。因此，对权重系数的确定应特别谨慎。

6. 综合评价模型

所谓多指标综合评价，就是指通过一定的数学模型将多个评价指标值“合成”为一个整体性的综合评价值。综合评价模型就是将被评价对象的多个评价指标值与相应的权重，利用适当的数学方法“合成”的表达式。可用于“合成”的数学方法较多。问题在于我们如何根据评价目的及被评价对象的特点来选择较为合适的合成方法。

7. 评价结果

利用综合评价模型合成得出评价的结果。输出评价结果并解释其含义，依据评价结果进行决策。应该注意的是，应正确认识综合评价方法，公正看待评价结果。综合评价结果只具有相对意义，即只能用于性质相同的对象之间的比较和排序。当然，综合评价可以进行整体评价分析，也可以进行各个层次和各个指标的评价分析。

三、综合评价的程序

从操作程序角度讲，综合评价通常要经历确定评价对象和评价目标，构建综合评价指标体系，选择定性或定量评价方法，选择或构建综合评价模型，分析综合得出的结论，提出评价报告等过程。针对一般的综合评价实际问题，具体的程序如下。

1. 确定评价对象

评价的对象通常是同类事物（横向）或同一事物在不同时期的表现（纵向）。

2. 明确评价目标

评价目标不同，所考虑的因素就有所不同。

3. 组织评价小组

评价小组通常由评价所需要的技术专家、管理专家和评价专家组成。参加评价工作的专家资格、组成以及工作方式等都应满足评价目标的要求，以保证评价结论的有效性和权威性。

4. 确定评价指标体系

指标体系是从总的或一系列目标出发，逐级发展子目标，最终确定各专项指标。当然，这里还必须包括收集评价指标的原始数据或对评价指标数据进行若干预处理。

5. 选择或设计评价方法

评价方法根据评价对象的具体要求不同而有所不同。总的来说，要选择成熟的、公认的评价方法，并注意评价方法与评价目的的匹配，注意评价方法的内在约束，掌握不同方法的评价角度与评价途径。

6. 选择和建立评价模型

评价问题的关键是在于从众多的方法模型中选择一种恰当的方法模型。其中，任何一种综合评价方法，都要依据一定的权数对各单项指标评判结果进行综合，权数比例的改变会变更综合评价的结果。

7. 评价结果分析

综合评价工作是一件主观性很强的工作，我们在评价工作中必须以客观性为基础，提高评价方法的科学性，保证评价结果的有效性。当然，由于综合方法的局限性，它的结论只能作为认识事物、分析事物的参考，而不能作为决策的唯一依据。

以上可见，综合评价的过程不是一个随意的简单事情，而是一个对评价者和实际问题的主客观信息综合集成的复杂过程。只有在充分占有有关被评价对象及其相关因素的信息基础上，才有可能作出较为可靠的评价。

四、对综合评价的评说

相对于传统的单指标评价，现代的多指标综合评价有如下特点：

(1) 评价过程不是一个指标接着一个指标顺次完成，而是通过一些特殊的方法，将多个指标的评价同时完成。

(2) 在综合评价的过程中，要根据指标的重要性对其进行加权处理，使评价结果更具合理性。

(3) 评价的结果一般为根据综合得分值大小的排序，并以此得到结论。

由以上特点可见，综合评价最显著的特点是系统性、整体性、综合性。随着计算机的普及，综合评价计算方法的复杂性已不成问题，使得综合评价方法的作用越来越大。综合评价在实际应用中具有以下明显的作用：能够对研究对象进行系统的描述；能对研究对象的复杂表现进行层次分析；能够对研究对象的整体状态进行综合测定；等等。

一般地说，评价是指按照一定的标准(客观/主观、明确/模糊、定性/定量)，对评价客体的价值或优劣好坏进行评判比较的一种认知过程。更一般地看，评价是评价主体根据一定的评价目的和评价标准对评价客体进行认识的活动。评价是一种主体性活动，总是随着评价主体的变化和发展而变化和发展。评价主体要结合现有的、具有可操作性的评价方法和技术，还要考虑评价的环境。从评价的概念还可知，评价涉及评价主体、评价客体、评价目的和标准、评价技术方法及评价环境，将这些要素有机地结合起来，就形成评价系统。特别应该看到，评价的实质是意识对存在的一种反应。既然是主体对客体的一种反应，而且这种反应是主体根据自身的某种需要，选用一定的指标、模型和方法做出的，显然评价表现出一定的主观性。也就是说，它是一种主观的活动，它的结果随着评价主体、客体、环境的不同而存在差异。这种差异很大程度上是由主观意识产生的，这种差异只能尽量地减小，而不可能消除。不过，评价虽然受主观性的影响，但其本身仍具有较强的客观性。因为评价客体即评价对象具有自身真实的价值、属性，客观性显而易见；评价标准是判断评价客体价值高低和水平优劣的参照系，也都必须有客观的依据，虽然其会受到主体的影响，但还是具有客观性。因此，评价的确有主观成分在起作用，在一定程度上使其客观性受到影响，但不能因此怀疑其客观性。认识其主观性、客观性的特点，便于实践中尊重评价对象的客观事实，真实地去反映它，在对客观对象的认知过程中充分发挥评价主体的能动性、创造性。

五、综合评价的模式

评价有多种分类方法。按评价模式，可分为传统评价模式和现代评价模式。

1. 传统评价模式

这是目前最常用的一种评价模式，如各单位一年一度的“评先”即为其中一例。这一模式存在许多弊端。其一是指标体系不全面、不规范；其二是评价方法本质上以定性分析或半定性半定量分析为主，主观成分过多，缺乏科学性。

2. 现代评价模式

这是当今蓬勃兴起的一种评价模式，它代表着评价的发展方向。这一模式的指标体系较全面、规范；评价方法借助于定性指标定量化，使指标体系能够进行计算，并可通过计算机软件实现。该模式要求尽可能排除主观成分，使评价结果科学化。另外，从评价的指导思想看，早期的评价方法大多贯穿着追求单一目标的思想，而当今的评价方法基本上体现着全面综合评价的思想。所以，本书定位于对现代综合评价方法的讨论。

随着所需考虑的因素越来越多，规模越来越大，对评价工作本身要求也越来越高：要求它克服主观性和片面性，体现出科学性和规范性。随着评价对象复杂程度的不断提高，当前的评价工作不但要考虑结构化、定量化的因素，而且要考虑大量的非结构化、半结构化、模糊性、灰色性的因素。我们可喜地看到，评价方法在不断地涌现，形成了许多新的评价方法。

综合评价的具体方法有许多，而且各种方法不尽相同，但总体思路是统一的，大致可分为熟悉评价对象、确立评价的指标体系、确定各指标的权重、建立评价的数学模型、评价结果的分析等几个环节。其中确立指标体系、确定各指标权重、建立数学模型这三个环节是综合评价的关键环节。下面就这三方面进行讨论。

第二节　指标体系的建立

一、指标体系确定的原则

进行综合评价，确定评价的指标体系是基础。指标的选择好坏对分析对象常有举足轻重的作用。指标是不是选取得越多就越好呢？太多了，事实上是重复性的指标，会有干扰；太少了，可能所选取的指标缺乏足够的代表性，会产生片面性。评价指标体系是由多个相互联系、相互作用的评价指标，按照一定层次结构组成的有机整体。评价指标体系是联系评价专家与评价对象的纽带，也是联系评价方法与评价对象的桥梁。只有科学合理的评价指标体系，才有可能得出科学公正的综合评价结论。

在对某事件进行评价时，必然要综合考察诸多因素的影响。这些因素有些是独立，有些是相互关联的；有些对评价结果影响小，有些对评价结果影响大。人们有必要对影响因素进行分析，力图分清主次，抓住主要因子，剔除次要因子。这就是指标的来由。指标体系的建立，要视具体评价问题而定，这是毫无疑问的。但是，一般来说，在建立评价指标体系时，应遵循以下原则。

1. 指标应具有简约性

指标宜少不宜多，宜简不宜繁。评价指标并非多多益善，关键在于评价指标在评价过程中所起作用的大小。目的性是出发点。指标体系应涵盖为达到评价目的所需的基本内容，能反映对象的全部信息。当然，指标的精练可减少评价的时间和成本，使评价活动易于开展。

2. 指标应具有独立性

每个指标要内涵清晰、相对独立；同一层次的各指标间应尽量不相互重叠，相互间不存在因果关系。指标体系要层次分明，简明扼要。整个评价指标体系的构成必须紧紧围绕着综合评价目的层层展开，使最后的评价结论确实反映评价意图。

3. 指标应具有代表性

指标应具有代表性，能很好地反映研究对象某方面的特性。所以，应该在分析研究的基础上，选择能全面反映研究对象各个方面的指标。

4. 指标应具有可比性

指标间应具有明显的差异性。而且，评价指标和评价标准的制定要客观实际，便于比较。

5. 指标应具有可行性

指标应可行，符合客观实际水平，有稳定的数据来源，易于操作，也就是应具有可测性。评价指标含义要明确，数据要规范，口径要一致，资料收集要简便易行。

以上几条原则供在解决实际问题时参考，在实际中要灵活考虑运用。

二、指标体系的确定方法

需要注意的是，指标体系的确定具有很大的主观随意性。虽然指标体系的确定有经验确定法和数学方法两种，但多数研究中均采用经验确定法。当然，确立指标体系的数学方法可以降低选取指标体系的主观随意性，但由于所采用的样本集合不同，也不能保证指标体系的唯一性。

1. 经验确定法

经验确定法是根据研究目的的要求和研究对象的特征，利用专家的经验和专业知识，通过推理性判断分析来确定评价指标的方法。使用经验确定法选取评价指标时应该注意以下三点：

(1) 要明确综合评价方法的目的和目标，要弄清楚评价的主题是什么。明确这一点非常重要，它能保证最终的评价结果符合综合评价的目的和要求。

(2) 对评价目标进行定性分析，找出影响评价目标的各层次因素，建立评价指标体系。最常见的是从总目标、分目标、指标三个层次对评价目标进行因素分析。

(3) 由于被评价对象的各个方面是一个不可分割的有机整体，所以应当充分考虑各个指标之间的有机联系。正是基于指标之间的不同联系，才导致不同的评价方法。

在实际应用中，专家调研法是一种常用的方法。即向专家发函，征求其意见。评价者可根据评价目标及评价对象的特征，在所涉及的调查表中列出一系列的评价指标，分别征询专家对所设计的评价指标的意见，然后进行统计处理，并反馈咨询结果，经几轮咨询后，如果专家意见趋于集中，则由最后一次咨询确定出具体的评价指标体系。该方法是一种多专家多轮咨询法，具有以下三个特征。

(1) 匿名性。向专家们分别发送咨询表，参加评价的专家互不知晓，完全消除了相互间的影响。

(2) 轮间情况反馈。协调人对每一轮的结果做出统计，并将其作为反馈材料发给每个专家，供下一轮评价时参考。

(3) 结果的统计特性。采用统计方法对结果进行处理，可以说对专家意见的定量处理是它的一个重要特点。

此法可适用于所有评价对象，它的优点是专家不受任何心理因素的影响，可以充分发挥自己的主观能动性，在大量广泛信息的基础上，集中专家们的集体智慧，最后就可以得到合理的评价指标体系。这种方法的主要缺点是它所需要的时间较长，耗费的人力物力较多。该法的关键是物色专家以及确定专家的人数。

除了专家调研法外，有的干脆直接利用实践经验来选择，或者参考规范或惯例来选择决定评价指标体系，比如按照文献资料分析来选择。应该说，由于专家和实践工作者的专业知识和经验都有很强的科学性、客观性和实用性，所以这样确定的评价指标体系一般不会出现大的偏差，而且简单、明了，容易理解。但是，其主观影响比较大，对于复杂性问题往往不容易解决。

2. 数学方法

使用数学方法选取指标体系是指在备选的指标集合中，应用数学方法进行分析来确定评价指标的方法。它是对指标之间的相似性判断和关联性进行数量分析后来确定评价指标的方法。

在实际应用中，为了全面反映被评价对象的情况，评价者总希望所选取的评价指标越多越好。但是，过多的评价指标不仅会增加评价工作的难度，而且会因为评价指标间的相互联系造成评价信息相互重叠、相互干扰。因此，需要从初步构建的评价指标体系中选取一部分有代表性的评价指标来简化原有的指标体系，这项工作叫指标体系优化。解决这一问题有两条途径：一是定性分析各指标间的相互关系，从而实现优化；二是根据指标间的关系，用定量的方法，选取代表性的指标。比如采用多元相关分析法、多元回归分析法、主成分分析方法、因子分析分析法、聚类分析方法等。鉴于相关文献有这些方法的介绍，这里不再赘述。

三、指标体系确定的注意点

一般来说，应以尽量少的“主要”评价指标用于实际评价，在初步建立的评价指标集合当中也可能存在着一些“次要”的评价指标，这就需要按某种原则进行筛选，分清主次，合理组成评价指标集。当然，在大多数情况下，要确定最优指标集也几乎是不现实的。不过，这并不是说我们可以随意地确定评价指标。

不同的综合评价方法，对指标体系的要求存在一些差别。实际构造评价指标体系时，有时需要先定方法再构指标。另外，实践是检验真理的唯一标准，也是评价指标体系设计的最终目的。综合评价指标体系需要在实践中逐步完善。无论如何，以下两点是必须引起重视的：一是指标体系的层次结构。如何确定层次结构，指标体系应该分成几层较合理，每层有多少指标比较合适，实际是有讲究的。二是指标的取值。每个指标其实都有自己的实际取值，不管是主观的还是客观的。而且指标的取值是对应着指标的评价标准。

还需要注意的是，在对备选方案进行综合评价之前，要注意评价指标类型的一致化处理。有些指标是正指标，有些指标是逆指标，有些是适度指标(即中性指标)。而且，有些指标是定量的，有些指标是定性的。指标处理中要保持同趋势化，以保证指标间的可比性。对于效益型指标，越大越好；对于成本型指标，则越小越好。在综合评价时，会遇到一些定性的指标，定性指标的信息不加利用，又会很可惜，直接使用，又有困难，通常总希望能给予量化，使量化后的指标可与其他定量指标一起使用。也就是说，对于定性指标首先要经过各种处理，使其转化成数量表示的。对于定量指标，其性质和量纲也有所不同，造成了各指标间的不可共度性。为了尽可能地反映实际情况，排除由于各项指标的单位不同以及其数值数量级间的悬殊差别所带来的影响，避免不合理现象的发生，需要对评价指标做无量纲化处理。归纳起来，大体上有以下三种情况：一是定性指标数量化；二是逆向指标和适度指标正向化；三是定量指标无量纲化。后面结合实际使用情况再进行详细讨论。

第三节　指标权重的确定

一、确定权重的重要性

用若干个指标进行综合评价时，其对评价对象的作用，从评价的目标来看，并不是同等重要的。为了体现各个评价指标在评价指标体系中的作用地位以及重要程度，在指标体系确定后，必须对各指标赋予不同的权重系数。权重是以某种数量形式对比、权衡被评价事物总体中诸因素相对重要程度的量值。合理确定权重对评价或决策有着重要意义。同一组指标数值，不同的权重系数，会导致截然不同的甚至相反的评价结论。因此，权数确定问题是综合评价中十分棘手的问题。

指标的权重应是指标评价过程中其相对重要程度的一种主观客观度量的反映。一般而言，指标间的权重差异主要是以下三方面的原因造成的。

(1) 评价者对各指标的重视程度不同，反映评价者的主观差异；

(2) 各指标在评价中所起的作用不同，反映各指标间的客观差异；

(3) 各指标的可靠程度不同，反映了各指标所提供的信息的可靠性不同。

既然指标间的权重差异主要是由上述三方面所引起的，因此我们在确定指标的权重时就应该从这三方面来考虑。其中第三个方面在上面指标体系的确定中已经进行了考虑。

二、确定权重的方法

确定权重也称加权，它表示对某指标重要程度的定量分配。加权的方法大体上可以分为两种：

(1) 经验加权，也称定性加权。它的主要优点是由专家直接估价，简便易行。

(2) 数学加权，也称定量加权。它以经验为基础，数学原理为背景，间接生成，具有较强的科学性。

目前，权数确定的方法主要采用专家咨询的经验判断法。而且，目前权数的确定基本上已由个人经验决策转向专家集体决策。比如，评委投票表决法（简化了的 Delphi 法）方便易行，就是一种可以采用的方法。它的过程是每个评委通过定性分析，给予定量的回答，领导小组对回答进行统计处理。在数据处理时，一般用算术平均值代表评委们的集中意见。其计算公式为：

$$a_j = \sum_{i=1}^{n}(a_{ji})/n \quad j = 1,2,\cdots,m$$

式中：n 为评委的数量；

m 为评价指标总数；

a_j 为第 j 个指标的权数平均值；

a_{ji} 为第 i 个评委给第 j 个指标权数的打分值。

然后，尚需进行归一化处理。因为归一化处理的结果比较符合人们的认识和使用习惯。

归一化的公式如下：

$$a'_j = a_j \Big/ \sum_{j=1}^{m} (a_j)$$

最后得到的结果就代表评委们集体的意见。

专家评分法是一种依靠有关专家，凭借其在某一学科领域内的理论知识和丰富经验，以打分的形式对各评价指标的相对重要性进行评估。在这里，评估专家的挑选很重要，要依具体课题的目的与任务物色。至于专家人数，也取决于评价问题的规模。人数太少，没有代表性；人数太多，难于组织与进行结果处理。打分通常用100分制或10分制。

上述方法依据评委专家的知识、经验和个人价值观对指标体系进行分析、判断并主观赋权。一般来说，这样所确定的权数能正确反映各指标的重要程度，保证评价结果的准确性。但是，为了提高科学性，也可采用其他确定权重的方法，比如层次分析法(analytic hierarchy process，AHP)。层次分析法是目前使用较多的一种方法。该方法对各指标之间重要程度的分析更具逻辑性，再加上数学处理，可信度较大，应用范围较广。它由于具有坚实的理论基础，完善的方法体系而深受人们的欢迎，并在实践中创造了多种多样的变形方法。不过，AHP的分析研究过程仅仅是针对只有一位专家进行判断后得到的判断矩阵进行处理的简单情况。实际工作中往往需要多位专家的参与，这时，可以用算术平均法将各专家确定的权重综合平均。当然，也可以会议的形式，把专家们集合在一起，按照AHP的分析研究过程，让专家们共同进行判断，但是这种方式往往不是很有效，因为专家们的判断时常会不一致而发生冲突。

另外，根据计算权数时原始数据的来源不同，大致也可归为两类：一类是主观赋权法，其原始数据主要由专家根据经验判断得到；另一类为客观赋权法，其原始数据由各指标在评价中的实际数据形成。前者的优点是专家可以根据实际问题，合理确定各指标权系数之间的排序，应该说有客观的基础，主要缺点是主观随意性较大；后者不需征求专家的意见，切断了权重系数主观性的来源，使系数具有绝对的客观性，但一个不可避免的缺陷是确定的权数有时与指标的实际重要程度相悖。这里需要说明的是，并不是只有客观赋权法才是科学的方法，主观赋权法也同样是科学的方法。虽然主观赋权法带有一定的主观色彩，但“主观”与“随意”是两个不同的概念，人们对指标重要程度的估计主要来源于客观实际，主观看法的形成往往与评价者所处的客观环境有着直接的联系。

第四节　评价方法的选择

一、评价方法概述

所谓多指标综合评价，就是指通过一定的数学函数(或称综合评价函数)将多个评价指标值“合成”为一个整体性的综合评价值。可以用于“合成”的数学方法很多，问题在于我们如何根据决策的需要和被评价系统的特点来选择较为合适的方法。

20 世纪 60 年代，模糊数学在综合评价中得到了较为成功的应用，产生了特别适合于对主观或定性指标进行评价的模糊综合评价方法。20 世纪七八十年代，是现代科学评价蓬勃兴起的年代。在此期间，产生了多种应用广泛的评价方法，诸如层次分析法、数据包络分析法等。20 世纪八九十年代，是现代科学评价向纵深发展的年代，人们对评价理论、方法和应用开展了多方面的、卓有成效的研究，比如，将人工神经网络技术和灰色系统理论应用于综合评价。

当前，综合评价已经涉及人类生活领域的各个方面，其应用的范围越来越广，所使用的方法也越来越多。但由于各种方法出发点不同，解决问题的思路不同，适用对象不同，又各有优缺点，以致人们遇到综合评价问题时不知该选择哪一种方法，也不知评价结果是否可靠。

因此，对现代综合评价方法的理论及其应用进行整理、总结，无疑具有十分重要的意义。当然，对于一个应用者来说，最迫切的问题往往不是去建立一个新的评价方法，更为重要的是如何从纷繁复杂的方法当中，选择出最适宜的方法。

二、评价方法的分类

评价方法的分类很多。按照评价与所使用信息特征的关系，可分为基于数据的评价、基于模型的评价、基于专家知识的评价以及基于数据、模型、专家知识的评价。鉴于本书的定位是现代综合评价方法，根据各评价方法所依据的理论基础，这里把综合评价方法大体分为四大类。

(1) 专家评价方法，如专家打分综合法。

(2) 运筹学与其他数学方法，如层次分析法、数据包络分析法、模糊综合评判法。

(3) 新型评价方法，如人工神经网络评价法、灰色综合评价法。

(4) 混合方法，这是几种方法混合使用的情况。如 AHP＋模糊综合评判、模糊神经网络评价法。

除专家打分综合法这个常规综合法外，其他均可称为模型综合法。模型综合法是指通过建立综合指标与各个评价指标的函数关系来进行综合评价的方法。综合指标与各个评价指标之间存在的关系可能是线性关系，也可能是非线性关系，为了客观准确地反映出各种复杂关系，应当根据实际情况和研究目的，有效地使用某些模型来进行综合。显然，模型综合法比常规综合法难度要大很多。换句话说，模型综合法必须通过复杂的数学方法或者计算机工具才能进行或完成。值得指出的是，模型综合法要求使用者对于描述对象的各个方面的数量关系非常清楚，并且能够找到适应的数学表达式。否则，模型综合法是没有意义的。当然，这并不是要求使用者非要懂得较多的数学知识，而是要求使用者要掌握更多相关的系统学知识,要求使用者要有研究领域的专业知识,有时还需要使用者懂得与专业知识匹配的其他专业知识。模型综合法的发展非常迅速,各种方法都有其特点,同时也有缺点。所以,选择好模型综合法的具体方法是一项非常慎重的工作。

到目前为止,虽然出现了多种综合评价方法,但还有不少的问题。比如,针对同一问题,不同的方法会得到不同的结果,如何解释?如何辨别不同方法对不同问题的优劣?如何衡量评价结果的客观准确性?这些问题还需要我们进一步探索和研究,使综合评价方法和理论不断得以丰富和完善。

总地来说,评价方法是实现评价目的的技术手段,评价目的与方法的匹配是体现评价科学性的重点方面。正确理解和认识这一匹配关系是正确选择评价方法的基本前提。评价目的与评价方法之间的匹配关系,并不是说评价的特定目的与特定一种评价方法的一一对应,而是指对于特定的评价目的,可以选择高效、相对合理的评价方法。

三、评价方法的选择

各具特色的综合评价方法,为我们针对某一具体的评价工作选择评价方法提供了借鉴。在选择评价方法时应适应综合评价对象和综合评价任务的要求,根据现有资料状况,做出科学的选择。也就是说,评价方法的选取主要取决于评价者本身的目的和被评价事物的特点。而且,就同一种评价方法本身而言,在一些具体问题的处理上也并非相同,需要根据不同的情况做不同的处理。因此从一定程度上讲,综合评价方法既是一门科学,对该方法的应用又是一门艺术。以下几条筛选原则可供参考。

(1) 选择评价者最熟悉的评价方法。

(2) 所选择的方法必须有坚实的理论基础,能为人们所信服。

(3) 所选择的方法必须简洁明了,尽量降低算法的复杂性。

(4) 所选择的方法必须能够正确地反映评价对象和评价目的。

只要遵循上述原则,一般可以选择出较为适宜的评价方法。不过,这些原则也只是定性的、指导性的原则。当然,在大多数情况下最优的评价方法是不存在的。应该注意的是,不同的选择会产生不同的评价结论,有时甚至结论相左。也就是说,综合评价的结果不是唯一的。

在这里先简单谈谈专家打分评价法,以作为后续要讨论的现代综合评价方法的基础和铺垫。专家评分法是出现较早且应用较广的一种评价方法。它是在定量和定性分析的基础上,以打分等方式做出定量评价,其结果具有数理统计特性。专家评分法的最大优点是,在缺乏足够统计数据和原始资料的情况下,可以做出定量估价。它的主要步骤是:首先根据评价对象的具体情况选定评价指标,对每个指标均定出评价等级,每个等级的标准用分值表示;然后以此为基准,由专家对评价对象进行分析和评价,确定各个指标的分值;最后采用加法评分法、连乘评分法或加乘评分法求出各评价对象的总分值,从而得到评价结果。考虑到各指标重要程度的不同及专家权威性的大小,后又发展了加权评分法。其中,加权和法是人们最经常使用的评价方法。采用加权和法的关键在于确定指标体系并设定各最低层指标的权系数:有了指标体系,就可以设法利用统计数据或专家打分给出属性值表;有了权系数,具体的计算和排序就十分方便了。当然,专家评分法还有多种变形形式。专家评价的准确程度,主要取决于专家的阅历经验以及知识的广度和深度。这就要求参加评价的专家对评价的系统具有较高的学术水平和丰富的实践经验。总的来说,专家评分法具有使用简单、直观性强的特点,但其理论性与系统性不强,一般情况下难以保证评价结果的客观性和准确性。

近年来,围绕综合评价,其他相关知识不断渗入,使得综合评价的方法不断丰富,有关研究也不断深入。值得注意的是,国内外近二十年来综合评价技术的实际研究状况表明,从事综合评价技术研究的人员更多的不是统计界人员而是管理数学界与系统工程界的研究人员,他们从决策科学、系统科学中寻找科学的综合评价思想和方法,并不断将其引入和应用到各类综合评价实践中。

本书将挑选介绍当今流行的几种现代综合评价方法,其中包括层次分析法、模糊综合评判、数据包络分析法、人工神经网络评价法、灰色综合评价法。各种评价方法有简有繁,相互独立,但都符合综合评价的要求。读者可以依次阅读,也可以挑选阅读。在本书的最后,对几种综合评价方法的两两结合与集成做了讨论,这对综合评价方法的进一步研究和应用将起到导向性的作用。另外,还专门用了一章,介绍一些新的智能化综合评价方法,以便开拓视野,供读者参考研究。

参考文献

[1] 苏为华.多指标综合评价理论与方法研究.北京:中国物价出版社,2001

[2] 秦寿康.综合评价原理与应用.北京:电子工业出版社,2003

[3] 邱东.多指标综合评价方法.统计研究,1990,(6):49-51

[4] 张于心等.综合评价指标体系和评价方法.北京交通大学学报,1995,19(3):393-400

[5] 王明涛.多指标综合评价中权系数确定的一种综合分析方法.系统工程,1999,17(2):56-61

[6] 郭亚军.综合评价的合理性问题.东北大学学报(自然科学版),2002,23(9):844-847

[7] 闫风茹等.略论综合评价方法.山西统计,2003,(1):16-17

[8] 杜栋.人才评价、预测与规划方法与支持系统的研究.北京农业工程大学硕士研究生论文,1994

第二章　层次分析法

第一节　层次分析法的思想和原理

当评价对象为单目标时，其评价工作是容易进行的；当评价对象为多目标时，这项工作就困难多了。目标可以细化为指标。可以打这样的比方：在一群人之中要评选个子最高的很容易办到，要评选最胖的也还不难，但要评选一个最高又最胖的，而且是最健康的就不容易了。评价的困难主要有以下两项：有的指标没有明确的数量表示，甚至只与使用人或评价人的主观感受与经验有关；不同的方案（也即被评价对象）可能各有所长，指标越多，方案越多，问题就越是复杂。人们有必要认真研究在决策中进行选择和判断的规律，于是在这种背景下产生了层次分析法。

层次分析法（analytic hierarchy process，AHP）是美国著名的运筹学家 T. L. Satty 等人在 20 世纪 70 年代提出的一种定性与定量分析相结合的多准则决策方法。这一方法的特点，是在对复杂决策问题的本质、影响因素以及内在关系等进行深入分析之后，构建一个层次结构模型，然后利用较少的定量信息，把决策的思维过程数学化，从而为求解多目标、多准则或无结构特性的复杂决策问题，提供一种简便的决策方法。具体地说，它是指将决策问题的有关元素分解成目标、准则、方案等层次，用一定标度对人的主观判断进行客观量化，在此基础上进行定性分析和定量分析的一种决策方法。它把人的思维过程层次化、数量化，并用数学为分析、决策、预报或控制提供定量的依据。它尤其适合于人的定性判断起重要作用的、对决策结果难以直接准确计量的场合。

比如说我们要研究区域污染治理系统。这就是一个十分复杂的系统，它要涉及大量的相关因素，如区域污染状况、治理现状、治理目标、治理途径、需投入的资金、人力以及治理后所可能取得的社会、环境和经济效益等。面对这样一个复杂的系统和如此庞杂的因素，单用定性的方法来研究肯定行不通，但如果用定量方法来研究的话，就需要构造一定的数学模型来模拟。在构造模型的过程中需要大量的数据资料，但还有很多因素是不能单纯用数据来表示的，同时这个系统内部的很多因素并不能用单纯的量化关系来表达，所以在这种情况下，就要把这个大系统分为若干个相互关联的子系统，然后再根据同一子系统内部不同要素的重要性做出评价，进行进一步的分析和资料的收集、处理。人们在进行社会的、经济的以及科学管理领域问题的体系分析中，面临的经常是一个相互关联、相互制约的众多因素构成的复杂系统。层次分析法为分析这类复杂的社会、经济以及科学管理领域中的问题提供了一种新的、简洁的、实用的决策方法。

应用层次分析法分析问题时，首先要把问题层次化。根据问题的性质和要达到的总目标，将问题分解为不同组成因素，并按照因素间的相互关联影响以及隶属关系将因素按不同层次聚集组合，形成一个多层次的分析结构模型。并最终把系统分析归结为最底层（供决策的方案、措施等），相对于最高层（总目标）的相对重要性权值的确定或相对优劣次序的排序问题。综合评价问题就是排序问题。在排序计算中，每一层次的因素相对上一层次某一因素的单排序问题又可简化为一系列成对因素的判断比较。为了将比较判断定量化，层次分析法引入了1～9标度法，并写成判断矩阵形式。形成判断矩阵后，即可通过计算判断矩阵的最大特征根及其对应的特征向量，计算出某一层对于上一层次某一个元素的相对重要性权值。在计算出某一层次相对于上一层次各个因素的单排序权值后，用上一层次因素本身的权值加权综合，即可计算出层次总排序权值。总之，依次由上而下即可计算出最低层因素相对于最高层的相对重要性权值或相对优劣次序的排序值。

应该看到，尽管AHP具有模型的特色，在操作过程中使用了线性代数的方法，数学原理严密，但是它自身的柔性色彩仍十分突出。层次分析法不仅简化了系统分析和计算，还有助于决策者保持思维过程的一致性。层次分析法是一种模拟人的思维过程的工具。如果说比较、分解和综合是大脑分析解决问题的一种基本思考过程，则层次分析法对这种思考过程提供了一种数学表达及数学处理的方法。特别是，AHP提供了决策者直接进入分析过程，将科学性与艺术性有机结合的有利渠道。因此，层次分析法十分适用于具有定性的，或定性、定量兼有的决策分析，它是一种十分有效的系统分析和科学决策方法。

第二节　层次分析法的模型和步骤

下面以一个企业的资金合理使用为例，来说明用层次分析法求解决策问题的过程。

假设某一企业经过发展，有一笔利润资金，要企业高层领导决定如何使用。企业领导经过实际调查和员工建议，现有如下方案可供选择：

- 作为奖金发给员工；
- 扩建员工宿舍、食堂等福利设施；
- 办员工进修班；
- 修建图书馆、俱乐部等；
- 引进新技术设备进行企业技术改造。

从调动员工工作积极性、提高员工文化技术水平和改善员工的物质文化生活状况来看，这些方案都有其合理因素。如何使得这笔资金更合理地使用，就是企业领导所面临需要分析的问题。

我们首先需要对问题有明确的认识，弄清问题的范围、所包含的因素以及因素之间的相互关系、需要得到的解答，并了解所掌握的信息是否充分。

一、构造层次分析结构

应用层次分析法分析社会的、经济的以及科学管理领域的问题，首先要把问题条理化、层次化，构造出一个层次分析结构的模型。构造一个好的层次结构对于问题的解决极为重要，它决定了分析结果的有效程度。

通过仔细分析，上述这些方案其目的都是为了更好地调动员工工作积极性、提高企业技术水平和改善员工物质文化水平，而这一切的最终目的都是促进企业进一步发展，增强企业在市场经济中的竞争力。根据这个分析，我们可以建立如图 2-1 所示的层次分析结构。

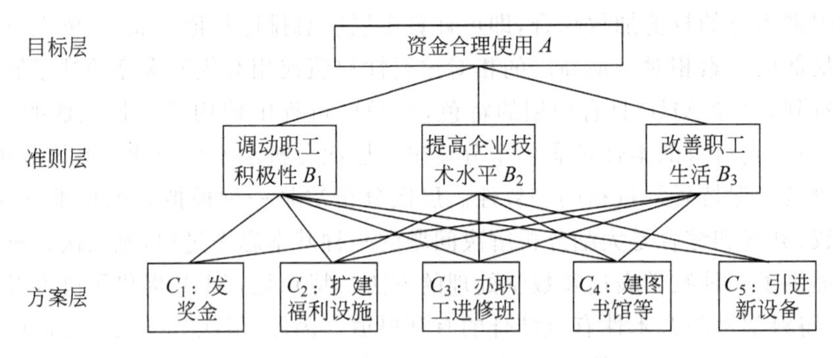

图 2-1　资金合理使用的层次分析结构图

目标层：表示解决问题的目的，即应用 AHP 所要达到的目标；

准则层：实现预定目标所涉及的中间环节；

方案层：表示解决问题的具体方案。

也就是说，对于资金使用这个问题来说，层次分析模型主要分为三层。最高目标层即合理使用资金，更好地促进企业发展；中间为准则层，即合理使用资金三方面的准则：调动职工积极性、提高企业技术水平和改善职工生活；最下一层为方案层，即可供选择的方案。

建立层次分析结构后，问题分析即归结为各种使用企业利润留成方案相对于总目标考虑的优先次序或利润使用的分配问题。

对于更一般的问题来说，建立问题的层次结构模型是 AHP 法中最重要的一步，把复杂的问题分解成称之为元素的各个组成部分，并按元素的相互关系及其隶属关系形成不同的层次，同一层次的元素作为准则对下一层次的元素起支配作用，同时它又受上一层次元素的支配。最高层次只有一个元素，它表示决策者所要达到的目标；中间层次一般为准则、子准则，表示衡量是否达到目标的判断准则；最低一层表示要选用的解决问题的各种措施、决策、方案等。层次之间元素的支配关系不一定是完全的，即可以存在这样的元素，它并不支配下一层次的所有元素。即除目标层外，每个元素至少受上一层一个元素支配；除方案层外，每个元素至少支配下一层一个元素。层次数与问题的复杂程度和需要分析的详尽程度有关。每一层次中的元素一般不超过 9 个，因同一层次中包含数目过多的元素会给两两比较判断带来困难。

层次结构建立在决策者（或分析者或评价者）对问题全面深入认识的基础之上。如果在层的划分和确定层次的支配关系上举棋不定，最好的办法是重新分析问题。根据对问题的初步分析，将问题包含的因素按照是否共有某些特性将它们聚集成组，并将它们之间的共同特性看作为系统中新的层次中的一些因素；而这些因素本身也按照另外一组特性被组合，形成另外更高层次的因素，直到最终形成单一的最高因素，这往往可以看作我们决策分析的目标。这样即构成目标层、若干准则层和方案层的层次分析结构模型。

二、构造判断矩阵

建立层次分析模型之后，我们就可以在各层元素中进行两两比较，构造出比较判断矩阵。层次分析法主要是人们对每一层次中各因素相对重要性给出的判断，这些判断通过引入合适的标度用数值表示出来，写成判断矩阵。判断矩阵表示针对上一层次因素，本层次与之有关因素之间相对重要性的比较。判断矩阵是层次分析法的基本信息，也是进行相对重要度计算的重要依据。下面探讨一下如何建立起两两比较判断矩阵。

假定上一层次的元素 B_k 作为准则，对下一层元素 $C_1, C_2, \cdots, C_n$ 有支配关系，我们的目的是要在准则 B_k 下按它们的相对重要性赋予 $C_1, C_2, \cdots, C_n$ 相应的权重。在这一步中要回答下面的问题：针对准则 B_k，两个元素 C_i, C_j 哪个更重要，重要性的大小。需要对“重要性”赋予一定的数值。赋值的根据或来源，可以是由决策者直接提供，或是通过决策者与分析者对话来确定，或是由分析者通过某种技术咨询而获得，或是通过其他合适的途径来酌定。一般来说，判断矩阵应由熟悉问题的专家独立地给出。

对于 n 个元素来说，我们得到两两比较判断矩阵 $\boldsymbol{C}=(C_{ij})n \times n$。其中 C_{ij} 表示因素 i 和因素 j 相对于目标重要值。

一般来说，构造的判断矩阵取如下形式：

B_k	C_1	C_2	$\cdots$	C_n
C_1	C_{11}	C_{12}	$\cdots$	C_{1n}
C_2	C_{21}	C_{22}	$\cdots$	C_{2n}
$\vdots$	$\vdots$	$\vdots$	$\vdots$	$\vdots$
C_n	C_{n1}	C_{n2}	$\cdots$	C_{nn}

显然矩阵 $\boldsymbol{C}$ 具有如下性质：

(1) $C_{ij}>0$

(2) $C_{ij}=1/C_{ji}(i\neq j)$

(3) $C_{ii}=1(i,j=1,2,\cdots,n)$

我们把这类矩阵 $\boldsymbol{C}$ 称之为正反矩阵。对正反矩阵 $\boldsymbol{C}$,若对于任意 i,j,k 均有 $C_{ij}\cdot C_{jk}=C_{ik}$,此时称该矩阵为一致矩阵。

值得注意的是,在实际问题求解时,构造的判断矩阵并不一定具有一致性,常常需要进行一致性检验。

在层次分析法中,为了使决策判断定量化,形成上述数值判断矩阵,常根据一定的比率标度将判断定量化。我们下面给出一种常用的 1～9 标度方法。如表 2-1 所示。

表 2-1　判断矩阵标度及其含义

序　　号	重要性等级	C_{ij} 赋值
1	i,j 两元素同等重要	1
2	i 元素比 j 元素稍重要	3
3	i 元素比 j 元素明显重要	5
4	i 元素比 j 元素强烈重要	7
5	i 元素比 j 元素极端重要	9
6	i 元素比 j 元素稍不重要	1/3
7	i 元素比 j 元素明显不重要	1/5
8	i 元素比 j 元素强烈不重要	1/7
9	i 元素比 j 元素极端不重要	1/9

注：$C_{ij}=\{2,4,6,8,1/2,1/4,1/6,1/8\}$表示重要性等级介于 $C_{ij}=\{1,3,5,7,9,1/3,1/5,1/7,1/9\}$。这些数字是根据人们进行定性分析的直觉和判断力而确定的。

实际上,凡是较复杂的决策问题,其判断矩阵是经由多位专家(评价者)填写咨询表之后形成的。专家咨询的本质,在于把专家渊博的知识和丰富的经验,借助于对众多相关因素的两两比较,转化成决策所需的有用信息。因此,专家在填写咨询表之前,必须全面深入地分析每个影响因素的地位和作用,纵览全局,做到心中有数,切忌盲目行事。

对于上述例子,假定企业领导对于资金使用这个问题的态度是：首先是提高企业技术水平,其次是要改善员工物质生活,最后是调动员工的工作积极性。则准则层对于目标层的判断矩阵 $\boldsymbol{A}$-$\boldsymbol{B}$ 为：

$\boldsymbol{A}$	$\boldsymbol{B}_1$	$\boldsymbol{B}_2$	$\boldsymbol{B}_3$
$\boldsymbol{B}_1$	1	1/5	1/3
$\boldsymbol{B}_2$	5	1	3
$\boldsymbol{B}_3$	3	1/3	1

为以后计算方便，我们把上述矩阵记作 $\boldsymbol{A}$，简写为：

$$\boldsymbol{A}=\begin{bmatrix}1 & 1/5 & 1/3\\ 5 & 1 & 3\\ 3 & 1/3 & 1\end{bmatrix}$$

以后类同。

相应地，我们分别可以写判断矩阵 $\boldsymbol{B}_1$（相对于调动职工劳动积极性准则，各种使用留成利润措施方案之间相对重要性比较）、$\boldsymbol{B}_2$（相对于提高企业技术水平准则，各种使用企业留成利润措施方案之间相对重要性比较）、$\boldsymbol{B}_3$（相对于改善职工物质及其文化生活准则，各种使用企业留成利润措施方案之间相对重要性比较），如下：

$$\boldsymbol{B}_1=\begin{bmatrix}1 & 2 & 3 & 4 & 7\\ 1/3 & 1 & 3 & 2 & 5\\ 1/5 & 1/3 & 1 & 1/2 & 1\\ 1/4 & 1/2 & 2 & 1 & 3\\ 1/7 & 1/5 & 1/2 & 1/3 & 1\end{bmatrix},\quad \boldsymbol{B}_2=\begin{bmatrix}1 & 1/7 & 1/3 & 1/5\\ 7 & 1 & 5 & 3\\ 3 & 1/5 & 1 & 1/3\\ 5 & 1/2 & 3 & 1\end{bmatrix}$$

$$\boldsymbol{B}_3=\begin{bmatrix}1 & 1 & 3 & 3\\ 1 & 1 & 3 & 3\\ 1/3 & 1/3 & 1 & 1\\ 1/3 & 1/3 & 1 & 1\end{bmatrix}$$

构造出上述的比较判断矩阵后，即可对判断矩阵进行单排序计算。在各层次单排序计算的基础上还需要进行各层次总排序计算。不过这其中存在一个判断矩阵的一致性检验问题。

三、判断矩阵的一致性检验

在上述过程中我们建立起了判断矩阵，这使得判断思维数学化，简化了问题的分析，使得复杂的社会、经济及其管理领域中的问题定量分析成为可能。此外，这种数学化的方法还有助于决策者检查并保持判断思维的一致性。

所谓判断思维的一致性是指专家在判断指标重要性时，各判断之间协调一致，不致出现相互矛盾的结果。出现不一致在多阶判断的条件下，极容易发生，只不过是不同的条件下不一致的程度上是有所差别而已。应用层次分析法，保持判断思维的一致性是非常重要的。

我们建立判断矩阵的时候说过，对于实际问题建立起来的判断矩阵往往满足不了一致性，造成这种原因是多种多样的。比如由于客观事物的复杂性和人们认识上的多样性，以及可能产生的片面性。要求每一个判断都有完全的一致性显然不太可能，特别是因素多规模大的问题更是如此。但是，要求判断具有大体的一致性却是应该的。若出现甲比乙极端重要，乙比丙极端重要，丙又比甲极端重要的情况显然是违反常识的。因此，为了保证应用层次分析法分析得到的结论合理，还需要对构造的判断矩阵进行一致性检验。这种检验通常是结合排序步骤进行的。

根据矩阵理论可以得到这样的结论，即如果 $\lambda_1,\lambda_2,\cdots,\lambda_n$ 是满足式

$$\boldsymbol{A}x=\boldsymbol{\lambda}x$$

的数，也就是矩阵 $\boldsymbol{A}$ 的特征根，并且对于所有 $a_{ii}=1$，有

$$\sum_{i=1}^{n}\lambda_i=n$$

显然，当矩阵具有完全一致性时，$\lambda_1=\lambda_{\max}=n$，其余特征根均为零；而当矩阵 $\boldsymbol{A}$ 不具有完全一致性时，则有 $\lambda_1=\lambda_{\max}>n$，其余特征根 $\lambda_2,\lambda_3,\cdots,\lambda_n$ 有如下关系：$\sum_{i=2}^{n}\lambda_i=n-\lambda_{\max}$。

上述结论告诉我们，当判断矩阵不能保证具有完全一致性时，相应判断矩阵的特征根也将发生变化，这样就可以用判断矩阵特征根的变化来检验判断的一致性程度。因此，在层次分析法中引入判断矩阵最大特征根以外的其余特征根的负平均值，作为度量判断矩阵偏离一致性的指标，即用

$$CI=\frac{\lambda_{\max}-n}{n-1}$$

检查决策者判断思维的一致性。CI 值越大，表明判断矩阵偏离完全一致性的程度越大；CI 值越小(接近于0)，表明判断矩阵的一致性越好。

显然，当判断矩阵具有完全一致性时，$CI=0$，反之亦然。从而我们有：$CI=0$，$\lambda_1=\lambda_{\max}=n$，判断矩阵具有完全一致性。

另外，当矩阵 $\boldsymbol{A}$ 具有满意一致性时，$\lambda_{\max}$ 稍大于 n，其余特征根也接近于零。不过这种说法不够严密，我们必须对于“满意一致性”给出一个度量指标。

对于不同阶的判断矩阵，人们判断的一致误差不同，其 CI 值的要求也不同。衡量不同阶判断矩阵是否具有满意的一致性，我们还需引入判断矩阵的平均随机一致性指标 RI 值。对于1～9阶判断矩阵，RI 的值分别列于表2-2中。

表 2-2　平均随机一致性指标

1	2	3	4	5	6	7	8	9
0.00	0.00	0.58	0.90	1.12	1.24	1.32	1.41	1.45

在这里，对于1，2阶判断矩阵，RI 只是形式上的，因为1，2阶判断矩阵总是具有完全一致性。当阶数大于2时，判断矩阵的一致性指标 CI 与同阶平均随机一致性指标 RI 之比称为随机一致性比率，记为 CR。当

$$CR=\frac{CI}{RI}<0.10$$

时，即认为判断矩阵具有满意的一致性，否则就需要调整判断矩阵，使之具有满意的一致性。

四、层次单排序

计算出某层次因素相对于上一层次中某一因素的相对重要性，这种排序计算称为层次单排序。具体地说，层次单排序是指根据判断矩阵计算对于上一层某元素而言本层次与之有联系的元素重要性次序的权值。

理论上讲，层次单排序计算问题可归结为计算判断矩阵的最大特征根及其特征向量的问题。但一般来说，计算判断矩阵的最大特征根及其对应的特征向量，并不需要追求较高的精确度。这是因为判断矩阵本身有相当的误差范围。而且，应用层次分析法给出的层次中各种因素优先排序权值从本质上来说是表达某种定性的概念。因此，一般用迭代法在计算机上求得近似的最大特征值及其对应的特征向量。我们这里给出一种简单的计算矩阵最大特征根及其对应特征向量的方根法的计算步骤。

(1) 计算判断矩阵每一行元素的乘积 M_i

$$M_i = \prod_{j=1}^{n} a_{ij} \quad i = 1, 2, \cdots, n$$

(2) 计算 M_i 的 n 次方根 $\overline{W}_i$

$$\overline{W}_i = \sqrt[n]{M_i}$$

(3) 对向量 $\overline{\boldsymbol{W}} = [\overline{W}_1, \overline{W}_2, \cdots, \overline{W}_n]^{\mathrm{T}}$ 正规化(归一化处理)

$$W_i = \frac{\overline{W}_i}{\sum_{j=1}^{n} \overline{W}_j},$$

则 $\boldsymbol{W} = [W_1, W_2, \cdots, W_n]^{\mathrm{T}}$ 即为所求的特征向量。

(4) 计算判断矩阵的最大特征根 $\lambda_{\max}$

$$\lambda_{\max} = \sum_{i=1}^{n} \frac{(AW)_i}{nW_i}$$

其中 $(AW)_i$ 表示向量 $\boldsymbol{AW}$ 的第 i 个元素。

方根法是一种简便易行的方法，在精度要求不高的情况下使用。除了方根法，还有和法、特征根法、最小二乘法等，这里不再介绍。

针对该例，利用这种方法，容易对各判断矩阵的各层次单排序进行计算以及求得一致性检验结果，具体如下。

对于判断矩阵 $\boldsymbol{A}$ 来说，其计算结果为：

$$\boldsymbol{W} = \begin{bmatrix} 0.105 \\ 0.637 \\ 0.258 \end{bmatrix}, \quad \lambda_{\max} = 3.038, \quad CI = 0.019, \quad RI = 0.58, \quad CR = 0.033$$

对于判断矩阵 $\boldsymbol{B}_1$ 来说，其计算结果为：

$$\boldsymbol{W}=\begin{bmatrix}0.491\\0.232\\0.092\\0.138\\0.046\end{bmatrix},\quad \lambda_{\max}=5.126,\quad CI=0.032,\quad RI=1.12,\quad CR=0.028$$

对于判断矩阵 $\boldsymbol{B}_2$ 来说，其计算结果为：

$$\boldsymbol{W}=\begin{bmatrix}0.55\\0.564\\0.118\\0.263\end{bmatrix},\quad \lambda_{\max}=4.117,\quad CI=0.039,\quad RI=0.90,\quad CR=0.043$$

对于判断矩阵 $\boldsymbol{B}_3$ 来说，其计算结果为：

$$\boldsymbol{W}=\begin{bmatrix}0.406\\0.406\\0.094\\0.094\end{bmatrix},\quad \lambda_{\max}=4,\quad CI=0,\quad RI=0.90,\quad CR=0$$

五、层次总排序

依次沿递阶层次结构由上而下逐层计算，即可计算出最低层因素相对于最高层（总目标）的相对重要性或相对优劣的排序值，即层次总排序。也就是说，层次总排序是针对最高层目标而言的，最高层次的总排序就是其层次总排序。

层次总排序要进行一致性检验，检验是从高层到低层进行的。但也有最新的研究指出，在 AHP 法中不必检验层次总排序的一致性。也就是说，在实际操作中，总排序一致性检验常常可以省略。

针对本例，各使用企业利润方案相对于合理使用企业利润，促进企业新发展总目标的层次总排序计算如表 2-3 所示。

表 2-3　企业利润合理使用方案总排序

层次 B \ 层次 C	$\boldsymbol{B}_1$	$\boldsymbol{B}_2$	$\boldsymbol{B}_3$	总排序 $\boldsymbol{W}$
	0.105	**0.637**	**0.258**	$\sum_{j=1}^{3} b_j c_{ij}\ (i=1,2,3,4,5)$
C_1	0.491	0	0.406	0.157
C_2	0.232	0.055	0.406	0.164
C_3	0.092	0.564	0.094	0.393
C_4	0.138	0.118	0.094	0.113
C_5	0.046	0.263	0	0.172

六、决策

通过数学运算可计算出最低层各方案对最高总目标相对优劣的排序权值，从而对备选方案进行排序。

对于这个工厂合理使用企业留成利润，促进企业新发展这个总目标来说，所考虑的五种方案的相对优先顺序为：C_3，开办职工进修班为 0.393；C_5，引进新技术设备，进行企业技术改造为 0.172；C_2，扩建职工宿舍等福利措施为 0.164；C_1，作为奖金发给职工为 0.157；C_4，修建图书馆等为 0.113。企业领导可以根据上述分析结果，决定各种考虑方案的实施先后次序，或者决定分配企业留成利润的比例。

AHP 计算结果简单明确，易于被决策者了解和掌握。但应该看到，AHP 方法得出的结果是粗略的方案排序。对于那种有较高定量要求的决策问题，单纯用 AHP 方法不大合适。对于定量要求不高的问题，却可以获得较好的结果。

综上所述，层次分析法大体分为六个步骤，即明确问题；建立层次结构；构造判断矩阵；层次单排序及其一致性检验；层次总排序；作出相应决策。现对上述步骤总结如下。

1. 明确问题

通过对系统的深刻认识，确定该系统的总目标，弄清决策问题所涉及的范围、所要采取的措施方案和政策、实现目标的准则、策略和各种约束条件等，广泛地收集信息。

2. 建立层次结构

按目标的不同、实现功能的差异，将系统分为几个等级层次，如目标层、准则层、方案层等，用框图的形式说明层次的递阶结构与因素的从属关系。当某个层次包含的因素较多时，可将该层次进一步划分为若干子层次。层次分析模型是层次分析法赖以建立的基础，是层次分析法的第一个基本特征。

3. 两两比较，建立判断矩阵，求解权向量

判断元素的值反映了人们对各因素相对重要性的认识，一般采用 1～9 标度及其倒数的标度方法。为了从判断矩阵中提炼出有用的信息，达到对事物的规律性认识，为决策提供科学的依据，就需要计算每个判断矩阵的权重向量和全体判断矩阵的合成权重向量。通过两两对比按重要性等级赋值，从而完成从定性分析到定量分析的过渡，这是层次分析法的第二个基本特征。

4. 层次单排序及其一致性检验

判断矩阵 $\boldsymbol{A}$ 的特征根问题 $\boldsymbol{AW}=\lambda_{\max}\boldsymbol{W}$ 的解 W，经归一化后即为同一层次相应因素对于上一层次某因素相对重要性的排序权值，这一过程称为层次单排序。为进行判断矩阵的一致性检验，需要计算一致性指标

$$CI=\frac{\lambda_{\max}-n}{n-1}$$

平均随机一致性指标 RI 的值可参考上述有关章节。

当随机一致性比率

$$CR = \frac{CI}{RI} < 0.10$$

时，可以认为层次单排序的结构有满意的一致性，否则需要调整判断矩阵的元素取值。

5. 层次总排序

计算各层元素对系统目标的合成权重，进行总排序，以确定结构图中最底层各个元素在总目标中的重要程度。这一过程是最高层次到最低层次逐层进行的。

6. 根据分析计算结果，考虑相应的决策

最后指出，通过编制程序，其中的计算过程由计算机能很快完成。

第三节　层次分析法的应用案例

一、在企业兼并目标选择决策中的应用

企业兼并目标选择决策是企业管理中具有决策性意义的工作，它对企业日后生存、发展、获利直接产生至关重要的影响。随着我国企业兼并的迅速发展，产权关系的逐步理顺，兼并市场的发育不断完善，企业兼并的竞争度和选择性将大大增强，此时生产经营好的企业如何找到最合适的扩张对象，将是一个理智的、科学的、严密的分析过程。传统的可行性研究方法中着重论证兼并的可行性，而对兼并对象的最佳选择缺乏有力的分析工具。这是因为兼并目标选择中受众多因素的影响，其中一些是可以度量的，一些是凭主观判断的，也就是说兼并目标选择问题是一个多目标、多层次、结构复杂、因素众多的大系统问题，需要一种将决策者经验判断予以量化，将定性和定量分析相结合并对决策对象进行优劣排序的多目标决策分析方法。层次分析法正是解决这一问题的有效方法。下面以存在 3 个兼并备选企业的情形为例进行讨论。

根据我国企业兼并现状和发展趋势的分析，企业兼并备选目标的评价主要包括以下六个方面：①财务经济状况(F_1)；②产品市场需求状况(F_2)；③发展环境(F_3)；④技术进步潜力(F_4)；⑤组织管理状况(F_5)；⑥工艺一技术相关性(F_6)。这 6 个因素直接关系到企业兼并类型的确定和方案的实施。

根据上述因素，由厂长或董事会根据各企业的各项评价因素的具体指标值以及实地考察后的个人主观评价，综合分析后构造出判断矩阵，假设如表 2-4 所示。

表 2-4 各项评价因素的指标值

兼并目标综合评价	F_1	F_2	F_3	F_4	F_5	F_6	重要性排序值
财务经济状况 F_1	1	3	7	5	1	1	0.288
产品市场需求 F_2	1/3	1	9	1	1	1	0.160
发展环境 F_3	1/7	1/9	1	1/7	1/5	1/4	0.029
技术进步潜力 F_4	1/5	1	7	1	1/4	1/3	0.093
组织管理 F_5	1	1	5	4	1	3	0.263
工艺—技术相关性 F_6	1	1	4	3	1/3	1	0.167

对于此矩阵，计算可得：$\lambda_{max}=6.6190$，$CI=0.1238$，$RI=1.24$，故 $CR=\frac{CI}{RI}=0.0998<0.10$。

通过对第一层次因素指标的分析，可得各评价指标的权重系数，见表 2-4 最后一列数值。重要性排序为：财务经济状况(0.288)，组织管理状况(0.263)，工艺—技术相关性(0.167)，产品市场需求状况(0.160)，技术进步潜力(0.093)，发展环境(0.029)。

然后，进一步评价 3 个备选企业不同指标下的优劣评价顺序，分 6 个指标分别构建判断矩阵，并计算出每个指标下 3 个企业的排列的优劣顺序。具体如下。

对于财务经济状况，构造出判断矩阵，并求出它的优劣顺序(见表 2-5)。

表 2-5 3 个备选企业财务经济状况

财务经济状况 F_1	企业 A	企业 B	企业 C	优劣顺序
企业 A	1	9	3	0.672
企业 B	1/9	1	1/5	0.063
企业 C	1/3	5	1	0.265

对于此矩阵，计算可得：$\lambda_{max}=3.026$，$CI=0.013$，$RI=0.58$，故 $CR=\frac{CI}{RI}=0.025<0.10$。

对于产品市场需求状况的优劣顺序，求得数值见表 2-6。

表 2-6 3 个备选企业产品市场需求状况

产品市场需求状况 F_2	企业 A	企业 B	企业 C	优劣顺序
企业 A	1	7	4	0.705
企业 B	1/7	1	1/3	0.084
企业 C	1/4	3	1	0.211

注：$\lambda_{max}=3.029$，$CI=0.015$，$RI=0.58$，$CR=0.028<0.10$。

对于发展环境的优劣顺序，求得数值见表 2-7。

表 2-7　3 个备选企业发展环境状况

发展环境 F_3	企业 A	企业 B	企业 C	优劣顺序
企业 A	1	1/5	1/3	0.110
企业 B	5	1	2	0.581
企业 C	3	1/2	1	0.309

注：$\lambda_{max}=3.003, CI=0.0015, RI=0.58, CR=0.008<0.10$。

对于技术进步潜力的优劣顺序，求得数值见表 2-8。

表 2-8　3 个备选企业技术进步潜力

技术进步潜力 F_4	企业 A	企业 B	企业 C	优劣顺序
企业 A	1	6	3	0.667
企业 B	1/6	1	1/2	0.111
企业 C	1/3	2	1	0.222

注：$\lambda_{max}=3, CI=0, RI=0.58, CR=0<0.10$。

对于组织管理状况的优劣顺序，求得数值见表 2-9。

表 2-9　3 个备选企业组织管理状况

组织管理状况 F_5	企业 A	企业 B	企业 C	优劣顺序
企业 A	1	1/9	1/5	0.060
企业 B	9	1	4	0.709
企业 C	5	1/4	1	0.231

注：$\lambda_{max}=3.071, CI=0.036, RI=0.58, CR=0.068<0.10$。

对于工艺—技术相关性的优劣顺序，求得数值见表 2-10。

表 2-10　3 个备选企业工艺—技术相关性

工艺—技术相关性 F_6	企业 A	企业 B	企业 C	优劣顺序
企业 A	1	1/7	1/3	0.088
企业 B	7	1	3	0.669
企业 C	3	1/3	1	0.248

注：$\lambda_{max}=3.006, CI=0.003, RI=0.58, CR=0.006<0.10$。

根据上述计算方法及其评定结果（全部通过一致性检验），计算企业兼并目标综合评价值见表 2-11。

表 2-11　3 个备选企业兼并目标综合评价值

评价指标	财务经济状况 F_1	产品市场需求状况 F_2	发展环境 F_3	技术进步潜力 F_4	组织管理状况 F_5	工艺—技术相关性 F_6	综合评价总排序
权重系数	0.288	0.160	0.029	0.093	0.263	0.167	—
企业 A	0.672	0.705	0.110	0.667	0.60	0.088	0.402
企业 B	0.063	0.084	0.581	0.111	0.709	0.669	0.357
企业 C	0.265	0.211	0.309	0.222	0.231	0.243	0.241

从最终综合评价结果可知，企业 A 的综合评价值最好，为 0.402，高于企业 B 和企业 C，所以，企业 A 是最佳兼并目标。

通过分析可以看出，层次分析法为企业兼并目标的选择的战略决策提供了有效的工具，具有一定的应用前景。兼并方通过自我评估，在不同环境条件下产生了各自的微观兼并动机，有的是为扩大市场，提高市场占有率；有的是为实现多种产品经营，降低风险等。不同的动机形成不同的目标选择标准，这在具体的可行性研究过程中是纷繁复杂的工作。而利用 AHP 方法使得上述过程变得简洁易行。值得注意的是，在具体的企业兼并活动运作过程中，层次分析法的应用应与企业兼并的系列决策配套执行。

二、在风险投资项目决策中的应用

风险投资是指通过一定的机构和方式向各类机构或个人筹集风险资本，然后将其投入具有高度不确定性的企业或项目，并以一定的方式参与所投资风险企业或项目的管理，期望通过实现项目的高成长率并最终通过出售股权等方式获得高额中长期收益的一种投资体系。其一般多以投资基金方式运作，运作的程序包括项目估价、项目决策、谈判和签订协议、辅导管理及退出四个阶段，其中以项目的评估与决策最为关键，因为它是整个风险投资程序的至关重要的第一阶段，也是提高风险资金利用效率和决定风险投资项目成功与否的关键。

风险投资项目的不确定性主要表现在以下几个方面，如项目的技术是否具有超前意识，是否可以实现，投资产品是否具有广阔的市场前景，市场占有率会有多大，产品的市场竞争能力如何等。而对于风险投资公司来说，在进行项目评估和选择时最希望看到如下情况：选择合适的企业家进行合作；风险企业在合适的时间拥有合适的技术；生产合适的产品；存在或能引导、创造合适的市场；能带着丰厚的回报和良好的声誉从风险企业退出。因此，风险投资公司在对项目进行评估时，需要从创业者素质、市场潜力、产品技术、公司管理、财务、国家政策环境等方面对投资项目进行综合评价。即项目目标的选择是一个多目标、多层次、结构复杂、因素众多的大系统，需要一种可将决策者的经验予以量化，将定性和定量相结合，并对决策对象进行优劣排序、筛选的多目标决策分析方法。层次分析法正是解决上述问题的有效方法。

根据对风险投资因素的分析，各个备选项目的评价主要包括以下几个方面。

(1) 技术 [F_1]

指的是技术开发方面的各种不确定因素，如技术难度、技术适用性、技术成熟性、技术配套性、技术生命周期等。

(2) 市场潜力 [F_2]

指难以确定的市场需求、产品竞争力、上市时机、市场扩展速度、潜在竞争者影响、产品替代性等。

(3) 管理 [F_3]

即人员素质与经验、领导判断与决策的科学化、企业组织合理性、项目管理机制等。

(4) 领导者素质 [F_4]

指创业者的专业知识水平、领导水平、能力、性格等。

确定了这些影响项目选择的评价准则，也就构造出如图 2-2 所示的层次结构分析模型。

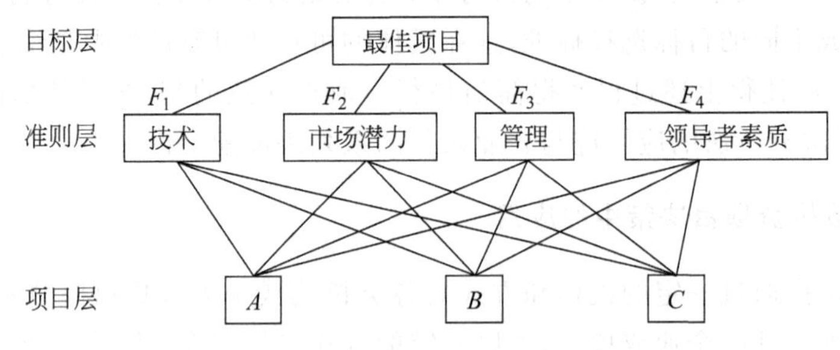

图 2-2 最佳项目层次结构图

这里，建立判断矩阵及其一致性检验(见表 2-12 至表 2-16)。

表 2-12 准则层判断矩阵

风险项目综合评价	F_1	F_2	F_3	F_4	重要性排序值
技术 F_1	1	1/5	3	1/9	0.077 4
市场潜力 F_2	5	1	6	1/4	0.251 8
管理 F_3	1/3	1/6	1	1/8	0.043 9
创业者素质 F_4	9	4	8	1	0.626 9

表 2-13 技术(F_1)的层次单排序

技术 F_1	A	B	C	排序结果
A	1	2	5	0.581 6
B	1/2	1	3	0.309 0
C	1/5	1/3	1	0.109 5

注：$\lambda_{max}=3.0037$，$CI=0.00185$，$CR=0.0036<0.10$。

表 2-14 市场潜力(F_2)的层次单排序

市场潜力 F_2	A	B	C	排序结果
A	1	3	1	0.428 6
B	1/3	1	1/3	0.142 8
C	1	3	1	0.428 6

注：$\lambda_{max}=2.9999$，$CI<0$，$CR=0.10$。

表 2-15 管理(F_3)的层次单排序

管理 F_3	A	B	C	排序结果
A	1	1	2	0.4
B	1	1	2	0.4
C	1/2	1/2	1	0.2

注：$\lambda_{max}=3$，$CI=0$，$CR=0<0.10$。

表 2-16 创业者素质(F_4)的层次单排序

创业者素质 F_4	A	B	C	排序结果
A	1	1/7	1/3	0.088
B	7	1	3	0.669 4
C	3	1/3	1	0.242 6

注：$\lambda_{max}=3.006$，$CI=0.003$，$CR=0.006<0.10$。

这样，我们可以得到层次总排序结果(见表 2-17)。

表 2-17 综合评价总排序

评价指标	技术 F_1	市场潜力 F_2	管理 F_3	创业者素质 F_4	综合评价总排序
权重系数	0.077 4	0.251 8	0.043 9	0.626 9	
A	0.581 6	0.428 6	0.4	0.088	0.225 6
B	0.309 0	0.142 8	0.4	0.669 4	0.496 8
C	0.109 5	0.428 6	0.2	0.242 6	0.277 5

从表 2-17 可以看出，项目 B 的综合评价最好，获评价值 0.496 8，高于 A 和 C，所以，B 项目是最佳选择。从分析可以看出，层次分析法为风险投资项目的评价与决策提供了有效的工具，其分析结果对于决策者来说，是一项非常有价值的参考。当然，影响风险投资项目评价决策还有许多其他不确定性因素，这里也只是选择了一些有代表性的影响因素进行了分析，在实际工作中，仍然要结合具体的情况对项目做出评价选择。该方法亦应与其他评价决策方法相结合，以尽可能地真正反映出风险投资项目的真实情况，从而为做出正确决策提供依据。

三、在物流中心选址中的应用

物流中心是处于枢纽或重要位置、具有完整的物流环节，并能将物流集散、信息和控制等功能实现一体化运作的物流节点。物流中心必须具有较大规模的物资集散或转运地点，如大型物资仓库、港口码头和空港等。由于物流中心规模庞大，地处要道，其建设和经营不仅会影响到周边地区，甚至整个城市的经济发展，并且对所处区域的生态环境等都会带来重大影响，因此，要考虑的因素往往很多，许多通常的方法使得选址过程十分复杂，难以采用。

采用层次分析法进行物流中心选址，即结合物流中心的职能及选址原则，考虑经济效益和社会效益，对多个选址方案进行逐一评价，寻求最佳的选址方案。该方法针对大量的不确定性、模糊性、随机性因素及其相互关系，提出了一种量化决策方法，并将定性与定量方法有机地结合起来，使复杂的决策问题清晰化，减少了定量计算的工作量和难度，节约了人力、物力，具有较强的实用性。

影响物流中心选址的因素很多，但这些因素可概括为经济效益和社会效益两个主要方面。满足经济效益是保证物流节点稳定运行和发挥最大效能的前提条件，而满足社会效益则是可持续发展的重要环节。在物流中心选址时，应适当设置在远离市中心区的地方，使得大城市的流通机能、道路交通状况能够得到改善，城市机能得以维持和增进。

按层次分析法对影响物流中心的影响因素进行归纳，其层次结构示意图如图 2-3 所示。

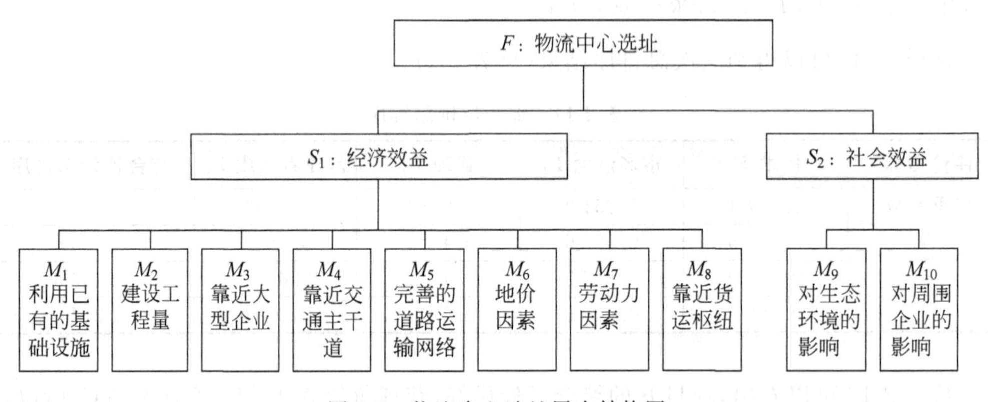

图 2-3　物流中心选址层次结构图

物流中心选址受到两个因素的影响，这里认为两个因素同等重要，故判断矩阵为 $\boldsymbol{A}=\begin{bmatrix}1 & 1\\1 & 1\end{bmatrix}$，特征向量 $\boldsymbol{W}=[0.5,0.5]^{\mathrm{T}}$，最大特征根 $\lambda_{\max}=2$。

根据图 2-3，我们可以分别建立起判断矩阵。这里仅给出判断矩阵 $\boldsymbol{S}_1$-$\boldsymbol{M}$（见表 2-18）与 $\boldsymbol{S}_2$-$\boldsymbol{M}$（见表 2-19）。

表 2-18　判断矩阵 S_1-M

S_1	M_1	M_2	M_3	M_4	M_5	M_6	M_7	M_8
M_1	1	1/3	1/5	1/7	1/7	1/7	3	1/5
M_2	3	1	1/3	1/7	1/7	1/5	5	1/3
M_3	5	3	1	1/3	1/3	1/3	6	1
M_4	7	7	3	1	1	2	7	2
M_5	7	7	3	1	1	2	7	2
M_6	7	5	3	1/2	1/2	1	6	2
M_7	1/3	1/5	1/6	1/7	1/7	1/6	1	1/5
M_8	5	3	1	1/2	1/2	1/2	5	1

表 2-19　判断矩阵 S_2-M

S_2	M_9	M_{10}
M_9	1	3
M_{10}	1/3	1

求得特征向量 $\boldsymbol{W}=[0.032,0.053,0.104,0.246,0.246,0.181,0.023,0.116]^{\mathrm{T}}$，最大特征根 $\lambda_{\max}=8.508$。$CI=0.072$，$RI=1.41$，$CR=0.051<0.10$。

通过计算，特征向量 $\boldsymbol{W}=[0.75,0.25]^{\mathrm{T}}$，最大特征根 $\lambda_{\max}=2$。

最后，我们得到层次总排序，以求得各因素 M 对总目标 F 的权值计算为：

$$\boldsymbol{W}=[0.016,0.026,0.052,0.123,0.123,0.0905,0.0115,0.058,0.375,0.125]^{\mathrm{T}}$$

即在物流中心选址中，重要性排序为：对生态环境的影响，对周围企业的影响，靠近交通主干道/完善的道路运输网络，地价因素，靠近货运枢纽，靠近大型企业，建设工程量，利用已有的基础设施，劳动力因素。

在具体应用时，应当根据具体情况进行分析，并提出具体方案。在选择了具体方案之后，还应当继续排序和一致性检验，从而得出最终的方案。

四、在企业技术创新能力评价中的应用

企业是国民经济的支柱，又是技术创新的主体，企业技术创新能力如何，直接关系到国民经济的发展前景。技术创新是指企业家抓住市场的潜在盈利机会，以获取商业利益为目标，重新组织生产条件和要素，建立起效能更强、效率更高和费用更低的生产经营系统，从而推出新的产品、新的生产(工艺)方法、开辟新的市场、获得新的原材料或半成品供给来源或建立企业的新的组织，包括科技、组织、商业和金融等一系列活动的综合过程。

企业技术创新能力评价指标体系是对企业技术创新能力进行准确、翔实的评价，体现企业技术创新活动的优势和不足，从而使企业有针对性地进行技术创新活动，并为之提供决策

的依据。评价指标体系的设立应从多方面、多角度、多层次予以考虑，同时，在建立评价指标体系时还要遵循以下几个基本原则：简明易操作性、信息的相关性与准确性、层次性与集结性。

根据以上建立企业技术创新能力评价指标的目的和构建指标体系所遵循的原则，这里把技术创新能力分解为：资源投入能力、创新管理能力、研究开发能力和创新产出能力。

（1）资源投入能力

是指企业投入技术创新资源的数量和质量。资源投入能力可以从 R&D 投入强度、R&D 人员素质、R&D 设备净值、非 R&D 投入额和技术购买额指标反映。

（2）创新管理能力

是衡量企业从整体上、战略上安排技术创新和组织管理创新活动的能力。它主要由创新战略、创新机制的效率、管理人员比例、管理人员素质指标反映。

（3）研究开发能力

是衡量企业的基础研究、应用研究和开发研究以及对引进技术的消化吸收和再创新的能力。它包括专利拥有数、自主创新产品率、开发时间和对引进技术的改造指标。

（4）创新产出能力

从产出的角度衡量企业技术创新的效益，评价企业技术创新能力要素组合的效果。它分别从成本降低率、净收益率和产品市场占有率指标反映。

进而我们可以得出层次排序模型（见图 2-4）。

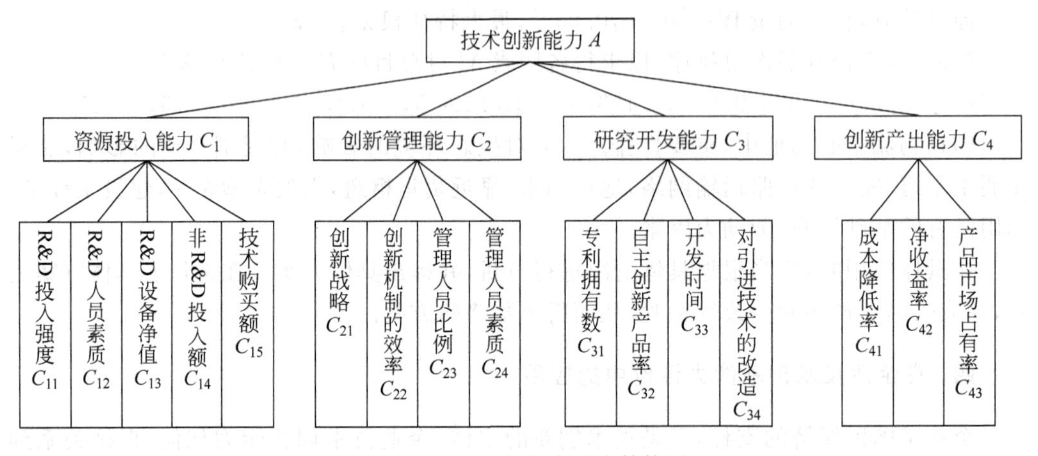

图 2-4 技术创新能力层次结构图

这里为了简单起见，我们直接给出相关判断矩阵的权值（其一致性通过了检验）。如下：

$WC_i = (C_1, C_2, C_3, C_4) = (0.2071, 0.1210, 0.5036, 0.1683)$

$WC_{1j} = (C_{11}, C_{12}, C_{13}, C_{14}, C_{15}) = (0.3211, 0.2219, 0.0935, 0.2577, 0.1069)$

$WC_{2j} = (C_{21}, C_{22}, C_{23}, C_{24}) = (0.4034, 0.2575, 0.1767, 0.1691)$

$WC_{3j} = (C_{31}, C_{32}, C_{33}, C_{34}) = (0.2719, 0.2616, 0.2088, 0.2646)$

$WC_{4j} = (C_{41}, C_{42}, C_{43}) = (0.1834, 0.3142, 0.4956)$

最后，可以得到如表 2-20 的数据。

表 2-20　技术创新能力层次总排序权值

指　标	权数 WC_i	子指标	权数 WC_{ij}	W_{ij}
资源投入能力 C_1	0.207 1	R&D 投入强度	0.321 1	0.066
		R&D 人员素质	0.221 9	0.046
		R&D 设备净值	0.093 5	0.019
		非 R&D 投入额	0.257 7	0.053
		技术购买额	0.106 9	0.022
创新管理能力 C_2	0.121 0	创新战略	0.403 4	0.049
		创新机制的效率	0.257 5	0.031
		管理人员比例	0.176 7	0.021
		管理人员素质	0.169 1	0.020
研究开发能力 C_3	0.503 6	专利拥有数	0.271 9	0.137
		自主创新产品率	0.261 6	0.132
		开发时间	0.208 8	0.105
		对引进技术的改造	0.264 6	0.133
创新产出能力 C_4	0.168 3	成本降低率	0.183 4	0.031
		净收益率	0.314 2	0.053
		产品市场占有率	0.495 6	0.083

通过表 2-20 我们可以看出，企业技术创新能力相关因素的重要性排序结果为：专利拥有数，对引进技术的改造，自主创新产品率，开发时间，产品市场占有率，R&D 投入强度，非 R&D 投入额，净收益率，创新战略，R&D 人员素质，创新机制的效率，成本降低率，技术购买额，管理人员比例，管理人员素质，R&D 设备净值。

技术创新能力评价是一个非常复杂的问题，尤其是评价指标体系的设立以及各指标权重系数的确定。不同组织形式的企业、不同行业的企业以及不同地区的企业的技术创新能力评价指标体系都不尽相同。在运用 AHP 法分析企业技术创新能力相关因素重要性时，要结合本企业的实际情况，构建出能够反映企业自身特点的评价指标体系。在进行专家评判时，应尽量多地征求不同专家的意见，避免少数人的主观偏好对结果准确性的影响。只有这样才能达到通过 AHP 分析来辅助决策者，保持其思维过程和决策原则的一致性。

五、在企业经济效益综合评价中的应用

在社会主义市场经济条件下，企业经济效益已成为投资者和生产经营者越来越关注的问题。那么，应如何科学地、准确地评价企业经济效益的优劣呢？企业的经济效益受众

多因素的影响，若采用传统的指标和方法进行评价，很难从总体上对经济效益做出全面的、客观的、综合的结论。例如，要比较不同企业或同一企业不同时期的经济效益，往往会出现一个企业甲指标完成较好，乙指标完成较差，而另一个企业甲指标完成较差，乙指标完成较好，这时要明确到底谁比谁更好些就十分困难，为此，可采用层次分析法对企业经济效益进行综合评价。

利用层次分析法对企业经济效益进行综合评价时，首先要确定反映企业经济效益的指标体系，并根据总目标的要求和指标的性质建立经济效益综合评价的层次结构。反映企业经济效益的指标体系可选用财政部1995年起采用的企业经济效益评价指标体系。该体系从企业盈利能力、偿债能力和对国家或社会的贡献能力三个方面对企业经济效益进行评价，共涉及10项指标。

企业盈利能力指标包括销售利润率、总资产报酬率、资本收益率和资本保值增值率四项指标。销售利润率反映企业总体盈利水平；总资产报酬率和资本收益率既反映全部资产获利能力又反映投资者投入资本的收益水平；资本保值增值率主要反映投资者投入资本的保全性。

企业偿债能力指标包括资产负债率、流动比率、应收账款周转率和存货周转率四项指标。资产负债率反映企业负债水平的高低情况；流动比率反映企业的短期支付能力；应收账款周转率反映企业销售出去产品能否及时回收货款；存货周转率反映企业存货是否既满足生产经营需要，又能及时变现。

对国家或社会贡献指标包括社会贡献率和社会积累率两项指标。社会贡献率反映企业运用全部资产为国家或社会创造或支付价值的能力；社会积累率反映企业社会贡献总额中多少用于上缴国家财政。

根据上述指标，建立的经济效益综合评价层次结构如图2-5所示。

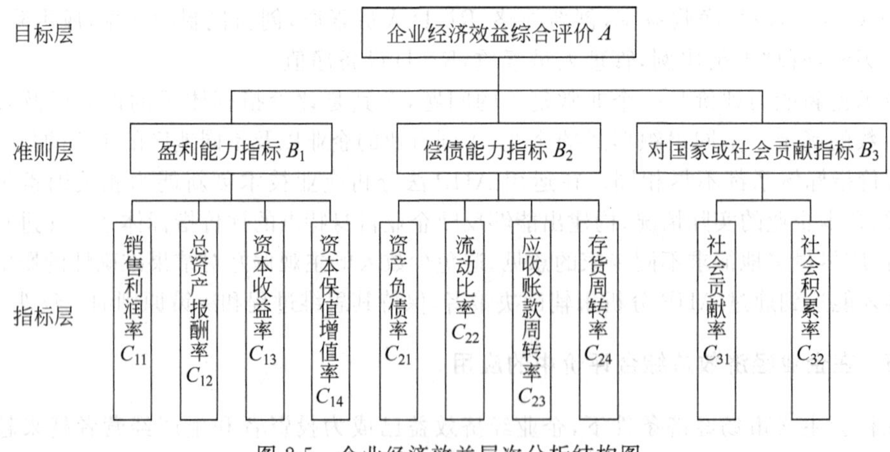

图2-5 企业经济效益层次分析结构图

根据专家评判及其统计数据，构造出的判断矩阵如表 2-21 至表 2-24，一致性检验结果附后。

表 2-21　判断矩阵 A-B

A	B_1	B_2	B_3	权值
B_1	1	2	5	0.581 5
B_2	1/2	1	3	0.309
B_3	1/5	1/3	1	0.109 5

注：$\lambda_{max}=3.0037$，$CI=0.00196$，$RI=0.58$，$CR=0.0033<0.10$。

表 2-22　判断矩阵 B_1-C

B_1	C_{11}	C_{12}	C_{13}	C_{14}	权值
C_{11}	1	2	2	3	0.423 6
C_{12}	1/2	1	1	2	0.227 1
C_{13}	1/2	1	1	2	0.227 1
C_{14}	1/3	1/2	1/2	1	0.122 3

注：$\lambda_{max}=4.0104$，$CI=0.0035$，$RI=0.90$，$CR=0.0039<0.10$。

表 2-23　判断矩阵 B_2-C

B_2	C_{21}	C_{22}	C_{23}	C_{24}	权值
C_{21}	1	1/5	1/3	1/3	0.078 1
C_{22}	5	1	3	3	0.522 3
C_{23}	3	1/3	1	1	0.199 8
C_{24}	3	1/3	1	1	0.199 8

注：$\lambda_{max}=4.0435$，$CI=0.0145$，$RI=0.90$，$CR=0.0161<0.10$。

表 2-24　判断矩阵 B_3-C

B_3	C_{31}	C_{32}	权值
C_{31}	1	1	0.078 1
C_{32}	1	1	0.522 3

注：$\lambda_{max}=2$，$CI=0$，$RI=0$。

由判断矩阵可求得层次单排序为：

$$(a_1,a_2,a_3)=(0.5815,0.309,0.1095)$$

$$b_1=(0.4234,0.2271,0.2271,0.1223)$$

$$b_2=(0.0781,0.5223,0.1998,0.1998)$$

$$b_3=(0.5,0.5)$$

同理，可求得层次总排序为：

$$W_1 = (0.2463, 0.1321, 0.1321, 0.0711)$$

$$W_2 = (0.0241, 0.1614, 0.0617, 0.0617)$$

$$W_3 = (0.0548, 0.0548)$$

最后给出经济效益综合评价模型

$$\boldsymbol{R} = \boldsymbol{W} \times \boldsymbol{Y}$$

式中：$\boldsymbol{R}=(r_1, r_2, \cdots, r_n)$为 n 个企业的经济效益综合评价结果向量；

$\boldsymbol{W}=(W_1, W_2, \cdots, W_m)$为 m 个评价指标的权向量；

$\boldsymbol{Y}=(y_{ij})_{m\times n}$为 n 个企业各项指标的无量纲化数据矩阵。

按 r_j 的大小将企业排序，r_j 越大企业的综合经济效益越好。

这里给出的经济效益综合评价方法既可以用于横向比较，即对不同企业的经济效益进行排序，也可用于纵向比较，即对某一企业若干年的经济效益情况进行排序。该方法具有合理有效、易于操作的特点。

参 考 文 献

[1] 赵焕臣，许树柏，和金生. 层次分析法——一种简易的新决策方法. 北京：科学出版社，1986

[2] 李宝山. 管理系统工程. 北京：中国人民大学出版社，2004

[3] 杜栋. AHP 判断矩阵一致性问题的数学变换解决方法. 决策科学与应用，北京：海洋出版社，1996：99-104

[4] 杜栋. 论 AHP 的标度评价. 运筹与管理，2000，9(4)：42-45

[5] 杜栋. 基于 0.1—0.9 标度的 AHP 再研究. 系统工程与电子技术，2001，23(5)：36-38

[6] 周枫. 层次分析法在企业兼并目标选择决策中的应用. 统计与决策，1996，(3)：15-16

[7] 沈良峰，樊相如. 基于层次分析法的风险投资项目评价与决策. 基建优化，2002，23(4)：20-22

[8] 傅新平，邹珺. 层次分析法在物流中心选址中的应用. 世界海运，2002，25(8)：23-24

[9] 史鸿. 企业技术创新能力相关因素重要性排序分析. 中国地质大学学报(社会哲学版)，2003，3(1)：34-36

[10] 姚庆国，杨传印. 层次分析法在企业经济效益综合评价中的应用. 煤炭经济研究，2000(6)：21-23

第三章 模糊综合评判法

第一节 模糊综合评判法的思想和原理

在客观世界中，存在着大量的模糊概念和模糊现象。

一个概念和与其对立的概念无法划出一条明确的分界，它们是随着量变逐渐过渡到质变的。例如“年轻”和“年老”就是如此，人们无法划出一条严格的年龄界限来区分“年轻”和“年老”。生活中，类似这样的事例很多，“高与矮”“胖与瘦”“美与丑”等，这些没有确切界限的对立概念都是所谓的模糊概念。

凡涉及模糊概念的现象被称为模糊现象。现实生活中的绝大多数现象，存在着中间状态，并非非此即彼，表现出亦此亦彼，存在着许多甚至无穷多的中间状态。模糊性是事物本身状态的不确定性，或者说是指某些事物或者概念的边界不清楚，这种边界不清楚，不是由于人的主观认识达不到客观实际所造成的，而是事物的一种客观属性，是事物的差异之间存在着中间过渡过程的结果。

模糊数学就是试图利用数学工具解决模糊事物方面的问题。1965 年，美国加州大学的控制论专家扎德根据科技发展的需要，经过多年的潜心研究，发表了一篇题为《模糊集合》的重要论文，第一次成功地运用精确的数学方法描述了模糊概念，从而宣告了模糊数学的诞生。从此，模糊现象进入了人类科学研究的领域。

模糊数学着重研究“认知不确定”类的问题，其研究对象具有“内涵明确，外延不明确”的特点。模糊数学的产生把数学的应用范围，从精确现象扩大到模糊现象的领域，去处理复杂的系统问题。模糊数学绝不是把已经很精确的数学变得模模糊糊，而是用精确的数学方法来处理过去无法用数学描述的模糊事物。从某种意义上来说，模糊数学是架在形式化思维和复杂系统之间的一座桥梁，通过它可以把多年积累起来的形式化思维，也就是精确数学的一系列成果，应用到复杂系统里去。

模糊数学的出现，给我们研究那些复杂的、难以用精确的数学描述的问题带来了方便而又简单的方法。国际上有人说它是“异军突起”。也正是因为这点，模糊数学才能渗透到各个领域里去，并且显示出强大的生命力。

我们知道，一个事物往往需要用多个指标刻画其本质与特征，并且人们对一个事物的评价又往往不是简单的好与不好，而是采用模糊语言分为不同程度的评语。由于评价等级之间的关系是模糊的,没有绝对明确的界限,因此具有模糊性。显而易见,对于这类模糊评价问题,利用经典的评价方法存在着不合理性。那么用什么办法解决这类问题呢?应用模糊数学的方法进行综合评判将会取得更好的实际效果。

模糊综合评价是借助模糊数学的一些概念,对实际的综合评价问题提供一些评价的方法。具体地说,模糊综合评价就是以模糊数学为基础,应用模糊关系合成的原理,将一些边界不清、不易定量的因素定量化,从多个因素对被评价事物隶属等级状况进行综合性评价的一种方法。

应用模糊集合论方法对决策活动所涉及的人、物、事、方案等进行多因素、多目标的评价和判断,就是模糊综合评判。模糊综合评判作为模糊数学的一种具体应用方法,最早是由我国学者汪培庄提出的。其基本原理是:首先确定被评判对象的因素(指标)集和评价(等级)集;再分别确定各个因素的权重及它们的隶属度向量,获得模糊评判矩阵;最后把模糊评判矩阵与因素的权向量进行模糊运算并进行归一化,得到模糊评价综合结果。可见,评判过程是由着眼因素和评语构成的二要素系统。着眼因素和评语一般都有模糊性,不宜用精确的数学语言描述。

模糊综合评判方法是在模糊环境下,考虑多种因素的影响,为了某种目的对一事物做出综合决策的方法。它的特点在于,评判逐对象进行,对被评价对象有唯一的评价值,不受被评价对象所处对象集合的影响。综合评价的目的是要从对象集中选出优胜对象,所以还需要将所有对象的综合评价结果进行排序。所以,模糊综合评判法也将针对评判对象的全体,根据所给的条件,给每个对象赋予一个非负实数——评判指标,再据此排序择优。

本方法虽然利用了模糊数学理论,但并不高深,也不复杂,容易为人们所掌握和使用。可以说,其优点是:数学模型简单,容易掌握,对多因素、多层次的复杂问题评判效果比较好,是别的数学分支和模型难以代替的方法。这种模型应用广泛。

第二节 模糊综合评判法的模型和步骤

一、确定评价因素和评价等级

设$U=\{u_1,u_2,\cdots,u_m\}$为刻画被评价对象的m种因素(即评价指标);

$V=\{v_1,v_2,\cdots,v_n\}$为刻画每一因素所处的状态的n种决断(即评价等级)。

这里,m为评价因素的个数,由具体指标体系决定;n为评语的个数,一般划分为3~5个等级。

二、构造评判矩阵和确定权重

首先对着眼因素集中的单因素 $u_i(i=1,2,\cdots,m)$ 作单因素评判，从因素 u_i 着眼该事物对抉择等级 $v_j(j=1,2,\cdots,n)$ 的隶属度为 r_{ij}，这样就得出第 i 个因素 u_i 的单因素评判集：

$$r_i=(r_{i1},r_{i2},\cdots,r_{in})$$

这样 m 个着眼因素的评价集就构造出一个总的评价矩阵 $\boldsymbol{R}$。即每一个被评价对象确定了从 U 到 V 的模糊关系 $\boldsymbol{R}$，它是一个矩阵：

$$\boldsymbol{R}=(r_{ij})_{m\times n}=\begin{bmatrix} r_{11} & r_{12} & \cdots & r_{1n} \\ r_{21} & r_{22} & \cdots & r_{2n} \\ \vdots & \vdots & \vdots & \vdots \\ r_{m1} & r_{m2} & \cdots & r_{mn} \end{bmatrix}$$

其中 r_{ij} 表示从因素 u_i 着眼，该评判对象能被评为 v_j 的隶属度（$i=1,2,\cdots,m$；$j=1,2,\cdots,n$）。具体地说，r_{ij} 表示第 i 个因素 u_i 在第 j 个评语 v_j 上的频率分布，一般将其归一化使之满足 $\sum r_{ij}=1$。这样，$\boldsymbol{R}$ 矩阵本身就是没有量纲的，不需作专门处理。

一般来说，主观或定性的指标都具有一定程度的模糊性，可以采用等级比重法。用等级比重确定隶属矩阵的方法，可以满足模糊综合评判的要求。用等级比重法确定隶属度时，为了保证可靠性，一般要注意两个问题：第一，评价者人数不能太少，因为只有这样，等级比重才趋于隶属度；第二，评价者必须对被评事物有相当的了解，特别是一些涉及专业方面的评价，更应该如此。对于客观和定量指标，可以选用频率法。频率法是先划分指标值在不同等级的变化区间，然后以指标值的历史资料在各等级变化区间出现的频率作为对各等级模糊子集的隶属度。这种方法操作方便，工作量小，但是比较粗糙，指标值的等级区间划分会影响评价结果。

得到这样的模糊关系矩阵，尚不足以对事物做出评价。评价因素集中的各个因素在“评价目标”中有不同的地位和作用，即各评价因素在综合评价中占有不同的比重。拟引入 U 上的一个模糊子集 $\boldsymbol{A}$，称权重或权数分配集，$\boldsymbol{A}=(a_1,a_2,\cdots,a_m)$，其中 $a_i\gg 0$，且 $\sum a_i=1$。它反映对诸因素的一种权衡。

权数乃是表征因素相对重要性大小的量度值。常见的评价问题中的赋权数，一般多凭经验主观臆测，富有浓厚的主观色彩。在某些情况下，主观确定权数尚有客观的一面，一定程度上反映了实际情况，评价的结果有较高的参考价值。但是主观判断权数有时严重地扭曲了客观实际，使评价的结果严重失真而有可能导致决策者的错误判断。在某些情况下，确定权数可以利用数学的方法（如层次分析法），尽管数学方法掺杂有主观性，但因数学方法严格的逻辑性而且可以对确定的“权数”进行“滤波”和“修复”处理，以尽量剔除主观成分，符合客观现实。

这样，在这里就存在两种模糊集，以主观赋权为例，一类是标志因素集 U 中各元素在人们心目中的重要程度的量，表现为因素集 U 上的模糊权重向量 $\boldsymbol{A}=(a_1,a_2,\cdots,a_m)$；另一类是 $U\times V$ 上的模糊关系，表现为 $m\times n$ 模糊矩阵 $\boldsymbol{R}$。这两类模糊集都是人们价值观念或者偏好结构的反映。

三、进行模糊合成和做出决策

$\boldsymbol{R}$ 中不同的行反映了某个被评价事物从不同的单因素来看对各等级模糊子集的隶属程度。用模糊权向量 $\boldsymbol{A}$ 将不同的行进行综合，就可得到该被评事物从总体上来看对各等级模糊子集的隶属程度，即模糊综合评价结果向量。

引入 V 上的一个模糊子集 B，称模糊评价，又称决策集，即 $B=(b_1,b_2,\cdots,b_n)$。

如何由 $\boldsymbol{R}$ 与 $\boldsymbol{A}$ 求 B 呢？一般地令 $B=\boldsymbol{A}*\boldsymbol{R}$（$*$ 为算子符号），称之为模糊变换。

这个模型看起来很简单，但实际上较为复杂。给予不同的模糊算子，就有不同的评价模型。

从理论上而言，上述的广义模糊合成运算有无穷多种，但在实际应用中，经常采用的具体模型有几种。关于 B 的求法，最早的合成运算采用查德算子（主因素突出型）。但当评价因素较多时，由于 a_i 很小，评判结果得到的 b_j 反映不出实际情况，失掉了综合评价的意义。因此，应用查德算子作综合评判，往往得到的结果与实际情况相差很大。为了克服这一缺点，人们常常根据实际情况采用其他类型的“与”、“或”算子，或者将两种类型的算子搭配使用。当然，最简单的是普通矩阵乘法（即加权平均法），这种模型要让每个因素都对综合评价有所贡献，比较客观地反映了评价对象的全貌。这时的算子为普通积，所以，它是一个很容易理解、很容易接受的合成方法。在实际问题中，我们不一定仅限于已知的算子对，应该依据具体的情形，采用合适的算子对，可以大胆试验、大胆创新。只要采用的算子对一方面抓住实际问题的本质，获得满意的效果；另一方面保证满足 $0\leqslant b_j<1$ 即可。

如果评判结果 $\sum b_j\neq 1$，应将它归一化。

b_j 表示被评价对象具有评语 v_j 的程度。各个评判指标，具体反映了评判对象在所评判的特征方面的分布状态，使评判者对评判对象有更深入的了解，并能作各种灵活的处理。如果要选择一个决策，则可选择最大的 b_j 所对应的等级 v_j 作为综合评判的结果。

B 是对每个被评判对象综合状况分等级的程度描述，它不能直接用于被评判对象间的排序评优，必须要更进一步的分析处理，待分析处理之后才能应用。通常可以采用最大隶属度法则对其处理，得到最终评判结果。此时，我们只利用了 $b_j(j=1,2,\cdots,n)$ 中的最大者，没有充分利用 B 所带来的信息。为了充分利用 B 所带来的信息，可把各种等级的评级参数和评判结果 B 进行综合考虑，使得评判结果更加符合实际。此时，我们可假设相对于各等级 v_j 规定的参数列向量为：

$$\boldsymbol{C}=(c_1,c_2,\cdots,c_n)^{\mathrm{T}}$$

则得出等级参数评判结果为：

$$B*\boldsymbol{C}=p$$

p 是一个实数。它反映了由等级模糊子集 B 和等级参数向量 $\boldsymbol{C}$ 所带来的综合信息，在许多实际应用中，它是十分有用的综合参数。

四、实例分析与步骤总结

某服装厂生产某种服装，欲了解顾客对该种服装的欢迎程度。顾客是否喜欢这种服装，与这种服装的花色、样式、价格、耐用度和舒适度等因素有关。现采用模糊综合评判法来确定顾客的欢迎程度。

1. 确定模糊综合评判因素集

影响对服装评判的因素，主要是以上提到的几方面，故因素集为：

$$U=\{花色,样式,价格,耐用度,舒适度\}$$

2. 建立综合评判的评价集

综合评判的目的是弄清楚顾客对衣服各方面的欢迎程度，因此，评价集应为：

$$V=\{很欢迎,欢迎,一般,不欢迎\}$$

3. 进行单因素模糊评判，并求得评判矩阵 $\boldsymbol{R}$

单独从上述各个因素出发，对服装进行评判，分别得单因素评判集为：

$$R_1=(0.2,0.5,0.3,0.0)$$

$$R_2=(0.1,0.3,0.5,0.1)$$

$$R_3=(0.0,0.1,0.6,0.3)$$

$$R_4=(0.0,0.4,0.5,0.1)$$

$$R_5=(0.5,0.3,0.2,0.0)$$

由此得评判矩阵为：

$$\boldsymbol{R}=\begin{bmatrix}0.2 & 0.5 & 0.3 & 0.0\\0.1 & 0.3 & 0.5 & 0.1\\0.0 & 0.1 & 0.6 & 0.3\\0.0 & 0.4 & 0.5 & 0.1\\0.5 & 0.3 & 0.2 & 0.0\end{bmatrix}$$

4. 建立评判模型，进行综合评判

对某种服装的评判，由于男、女、老、幼各有所好，观点不尽相同，各消费层次的人观点也不尽相同，对各因素的侧重也不会一样，因此，对不同的人群，权数集是不同的。现假设我们选定某类男顾客。经了解，他们比较侧重于舒适度和耐用度，而不太讲究花色和样式，对各因素的权数可确定如下：

$$A=(0.10,0.10,0.15,0.30,0.35)$$

于是，评判模型为：

$$B=A*\boldsymbol{R}$$

$$=(0.10,0.10,0.15,0.30,0.35)*\begin{bmatrix}0.2 & 0.5 & 0.3 & 0.0\\0.1 & 0.3 & 0.5 & 0.1\\0.0 & 0.1 & 0.6 & 0.3\\0.0 & 0.4 & 0.5 & 0.1\\0.5 & 0.3 & 0.2 & 0.0\end{bmatrix}$$

$$=(0.35,0.30,0.30,0.15)$$

5. 评判指标处理

采用模糊分布法，将上述评判指标归一化得：

$$B'=(0.32,0.27,0.27.0.15)$$

这一评判结果表明：这种服装在男顾客中，32%的人"很欢迎"，27%的人"欢迎"，27%的人态度"一般"，14%的人"不欢迎"。

如果评判者是女顾客，由于她们特别看中花色和样式，故各因素的权重为：

$$A=(0.30,0.35,0.10,0.10,0.05)$$

则综合评判的结果为：

$$B=(0.20,0.30,0.35,0.10)$$

将上述评判指标归一化得：

$$B'=(0.21,0.315,0.37,0.105)$$

这表明，这种服装在女顾客中，21%的人"很欢迎"，31.5%的人"欢迎"，37%的人态度"一般"，10.5%的人"不欢迎"。

以上可见，模糊综合评价可以归纳为如下几个步骤。

(1) 给出备择的对象集：$X=(x_1,x_2,\cdots,x_t)$

(2) 找出因素集(或称指标集)：$U=\{u_1,u_2,\cdots,u_m\}$。表明我们对被评判事物从哪些方面来进行评判描述。

(3) 找出评语集(或称等级集)：$V=\{v_1,v_2,\cdots,v_n\}$。这实际上是对被评判事物变化区间的一个划分。

(4) 确定评判矩阵：$\boldsymbol{R}=(r_{ij})_{m\times n}$

先通过调查统计确定单因素评价向量。调查的人数要足够多且具有代表性。然后由各单因素评价向量得到评价模糊矩阵。r_{ij} 在实际的应用处理中有许多方法来确定，但不论如何确定 r_{ij}，都必须本着实事求是的原则，因为它是评判的基础环节。

(5) 确定权数向量：$\mathbf{A}=(a_1,a_2,\cdots,a_m)$

这实际上是指人们在评判事物时，依次着重于哪些指标。一种是由具有权威性的专家及具有代表性的人按因素的重要程度来商定；另一种方法是通过数学方法来确定。现在通常是凭经验给出权重，不可否认，这在一定程度上能反映实际情况，评判结果也比较符合实际。但是凭经验给出权重又往往带有主观性，有时不能客观地反映实际情况，评判结果可能“失真”。因此，这是一个值得关注和研究的问题。

(6) 选择适当的合成算法

常用的是两种算法：加权平均型和主因素突出型。这两种算法总的来说，结果大同小异。注意这两种算法的特点：加权平均型算法常用在因素集很多的情形，它可以避免信息丢失；主因素突出型算法常用在所统计的模糊矩阵中的数据相差很悬殊的情形，它可以防止其中“调皮”的数据的干扰。在实际的应用中，人们应注意，对于适宜模糊综合评判的算子来说，是现实问题的性质决定算子的选择，而不是算子决定现实问题的性质。

(7) 计算评判指标

模糊综合评价的结果是被评事物对各等级模糊子集的隶属度，它一般是一个模糊向量，而不是一个点值，因而它能提供的信息比其他方法更丰富。若对多个事物比较并排序，就需要进一步处理，即计算每个评价对象的综合分值，按大小排序，按序择优。将综合评价结果 B 转换为综合分值，于是可依其大小进行排序，从而挑选出最优者。

注意：在复杂系统中，由于要考虑的因素很多，并且各因素之间往往还有层次之分。在这种情况下，如果仍用前面所述的综合评判的初始模型，则难以比较系统中事物之间的优劣次序，得不出有意义的评判结果。我们在实际应用中，如果遇到这种情形时，可把着眼因素集合 U 按某些属性分成几类，先对每一类(因素较少)做综合评判，然后再对评判结果进行“类”之间的高层次的综合评判。

最后指出，通过编制程序，其中的计算过程由计算机能很快完成。

第三节　模糊综合评判法的应用案例

一、在中小企业融资效率评价中的应用

经济发展的实践已证明，中小企业是社会经济体系中的重要组成部分，它对各国的经济发展、财政税收、劳动就业、技术创新、出口创汇起着极其重要的作用。世界上经济发展较为成功的国家(尤其是我国)无不对中小企业给予高度重视。融资作为中小企业发展中的“瓶颈”问题，已成为我国政府，甚至各国政府的重要研究课题。融资效率及效率的评价指标都是不确定的概念，即具有模糊性，只能应用模糊数学的方法去研究。这里运用模糊

系统方法，对中小企业融资效率问题进行了综合评价，希望能对中小企业融资问题的解决有所启示。

1. 融资效率评价的数学模型

(1) 建立因素集

影响融资效率的各种因素构成的集合称为因素集，它是一个普通集合，用U表示：

$$U=\{u_1,u_2,u_3,\cdots,u_m\}$$

这里选取五个因素构成企业融资效率模糊评价的因素集，这五个因素为：u_1——融资成本；u_2——资金利用率；u_3——融资机制规范制度；u_4——融资主体自由度；u_5——清偿能力。

(2) 建立权重集

为了反映各因素的重要程度，对各个因素U应分配给一个相应的权数a_i，$j=1,2,\cdots,m$，通常要求a_i满足：$a_i\geqslant 0$；$\sum a_i=1$，于是，由各权重a_i组成U上的一个模糊集合A，称A为权重集。为了使权重分配合理，根据专家评议法来进行确定，结果如下：

$$A=(0.30,0.25,0.20,0.15,0.10)$$

(3) 建立评价集

评价集是评价者对评价对象可能做出的各种总的评价结果组成的集合。用V表示：

$$V=\{v_1,v_2,\cdots,v_n\}$$

其中v_i代表第i个评价结果，n为总的评价结果数。为了使对融资效率的评价简洁、直观，在此只选取两个评价结果建立评价集：$V=\{$高，低$\}$。

(4) 单因素模糊评价

单独从一个因素出发进行评价，以确定评价对象对评价集合V的隶属程度，称为单因素模糊评价。设评价对象按因素集U中的第i个因素u_i进行评价，对评价集V中第j个元素v_j的隶属度为r_{ij}，则按U_i的评价结果可用模糊集合表示：

$$R_i=(r_{i1},r_{i2},\cdots,r_{in})$$

单因素模糊评价是进行综合评价的关键，通常是通过调查统计法或称模糊统计法进行的。

对所有因素都进行分别评价后，即可得矩阵：

$$\boldsymbol{R}=\begin{bmatrix}R_1\\R_2\\\vdots\\R_m\end{bmatrix}=\begin{bmatrix}r_{11}&r_{12}&\cdots&r_{1n}\\r_{21}&r_{22}&\cdots&r_{2n}\\\vdots&\vdots&\vdots&\vdots\\r_{m1}&r_{m2}&\cdots&r_{mn}\end{bmatrix}$$

$\boldsymbol{R}$称为单因素评价矩阵，总可以看作因素集U和评价集V之间的一种模糊关系，即影响因素与评价对象之间的“合理关系”。

(5) 多因素模糊评价

将单因素评价矩阵分别与权重集进行模糊变换，即得模糊综合评价模型：$B=A\circ \boldsymbol{R}$。这里，“$\circ$”表示 A 与 $\boldsymbol{R}$ 的一种合成方法，即模糊算子的组合。模糊算子有多种组合，不同的组合构成不同的评价模型。

2. 融资效率的模糊综合评价

这里先对融资成本、资金利润率、融资机制规范度、融资主体自由度和清偿能力这5个因素分别进行分析，以确定在不同融资方式下各因素对融资效率影响程度高低的隶属度，然后再分别对各单因素评价矩阵与权重集进行模糊变换，求出评价结果，从而得出评价结论。

(1) 资金成本

资金成本与融资效率成反比，资金成本高则融资效率低。对资金成本来说，股权融资的资金成本在各种融资方式中是最高的，这一点是被经济社会所普遍接受的。因此，在资金成本上，股权融资的效率是最低的，股权融资在考虑资金成本时，融资效率低的隶属度为1；反之，股权融资资金成本效率高的隶属度为0，也就是说没有人认为股权融资的资金成本效率高。

因为有税盾效应，债权融资与股权融资相比是低的，但在众多资金来源中，债权融资的资金成本并不是最低的，因为还有不需要成本的资金来源，如财政拨款、捐赠等，以及融资成本比它低的内部融资。因此，我们将债权融资资金成本效率高的隶属度定为0.7；反之，将债权融资资金成本效率低的隶属度定为0.3。

内部融资是企业将自己的利润转化为积累，用马克思的话来说即“剩余价值的资本化”。这种融资方式表面上不需要付出代价，不会产生成本，但实际上也有成本问题。如机会成本，企业在将利润转化为资本之前，能够作为资本进入市场求得增值。放弃这种增值机会，就是内部融资的机会成本。又如税收成本，我国现阶段开征了固定资产投资方向调节税，如果将利润转化为资本，进行固定资产投资，且涉及这一税种的纳税范围，则存在税收成本。但总的来说，三种融资方式中内部融资的资金成本最低。中小型企业在创办和投入经营阶段，内部融资占主要地位，而在增长发展与成熟阶段也因为资金瓶颈，成为中小企业的主要资金来源。因此，将各融资方式资金成本影响融资效率的隶属度高低确定如下。(见表3-1)

表3-1　资金成本影响融资效率的隶属度

资金成本影响融资效率的隶属度	高	低
股权融资	0	1
债权融资	0.7	0.3
内部融资	0.8	0.2

(2) 资金利用率

从资金利用率考虑融资效率，要分两个方面来看。

第一方面是资金的到位率。三种融资方式中内部融资的资金到位率是最高的，只要公司决策者做出了决策，将企业利润留在企业内部，这是没有障碍的。而股权融资与债权融资的资金到位率相当，都会有股本募集不足和债券认购不足或贷款资金不到位的风险。这些都是在国内A股市场、债券市场、金融市场经常出现的现象。

第二方面是资金的投向。股权融资的资金投向在我国来说存在一些问题。许多新上市公司溢价发行股票，募集了大量的资金，却不知道如何使用。特别是中小企业，既存在上市因素的问题，好不容易上市，又因为资金管理及相应措施跟不上，资金没有投资去向，长期存在银行，沉淀严重。而债权融资在这方面要好一点。因为，债权融资包括银行贷款和发行债券。在银行贷款方面，企业往往因为无钱而借钱，有银行把关，借钱的多少依据需要的多少而定，银行提供借款只有少于企业的需要而无多于需要的现象。而发行债券有固定的募集金额，不会产生超额认购，溢价过多的现象。特别是中小企业的债券，资信评级不高，也就不会产生因多募资金无投资去向而沉淀的问题。内部融资的资金投向则与债权融资类似，即利用较为充足。

考虑上述两个方面，资金利用率的高低依次为：内部融资，债权融资，股权融资。因此，在仅考虑资金利用率时，融资效率高低可能性分配(隶属度)见表3-2。

表3-2 考虑资金利用率时资金成本影响融资效率的隶属度

资金成本影响融资效率的隶属度	高	低
股权融资	0.3	0.7
债权融资	0.6	0.4
内部融资	0.7	0.3

(3) 融资机制规范度

融资机制规范度也可说是资金市场的成熟度。机制规范的资金市场融资渠道多、风险小，融资效率也就高。总的来说，我国的资金市场还处于不成熟状态。具体地说，证券市场发展较晚，上市公司较少，上市尚有额度控制，上市公司运作也不甚规范，更不可能满足中小企业的融资需求。无论过去还是现在，中小企业大部分靠银行贷款解决资金问题。因此，股权融资的机制规范度，较以金融系统为主体的债券性融资来说，发展历史短，机制规范度低。而内部融资在建立现代企业制度以前，可以说无规范，建立现代企业制度的企业，由于有公司法和新会计制度的约束有所规范，但是比股权融资和债权融资的规范程度都低。因此，考虑融资机制的规范度，融资效率高低顺序为：债权融资，股权融资，内部融资。根据此顺序确定各融资方式融资效率高低的隶属度(见表3-3)。

表 3-3　考虑融资机制规范度时资金成本影响融资效率的隶属变

资金成本影响融资效率的隶属度	高	低
股权融资	0.3	0.7
债权融资	0.6	0.4
内部融资	0.2	0.8

(4) 融资主体自由度

融资主体自由度是指融资主体受约束的程度,这种约束包括法律上的、规章制度上的和体制上的。在我国,内部融资受外界约束程度较小。股权融资主体仅受股民"用脚投票"的制约,对所募集资金的支配程度较大。我国的公司法和相关证券法规虽然对上市公司所募集资金的投向有具体规定,但实际上,上市公司的董事会可以随意更改资金投向,只要及时披露就行了。甚至经常有上市公司随意更改资金投向,而不公开披露的现象。债权融资受债权人的约束程度大。在借款协议中要明确规定专款专用,并有违规处罚的条款。大笔贷款或经常性的贷款,还会有债权人派出的贷款监督员进行日常监督。此外,任何贷款和债券都有还款期限的限制。因此,股权融资的主体自由度大于债权融资的主体自由度。考虑融资主体自由度,对融资效率排序如下:内部融资,股权融资,债权融资。以此确定各融资方式融资效率高低的隶属度(见表 3-4)。

表 3-4　考虑融资主体自由度时资金成本影响融资效率的隶属度

资金成本影响融资效率的隶属度	高	低
股权融资	0.7	0.3
债权融资	0.4	0.6
内部融资	0.9	0.1

(5) 清偿能力

对于清偿能力来说,股权融资由于不需要偿还本金,不会产生因不能偿债而产生的各种风险和不利影响。因此,股权融资在考虑清偿能力时,其融资效率是高的,相应隶属度定为 1。那么,认为其效率低的隶属度自然是 0。内部融资在这一点上与股权融资具有相同的性质,即不需偿还本金。而对于债权融资来说,各种不能清偿的风险和不利因素,都是由债权融资所带来的,这些风险和不利因素会导致融资效率的降低。这种融资效率降低的程度,是依企业的不同而相异的。资信程度高、效率好、规模大的企业,借钱还钱都按协议、规定办理,不会对融资效率有所影响。而中小企业资信度低,借款经常逾期不还,被罚款,被冻结存款,以后也得不到后续的贷款资金。这就会大大影响融资的效率。考虑资金的清偿能力,通过以上分析,确定各融资方式的隶属度(见表 3-5)。

表 3-5　考虑清偿能力时资金成本影响融资效率的隶属度

资金成本影响融资效率的隶属度	高	低
股权融资	1	0
债权融资	0.3	0.7
内部融资	1	0

根据以上各个因素对融资效率影响程度的分析，我们可以确定中小企业各种融资方式的不同隶属度（如表 3-6）。

表 3-6　各种融资方式的隶属度

因　素	股权融资效率		债权融资效率		内部融资效率	
隶属度	高	低	高	低	高	低
融资资金成本	0	1	0.7	0.3	0.8	0.2
资金利用率	0.3	0.7	0.6	0.4	0.7	0.3
融资机制规范度	0.3	0.7	0.6	0.4	0.2	0.8
融资主体自由度	0.7	0.3	0.4	0.6	0.9	0.1
资金清偿能力	1	0	0.3	0.7	1	0

（6）模糊综合评价

单因素模糊评价，仅反映一个因素对评价对象的影响，这是不够完全的。我们的目的在于综合考虑所有因素的影响，得出更合理的评价结果。这就要进行模糊综合评价。

在前面几个步骤中，我们确定了权重集 $A=\{a_1,a_2,\cdots,a_m\}=(0.30,0.25,0.20,0.15,0.10)$，它是一个模糊向量。同时得出了各种融资方式的单因素评价矩阵：

$$\boldsymbol{R}_{股权融资}=\begin{bmatrix}0 & 1\\0.3 & 0.7\\0.3 & 0.7\\0.7 & 0.3\\1 & 0\end{bmatrix},\quad \boldsymbol{R}_{债权融资}=\begin{bmatrix}0.7 & 0.3\\0.6 & 0.4\\0.6 & 0.4\\0.4 & 0.6\\0.3 & 0.7\end{bmatrix},\quad \boldsymbol{R}_{内部融资}=\begin{bmatrix}0.8 & 0.2\\0.7 & 0.3\\0.2 & 0.8\\0.9 & 0.1\\1 & 0\end{bmatrix}$$

将它们分别与权重集进行模糊变换，即得模糊综合评价模型：$\boldsymbol{B}=A\circ\boldsymbol{R}$。

用此模型对企业股权融资、债权融资、内部融资的效率分别进行模糊评价，得：

$$\boldsymbol{B}_{股}=A\circ\boldsymbol{R}_{股}=(0.34,0.66)$$

同理，$\boldsymbol{B}_{债}=A\circ\boldsymbol{R}_{债}=(0.57,0.43)$，$\boldsymbol{B}_{内}=A\circ\boldsymbol{R}_{内}=(0.69,0.31)$。

如何解释评价结果呢？在模糊综合评价中有两个基本原则。一个是最大隶属度原则，即取 V 中与 b_j 最大值对应的元素 v_j 作为评价结果。另一个是模糊分布的原则，即用 b_j 直接作为评价结果，各个评价指标具体反映了评价对象在所评价的特性方面的分布状态。

3. 结论

对于股权融资来说，根据最大隶属度原则，效率低的隶属度大于效率高的隶属度，可以评价中小企业的股权融资效率是较低的。而根据模糊分布原则，股权融资效率高的隶属度是0.34，可以进一步说明有34%的把握说股权融资的融资效率高，反之，有66%的把握说股权融资的效率低。同样，中小企业债权融资效率较高，有57%的把握这样认为。而中小企业效率最高的融资方式是内部融资，因为有69%的把握认为中小企业内部融资的效率是高的。

根据最大隶属度原则，债权融资和内部融资的融资效率是高的。而根据模糊分布原则，各融资方式效率高的隶属度排序为69＞57＞34，因此可得，中小企业的各种融资方式中，内部融资效率＞债权融资效率＞股权融资效率。

通过上述分析，我国中小企业资金应严格按照自由融资顺序融通。即应尽量优先运用内部留成来满足企业资金的需要，其次再考虑外部资金融资方式（债权融资、股权融资）。切不可因贪图眼前利益而本末倒置，否则很可能会降低企业融资效率，限制企业的发展。

总之，将模糊综合评判法应用于企业融资的效率评价，能对融资效率做出全面的、本质的解释和判断，提高评价的准确性。

二、在物流中心选址中的应用

物流中心作为商品周转、分拣、保管、在库管理和流通加工的据点，其促进商品能够按照顾客的要求完成附加价值，克服在其运动过程中所发生的时间和空间障碍。在物流系统中，物流中心的选址是物流系统优化中一个具有战略意义的问题，非常重要。

基于物流中心位置的重要作用，目前已建立了一系列选址模型与算法。这些模型及算法相当复杂。其主要困难在于以下几个方面。

（1）即使简单的问题也需要大量的约束条件和变量。

（2）约束条件和变量多使问题的难度呈指数增长。

模糊综合评判方法是一种适合于物流中心选址的建模方法。它是一种定性与定量相结合的方法，有良好的理论基础。特别是多层次模糊综合评判方法，其通过研究各因素之间的关系，可以得到合理的物流中心位置。

1. 模型

（1）单级评判模型

① 将因素集U按属性的类型划分为k个子集，或者说影响U的k个指标，记为

$$U=(U_1,U_2,\cdots,U_k)$$

且应满足：

$$\bigcup_{i=1}^{k} U_i=U,\quad U_i\cap U_j=\varnothing$$

② 权重 A 的确定方法很多，在实际运用中常用的方法有：Delphi 法、专家调查法和层次分析法。

③ 通过专家打分或实测数据，对数据进行适当的处理，求得归一化指标关于等级的隶属度，从而得到单因素评判矩阵。

④ 单级综合评判 $B=A\circ \boldsymbol{R}$。

(2) 多层次综合评判模型

一般来说，在考虑的因素较多时会带来两个问题：一方面，权重分配很难确定；另一方面，即使确定了权重分配，由于要满足归一性，每一因素分得的权重必然很小。无论采用哪种算子，经过模糊运算后都会“湮没”许多信息，有时甚至得不出任何结果。所以，需采用分层的办法来解决问题。

2. 应用

运用现代物流学原理，在物流规划过程中，物流中心选址要考虑许多因素。根据因素特点划分层次模块，各因素又可由下一级因素构成，因素集分为三级，三级模糊评判的数学模型见表 3-7。

表 3-7 物流中心选址的三级模型

<table>
<tr><th>第一级指标</th><th>第二级指标</th><th>第三级指标</th></tr>
<tr><td rowspan="4">自然环境 u_1 (0.1)</td><td>气象条件 u_{11} (0.25)</td><td rowspan="4"></td></tr>
<tr><td>地质条件 u_{12} (0.25)</td></tr>
<tr><td>水文条件 u_{13} (0.25)</td></tr>
<tr><td>地形条件 u_{14} (0.25)</td></tr>
<tr><td>交通运输 u_2 (0.2)</td><td></td><td></td></tr>
<tr><td>经营环境 u_3 (0.3)</td><td></td><td></td></tr>
<tr><td rowspan="4">候选地 u_4 (0.2)</td><td>面积 u_{41} (0.1)</td><td rowspan="4"></td></tr>
<tr><td>形状 u_{42} (0.1)</td></tr>
<tr><td>周边干线 u_{43} (0.4)</td></tr>
<tr><td>地价 u_{44} (0.4)</td></tr>
<tr><td rowspan="7">公共设施 u_5 (0.2)</td><td rowspan="3">三供 u_{51} (0.4)</td><td>供水 u_{511} (1/3)</td></tr>
<tr><td>供电 u_{512} (1/3)</td></tr>
<tr><td>供气 u_{513} (1/3)</td></tr>
<tr><td rowspan="2">废物处理 u_{52} (0.3)</td><td>排水 u_{521} (0.5)</td></tr>
<tr><td>固体废物处理 u_{522} (0.5)</td></tr>
<tr><td>通信 u_{53} (0.2)</td><td></td></tr>
<tr><td>道路设施 u_{54} (0.1)</td><td></td></tr>
</table>

因素集 U 分为三层：

第一层为　$U=\{u_1,u_2,u_3,u_4,u_5\}$

第二层为　$u_1=\{u_{11},u_{12},u_{13},u_{14}\}$；$u_4=\{u_{41},u_{42},u_{43},u_{44}\}$；$u_5=\{u_{51},u_{52},u_{53},u_{54}\}$

第三层为　$u_{51}=\{u_{511},u_{512},u_{513}\}$；$u_{52}=\{u_{521},u_{522}\}$

假设某区域有 8 个候选地址，决断集 $V=\{A,B,C,D,E,F,G,H\}$ 代表 8 个不同的候选地址，数据进行处理后得到诸因素的模糊综合评判如表 3-8 所示。

表 3-8　某区域的模糊综合评判

因　素	A	B	C	D	E	F	G	H
气象条件	0.91	0.85	0.87	0.98	0.79	0.60	0.60	0.95
地质条件	0.93	0.81	0.93	0.87	0.61	0.61	0.95	0.87
水文条件	0.88	0.82	0.94	0.88	0.64	0.61	0.95	0.91
地形条件	0.90	0.83	0.94	0.89	0.63	0.71	0.95	0.91
交通运输	0.95	0.90	0.90	0.94	0.60	0.91	0.95	0.94
经营环境	0.90	0.90	0.87	0.95	0.87	0.65	0.74	0.61
候选地面积	0.60	0.95	0.60	0.95	0.95	0.95	0.95	0.95
候选地形状	0.60	0.69	0.92	0.92	0.87	0.74	0.89	0.95
候选地周边干线	0.95	0.69	0.93	0.85	0.60	0.60	0.94	0.78
候选地地价	0.75	0.60	0.80	0.93	0.84	0.84	0.60	0.80
供水	0.60	0.71	0.77	0.60	0.82	0.95	0.65	0.76
供电	0.60	0.71	0.70	0.60	0.80	0.95	0.65	0.76
供气	0.91	0.90	0.93	0.91	0.95	0.93	0.81	0.89
排水	0.92	0.90	0.93	0.91	0.95	0.93	0.81	0.89
固体废物处理	0.87	0.87	0.64	0.71	0.95	0.61	0.74	0.65
通信	0.81	0.94	0.89	0.60	0.65	0.95	0.95	0.89
道路设施	0.90	0.60	0.92	0.60	0.60	0.84	0.65	0.81

(1) 分层作综合评判

$u_{51}=\{u_{511},u_{512},u_{513}\}$，权重 $A_{51}=\{1/3,1/3,1/3\}$，由表 3-8 对 u_{511},u_{512},u_{513} 的模糊评判构成的单因素评判矩阵：

$$\boldsymbol{R}_{51}=\begin{pmatrix}0.60 & 0.71 & 0.77 & 0.60 & 0.82 & 0.95 & 0.65 & 0.76\\0.60 & 0.71 & 0.70 & 0.60 & 0.80 & 0.95 & 0.65 & 0.76\\0.91 & 0.90 & 0.93 & 0.91 & 0.95 & 0.93 & 0.81 & 0.89\end{pmatrix}$$

用模型 $M(\cdot,+)$ 计算得：

$$B_{51}=A_{51}\circ\boldsymbol{R}_{51}=(0.703,0.773,0.8,0.703,0.857,0.943,0.703,0.803)$$

类似地：$B_{52}=A_{52}\circ\boldsymbol{R}_{52}=(0.895,0.885,0.785,0.81,0.95,0.77,0.775,0.77)$

$$B_5 = A_5 \circ \boldsymbol{R}_5 = (0.4\quad 0.3\quad 0.2\quad 0.1) \circ \begin{pmatrix} 0.703 & 0.773 & 0.8 & 0.703 & 0.857 & 0.943 & 0.703 & 0.803 \\ 0.895 & 0.885 & 0.785 & 0.81 & 0.95 & 0.77 & 0.775 & 0.77 \\ 0.81 & 0.94 & 0.89 & 0.60 & 0.65 & 0.95 & 0.95 & 0.89 \\ 0.90 & 0.60 & 0.92 & 0.60 & 0.60 & 0.84 & 0.65 & 0.81 \end{pmatrix}$$

$$= (0.802, 0.823, 0.826, 0.704, 0.818, 0.882, 0.769, 0.811)$$

$$B_4 = A_4 \circ \boldsymbol{R}_4 = (0.1\quad 0.1\quad 0.4\quad 0.4) \circ \begin{pmatrix} 0.60 & 0.95 & 0.60 & 0.95 & 0.95 & 0.95 & 0.95 & 0.95 \\ 0.60 & 0.69 & 0.92 & 0.92 & 0.87 & 0.74 & 0.89 & 0.95 \\ 0.95 & 0.69 & 0.93 & 0.85 & 0.60 & 0.60 & 0.94 & 0.78 \\ 0.75 & 0.60 & 0.80 & 0.93 & 0.84 & 0.84 & 0.60 & 0.80 \end{pmatrix}$$

$$= (0.8, 0.68, 0.844, 0.899, 0.758, 0.745, 0.8, 0.822)$$

$$B_1 = A_1 \circ \boldsymbol{R}_1 = (0.25\quad 0.25\quad 0.25\quad 0.25) \circ \begin{pmatrix} 0.91 & 0.85 & 0.87 & 0.98 & 0.79 & 0.60 & 0.60 & 0.95 \\ 0.93 & 0.81 & 0.93 & 0.87 & 0.61 & 0.61 & 0.95 & 0.87 \\ 0.88 & 0.82 & 0.94 & 0.88 & 0.64 & 0.61 & 0.95 & 0.91 \\ 0.90 & 0.83 & 0.94 & 0.89 & 0.63 & 0.71 & 0.95 & 0.91 \end{pmatrix}$$

$$= (0.905, 0.828, 0.92, 0.905, 0.668, 0.633, 0.863, 0.91)$$

(2) 高层次的综合评判

$U = \{u_1, u_2, u_3, u_4, u_5\}$，权重 $A = (0.1, 0.2, 0.3, 0.2, 0.2)$，则综合评判

$$B = A \circ \boldsymbol{R} = A \circ \begin{pmatrix} B_1 \\ B_2 \\ B_3 \\ B_4 \\ B_5 \end{pmatrix}$$

$$= (0.1\quad 0.2\quad 0.3\quad 0.2\quad 0.2) \circ \begin{pmatrix} 0.905 & 0.828 & 0.92 & 0.905 & 0.668 & 0.633 & 0.863 & 0.91 \\ 0.95 & 0.90 & 0.9 & 0.94 & 0.60 & 0.91 & 0.95 & 0.94 \\ 0.90 & 0.90 & 0.87 & 0.95 & 0.87 & 0.65 & 0.74 & 0.61 \\ 0.8 & 0.68 & 0.844 & 0.899 & 0.758 & 0.745 & 0.8 & 0.822 \\ 0.802 & 0.823 & 0.826 & 0.704 & 0.818 & 0.882 & 0.769 & 0.811 \end{pmatrix}$$

$$= (0.871, 0.833, 0.867, 0.884, 0.763, 0.766, 0.812, 0.789)$$

由此可知，8 块候选地的综合评判结果的排序为：D，A，C，B，G，H，F，E，选出较高估计值的地点作为物流中心。

应用模糊综合评判方法进行物流中心选址，模糊评判模型采用层次式结构，把评判因素分为三层，也可进一步细分为多层。这里介绍的计算模型由于对权重集进行归一化处理，采用加权求和型，将评价结果按照大小顺序排列，决策者从中选出估计值较高的地点作为物流中心即可，方法简便。

三、在企业技术创新能力评价中的应用

技术创新是企业发展之源，企业持续、有效的开展技术创新活动依赖于技术创新能力的提高。技术创新能力是一个系统能力，具体地讲，就是便于组织支持企业创新战略和创新活动的一系列综合特征。因此，建立一个科学、系统的技术创新能力评价体系是十分必要的。它可以帮助企业了解自身在实施技术创新活动中的潜力或不足，从而总结经验，弥补缺陷，提升企业技术创新能力。

一直以来，企业技术创新能力的评价和度量就是一个难点，技术创新能力在本质上更大程度上反映的是企业的实力或潜力，而一些内在因素的度量是很难通过数学统计方法进行的，不同的人对这些因素评价是具有模糊性的。有鉴于此，这里利用模糊数学的一些原理建立一个相对完整、科学的度量与评价模型。

1．技术创新能力评价指标体系的设计

在复杂的企业技术创新能力评价中，需要考虑的因素很多，各因素间还可能分属不同的层次。利用层次分析法建立评价指标体系构造出企业技术创新能力评价体系，包括目标层(技术创新能力)、准则层和效果层，准则层指标有以下几种。

(1) 创新投入能力

反映技术创新资源的数量与质量，可以用R&D投入强度，R&D人员素质，非R&D投入强度3个主要指标来衡量。

(2) 创新管理能力

企业通过技术创新，不断完善创新机制，提高技术管理水平，其主要衡量指标有创新战略、创新机制、创新倾向、产学研合作水平提高程度和技术管理水平。

(3) 研究开发能力

反映企业技术投入和技术创新的成果，由4个指标构成，即专利拥有数、自主创新产品率、新产品成功率和新产品产值率。

(4) 生产技术水平

反映企业技术创新成果的转化情况，通过设备水平、引进技术达产率、工人技术等级及工作质量、计量、测试和标准化水平的提高来描述。

(5) 营销能力

营销能力较弱是我国企业技术创新失败的最普遍原因。包括市场研究能力、对消费/用户的了解能力、营销体制的适合度等指标来描述。

各评价指标构成图3-1所示的层次结构的指标体系。

2．企业技术创新能力模糊综合评价模型的建立

由于在企业技术创新能力评价中，涉及的评价因素很多，为了尽量全面考虑所有的评价因素，在此拟采用二级模糊综合评价模型。

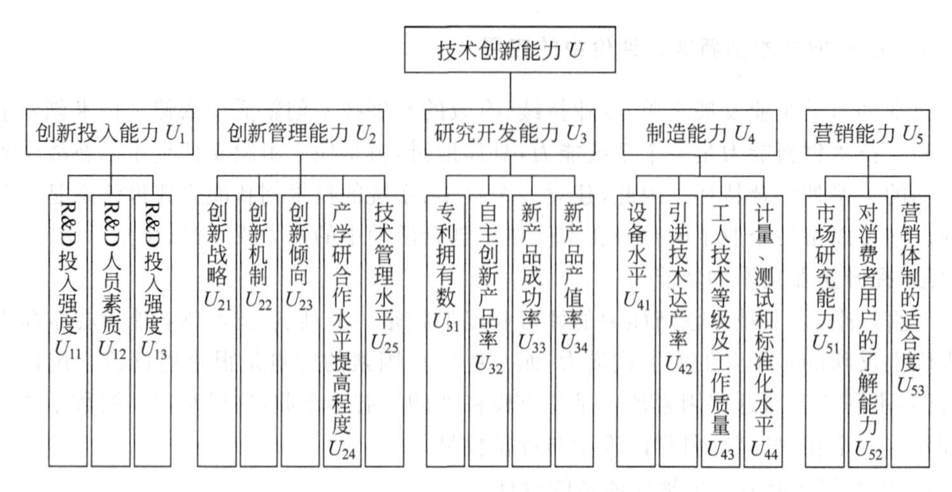

图 3-1　技术创新能力综合评价指标体系

(1) 确定评价指标集,将因素集 U 按其属性分成 5 个子集 $\{U_1, U_2, \cdots, U_5\}$。

(2) 建立评价指标的评语集,$V=\{v_1, v_2, v_3, v_4\}=$ {优,良,中,差}。

将每一个子因素分别做出综合评判。以上指标有定量的,也有定性的,在具体评价时,根据企业自身的特点把定量指标分成不同的区间段,定性指标分成不同的水平等级,并给出统一的标准分值,如表 3-9 所示。

表 3-9　评价指标的标准分值

区间(或等级)	定量指标	定性指标	评语集
4	7	7	V_1(优)
3	5	5	V_2(良)
2	3	3	V_3(中)
1	2	1	V_4(差)

(3) 第一级评判。对每一个评价指标 U_i 进行单指标评价,进行综合评价时,可以根据实际意义确定单指标评价矩阵 R_i,很显然,因素集 U 到评语集 V 的一个模糊映射,采用德尔菲法,根据表 3-9 规定的标准分值进行评价,确定 U_i 中各因素对应于 V 中的各种评语的隶属度矩阵。由此可以得到模糊模型评价矩阵。

(4) 给出 U_i 中各评价指标的权重。所谓权重系数是表示某一指标在整个指标体系中具有的重要程度。某种指标越重要,则该指标的权重系数越大;反之,权重系数越小。在实际计算中,可以通过专家评分法和层次分析法来确定各指标的权重。这种方法既考虑了人们主观上对各项指标的重视程度,又考虑了各项指标原始数据之间的相互联系及它们对总体评价指标的影响。

(5) 得出 U_i 的最终评语。

(6) 将 U_i 视为一个单独元素，用 B_i 作为 U_i 的单指标评价向量，可构成 U 到 V 的模糊评价矩阵。

$$\boldsymbol{R}=\begin{pmatrix}\boldsymbol{B}_1\\\boldsymbol{B}_2\\\vdots\\\boldsymbol{B}_i\end{pmatrix}=\begin{pmatrix}b_{11} & b_{12} & \cdots & b_{1m}\\b_{21} & b_{22} & \cdots & b_{2m}\\\vdots & \vdots & \vdots & \vdots\\b_{i1} & b_{i2} & \cdots & b_{im}\end{pmatrix}$$

按照 U_i 在 U 中的重要程度给出权重，$A=(a_1,a_2,\cdots,a_s)$。

于是得出 U 的最终评语向量 $\boldsymbol{B}=A\cdot\boldsymbol{R}=(b_1,b_2,\cdots,b_m)$。

按照最大隶属度原则，据此可以得出每个企业技术创新能力的一个总体评价。

(7) 对多个企业的评价。评价的目的不仅要给企业一个综合评价，更重要的是最终选择出最优者，所以要对多个企业的评价结果进行综合排序，选出最优者。

3. 实例应用

应用上述模糊综合评价模型，对某地区 5 家高新技术企业的技术创新能力进行度量和评价。企业技术创新能力的评价指标权重(根据 Delphi 法确定)如下：

$$A_1=\{0.4,0.3,0.3\}$$

$$A_2=\{0.25,0.25,0.20,0.15,0.15\}$$

$$A_3=\{0.30,0.30,0.20,0.20\}$$

$$A_4=\{0.30,0.25,0.25,0.20\}$$

$$A_5=\{0.40,0.30,0.30\}$$

$$A=\{0.4,0.2,0.15,0.15,0.1\}$$

按上述评价指标体系的标准分值及评语集对甲企业中各个指标进行评判，得到以下模糊评判矩阵为：

$$\boldsymbol{R}_1=\begin{pmatrix}0.36 & 0.39 & 0.25 & 0\\0.27 & 0.35 & 0.35 & 0.03\\0.32 & 0.30 & 0.32 & 0.06\end{pmatrix}\quad \boldsymbol{R}_2=\begin{pmatrix}0.25 & 0.32 & 0.25 & 0.18\\0.30 & 0.25 & 0.23 & 0.22\\0.30 & 0.30 & 0.26 & 0.14\\0.30 & 0.47 & 0.20 & 0.03\\0.32 & 0.37 & 0.22 & 0.09\end{pmatrix}$$

$$\boldsymbol{R}_3=\begin{pmatrix}0.75 & 0.15 & 0.10 & 0\\0.50 & 0.25 & 0.25 & 0\\0.50 & 0.30 & 0.20 & 0\\0.45 & 0.30 & 0.15 & 0.10\end{pmatrix}\quad \boldsymbol{R}_4=\begin{pmatrix}0.40 & 0.24 & 0.25 & 0.11\\0.35 & 0.42 & 0.20 & 0.03\\0.33 & 0.34 & 0.26 & 0.07\\0.30 & 0.36 & 0.25 & 0.09\end{pmatrix}$$

$$\boldsymbol{R}_5=\begin{pmatrix}0.30 & 0.25 & 0.25 & 0.20\\0.50 & 0.40 & 0.10 & 0\\0.30 & 0.30 & 0.30 & 0.10\end{pmatrix}$$

根据各自的权重，得出一级综合评价：

$$\boldsymbol{B}_1 = A_1 \cdot \boldsymbol{R}_1 = (0.341 \quad 0.370 \quad 0.276 \quad 0.013)$$

$$\boldsymbol{B}_2 = A_2 \cdot \boldsymbol{R}_2 = (0.290 \quad 0.329 \quad 0.235 \quad 0.146)$$

$$\boldsymbol{B}_3 = A_3 \cdot \boldsymbol{R}_3 = (0.565 \quad 0.240 \quad 0.175 \quad 0.020)$$

$$\boldsymbol{B}_4 = A_4 \cdot \boldsymbol{R}_4 = (0.350 \quad 0.334 \quad 0.240 \quad 0.076)$$

$$\boldsymbol{B}_5 = A_5 \cdot \boldsymbol{R}_5 = (0.360 \quad 0.310 \quad 0.220 \quad 0.110)$$

将上述评价向量作为上层指标评价矩阵，得出二级综合评价：

$$\boldsymbol{B}_{甲} = A \cdot \boldsymbol{R}_{甲} = (0.367 \quad 0.331 \quad 0.242 \quad 0.060)$$

同理，可得出其他企业的评价结果：

$$\boldsymbol{B}_{乙} = A \cdot \boldsymbol{R}_{乙} = (0.285 \quad 0.246 \quad 0.316 \quad 0.153)$$

$$\boldsymbol{B}_{丙} = A \cdot \boldsymbol{R}_{丙} = (0.373 \quad 0.462 \quad 0.142 \quad 0.023)$$

$$\boldsymbol{B}_{丁} = A \cdot \boldsymbol{R}_{丁} = (0.261 \quad 0.372 \quad 0.224 \quad 0.143)$$

$$\boldsymbol{B}_{戊} = A \cdot \boldsymbol{R}_{戊} = (0.206 \quad 0.252 \quad 0.404 \quad 0.138)$$

为评出五个企业中的最优者，在对应的评语集 $V=(v_1, v_2, v_3, v_4)$ 中，赋予各评语具体分数，利用公式

$$W_p = \sum_{k=1}^{m} b_{pk} y_k, \quad p = 甲,乙,丙,丁,戊,$$

$$m = 4, \quad y_k = (优分数,良分数,中分数,差分数)$$

可得 $W_{甲}=8.010$，$W_{乙}=7.326$，$W_{丙}=8.370$，$W_{丁}=7.502$，$W_{戊}=7.052$。

比较以上各值，可以很容易地选出丙企业技术创新能力最强。

采用该指标体系对企业技术创新能力进行评价，其评价结果基本反映出创新企业的实际状况。实践证明，该指标体系及其评价方法具有较强的可行性和可操作性，必将在企业技术创新工作中得到广泛推广和应用。

四、在质量经济效益评价中的应用

质量和经济效益是人类经济生活中一个永恒的话题。随着市场经济体制的不断完善和消费观念的日益成熟，提高产品质量、提高经济效益已成为我国经济发展中的一个战略问题而引起了全社会的普遍关注。

质量就是产品或服务满足用户需要的程度。近年来，广泛采用用户满意度作为质量的评价标准正是对这一概念的拓展。满意度实际上是用户的一种心理感受，往往只能定性地描述而无法用定量的方法表示出来。甚至很多新的质量标准也都是建立在用户潜意识的、模糊的质量要求的基础上制定出来的。

提高质量所带来的经济效益是多方面的，也是比较复杂的。如果把质量的提高所带来的经济效益分为生产者、消费者和社会三个方面来考察的话，那么目前绝大多数企业只

计算了给生产者所带来的总的经济效益中的直接效益部分,间接效益部分和消费者及社会的经济效益都无法用定量的方法精确地计算出来。

正是基于质量和经济效益所固有的模糊特性及传统数学方法的局限性,我们在这里选择模糊综合评判法来定量地评价质量经济效益。

1. 评价指标体系的建立

企业作为一个社会生产单位,其质量经济效益最终表现在产品质量和经济效益两个方面,而每个方面又由若干评价指标所决定。相应地,评价指标集分为两个层次:第一层,总目标因素集 $u=(u_1,u_2)$;第二层,子目标因素集 $u=(u_{11},u_{12},u_{13},u_{14},u_{15},u_{16})$和子目标因素集 $u_2=(u_{21},u_{22},u_{23})$。质量经济效益综合评价系统的结构及其各评价指标的具体含义见图 3-2。

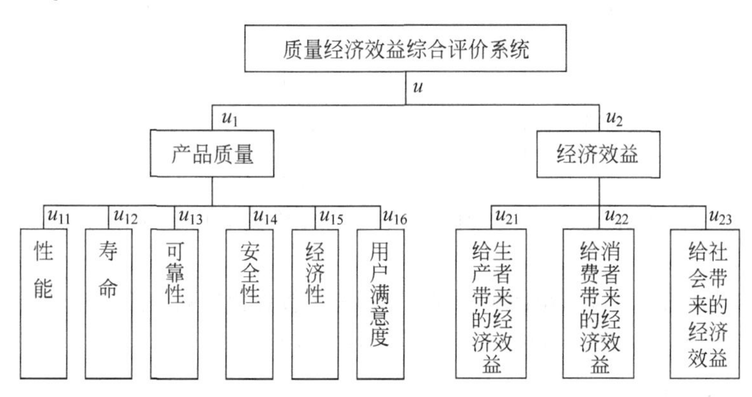

图 3-2　质量经济效益评价的指标体系结构

2. 评价集的确定

评价集是对各层次评价指标的一种语言描述,它是评审人对各评价指标所给出的评语的集合。本模型的评语共分五个等级。具体的评价集为:

$$v=(v_1,v_2,v_3,v_4,v_5)=\{\text{非常满意,比较满意,一般,不太满意,很不满意}\}$$

3. 权重的确定

在进行模糊综合评价时,权重对最终的评价结果会产生很大的影响,不同的权重有时会得到完全不同的结论。因此,权重选择的合适与否直接关系到模型的成败。确定权重的方法有很多,如专家估计法、层次分析法等,可根据系统的复杂程度和实际工作需要进行适当选择。本模型评价系统相对比较简单,在这里采用专家估计法来确定权重。在综合有关专家意见的基础上,本模型最终的权重确定结果如下:

$$A=(0.5,0.5)$$

$$A_1=(0.15,0.15,0.15,0.15,0.15,0.25)$$

$$A_2=(0.4,0.3,0.3)$$

这里所确定的权重是各元素相对于其上一层次元素的相对重要性权重值。权重确定的依据有下列三条：

① 产品质量和经济效益在综合评价系统中占有同等重要的地位，轻视任何一方对企业的发展都不利。

② 产品质量的决定权在用户而不在生产企业，只有用户满意的产品才是真正高质量的产品。

③ 生产者在追求自身经济效益的同时，要兼顾消费者和社会的经济效益。

4. 模糊判断矩阵的确定

选取生产者代表、用户代表及有关专家组成评审团，对评价指标体系中第二层各个元素进行单因素评价，具体做法可采用问卷调查的形式。通过对调查结果的整理、统计，即得到单因素模糊评判矩阵。

$$\boldsymbol{R}_i = \begin{bmatrix} r_{i11} & r_{i12} & \cdots & r_{i1n} \\ r_{i21} & r_{i22} & \cdots & r_{i2n} \\ \vdots & \vdots & \vdots & \vdots \\ r_{im1} & r_{im2} & \cdots & r_{imn} \end{bmatrix} \quad i = 1,2$$

其中，m 为评价指标集 u_i 中元素的个数，n 为评价集 v 中元素的个数。

5. 综合评价

由第三步得到的权重以及第四步得到的单因素模糊评价判断矩阵，进行如下的综合评判：

$$\boldsymbol{B}_i = A_i \circ \boldsymbol{R}_i = (b_{i1}, b_{i2}, b_{i3}, b_{i4}, b_{i5}) \quad i = 1,2$$

$$\boldsymbol{R} = \begin{bmatrix} \boldsymbol{B}_1 \\ \boldsymbol{B}_2 \end{bmatrix}$$

$$\boldsymbol{B} = A \circ \boldsymbol{R} = A \circ \begin{bmatrix} \boldsymbol{B}_1 \\ \boldsymbol{B}_2 \end{bmatrix} = A \circ \begin{bmatrix} A_1 \circ \boldsymbol{R}_1 \\ A_2 \circ \boldsymbol{R}_2 \end{bmatrix} = (b_1, b_2, b_3, b_4, b_5)$$

这里的符号“∘”表示广义的合成运算。

下面说明本模型的具体使用方法。假设我们对某机械工业企业做质量效益综合评价。为了综合评价该企业的质量经济效益，我们选取了该企业的生产代表、长期使用该企业产品的用户代表和有关专家共计 20 人组成评审团，以问卷调查的形式让他们对图 3-2 中综合评价系统第二层各元素进行单因素评价。通过对调查表的回收、整理和统计，得到评价结果的统计表如表 3-10 所示。

表 3-10　某机械工业企业质量效益单因素评价的调查结果统计表

评价 指标	非常满意	比较满意	一般	不太满意	很不满意
性能	2	6	8	4	0
寿命	0	2	10	7	1

续表

指标＼评价	非常满意	比较满意	一般	不太满意	很不满意
可靠性	1	5	12	2	0
安全性	3	8	6	3	0
经济性	0	3	9	6	2
用户满意度	0	4	12	4	0
生产者的经济效益	2	9	8	1	0
消费者的经济效益	0	5	7	8	0
社会的经济效益	1	4	13	2	0

根据表3-10,可以构造模糊评判矩阵为:

$$\boldsymbol{R}_1=\begin{bmatrix}0.1 & 0.3 & 0.4 & 0.2 & 0\\0 & 0.1 & 0.5 & 0.35 & 0.05\\0.05 & 0.25 & 0.6 & 0.1 & 0\\0.15 & 0.4 & 0.3 & 0.15 & 0\\0 & 0.15 & 0.45 & 0.3 & 0.1\\0 & 0.2 & 0.6 & 0.2 & 0\end{bmatrix},\quad \boldsymbol{R}_2=\begin{bmatrix}0.1 & 0.45 & 0.4 & 0.05 & 0\\0 & 0.25 & 0.35 & 0.4 & 0\\0.05 & 0.2 & 0.65 & 0.1 & 0\end{bmatrix}$$

那么,由$A_1=(0.15,0.15,0.15,0.15,0.15,0.25)$可以得到“产品质量”的评价向量:

$$\boldsymbol{B}_1=A_1\circ\boldsymbol{R}_1=(0.045,0.23,0.4875,0.215,0.0225)$$

由$A_2=(0.4,0.3,0.3)$可以得到“经济效益”的评价向量:

$$\boldsymbol{B}_2=A_2\circ\boldsymbol{R}_2=(0.055,0.315,0.46,0.17,0)$$

再由$A=(0.5,0.5)$,我们便得到了“质量经济效益”的综合评价向量:

$$\boldsymbol{B}=A\circ\boldsymbol{R}=(0.05,0.2725,0.47375,0.1925,0.01125)$$

根据最大隶属度原则,说明该企业的质量经济效益属于一般水平。

本评价方法具有科学、简洁、可操作性强等特点,就如何定量地评价质量经济效益做了一次有益的尝试。

五、在人事考核中的应用

随着知识经济时代的到来,人才资源已成为企业最重要的战略要素之一,对其进行考核评价是现代企业人力资源管理的一项重要内容。

人事考核需要从多个方面对员工做出客观全面的评价,因而实际上属于多目标决策问题。对于那些决策系统运行机制清楚,决策信息完全,决策目标明确且易于量化的多目标决策问题,已经有很多方法能够较好地将其解决。但是,在人事考核中存在大量具有模糊性的概念,这种模糊性或不确定性不是由于事件发生的条件难以控制而导致的,而是由于事件本身的概念不明确所引起的。这就使得很多考核指标都难以直接量化。在评判实施过程中，评判者又容易受经验、人际关系等主观因素的影响，因此对人才的综合素质评判往往带有一定的模糊性与经验性。

这里说明如何在人事考核中运用模糊综合评判，从而为企业员工职务升降、评先晋级、聘用等提供重要依据，促进人事管理的规范化和科学化，提高人事管理的工作效率。

1. 一级模糊综合评判在人事考核中的应用

在对企业员工进行考核时，由于考核的目的、考核对象、考核范围等的不同，考核的具体内容也会有所差别。有的考核，涉及的指标较少，有些考核，又包含了非常全面丰富的内容，需要涉及很多指标。鉴于这种情况，企业可以根据需要，在指标个数较少的考核中，运用一级模糊综合评判，而在问题较为复杂，指标较多时，运用多层次模糊综合评判，以提高精度。

一级模糊综合评价模型的建立，主要包括以下步骤。

（1）确定因素集

对员工的表现，需要从多个方面进行综合评判，如员工的工作业绩、工作态度、沟通能力、政治表现等。所有这些因素构成了评价指标体系集合，即因素集，记为：

$$U=\{u_1,u_2,\cdots,u_n\}$$

（2）确定评语集

由于每个指标的评价值的不同，往往会形成不同的等级。如对工作业绩的评价有好、较好、中等、较差、很差等。由各种不同决断构成的集合被称作评语集，记为：

$$V=\{v_1,v_2,\cdots,v_m\}$$

（3）确定各因素的权重

一般情况下，因素集中的各因素在综合评价中所起的作用是不相同的，综合评价结果不仅与各因素的评价有关，而且在很大程度上还依赖于各因素对综合评价所起的作用，这就需要确定一个各因素之间的权重分配，它是 U 上的一个模糊向量，记为：

$$\boldsymbol{A}=(a_1,a_2,\cdots,a_n)$$

其中 a_i 表示第 i 个因素的权重，且满足 $\sum_{i=1}^{n}a_i=1$。确定权重的方法很多，例如 Delphi 法、加权平均法、众人评估法等。

（4）确定模糊综合判断矩阵

对第 i 个指标来说，对各个评语的隶属度为 V 上的模糊子集。

$$R_i=(r_{i1},r_{i2},\cdots,r_{in})$$

各指标的模糊综合判断矩阵为：

$$\boldsymbol{R}=\begin{bmatrix} r_{11} & r_{12} & \cdots & r_{1m} \\ r_{21} & r_{22} & \cdots & r_{2m} \\ \vdots & \vdots & \vdots & \vdots \\ r_{n1} & r_{n2} & \cdots & r_{nm} \end{bmatrix}$$

它是一个从 U 到 V 的模糊关系矩阵。

(5) 综合评判

如果有一个从 U 到 V 的模糊关系 $R=(r_{ij})_{n\times m}$，那么利用 R 就可以得到一个模糊变换：

$$T_R: F(U) \rightarrow F(V)$$

由此变换，就可得到综合评判结果 $\boldsymbol{B}=A*\boldsymbol{R}$。

综合后的评判可看作 V 上的模糊向量，记为 $\boldsymbol{B}=(b_1,b_2,\cdots,b_m)$。

$\boldsymbol{B}$ 的求法有很多种，例如用 Zadeh 算子。这种方法很简单，但算子比较粗糙，为了加细算子，可以使用普通乘法算子等。

下面以某单位对员工的年终综合评定为例，来说明其应用。

(1) 取因素集 U={政治表现 u_1，工作能力 u_2，工作态度 u_3，工作成绩 u_4}；

(2) 取评语集 V={优秀 v_1，良好 v_2，一般 v_3，较差 v_4，差 v_5}；

(3) 确定各因素的权重：$A=(0.25,0.2,0.25,0.3)$

(4) 确定模糊综合判断矩阵：对每个因素 u_i 做出评价。

① u_1 比如由群众评议打分来确定

$$\boldsymbol{R}_1=(0.1,0.5,0.4,0,0)$$

上面式子表示，参与打分的群众当中，有10%的人认为政治表现优秀，50%的人认为政治表现良好，40%的人认为政治表现一般，认为政治表现较差或差的人为0，用同样方法对其他因素进行评价。

② u_2、u_3 由部门领导打分来确定

$$\boldsymbol{R}_2=(0.2,0.5,0.2,0.1,0)$$

$$\boldsymbol{R}_3=(0.2,0.5,0.3,0,0)$$

③ u_4 由单位考核组成员打分来确定

$$\boldsymbol{R}_4=(0.2,0.6,0.2,0,0)$$

以 R_i 为 i 行构成评价矩阵

$$\boldsymbol{R}=\begin{bmatrix}0.1 & 0.5 & 0.4 & 0 & 0\\0.2 & 0.5 & 0.2 & 0.1 & 0\\0.2 & 0.5 & 0.3 & 0 & 0\\0.2 & 0.6 & 0.2 & 0 & 0\end{bmatrix}$$

它是从因素集 U 到评语集 V 的一个模糊关系矩阵。

(5) 模糊综合评判。进行矩阵合成运算：

$$\boldsymbol{B}=A\circ\boldsymbol{R}=(0.25\quad 0.2\quad 0.25\quad 0.3)\circ\begin{bmatrix}0.1 & 0.5 & 0.4 & 0 & 0\\0.2 & 0.5 & 0.2 & 0.1 & 0\\0.2 & 0.5 & 0.3 & 0 & 0\\0.2 & 0.6 & 0.2 & 0 & 0\end{bmatrix}$$

$$=(0.06\quad 0.18\quad 0.1\quad 0.02\quad 0)$$

取数值最大的评语作综合评判结果，则评判结果为"良好"。

2. 多层次模糊综合评判在人事考核中的应用

对于一些复杂的系统，例如人事考核中涉及的指标较多时，需要考虑的因素很多，这时如果仍用一级模糊综合评判，则会出现两个方面的问题：一是因素过多，它们的权数分配难以确定；另一方面，即使确定了权分配，由于需要满足归一化条件，每个因素的权值都小。对这种系统，我们可以采用多层次模糊综合评判方法。对于人事考核而言，采用二级系统就足以解决问题了，如果实际中要划分更多的层次，那么可以用建二级模糊综合评判的方法类推。

下面介绍一下二级模糊综合评判法模型建立的步骤。

第一步：将因素集 $U=\{u_1,u_2,\cdots,u_n\}$ 按某种属性分成 s 个子因素集 $U_1,U_2,\cdots,U_s$，其中 $U_i=\{u_{i1},u_{i2},\cdots,u_{in}\}$，$i=1,2,\cdots,s$，且满足：

① $n_1+n_2+\cdots+n_s=n$

② $U_1\cup U_2\cup\cdots\cup U_s=U$

③ 对任意的 $i\neq j$，$U_i\cap U_j=\varnothing$

第二步：对每一个因素集 U_i，分别做出综合评判。设 $V=\{v_1,v_2,\cdots,v_m\}$ 为评语集，Ui 中各因素相对于 V 的权重分配是：

$$A_i=(a_{i1},a_{i2},\cdots,a_{in})$$

若 R_i 为单因素评判矩阵，则得到一级评判向量：

$$\boldsymbol{B}_i=A_i\circ\boldsymbol{R}_i=(b_{i1},b_{i2},\cdots,b_{im}),\quad i=1,2,\cdots,s$$

第三步：将每个 U_i 看作一个因素，记为：

$$K=\{u_1,u_2,\cdots,u_s\}$$

这样，K 又是一个因素集，K 的单因素评判矩阵为：

$$\boldsymbol{R}=\begin{bmatrix}\boldsymbol{B}_1\\\boldsymbol{B}_2\\\vdots\\\boldsymbol{B}_s\end{bmatrix}=\begin{bmatrix}b_{11}&b_{12}&\cdots&b_{1m}\\b_{21}&b_{22}&\cdots&b_{2m}\\\vdots&\vdots&\vdots&\vdots\\b_{s1}&b_{s2}&\cdots&b_{sm}\end{bmatrix}$$

每个 U_i 作为 U 的部分，反映了 U 的某种属性，可以按它们的重要性给出权重分配 $A=(a_1,a_2,\cdots,a_s)$，于是得到二级评判向量：

$$\boldsymbol{B}=A\circ\boldsymbol{R}=(b_1,b_2,\cdots,b_m)$$

如果每个子因素集 U_i，$i=1,2,\cdots,s$，含有较多的因素，可将 U_i 再进行划分，于是有三级评判模型，甚至四级、五级模型等。

下面，以某烟草公司对某部门员工进行的年终评定为例来加以说明。

关于考核的具体操作过程，以对一名员工的考核为例。如表 3-11 所示，根据该部门工作人员的工作性质，将 18 个指标分成工作绩效(U_1)、工作态度(U_2)、工作能力(U_3)和学习成长(U_4)这 4 个子因素集。

首先确定各个子因素集模糊综合判断矩阵,就得到了表 3-11 中的数据。

表 3-11 员工考核指标体系及考核表

一级指标	二级指标	评价				
		优秀	良好	一般	较差	差
工作绩效	工作量	0.8	0.15	0.5	0	0
	工作效率	0.2	0.6	0.1	0.1	0
	工作质量	0.5	0.4	0.1	0	0
	计划性	0.1	0.3	0.5	0.05	0.05
工作态度	责任感	0.3	0.5	0.15	0.05	0
	团队精神	0.2	0.2	0.4	0.1	0.1
	学习态度	0.4	0.4	0.1	0.1	0
	工作主动性	0.1	0.3	0.3	0.2	0.1
	360 度满意度	0.1	0.2	0.2	0.2	0.1
工作能力	创新能力	0.1	0.3	0.5	0.2	0
	自我管理能力	0.2	0.3	0.3	0.1	0.1
	沟通能力	0.2	0.3	0.35	0.15	0
	协调能力	0.1	0.3	0.4	0.1	0.1
	执行能力	0.1	0.4	0.3	0.1	0.1
学习成长	勤情评价	0.3	0.4	0.2	0.1	0
	技能提高	0.1	0.4	0.3	0.1	0.1
	培训参与	0.2	0.3	0.4	0.1	0
	工作提案	0.4	0.3	0.2	0.1	0

请专家设定指标权重,一级指标权重为:

$$A = (0.4, 0.3, 0.2, 0.1)$$

二级指标权重为:

$$A_1 = (0.2, 0.3, 0.3, 0.2)$$

$$A_2 = (0.3, 0.2, 0.1, 0.2, 0.2)$$

$$A_3 = (0.1, 0.2, 0.3, 0.2, 0.2)$$

$$A_4 = (0.3, 0.2, 0.2, 0.3)$$

对各个子因素集进行一级模糊综合评判得到:

$$\boldsymbol{B}_1 = A_1 \circ \boldsymbol{R}_1 = (0.39, 0.39, 0.26, 0.04, 0.01)$$

$$\boldsymbol{B}_2 = A_2 \circ \boldsymbol{R}_2 = (0.21, 0.37, 0.235, 0.125, 0.06)$$

$$\boldsymbol{B}_3 = A_3 \circ \boldsymbol{R}_3 = (0.15, 0.32, 0.355, 0.125, 0.06)$$

$$\boldsymbol{B}_4 = A_4 \circ \boldsymbol{R}_4 = (0.27, 0.35, 0.24, 0.1, 0.02)$$

这样，二级综合评判为：

$$B = A \circ R = (0.4, 0.3, 0.2, 0.1) \circ \begin{bmatrix} 0.39 & 0.39 & 0.26 & 0.04 & 0.01 \\ 0.21 & 0.37 & 0.235 & 0.125 & 0.06 \\ 0.15 & 0.32 & 0.355 & 0.125 & 0.06 \\ 0.27 & 0.35 & 0.24 & 0.1 & 0.2 \end{bmatrix}$$

$$= (0.28, 0.37, 0.27, 0.09, 0.04)$$

根据最大隶属度原则，认为对该员工的评价为良好。同理可对该部门其他员工进行考核。

需要说明的是，在最后评判结果中，当几个评语的评判结果之和不为“1”时，可以直接取用评判结果，也可先对评判结果进行归一化处理，再取用评判结果。

以上说明了如何用一级综合模糊评判和多层次综合模糊评判来解决企业中的人事考评问题，该方法在实践中取得了良好的效果。经典数学在人事考核的应用中显现出了很大的局限性，而模糊分析很好地将定性分析和定量分析结合起来，为人事考核工作的量化提供了一个新的思路。

参考文献

[1] 荩垆.实用模糊数学.北京：科技文献出版社，1989

[2] 张跃等.模糊数学方法及其应用.北京：煤炭工业出版社，1992

[3] 王巨川等.多指标模糊综合评判.昆明理工大学学报，1998，23(4)：69-71

[4] 杜栋.国家公务员考评系统的分析与设计.管理信息系统，1999，(11)：37-39

[5] 魏开文.中小企业融资效率模糊分析.金融研究，2001，(6)：67-74

[6] 黄小青.模糊综合评判方法在物流中心选址中的应用.水运管理，2002，(12)：7-10

[7] 韩超群.企业技术创新能力的模糊综合评价模型研究.沈阳工业学院学报，2003，22(3)：88-90

[8] 关晓光，葛志杰.质量经济效益的模糊综合评价.管理工程学报，2000，14(4)：65-69

[9] 陈卫华，梁晓艳，糜仲春.模糊综合评判在人事考核中的应用.价值工程，2005，(10)：96-99

第四章　数据包络分析法

第一节　数据包络分析法的思想和原理

一个经济系统或一个生产过程可以看成一个单元在一定可能范围内，通过投入一定数量的生产要素并产出一定数量的“产品”的活动。虽然这些活动的具体内容各不相同，但其目的都是尽可能地使这一活动取得最大的“效益”。这样的单元被称为决策单元(decision making units，DMU)。可以认为每个 DMU 都代表一定的经济意义，它的基本特点是具有一定的输入和输出，并且在将输入转换成为输出的过程中，努力实现自身的决策目标。

DMU 的概念是广义的，可以是一个大学，也可以是一个企业，也可以是一个国家。在许多情况下，我们对多个同类型的 DMU 更感兴趣。所谓同类型的 DMU，是指具有以下特征的 DMU 集合：具有相同的目标和任务；具有相同的外部环境；具有相同的输入和输出指标。另外，在外部环境和内部结构没有多大变化的情况下，同一个 DMU 的不同时段也可视为同类型 DMU。

在评价各 DMU 时，评价的依据是决策单元的“输入”数据和“输出”数据。根据输入和输出数据来评价决策单元的优劣，即所谓评价部门(单位)间的相对有效性。由经验可以断定：每个决策单元的有效性将涉及两个方面。

(1) 建立在相互比较的基础上，因此是相对有效性。

(2) 每个决策单元的有效性紧密依赖于输入综合与输出综合的比(或理解为多输入—多输出时的投入—产出比)。

数据包络分析(data envelopment analysis，DEA)是著名运筹学家 A. Charnes 和 W. W. Copper 等学者以“相对效率”概念为基础，根据多指标投入和多指标产出对相同类型的单位(部门)进行相对有效性或效益评价的一种新的系统分析方法。它是处理多目标决策问题的好方法。它应用数学规划模型计算比较决策单元之间的相对效率，对评价对象做出评价。

通常应用是对一组给定的决策单元，选定一组输入、输出的评价指标，求所关心的特定决策单元的有效性系数，以此来评价决策单元的优劣，即被评价单元相对于给定的那组决策单元中的相对有效性。也就是说，通过输入和输出数据的综合分析，DEA 可以得出每个 DMU 综合效率的数量指标。据此将各决策单元定级排队，确定有效的决策单元，并可给出其他决策单元非有效的原因和程度。即它不仅可对同一类型各决策单元的相对有效性做出评价与排序，而且还可以进一步分析各决策单元非 DEA 有效的原因及其改进方向，从而为决策者提供重要的管理决策信息。

这是一个多输入—多输出的有效性综合评价问题。多输入/多输出正是 DEA 重要而引人注意的地方，这是它自身突出的优点之一。可以说，在处理多输入—多输出的有效性评价方面，DEA 具有绝对优势。DEA 特别适用于具有多输入多输出的复杂系统，这主要体现在以下几点。

(1) DEA 以决策单元各输入输出的权重为变量，从最有利于决策单元的角度进行评价，从而避免了确定各指标在优先意义下的权重。

(2) 假定每个输入都关联到一个或者多个输出，而且输出输入之间确实存在某种关系，使用 DEA 方法则不必确定这种关系的显示表达式。

DEA 最突出的优点是无须任何权重假设，每一输入输出的权重不是根据评价者的主观认定，而是由决策单元的实际数据求得的最优权重。因此，DEA 方法排除了很多主观因素，具有很强的客观性。

DEA 是以相对效率概念为基础，以凸分析和线性规划为工具的一种评价方法。这种方法结构简单，使用比较方便。自从 1978 年提出第一个 DEA 模型——C^2R 模型并用于评价部门间的相对有效性以来，DEA 方法不断得到完善并在实际中被广泛应用，诸如被应用到技术进步、技术创新、资源配置、金融投资等各个领域，特别是在对非单纯盈利的公共服务部门，如学校、医院，某些文化设施等的评价方面被认为是一个有效的方法。现在，有关的理论研究不断深入，应用领域日益广泛。应用 DEA 方法评价部门的相对有效性的优势地位，是其他方法所不能取代的。或者说，它对社会经济系统多投入和多产出相对有效性评价，是独具优势的。

第二节　数据包络分析法的模型和步骤

一、模型介绍

在社会、经济和管理领域中，常常需要对具有相同类型的部门、企业或者同一单位不同时期的相对效率进行评价，这些部门、企业或时期称为决策单元。评价的依据是决策单元的一组投入指标数据和一组产出指标数据。投入指标是决策单元在社会、经济和管理活动中需要耗费的经济量；产出指标是决策单元在某种投入要素组合下，表明经济活动产出成效的经济量。指标数据是指实际观测结果。根据投入指标数据和产出指标数据评价决策单元的相对效率，即评价部门、企业或时期之间的相对有效性。

C^2R 模型是 DEA 的第一个模型。我们主要来介绍它。

设某个 DMU 在一项生产活动中的输入向量为 $\boldsymbol{x}=(x_1,x_2,\cdots,x_m)^{\mathrm{T}}$，输出向量为 $\boldsymbol{y}=(y_1,y_2,\cdots,y_s)$。我们可以用$(x,y)$来表示这个 DMU 的整个生产活动。

现设有 n 个 $\mathrm{DMU}_j(1\leqslant j\leqslant n)$，$\mathrm{DMU}_j$ 对应的输入、输出向量分别为：

$$\boldsymbol{x}_j=(x_{1j},x_{2j},\cdots,x_{mj})^{\mathrm{T}}>0 \quad j=1,2,\cdots,n$$

$$\boldsymbol{y}_j=(y_{1j},y_{2j},\cdots,y_{sj})^{\mathrm{T}}>0 \quad j=1,2,\cdots,n$$

而且 $x_{ij}>0,y_{rj}>0,i=1,2,\cdots,m;\ r=1,2,\cdots,s$

即每个决策单元有 m 种类型的“输入”以及 s 种类型的“输出”。

x_{ij} 为第 j 个决策单元对第 i 种类型输入的投入量；

y_{rj} 为第 j 个决策单元对第 r 种类型输出的产出量。

x_{ij} 和 y_{rj} 为已知的数据，可以根据历史资料得到，也即是实际观测到的数据。

由于在生产过程中各种输入和输出之间的地位与作用不同，因此要对 DMU 进行评价，须对它的输入和输出进行“综合”，即把它们看作只有一个总体输入和一个总体输出的生产过程，这样就需要赋予每个输入、输出恰当的权重（见图 4-1）。

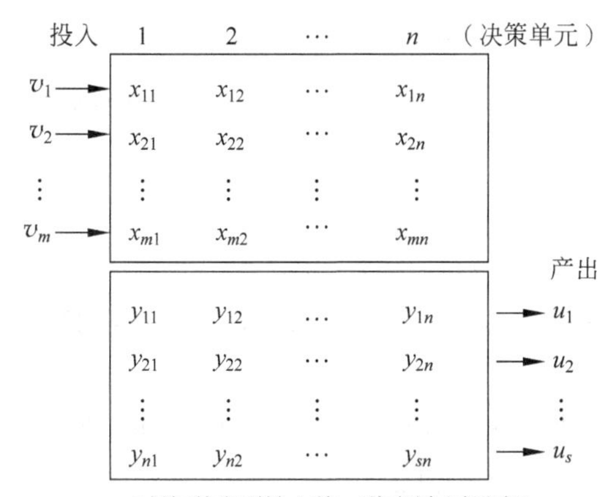

图 4-1 n 个 DMU 的输入输出

问题是，由于我们在一般情况下对输入、输出量之间的信息结构了解较少或者它们之间的相互代替性比较复杂，也由于我们想尽量避免分析者主观意志的影响，我们并不事先给定输入、输出权向量：$\boldsymbol{v}=(v_1,v_2,\cdots,v_m)^{\mathrm{T}}$，$\boldsymbol{u}=(u_1,u_2,\cdots,u_s)^{\mathrm{T}}$，而是先把它们看作变向量。然后在分析过程中再根据某种原则来确定它们。

在这里，v_i 为对第 i 种类型输入的一种度量（权）；u_r 为对第 r 种类型输出的一种度量(权)。

每个决策单元 DMU_j 都有相应的效率评价指数：

$$h_j = \frac{\boldsymbol{u}^T y_j}{\boldsymbol{v}^T x_j} = \frac{\sum_{r=1}^{s} u_r y_{rj}}{\sum_{i=1}^{m} v_i x_{ij}} \quad j = 1,2,\cdots,n$$

我们总可以适当地取权系数 $\boldsymbol{v}$ 和 $\boldsymbol{u}$，使得 $h_j \leqslant 1$。

现在，对第 j_0 个决策单元进行效率评价。一般来说，h_{j_0} 越大，表明 DMU_{j_0} 能够用相对较少的输入而得到相对较多的输出。这样，如果我们要对 DMU_{j_0} 进行评价，看 DMU_{j_0} 在这 n 个 DMU 中相对来说是不是最优的。我们可以考察当尽可能地变化权重时，h_{j_0} 的最大值究竟是多少。以第 j_0 个决策单元的效率指数为目标，以所有决策单元(含第 j_0 个决策单元)的效率指数为约束，就构造出如下的 C^2R 模型：

$$\max h_{j_0} = \frac{\sum_{r=1}^{s} u_r y_{rj_0}}{\sum_{i=1}^{m} v_i x_{ij_0}}$$

$$\text{s. t. } \frac{\sum_{r=1}^{s} u_r y_{rj}}{\sum_{i=1}^{m} v_i x_{ij}} \leqslant 1 \quad j = 1,2,\cdots,n$$

$$\boldsymbol{v} = (v_1, v_2, \cdots, v_m)^T \geqslant 0$$

$$\boldsymbol{u} = (u_1, u_2, \cdots, u_s)^T \geqslant 0$$

其中 $v \geqslant 0$ 表示对于 $i=1,2,\cdots,m$，$v_i \geqslant 0$，并且至少存在某 $i_0(1 \leqslant i_0 \leqslant m)$，$v_{i0} > 0$。对于 $u \geqslant 0$ 含义相同。

上式是一个分式规划问题，使用 Charnes-Cooper 变化，即令：

$$t = \frac{1}{v^T x_0}, \quad \omega = tv, \quad \mu = tu$$

可变成如下的线性规划模型：

$$(P)\begin{cases} \max h_{j_0} = \mu^T y_0 \\ \text{s. t. } \omega^T x_j - \mu^T y_j \geqslant 0 \quad j = 1,2,\cdots,n \\ \omega^T x_0 = 1 \\ \omega \geqslant 0, \quad \mu \geqslant 0 \end{cases}$$

用线性规划的最优解来定义决策单元 j_0 的有效性。

不难看出，利用上述模型来评价决策单元 j_0 是不是有效是相对于其他所有决策单元而言的。

我们注意到 C^2R 可用线性规划 P 来表达。而线性规划一个极重要的、极有效的理论是对偶理论，通过建立对偶模型更易于从理论上及从经济意义上作深入分析。

该线性规划的对偶规划为：

$$
(D')\begin{cases}\min \theta \\ \text{s. t. } \sum_{j=1}^{n}\lambda_j x_j \leqslant \theta x_0 \\ \sum_{j=1}^{n}\lambda_j y_j \geqslant y_0 \\ \lambda_j \geqslant 0 \quad j=1,2,\cdots,n \\ \theta \text{ 无约束}\end{cases}
$$

应用线性规划对偶理论，我们可以通过对偶规划来判断 DMU_{j_0} 的有效性。

为了讨论及应用方便，进一步引入松弛变量 s^+ 和剩余变量 s^-，将上面的不等式约束变为等式约束，则可变为：

$$
(D)\begin{cases}\min \theta \\ \text{s. t. } \sum_{j=1}^{n}\lambda_j x_j + s^+ = \theta x_0 \\ \sum_{j=1}^{n}\lambda_j y_j - s^- = y_0 \\ \lambda_j \geqslant 0 \quad j=1,2,\cdots,n \\ \theta \text{ 无约束} \quad s^+ \geqslant 0, s^- \geqslant 0\end{cases}
$$

以后直接称线性规划(D)为规划(P)的对偶规划。

下面给出几条定理与定义，目的是为以后模型的应用做准备。

定理 1 线性规划(P)和其对偶规划(D)均存在可行解，所以都存在最优值。假设它们的最优值分别为 $h_{j_0}^*$ 与 θ^*，则 $h_{j_0}^*=\theta^*\leqslant 1$。

定义 1 若线性规划(P)的最优值 $h_{j_0}^*=1$，则称决策单元 DMU_{j_0} 为弱 DEA 有效。

定义 2 若线性规划(P)的解中存在 $\omega^*>0, \theta^*>0$，并且其最优值 $h_{j_0}^*=1$，则称决策单元 DMU_{j_0} 为 DEA 有效(C^2R)。

弱 DEA 有效即具备了有效性的基本条件。DEA 有效则表明各项投入及各项产出都不能置之一旁，即这些投入及产出都对其有效性作了不可忽视的贡献。

定理 2

(1) DMU_{j_0} 为弱 DEA 有效的充分必要条件是线性规划(D)的最优值 $\theta^*=1$。

(2) DMU_{j_0} 为 DEA 有效的充分必要条件是规划(D)的最优值 $\theta^*=1$，并且对于每个最优解 $\lambda^*, s^{*-}, s^{*+}, \theta^*$，都有 $s^{*-}=0, s^{*+}=0$。

下面进一步说明一下 DEA 有效性的经济意义。即我们能够用 C^2R 判定生产活动是否同时技术有效和规模有效。结论如下：

(1)$\theta^*=1$，且 $s^{*-}=0$，$s^{*+}=0$。此时决策单元 j_0 为 DEA 有效。决策单元 j_0 的生产活动同时为技术有效和规模有效。其中，s^+ 表示产出的“亏量”，s^- 表示投入的“超量”。此时不存在“超量”投入及“亏量”产出。

(2) $\theta^*=1$，但至少有某个输入或输出松弛变量大于零。此时决策单元 j_0 为弱 DEA 有效。决策单元 j_0 不是同时技术有效和规模有效。即此时的经济活动不是同时技术效率最佳和规模效益最佳。此时表明某些方面的投入仍有“超量”，某些产出存在“亏量”。

(3) $\theta^*<1$。此时决策单元 j_0 不是 DEA 有效。决策单元 j_0 的生产活动既不是技术效率最佳，也不是规模收益最佳。

另外，通常我们还可用 C^2R 模型中 λ_j 的最优值来判别 DMU 的规模收益情况。结论如下：

(1) 如果存在 $\lambda_j^*(j=1,2,\cdots,n)$ 使得 $\sum\lambda_j^*=1$，则 DMU 为规模效益不变。

(2) 如果不存在 $\lambda_j^*(j=1,2,\cdots,n)$ 使得 $\sum\lambda_j^*=1$，则若 $\sum\lambda_j^*<1$，那么 DMU 为规模效益递增。

(3) 如果不存在 $\lambda_j^*(j=1,2,\cdots,n)$ 使得 $\sum\lambda_j^*=1$，则若 $\sum\lambda_j^*>1$，那么 DMU 为规模效益递减。

检验 DMU_{j_0} 的 DEA 有效性时，可利用线性规划，也可利用对偶线性规划。无论哪种方法都不方便，通过构造一个稍加变化的模型可使这一检验简化。这就是具有非阿基米德无穷小的 C^2R 模型(详见有关文献)。利用此模型可以一次性判断出决策单元是 DEA 有效，还是弱 DEA 有效，或者是非 DEA 有效。如果某个决策单元不属于 DEA 有效，一个很自然的问题就会产生：它与相应的 DEA 有效的“差距”有多大，或者说，与同类型的其他决策单元相比，需要在哪些方面作何等程度的努力，才可达到 DEA 有效？这是我们需要考虑的问题。

另外，由于实际生产过程中积极活动的多样性，或决策者在评价活动中的作用不同，在基本模型 C^2R 的基础上，又发展、派生出一些新的 DEA 模型。限于篇幅问题，这里不做详细介绍。

二、实例分析

下面举一例——DEA 在工业行业科技发展评价中的应用，说明 DEA 评价的全过程。

把某一工业行业科技实力发展视作 DEA 的一个决策单元，它具有特定的输入和输出。为了使各 DMU 具有可比性以及 DEA 综合评价指标的合理和有意义，必须选择好评价系统的输入和输出指标体系，以利于实现系统的客观描述和评价。

1. 工业行业科技实力评价指标体系设计的原则

（1）充分、全面性原则

指标体系应较为全面地涵盖企业科技实力的基本内容，有充分的代表性，通常包含科技开发能力、质量与管理、科技成果及其经济效益等。

（2）独立性原则

指标体系的每个指标要内涵清晰和相对独立，可分组建立。

（3）导向性原则

指标体系应符合高新技术产业化政策，利于企业从事高新技术的研究与开发，利于构建企业科技创新机制。

（4）均匀平滑性原则

对于周期较长的指标采取三年平均，如指标每百名科技活动人员的专利授权数；对发展速度异常的指标，基期数值用基期与报告期数值平均代替，以免指标值大起大落。

（5）可操作性原则

指标体系数据从现有统计指标中产生，切忌照搬不合实际的科技指标体系。

（6）综合、系统性原则

各指标之间动态联系较密切，各组指标可以综合形成完整的指标体系。

（7）可比性原则

要尽可能采用相对指标，便于各类企业进行对比；对于行业之间的对比，我们采取各指标的发展速度。

根据上述原则，分别选择了 12 项输入和输出指标，分成 7 个组分别建立了广州市工业科技实力 DEA 评价指标体系。

2. 指标体系中各项指标的含义及算式

（1）研究与开发（R&D）人员占全体职工比重，此指标反映行业中从事研究与开发人力投入的比重。

$$I_1=\frac{\text{研究与开发人员数}}{\text{全体职工数}}\times 100\%$$

（2）科技活动人员中科学家和工程师的比重。这一指标反映行业科技活动中人力投入的质量和管理水平。

$$I_2=\frac{\text{科技活动的科学家和工程师人数}}{\text{科技活动人数}}\times 100\%$$

（3）机器设备原值中微电子控制机器设备原值占有率。这一指标反映企业机器设备的现代化程度。

$$I_3=\frac{\text{微电子控制机器设备原值}}{\text{生产经营用机器设备原值}}\times 100\%$$

（4）企业科研机构固定资产原值与原固定资产原值比率。该指标反映企业开展科技活动的物质基础。

$$I_4 = \frac{科研机构固定资产原值}{原固定资产原值} \times 100\%$$

（5）技术引进投资占总支出比率。这一指标反映企业引进高新技术的程度。

$$I_5 = \frac{三年累计技术引进投资}{三年累计费用总支出} \times 100\%$$

（6）科技活动经费支出与产品销售收入比率。这一指标反映企业对科技进步的重视程度。

$$I_6 = \frac{科技活动经费支出}{产品销售收入} \times 100\%$$

（7）每百名科技活动人员的专利授权数。该指标在专利授权方面反映科技成果的数量和质量。

$$O_1 = \frac{近三年专利授权数}{近三年科技活动人员平均数} \times 100\%$$

（8）每百名科技人员科技成果获奖数。此指标反映科技成果的水平。

$$O_2 = \frac{近三年科技成果获奖数}{近三年科技活动人员平均数} \times 100\%$$

（9）新产品销售收入占产品销售收入比率。这一指标反映企业开发新产品的经济效益。

$$O_3 = \frac{新产品销售收入}{产品销售收入} \times 100\%$$

（10）新产品出口额占产品销售收入比率。此指标反映新产品在国际市场上的竞争力。

$$O_4 = \frac{新产品出口额}{产品销售收入} \times 100\%$$

（11）万元技术引进投资新增企业增加值。该指标反映企业技术引进的经济效益。

$$O_5 = \frac{三年累计新增企业增加值(万元)}{三年累计技术引进投资额(万元)} \times 100\%$$

（12）企业通过 ISO 9000 系列质量认证体系的产品频率。这一指标反映企业管理的总体水平。

$$O_6 = \frac{通过\ ISO\ 9000\ 认证的产品个数}{产品总个数} \times 100\%$$

3. 建立输入输出指标体系并进行评价

输入输出指标的选择主要是反映评价目的和评价内容。在科技发展能力的 DEA 评价中，原则上应包含以上 12 项输入和输出指标，它们反映科技的开发能力、质量技术水平和管理水平的高低，也反映科技人力、物力和财力投入产出效果。但是经验和理论表明，DEA 方法重在选择什么样的评价指标体系，在不同的指标体系中 DEA 评价结果是不同的，因此应用中要考察 DEA 评价结果随着指标体系的变化而变化的情况以及其中包含的有价值的信息。为此我们把指标体系进行分组（见表 4-1）。

表 4-1 广州市工业行业科技实力 DEA 评价指标体系分组情况

组号	评价目的	输入指标	输出指标
1	产品开发能力	I_1, I_4, I_6	O_1, O_3, O_6
2	技术水平	I_1, I_3, I_5	O_2, O_4, O_5
3	质量和管理水平	I_2, I_3, I_6	O_1, O_4, O_6
4	人力投入产出效果	I_1, I_2	O_1, O_2
5	物力投入产出效果	I_3, I_4	O_3, O_4
6	财力投入产出效果	I_5, I_6	O_3, O_5
7	科技整体水平	$I_1, I_2, I_3, I_4, I_5, I_6$	$O_1, O_2, O_3, O_4, O_5, O_6$

为了使工业各行业之间具有可比性，对所选择的 12 项指标均采用发展速度为其相对数，基期为 1988 年行业的指标数值，而报告期为 1999 年行业的指标数值。这样 12 项指标均表示各行业关于指标 1999 年的发展速度，从而可比。

根据广州市工业行业统计数据情况，剔除缺少值多的行业和合并部分同类行业，得到广州市 14 个工业行业数据，以上一节指标体系分组情况进行 DEA 模型计算，表 4-2 给出了这些评价方案的综合评价指标(DEA 有效性系数)、平均综合评价指标值及各行业的排序名次。

表 4-2 广州市 1999 年主要工业行业科技实力发展 DEA 评价结果

工业行业	方案号							平均综合评价指标值	综合评价名次
	1	2	3	4	5	6	7		
1. 食品、饮料制造业	1.000 0	0.711 3	1.000 0	1.000 0	0.453 3	0.307 3	1.000 0	0.781 7	9
2. 纺织、皮革制品业	0.480 8	1.000 0	0.457 1	0.556 1	0.121 6	1.000 0	1.000 0	0.659 4	11
3. 造纸、文教体育制品业	0.532 8	1.000 0	0.754 0	0.316 3	1.000 0	0.143 4	1.000 0	0.678 1	10
4. 石油和化学工业	1.000 0	0.669 0	1.000 0	1.000 0	0.309 1	1.000 0	1.000 0	0.854 0	5
5. 医药行业	1.000 0	1.000 0	1.000 0	1.000 0	0.235 0	1.000 0	1.000 0	0.890 7	2
6. 建材及其他非金属制品业	0.427 5	0.729 6	0.652 7	0.353 7	0.350 8	0.089 1	0.784 8	0.484 0	13
7. 金属冶炼及压延加工业	0.931 2	1.000 0	0.893 8	0.787 6	0.472 6	0.751 9	1.000 0	0.833 9	7
8. 金属制品业	0.620 7	0.131 3	0.655 4	0.424 1	0.167 7	0.181 9	0.655 4	0.405 2	14
9. 电气、机械、电子设备制造业	1.000 0	0.543 4	1.000 0	0.662 6	0.881 3	1.000 0	1.000 0	0.869 6	3
10. 机械工业	0.922 0	1.000 0	0.735 6	0.520 0	0.382 9	0.918 1	1.000 0	0.782 6	8
11. 交通运输设备制造业	1.000 0	1.000 0	0.652 1	0.806 4	1.000 0	0.627 7	1.000 0	0.869 5	4

续表

工业行业	方案号							平均综合评价指标值	综合评价名次
	1	2	3	4	5	6	7		
12. 电气机械及器材制造业	0.783 7	0.876 6	1.000 0	1.000 0	0.693 8	0.485 1	1.000 0	0.834 2	6
13. 电子及通信设备制造业	1.000 0	1.000 0	1.000 0	0.458 9	1.000 0	0.916 6	1.000 0	0.910 8	1
14. 仪器仪表、其他计量器具制造业	0.500 1	0.397 7	0.940 9	1.000 0	0.243 5	0.116 4	1.000 0	0.599 8	12

4. 结果分析

(1) 总的结论

从14个行业的数据看,电子通信和医药行业在产品开发、技术和管理水平方案全为DEA有效,应为最具发展潜力的行业。最差的是金属制品和建材及非金属制品行业。从平均综合评价指标值看,排在前9位的行业均为广州市的工业支柱行业,其中第2到第9位是广州较具特色的传统工业行业,经过技术、管理、生产资料等要素的优化组合后,居资金、技术密集型产业的比重明显上升,约占产品产值的一半,为广州市跃升全国十大城市工业总产值第二位提供了保证。

(2) 产品开发、技术和管理水平的DEA结果分析

从产品开发的数据(方案1)看,9个支柱行业除电气机械及器材制造业差一些外,其他行业的投入产出效果均较好。从技术水平数据(方案2)看,电气机械、电子设备制造、石油化工、食品和饮料等传统行业,虽然处于发展的成熟期,但技术水平不高,更应意识到应用新技术、新材料和新工艺来提高其生产力的重要性,积极地接受知识经济,通过知识以达到技术创新来提高产品的技术水平。从管理水平数据(方案3)看,交通运输设备制造等行业应提高其管理水平和竞争力,以便能在中国加入世贸组织后更有所作为。

(3) 人力、物力、财力投入产出的*DEA*结果分析

从方案4可看到,电子通信行业的有效性系数较低,反映了该行业的竞争激烈,而广州在这个方面的人才素质不够高,专利和成果获奖数增幅小,极需要改进。从方案5可知,医药、石油化工、机械工业、金属冶炼和食品等传统行业应应用高新技术装备传统产业,以提高其产出效率及竞争力。从方案6可看到,食品、饮料和电气机械及器材制造行业的有效性系数较低,反映了它们对高新技术的重视程度不够。

三、步骤总结

以上可见,*DEA*方法应用的一般步骤为:明确评价目的、选择*DMU*、建立输入/输出

评价指标体系、收集和整理数据、*DEA* 模型的选择和进行计算、分析评价结果并提出决策建议。下面分别进行阐述。

(1) DEA 方法的基本功能是"评价",特别是进行多个同类样本间的"相对优劣性"的评价。这样就有一系列的问题需要明确,如哪些 DMU 能够在一起评价、通过什么样的输出/输入指标体系进行评价,选择什么样的 DEA 模型进行评价等。为了能使 DEA 方法提供的信息具有较强的科学性,上述问题应该服从于我们应用 DEA 方法的具体目的性。因此,明确评价目的是应用 DEA 方法的首要问题。当然,这里所说的"评价"是广义的,实际上是指通过 DEA 方法提供的评价功能而进行的系统分析工作。

(2) 选择 DMU。由于 DEA 方法是在同类型的 DMU 之间进行相对有效性的评价,因此选择 DMU 的一个基本要求就是 DMU 同类型。在实际中下面两点可以帮助我们选择 DMU。

① 用 DMU 的物理背景或活动空间来判断,即 DMU 具有相同的外部环境、相同的输入、输出指标和相同的目标任务等。

② 用 DMU 活动的时间间隔来构造,例如有一个生产过程的时间间隔为$[0,T]$,现将$[0,T]$ q 等分,由于每个等分中的生产过程都是原过程的一部分(一个时段),因此,如果将每个等分视为一个 DMU,则可认为我们一共得到 q 个同类型的 DMU。另外,DMU 个数不宜过多,否则可能会使 DMU 的同类型受到影响。

(3) 建立输入/输出指标体系是应用 DEA 方法的一项基础性前提工作。DEA 主要是利用各决策单元的输入、输出评价指标数据对决策单元进行相对有效性评价。系统的评价指标不同,其有效性的评价结果也将不同。要考虑如下几点:

① 要考虑到能够实现评价目的。为了做到这一点,需要把评价目的从输入和输出两个不同的侧面分解成若干变量,并且该评价目的的确能够通过这些输入向量和输出向量构成的生产过程。当然如果指标的经济意义比较直观、明显,与评价目的性挂钩也较紧,也就很容易地被认定为输入(出)指标。通常可将各决策单元的效用型指标作为系统的输出指标,将成本型指标作为系统的输入指标。

② 能全面反映评价目的。一般来说,一个评价目的需要多个输入和输出才能较为全面地描述,缺少某个或者某些指标常会使评价目的不能完整地得以实现。换言之,缺少了某个或某些指标,就不能够全面地反映评价目的。例如在某个指标体系中新增一个或去掉一个,原来非有效 DMU 变成了有效的或原来有效的 DMU 变成了非有效的。

③ 要考虑到输入向量、输出向量之间的联系。在生产过程中,DMU 各输入和各输出之间往往不是孤立的。在实际中,通过向专家咨询或进行统计分析可以帮助我们做到以上这些,也可在初步确定了输入/输出指标体系后,进行试探性的 DEA 分析。如果在用了几组样本数据进行分析后,个别指标对应的权重总是很小,这说明这样的指标对 DMU 有效性的影响不大,可以考虑删除这些指标。

(4) 收集和整理数据资料。采用DEA方法评价各决策单元的相对有效性时,需要输入各决策单元的输入、输出指标值,这些指标值的正确性将直接影响各决策单元的相对有效性评价结果。所以,正确收集和科学整理各决策单元的输入、输出数据就成为DEA评价中的重要组成部分。评价指标中可以包含人文、社会、心理等领域中的非结构化因素,但需要按可靠标准予以量化赋值,如分为若干级别,以数字表示。在实际应用中,投入指标和产出指标均有不同的量纲,但这并不构成使用DEA时的困难。决策单元的最优效率指标与投入指标值及产出指标值的量纲选取无关。也就是说,由于DEA方法并不直接对指标数据进行综合,因而建立模型前无须对数据进行无量纲化处理。当然,也可在建模前先作无量纲化处理。

(5) DEA有多种模型,进行评价时选用什么模型需要我们考虑。一般来说需要从以下几方面进行考虑:

① 由于具有非阿基米得无穷小的DEA模型在判断DMU是否为(弱)DEA有方便之处,所以在实际中这一模型常被应用。

② 为了得到不同侧面的评价信息,在可能情况下,尽量选用不同类型的DEA模型同时进行分析,再把分析结果相互比较。

(6) 对于一组DMU,在确定了指标体系后,选择一个合适的DEA模型,进行相对有效性评价,并在评价结果基础上进行分析工作。需要考虑如何把分析工作设计得更为细致更为全面,以便提供尽可能多的比较信息。当然,究竟做些什么,如何做,对提供的结果又如何进行分析等,没有一个固定的模式,还需从问题的实际背景和我们的评价目的出发。最基本的是,利用DEA规划模型的求解结果,判断各决策单元的DEA有效性如何,找出非有效性决策单元的无效原因及其改进措施,形成评价结果报告,并向上层决策单元领导提出建议以辅助决策。

具体可采用求解线性规划的商业软件进行求解,也可采用各种专门的DEA软件进行求解。因为DEA方法比较容易操作使用。

第三节 数据包络分析法的应用案例

一、在中国区域投资的分级有效性评价中的应用

有关文献表明,中国投资的周期性波动可导致经济增长的变动性。所以,从中国经济应稳定协调增长的价值判断出发,研究者往往侧重于投资效益的分析,而缺乏对中国区域经济增长有效性的实证分析。

DEA是评价事物发展有效性的有力工具,故可用DEA方法研究中国区域经济投资

的有效性实绩。这里对全国的30个省、自治区、直辖市(未包括西藏、台湾、香港、澳门)的1996—2000年的区域投资有效性进行了实证分析。

1. 变量与决策单元的选择

根据数据口径的统一性、可比性原则,同时考虑可得性,并结合我国的实际情况,设置如下的输入输出指标和决策单元。输入指标:年总投资(亿元),年从业人员(万人),年平均能源消费总量(万吨标准煤);输出指标:年国内生产总值GDP(亿元),年居民最终消费总量(亿元);决策单元:决策单元为按现有行政区划的30个省、自治区、直辖市(未包括西藏、台湾、香港、澳门)。在评价过程中使用了各个指标在分析时间段内的平均值,以消除峰值数据的影响。

2. 评价思路与评价结果

在应用DEA进行有效性测度时,如果决策单元评价值为1就有效,否则即为无效。但是,无效DMU之间的优劣性无法简单地从评价值的大小进行排序对比分析。为了克服上述缺陷,这里对用DEA进行相对有效性测度时提出如下改进:首先,对所有DMU进行第1次评价;然后,剔除有效的DMU,对其余无效的DMU元进行第2次评价,如此重复进行,当所剩余DMU均无效或有效时停止。其中,第1次评价值为1的DMU称为第1级有效,第2次评价值为1的DMU称为第2级有效……其余依次类推,就可以得到DEA分级有效评价结果。

全国30个省、自治区、直辖市区域投资的DEA分级有效性的第1次评价结果如表4-3所示。然后对剔除北京、上海、广东等10个有效省市后的其余20个省市区再进行第2次评价,再剔除2级有效省区进行第3次评价,进行到第4次评价时,评价便结束。结果详见表4-4。

表4-3 区域投资的DEA分级有效性第1次评价的结果

地区	评价值	规模效益	地区	评价值	规模效益	地区	评价值	规模效益
北京	1.000 0		浙江	1.000 0		海南	1.000 0	
天津	1.000 0		安徽	0.999 8	−	重庆	0.866 3	−
河北	0.767 7	−	福建	1.000 0		四川	0.882 1	−
山西	0.831 7	+	江西	0.842 1	−	贵州	0.911 0	+
内蒙古	0.888 0	+	山东	1.000 0		云南	0.803 1	−
辽宁	1.000 0		河南	0.827 4	−	陕西	0.694 3	−
吉林	0.963 5	−	湖北	0.886 6	−	甘肃	0.681 1	+
黑龙江	0.897 4	−	湖南	0.995 7	−	青海	0.572 9	+
上海	1.000 0		广东	1.000 0		宁夏	0.562 1	+
江苏	1.000 0		广西	0.849 5	−	新疆	0.875 5	+

注:表中"+"表示规模效益递增;"−"表示规模效益递减。

表 4-4　区域投资的 DEA 分级有效性评价结果

地区	第 1 次评价值	第 1 级有效性	规模效益	第 2 次评价值	第 2 级有效性	规模效益	第 3 次评价值	第 3 级有效性	规模效益	第 4 次评价值	第 4 级有效性	规模效益
北京	1.000 0	有效		—	—	—	—	—	—	—	—	—
天津	1.000 0	有效		—	—	—	—	—	—	—	—	—
河北	0.767 7	无效	－	0.842 6	无效	＋	1.000 0	有效		—	—	—
山西	0.831 7	无效	＋	0.923 7	无效	＋	0.842 6	无效	＋	0.946 7	无效	－
内蒙古	0.888 0	无效	＋	0.987 8	无效	＋	0.923 7	无效	＋	1.000 0	有效	
辽宁	1.000 0	有效		—	—	—	—	—	—	—	—	—
吉林	0.963 5	无效	－	1.000 0	有效		—	—	—	—	—	—
黑龙江	0.897 4	无效	－	1.000 0	有效		—	—	—	—	—	—
上海	1.000 0	有效		—	—		—	—	—	—	—	—
江苏	1.000 0	有效		—	—	—	—	—	—	—	—	—
浙江	1.000 0	有效		—	—	—	—	—	—	—	—	—
安徽	0.999 8	无效	－	1.000 0	有效		—	—	—	—	—	—
福建	1.000 0	有效		—	—	—	—	—	—	—	—	—
江西	0.842 1	无效	－	1.000 0	有效				—		—	—
山东	1.000 0	有效		—	—	—	—	—	—	—	—	—
河南	0.827 4	无效	－	0.910 8	无效	－	0.987 8	无效	＋	1.000 0	有效	
湖北	0.886 6	无效	－	1.000 0	有效		—	—	—	—	—	—
湖南	0.995 7	无效	－	1.000 0	有效		—	—	—	—	—	—
广东	1.000 0	有效		—	—	—	—	—	—	—	—	—
广西	0.849 5	无效	－	0.872 3	无效	＋	1.000 0	有效		—	—	—
海南	1.000 0	有效		—	—	—	—	—	—	—	—	—
重庆	0.866 3	无效	－	0.969 6	无效	＋	1.000 0	有效			—	—
四川	0.882 1	无效	－	0.900 1	无效	－	1.000 0	有效		—	—	—
贵州	0.911 0	无效	＋	0.949 3	无效	＋	0.910 8	无效	－	1.000 0	有效	
云南	0.803 1	无效	－	0.832 9	无效	＋	1.000 0	有效		—	—	—
陕西	0.694 3	无效	－	0.751 2	无效	＋	1.000 0	有效		—	—	—
甘肃	0.681 1	无效	＋	0.726 5	无效	＋	0.872 3	无效	＋	0.816 3	无效	＋
青海	0.572 9	无效	＋	0.720 6	无效	＋	0.969 6	无效	＋	0.879 8	无效	＋
宁夏	0.562 1	无效	＋	0.690 7	无效	＋	0.900 1	无效	－	0.801 6	无效	＋
新疆	0.875 5	无效	＋	1.000 0	有效		—	—	—	—	—	—

注：表中“＋”表示规模效益递增；“－”表示规模效益递减。

可知，第 1 级有效的省区分别是北京、天津、辽宁、上海、江苏、浙江、福建、山东、广东、海南；第 2 级有效的省区分别是吉林、黑龙江、安徽、江西、湖北、湖南、新疆；第 3 级有效的省区分别是河北、广西、重庆、四川、云南、陕西；第4级有效的省区分别是内蒙古、河南、贵州；其余的省区分别是山西、青海、甘肃、宁夏。从地区分布来看，东部地区多为第1级有效地区；中部多为第2级有效地区；而广大西部地区要么只是第3、4级有效，要么一直无效。

3. 中国区域投资有效性的雁行形态

按照上述评价值和评价结果，可以绘出一个类似于日本学者赤松要提出的产业结构演进趋势雁行形态图的中国区域投资有效性的雁行形态图，如图4-2所示。

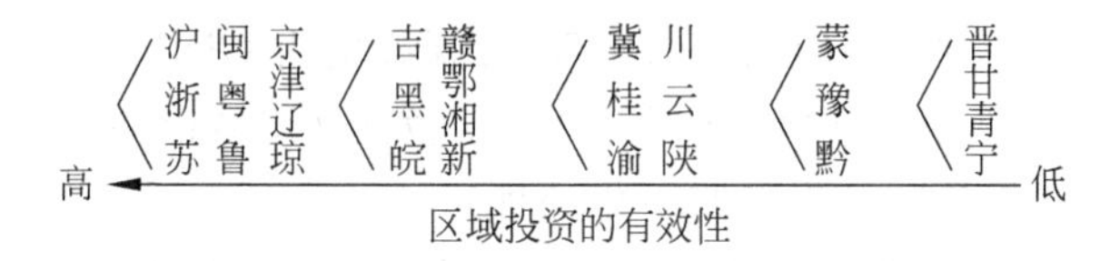

图4-2 中国区域投资有效性的雁行形态图

"头雁"不仅应该是第1级有效省区，而且其GDP增长速度和在全国所占份额都应高于全国平均水平。满足此3个条件的是一个群体：上海、江苏、浙江、福建、山东和广东。

从图4-2不难看出，中国区域经济发展的"头雁"群依然是东部省区，特别是东南沿海地区，而东中西部的梯度趋势依然很明显。西部大开发任重而道远，在增大投资力度的同时必须进一步探求影响投资有效性的因素并寻求对策；与此同时，还不应忽视"头雁"对中国经济有效发展的拉动作用。

二、在评价城市发展的可持续性中的应用

我们把城市的可持续发展系统（某一时间或某一时段）视作DEA中的一个决策单元，它具有特定的输入输出，在将输入转化成输出的过程中，努力实现系统的可持续发展目标。

利用DEA方法对天津市的可持续发展进行评价。在这里选取较具代表性的指标，作为输入变量和输出变量，见表4-5。

表4-5 各决策单元输入、输出指标值

序号	决策单元	政府财政收入占GDP的比重/%	环保投资占GDP的比重/%	每千人科技人员数/人	人均GDP/元	城市环境质量指数
1	1990	14.40	0.65	31.30	3 621.00	0.00
2	1991	16.90	0.72	32.20	3 943.00	0.09
3	1992	15.53	0.72	31.87	4 086.67	0.07
4	1993	15.40	0.76	32.23	4 904.67	0.13
5	1994	14.17	0.76	32.40	6 311.67	0.37
6	1995	13.33	0.69	30.77	8 173.33	0.59

续表

序号	决策单元	政府财政收入占 GDP 的比重/%	环保投资占 GDP 的比重/%	每千人科技人员数/人	人均 GDP/元	城市环境质量指数
7	1996	12.83	0.61	29.23	10 236.00	0.51
8	1997	13.00	0.63	28.20	12 094.33	0.44
9	1998	13.40	0.75	28.80	13 603.33	0.58
10	1999	14.00	0.84	29.10	14 841.00	1.00

输入变量：政府财政收入占 GDP 的比重、环保投资占 GDP 的比重、每千人科技人员数；输出变量：经济发展(用人均 GDP 表示)、环境发展(用城市环境质量指数表示；在计算过程中，城市环境指数的数值作了归一化处理)。

计算结果见表 4-6，最优解用 θ 表示。显而易见，该市在整个 20 世纪 90 年代的发展是朝着可持续方向前进的。

表 4-6 用 DEA 方法对天津市可持续发展的相对评价结果(评价模型：CCR)

年份	θ	结 论
1990	0.285 4	非 DEA 有效，规模收益递增
1991	0.290 2	非 DEA 有效，规模收益递增
1992	0.296 8	非 DEA 有效，规模收益递增
1993	0.342 5	非 DEA 有效，规模收益递增
1994	0.459 5	非 DEA 有效，规模收益递增
1995	0.718 3	非 DEA 有效，规模收益递增
1996	0.906 9	非 DEA 有效，规模收益递增
1997	1	DEA 有效，规模收益不变
1998	1	DEA 有效，规模收益不变
1999	1	DEA 有效，规模收益不变

研究表明，目前对城市可持续发展影响最大的还是环境问题。所以，进一步应用 DEA 方法对天津市和其他 23 个城市的环保投资进行分析，希望通过分析和排序可对城市的环保投资有一定的指导意义。

根据数据口径的统一性、可比性原则，同时考虑可得性，设置如下的输入输出指标和决策单元。输入指标：年平均环保系统总人数(人)、年平均环保设施投入(套)、年平均环保其他费用投入(万元)；输出指标：年平均废物处理量(万吨)、年平均废物利用获得利润(万元)；决策单元：所选的 24 个城市；评价数据：第一阶段为 1992—1993 年，第二阶段为 1994—1995 年(取其平均值)；资料来源：统计年鉴。

通过 DEA 计算软件计算结果如表 4-7 所示。

表 4-7　全国 24 个城市环保投资分析

城　市	第一阶段 DEA 结果分析	第二阶段 DEA 结果分析
北京	有效 θ=1.000 00	有效 θ=1.000 00
天津	无效 θ=0.662 52	有效 θ=1.000 00
石家庄	有效 θ=1.000 00	有效 θ=1.000 00
太原	无效 θ=0.818 33	无效 θ=0.335 2
呼和浩特	有效 θ=1.000 00	有效 θ=1.000 00
沈阳	有效 θ=1.000 00	无效 θ=0.875 21
长春	有效 θ=1.000 00	有效 θ=1.000 00
哈尔滨	有效 θ=0.689 13	无效 θ=0.724 52
上海	有效 θ=1.000 00	有效 θ=1.000 00
南京	无效 θ=0.694 28	无效 θ=0.923 76
杭州	无效 θ=0.416 98	无效 θ=0.328 76
合肥	无效 θ=0.768 24	无效 θ=0.980 26
福州	无效 θ=0.917 16	无效 θ=0.975 64
南昌	无效 θ=0.902 31	无效 θ=0.671 95
济南	无效 θ=0.756 43	无效 θ=0.476 58
郑州	无效 θ=0.926 19	无效 θ=0.897 21
武汉	无效 θ=0.960 01	有效 θ=1.000 00
长沙	无效 θ=0.735 66	无效 θ=0.959 78
广州	无效 θ=0.663 22	无效 θ=0.995 64
乌鲁木齐	有效 θ=1.000 00	有效 θ=1.000 00
海口	无效 θ=0.475 46	有效 θ=1.000 00
重庆	无效 θ=0.715 68	无效 θ=0.927 26
贵阳	无效 θ=0.600 15	无效 θ=0.826 08
昆明	无效 θ=0.671 75	无效 θ=0.700 35

由表 4-7 可得出 DEA 评价结论如下：

(1) 该市环保投资由第一阶段的无效发展为第二阶段的有效；武汉、海口的发展与该市一样；

(2) 北京、上海、长春、石家庄、乌鲁木齐 5 个城市在评价期间一直是有效的；

(3) 哈尔滨、南京、合肥、福州、长沙、广州、重庆、贵阳、昆明 9 个城市两阶段虽均为环保投资无效，但发展趋势是好的，因其 θ 值有不同程度的提高；

(4) 令人担忧的是在环保意识增强，环保投入加大的情况下，太原、沈阳、杭州、南昌、济南、郑州第 6 个城市的有效性在下降，其中沈阳由有效变为无效，其他城市的 θ 值在下降，其中杭州的 θ 值最低，仅为 0.328 76。这表明我国城市环保工作任重而道远，十分艰巨，必须高度重视，加倍努力。

三、在工业经济增长方式评价中的应用

改革开放以来,江苏工业经济在总量和结构上都取得了快于江苏经济其他方面的发展和变化,形成了江苏经济发展中工业占主要比重的工业大省格局。在工业的演进过程中,江苏工业经济正在实现增长方式的根本转变。认识这一过程,评价这种与经济运行规律相适应的增长方式十分重要。这里利用 DEA 方法,对江苏工业经济增长方式进行实证分析和客观评价,以期更有效地认识和把握增长方式转变的过程。

工业企业的发展效率体现在企业的投入产出关系中。各种投入反映了企业生产经营过程中的"消费的资源"。这里选取的投入指标主要有流动资产年均余额、长期投资、固定资产净值平均余额、无形资产、递延资产、中高级技术职务人数、职工工资总额、离退休人员退休金以及福利费 8 项。工业企业商品价值的实现反映了"产出水平"。这里选取的产出指标主要有工业总产值(当年价格,新口径)、工业增加值、产品销售收入、利润总额、实交税金总额 5 项。

将江苏省第三次工业普查中的相关资料代入 DEA 模型,分别以各个市作为决策单元,利用计算机软件,计算出各市工业经济发展效率值以及其他相关的定量数据(见表 4-8)。*SR* 为规模报酬情况(具体计算公式参见有关文献)。

表 4-8 江苏各市工业经济发展的规模效率与技术效率

种类	效率	苏州	无锡	常州	南京	镇江	扬州	南通	徐州	淮阴	盐城	连云港
总计	θ	1.0	1.0	0.988	0.933	0.915	1.0	0.880	0.869	0.835	0.833	0.758
	SR	1.0	1.0	0.569	1.698	0.371	1.0	0.856	1.096	1.001	0.633	0.251
国有经济	θ	1.0	1.0	0.905	0.989	0.920	0.985	0.885	0.819	0.846	0.801	0.805
	SR	1.02	1.01	0.618	1.032	0.461	0.961	0.855	0.918	1.0	0.531	0.215
集体经济	θ	0.995	0.988	0.900	0.978	0.910	0.878	0.785	0.731	0.854	0.869	0.710
	SR	0.986	1.01	0.600	1.00	0.386	0.843	0.754	0.829	0.986	0.696	0.236
轻工业	θ	0.985	0.978	0.808	0.981	0.879	0.781	0.851	0.836	0.741	0.869	0.686
	SR	0.976	0.901	0.769	1.035	0.360	0.745	0.643	0.801	0.895	0.610	0.305
重工业	θ	1.0	1.0	0.985	1.0	0.910	1.0	0.955	0.920	0.856	0.801	0.805
	SR	1.0	1.0	0.763	1.0	0.751	0.986	0.763	0.936	0.960	0.539	0.368
大型企业	θ	1.0	1.0	0.974	1.0	0.869	0.963	0.963	0.915	0.851	0.769	0.705
	SR	1.0	1.0	0.756	1.0	0.858	0.971	0.785	0.931	0.980	0.548	0.399
中型企业	θ	0.988	1.0	1.0	0.986	0.989	0.891	0.961	0.815	0.854	0.815	0.710
	SR	0.991	1.0	1.0	1.001	0.765	1.005	0.745	0.833	0.926	0.921	0.369
小型企业	θ	0.991	0.984	0.890	0.961	0.930	0.878	0.768	0.831	0.864	0.869	0.801
	SR	0.985	0.986	0.650	0.998	1.086	1.095	0.946	0.925	0.976	0.823	0.305

在江苏经济发展中，常见的经济区划分为苏南地区（苏锡常）、苏中地区（宁镇扬通）和苏北地区（徐淮盐连），将 11 市资料合并成三大地区资料，并结合全省资料，代入 DEA 模型，分别以三大地区以及全省水平作为决策单元，可以得出下表（见表 4-9）。

表 4-9　苏北、苏中、苏南及全省工业经济发展的规模效率与技术效率

	苏北	苏中	苏南	全省水平
θ	0.858	0.968	1.0	0.985
SR	0.451	1.013	1.0	1.087

从工业经济发展相对效率出发，根据表 4-8，可粗略地对全省 11 个市经济效率排序。具体为苏州、无锡、扬州、常州、南京、镇江、南通、徐州、淮阴、盐城、连云港。由表 4-8 可知，苏州、无锡、南京基本上达到或者接近于 DEA 有效，即实现了规模有效和技术有效。常州、扬州、南通、镇江为 DEA 非有效，规模报酬处于近似不变阶段，徐州、淮阴、盐城、连云港为 DEA 非有效，而规模报酬处于递增阶段。已达到 DEA 有效的 3 个市，其工业的发展应以动态的规模有效和技术有效为目标，加快发展。未达到 DEA 有效的 8 个市，各自的发展方向是不尽相同的。第二类市工业的发展应在扩大规模的同时，以技术进步作为提高效率的主要手段。第三类市工业的发展首先应根据规模报酬递增的特点，扩大规模，实现规模经济，以规模扩张和技术进步作为提高效率的两个并重的手段。

从表 4-9 可知，苏北、苏中、苏南三地工业发展效率存在明显的差异，苏南地区已达到了 DEA 有效，而苏北地区较为落后，苏中地区介于两者之间。苏中、苏北皆低于全省的一般水平。它们的差距为：苏北与苏中相差 0.011，苏中与苏南又相差 0.032，苏北与全省相差 0.172，苏中与全省相差 0.017，苏南高出全省 0.015。

从表 4-9 的规模报酬资料来看，苏北工业处于规模报酬递增阶段，苏中工业处于规模报酬递减阶段，苏南工业处于报酬不变阶段，全省工业处于规模报酬递减阶段。由此可见，苏北地区应在一定的外部条件下，通过规模扩张，实现规模经济；苏中地区应在现有规模条件下，通过技术进步实现集约化生产经营；而苏南地区则应与更为先进地区的工业经济相比较，以找出差距，实现动态的和广泛的规模有效和技术有效。从全省的角度来看，应对苏北地区的规模扩张与苏中、苏南地区的技术进步进行有效的管理，以促使全省工业经济发展效率的总体优化，并逐步达到缩小地区之间的差距。

由此可见，DEA 模型用规模效率和技术效率将规模经济与技术进步的研究结合起来，为扩大江苏工业经济规模、提高工业经济增长质量提供了咨询依据。

四、在企业技术创新成果评价中的应用

技术创新是以市场为导向，将科技潜力转化为经济优势的创新活动。在市场竞争日益激烈的今天，不断提高技术创新能力，是企业发展和规模膨胀的主要动力。许多企业已

充分意识到这一点，并加大了技术创新的投入力度，取得了一定成效。但同时也暴露出一些问题，比较突出地表现为一些创新成果在成果转化时由于缺乏科学的论证和评价，进入市场后很快就夭折，浪费了大量资源。因此，有必要研究一套合理的指标体系和先进、可靠的评价方法，以及时优选出更具市场潜力和竞争力的技术成果，从而大大降低技术市场化的风险。

1. 评价方法的可行性研究

DEA 特别适用于具有多种投入和多种产出的复杂系统，即以系统内部各部门作为决策单元（评价对象），依据各决策单元的活动耗费（输入数据）和活动成效（输出数据）来评价决策单元的优劣。技术创新作为一项从研究开发、成果转化、规模生产、经营销售到取得市场的系统工程，是一个具有多种投入和产出的复杂大系统，因此特别适合应用 DEA 进行评价。

2. 技术创新成果评价指标体系

在选择评价指标时主要考虑以下几个因素：

(1) 技术创新是一个周期性的技术经济过程，评价指标应全面、客观地反映其中的投入产出状况。

(2) 技术创新的方向应与企业发展战略相一致。

(3) 创新成果在市场经济条件下更应重视其市场价值。

因此，这里从投入和产出角度选择了十项评价指标，并制定了相应的评判标准（满分为 5 分，各标准的分数由左及右降低），如表 4-10 所示。

表 4-10　技术创新成果评价指标

评价指标		评判批准
投入指标	研究开发成本	低—高
	研究开发时间	短—长
	推销及规模生产所需投资	低—高
产出指标	与企业战略的一致性	很一致—不一致
	技术竞争力	强—弱
	竞争优势的持续时间	长—短
	投资回报率	高—低
	技术水平面	高—低
	技术成功的可能性	高—低
	商业成功的可能性	高—低

3. 模型求解

(1) 数据采集和处理

收集了五项技术创新成果，采用德尔菲法得出各项指标的具体数值，如表 4-11 所示。

表 4-11　技术创新成果评价指标数值

评价指标		成果 1	成果 2	成果 3	成果 4	成果 5
投入指标	研究开发成本	4	2	4	3	3
	研究开发时间	1	4	4	2	5
	推销及规模生产所需投资	3	5	3	3	1
产出指标	与企业战略的一致性	2	4	5	3	4
	技术竞争力	3	3	4	2	2
	竞争优势的持续时间	5	4	4	4	1
	投资回报率	4	4	3	3	5
	技术水平面	2	3	2	3	3
	技术成功的可能性	4	4	3	3	4
	商业成功的可能性	5	4	4	3	4

(2) 评价成果

将指标数值代入模型，经计算，可得评价结果(见表 4-12)。

表 4-12　评价结果

创新成果	成果 1	成果 2	成果 3	成果 4	成果 5
计算结果	0.968 8	0.987 4	1	0.945 8	0.936 2

从计算结果来看，成果 3 为 DEA 有效，即为最优创新成果。

这种方法的一个突出特点是把决策单元中各投入产出的权重作为变量，通过计算而确定，排除了人为因素，具有很强的客观性。

五、在人力资本系统评价中的应用

众所周知，企业之间的竞争从本质上讲是人才的竞争，因此，人力资本的投资对现代企业保持竞争优势具有战略性的意义。然而，企业通常只注重对人力资本的投入，却忽视了对其输出量的分析研究，这无疑会造成人力资本的无效投入或者有效需求的投入不足。针对这种情况，企业迫切需要了解人力资本的利用程度。传统的分析方法往往将各输入量(如工资、福利等)逐一比较，而没有从整体上加以把握。因此，这里尝试用 DEA 方法从多个输入量与输出量着手，对各人力资本决策单元的相对有效性进行研究。首先建立人力资本评价模型，然后用一个具体案例分析研究企业间人力资本使用的相对有效性。

企业管理者如何评估人力资本的利用率？解决这个问题有三个难点：首先，如何界定人力资本系统的输入量及其度量方法？其次，什么是该系统的输出量及其度量方法？最后，正确衡量这些输入输出之间的关系的方法又是什么？

1. 输入和输出的指标

企业从招聘直至正式使用人力资本需要花费一定的成本。一般而言,这些成本主要涵盖了员工工资、医疗福利、岗位培训等。另外,用工风险的选择也会直接影响企业的收益。企业如果要在竞争中立于不败之地必须进行适当的人才储备以抵御外部环境的变化,同时可以抓住稍纵即逝的发展机会。用工风险大致可以反映出企业今后的发展情况。企业的输出指标可以分为顾客满意度和员工满意度。这里的顾客是指消费企业人力资本并且享受其成果的内部单位(产品生产方)和外部单位(原料供应方、销售方和最终消费者等)。只有满足顾客需求的人力资本投资才能真正实现人力资本的价值。员工是企业人力资本投资的受益者,只有令员工满意的投资才能切实发挥人力资本的潜能,取得预期的投资收益。员工的满意度可以细分为培训是否真正有效果,员工是否真正意识到自己是组织的成员,员工的忠诚度是否增强。

2. 指标体系

考虑到企业实际投入的差异性,在使用度量指标时选择相对度量指标体系,并制定了相应的评判标准(满分为 5 分,各标准的分数由左及右降低),如表 4-13 所示。具体数值可以由专家和管理人员组成的评定小组对各项指标进行确定。

表 4-13 评价指标与评价标准

评价指标		评价标准
输入指标	员工工资	由低到高
	医疗福利	由低到高
	岗位培训	由少到多
	用工风险	由低到高
输出指标	顾客满意度	由高到低
	员工满意度	由高到低

3. 评估流程

DEA 评估方法大体上可以分成四个阶段,如图 4-3 所示。

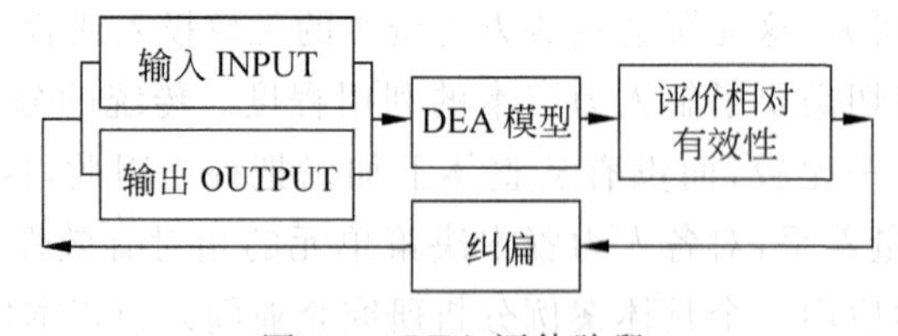

图 4-3 DEA 评估阶段

4. 实例计算

这里以三家企业为样本,研究它们某年度人力资本使用的相对业绩,有关数据及评估结果见表 4-14。

表 4-14 企业相对指标

企业名称	输入指标				输出指标		相对指标
	X_1	X_2	X_3	X_4	Y_1	Y_2	θ
A	4	3	4	3	3	2	0.88
B	4	5	4	3	2	4	1.00
C	4	2	5	3	5	2	1.00

注：X_1：员工工资；X_2：医疗福利；X_3：岗位培训；X_4：用工风险；Y_1：顾客满意度；Y_2：员工满意度。

模型中的松弛变量与剩余变量见表 4-15。

表 4-15 松弛变量与剩余变量

企业名称	S_1^-	S_2^-	S_3^-	S_4^-	S_1^+	S_2^+	θ
A	0.52	0.39	0	0.39	0	0	0.88
B	0	0	0	0	0	0	1.00
C	0	0	0	0	0	0	1.00

从计算结果来看，企业 B 和企业 C 为 DEA 有效，即它们都充分地使用人力资本；而企业 A 为 DEA 相对无效，原因可能是成本投入过多，或者产出过少。运用 DEA 的“投影理论”分析，如果企业 A 要保持现有输出的话，其工资可以控制在 $0.88\times4-0.52=3.0$ 以内，医疗福利至少可以降至 $0.88\times3-0.39=2.25$。此外，用工风险也可以控制在 $0.88\times3-0.39=2.25$ 以内。

利用数据包络分析方法，结合定量和定性分析，这里给出了一种较为有效的人力资本评价方法。结果反映出该方法客观、准确、可操作性强，具有较强的实用价值。

参考文献

[1] 魏权龄. 评价相对有效性的 DEA 方法. 北京：中国人民大学出版社，1988

[2] 盛昭瀚等. DEA 理论、方法与应用. 北京：科学出版社，1996

[3] 李宗元等. 运筹学 ABC. 北京：经济管理出版社，2001

[4] 杨印生等. 数据包络分析(DEA)的研究进展. 吉林工业大学学报，1994，24(4)：111-118

[5] 李美娟，陈国宏. 数据包络分析法(DEA)的研究与应用. 中国工程科学，2003，5(6)：88-94

[6] 傅荣林，陈湛本，梁达宏. DEA 方法在工业行业科技发展评价中的应用. 广州大学学报(综合版)，2001，15(11)：22-25

[7] 杜栋. DEA 在工业企业经济效益评价中的应用. 第二届中国青年运筹与管理学者大会论文集，北

京：宇航出版社，1997：20-23
[8] 杜栋. 企业技术创新评价的DEA方法. 系统工程理论方法应用，2001，10(1)：82-84
[9] 杜栋. 一种多指标评价的新模型方法. 陕西工学院学报，2002，18(4)：79-81
[10] 冯振环，赵国杰. 运用DEA对中国区域投资的分级有效性评价. 当代财经，2004，(1)：18-21
[11] 赵国杰，吴孟铎. 用DEA方法评价城市发展的可持续性. 洛阳师范学院学报，2002，(2)：132-134
[12] 许长新. 工业经济增长方式的数据包络分析. 江苏经济探讨，1999，(3)：31-33
[13] 何明祥，李冠. 企业技术创新成果的DEA评价. 数学的实践与认识，2002，32(4)：569-571
[14] 尤建新，柳彦青，陈宝胜. 基于DEA的人力资本系统评价方法. 上海管理科学，2003，(3)：61-62

第五章　人工神经网络评价法

第一节　人工神经网络评价法的思想和原理

在当今高度发展的社会里，面临许许多多的选择或决策问题。就拿我们熟悉的投资方案选择来说，人们分析影响投资的各种因素，包括社会因素、资金因素等，在此基础上建立相应的数学模型，通过求解最优解来得到投资的最佳方案。由于数学模型有较强的条件限制，导致得出的最佳方案与现实有较大误差。后来，人们分析到有的影响投资方案的因素无法用定量的数据来表示，也就无法通过线性或数学模型来求最佳解。于是人们通过层次分析法和模糊理论的方法建立非线性模型来求最佳解。但是，如果影响投资的某些因素有变化时，利用层次分析法或模糊理论方法求得的最佳解也会产生较大的误差，只好重新对各种因素进行分析，重新建立非线性模型，这样就存在许多重复的工作，而且以前的一些经验性的知识不能得到充分利用。为了解决这些问题，人们提出模拟人脑的神经网络工作原理，建立能够"学习"的模型，并能将经验性知识积累和充分利用，从而使求出的最佳解与实际值之间的误差最小化。通常把这种解决问题的方法称为人工神经网络(artificial neural network，ANN)。

人工神经网络是由大量与自然神经细胞类似的人工神经元互联而成的网络。人工神经网络的工作和方法是模仿人脑的。大脑是一个神秘的世界，虽然到目前为止人们还不能完全解释大脑思维、意识和精神活动，但已能从神经结构、细胞体构成的水平上初步探明大脑的组织特征，并通过实验证明许多大脑的认知机理。各种实验与研究表明：人类的大脑中存在着由巨量神经元细胞结合而成的神经网络，而且神经元之间以某种形式相互联系。人工神经网络的工作原理大致模拟人脑的工作原理，即首先要以一定的学习准则进行学习，然后才能进行判断评价等工作。它主要根据所提供的数据，通过学习和训练，找出输入与输出之间的内在联系，从而求取问题的解。人工神经网络反映了人脑功能的基本特性，但并不是生物神经系统的逼真描述，只是一定层次和程度上的模仿和简化。强调大量神经元之间的协同作用和通过学习的方法解决问题是人工神经网络的重要特征。

人工神经网络是模仿生物神经网络功能的一种经验模型，输入和输出之间的变换关系一般是非线性的。首先根据输入的信息建立神经元，通过学习规则或自组织等过程建立相应的非线性数学模型,并不断进行修正,使输出结果与实际值之间差距不断缩小。人工神经网络通过样本的“学习和培训”,可记忆客观事物在空间、时间方面比较复杂的关系。由于人工神经网络本身具有非线性特点,且在应用中只需对神经网络进行专门问题的样本训练,它能够把问题的特征反映在神经元之间相互联系的权值中,所以,把实际问题特征参数输入后,神经网络输出端就能给出解决问题的结果。

神经网络的特点是,神经网络将信息或知识分布储存在大量的神经元或整个系统中。它具有全息联想的特征,具有高速运算的能力,具有很强的适应能力,具有自学习、自组织的潜力。另外,它有较强的容错能力,能够处理那些有噪声或不完全的数据。鉴于人工神经网络具有上述特征,所以可建立基于人工神经网络的多指标综合评价方法。其解决有关经济等方案评价方面问题的方式与层次分析和模糊理论分析法完全不同。它是模拟人脑的思维,把大量的神经元连成一个复杂的网络,利用已知样本对网络进行训练,即类似于人脑的学习,让网络存储变量间的非线性关系,即类似于人脑的记忆功能,然后利用存储的网络信息对未知样本进行评价,即类似于人脑的联想功能。

由于实际综合评价往往是非常复杂的,各个因素之间互相影响,呈现出复杂的非线性关系,人工神经网络为处理这类非线性问题提供了强有力的工具。它是一种智能化的数据处理方法,其处理具有非线性关系数据的能力,是目前其他方法所无法比拟的。与其他综合评价方法相比,基于人工神经网络的综合评价方法已越来越显示出它的优越性。

基于人工神经网络的多指标综合评价方法通过神经网络的自学习、自适应能力和强容错性,建立更加接近人类思维模式的定性和定量相结合的综合评价模型。训练好的神经网络把专家的评价思想以连接权的方式赋予于网络上,这样该网络不仅可以模拟专家进行定量评价,而且避免了评价过程中的人为失误。由于模型的权值是通过实例学习得到的,这就避免了人为计取权重和相关系数的主观影响和不确定性。

其中,反向传播(BP)神经网络是由 Rumelhart 等人于 1985 年提出的一种很有影响的神经元模型,它是一种多层次反馈型网络,所使用的是有“导师”的学习算法。基于 BP 人工神经网络的综合评价方法具有运算速度快、问题求解效率高、自学习能力强、适应面宽等优点,较好地模拟了评价专家进行综合评价的过程,因而具有广阔的应用前景。

第二节　人工神经网络评价法的模型和步骤

一、模型介绍

人脑的构造是怎样的?人脑是如何工作的?能否制造出模仿人脑工作的人工神经系统?这些是多少年人们追求解决的问题。人工神经网络可以说是大脑的模型化,当然模型化的过程是一个非常复杂的过程。可以说，人工神经网络是对生物神经机制研究基础上产生的智能仿生模型。该过程是一个不断反馈的过程，通过不断修改完善，直到实现人们期望的结果。

处理单元，或称之为神经元，是神经网络的最基本的组成部分。一个神经网络系统中有许多处理单元，每个处理单元的具体操作都是从其相邻的其他单元中接受输入，然后产生输出送到与其相邻的单元中去。神经网络的处理单元可以分为三种类型：输入单元、输出单元和隐含单元。输入单元是从外界环境接受信息，输出单元则给出神经网络系统对外界环境的作用。这两种处理单元与外界都有直接的联系。隐含单元则处于神经网络之中，它不与外界产生直接的联系。它从网络内部接受输入信息，所产生的输出则只作用于神经网络系统中的其他处理单元。隐含单元在神经网络中起着极为重要的作用。

神经网络的结构是随着研究的不断深入而完善的。最初的神经网络结构只有输入层（由输入处理单元组成）和输出层（由输出处理单元组成）。这种结构的神经网络能力极为有限。后来在这种双层神经网络的基础上，引入了中间隐含层（由隐含单元组成），形成了三层神经网络模型，这种三层神经网络模型大大提高了神经网络的能力。

神经网络的卓越能力来自神经网络中各神经元之间的连接权。连接权一般地不能预先准确地确定，故神经网络应具有学习功能，也即能根据样本模式逐渐调整权值，使神经网络具有卓越的处理信息的功能。

神经网络的工作过程具有循环特征。而在每个循环中又分为两个阶段，即工作期与学习期。在工作期间，各神经元之间的连接权值不变，但计算单元的状态发生变化。此期间的特点是：进行速度快，故又称为快过程。并称此期间中的神经元处于短期记忆。在学习期间，各计算单元的状态不变，但对连接权值作修改。此阶段速度要慢得多，故又称为慢过程。并称此期间中的神经元处于长期记忆。

对事物的判断分析必须经过一个学习和训练过程。1949 年，Hebb 率先提出了改变神经元连接强度的学习规则。其过程是；将样本（训练）数据赋予输入端，并将网络实际输出与期望输出相比较，得到误差信号，以此为依据来调整连接权值。重复此过程，直到收敛于稳态。

神经网络通过一定的算法进行训练。当今，比较成熟的网络模型及相应算法有上百种，各种修正和演变的模型、算法就更多。我们并非系统介绍人工神经网络，只是对其中一个重要的算法——反向传播算法作一简要介绍。

1985 年，Rumelhart 等人领导的并行分布式处理小组提出了误差反向传递学习算法（即 BP 算法），很好地实现了多层神经网络的设想。选择 BP 网络为研究对象，不仅因为它是目前应用最为广泛的网络之一，也因为它的映射能力和学习算法的研究相对来讲进行得较深入、彻底。

BP 网络是一种具有三层或三层以上的层次结构网络，相邻上、下层之间各神经元实现全连接，即下层的每个神经元与上层的每个神经元都实现权连接，而每层各神经元之间无连接。换个角度看，BP 算法不仅有输入层节点、输出层节点，还可有 1 个或多个隐含层节点。对于输入信号，要先向前传播到隐含层节点，经作用函数后，再把隐节点的输出信号传播到输出节点，最后给出输出结果。在 BP 算法中，节点的作用激励函数通常选取 S 型函数。

对于 BP 模型的输入层神经元，其输出与输入相同。中间隐含层和输出层的神经元的操作规则如下：

$$Y_{kj} = f\left(\sum_{i=1}^{n} W_{(k-1)i,kj} Y_{(k-1)i}\right)$$

式中：$Y_{(k-1)i}$是 $k-1$ 层第 i 个神经元的输出，也是第 k 层神经元的输入；

$W_{(k-1)i,kj}$是 $k-1$ 层第 i 个神经元与 k 层第 j 个神经元的连接权值；

Y_{kj}是 k 层第 j 个神经元的输出，也是第 $k+1$ 层神经元的输出。

f 是 Sigmoid 函数。$F(u)=1/(1+\mathrm{e}^{-u})$。

n 为第 $k-1$ 层的神经元数目。

可见，BP 网络的基本处理单元(输入层除外)为非线性的输入—输出关系。处理单元的输入、输出值可连续变化。

1989 年 Robert Hecht-Nielson 证明了一个三层的 BP 网络可以完成任意的 n 维到 m 维的映射。这实际上已经给了一个基本的设计 BP 网络的原则(见图 5-1)。

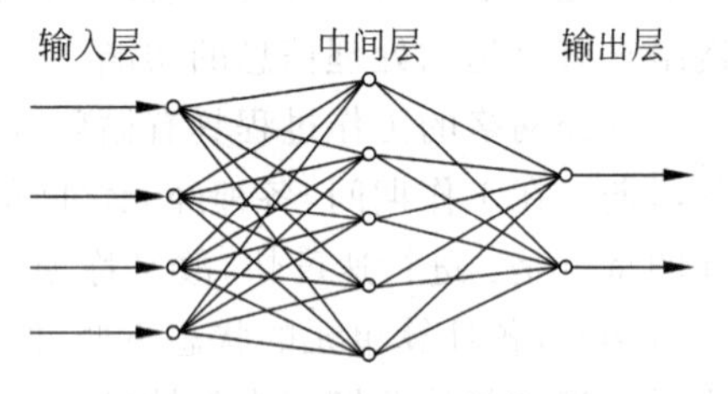

图 5-1　BP 神经网络模型

BP 网络的输入与输出的关系是一个“多输入—多输出”，且为高度非线性的映射关系。由于一般情况下难以写出其表达式，故这是一个“黑箱”。

增加层数主要可以进一步降低误差，提高精度，但同时使网络复杂化，从而增加了网络权值的训练时间。

误差精度的提高实际上也可以通过增加隐含层中的神经元数目来获得，其训练效果也比增加层数更容易观察和调整，所以一般情况下，应先考虑增加隐含层的神经元数目。

隐含层单元数的选择在神经网络的应用中一直是一个复杂的问题。隐含层单元数过少，可能训练不出网络或者网络不够“强壮”，不能识别以前没有看见过的样本，容错性差；但隐含层单元数过多，又会使学习时间过长，误差也不一定最佳，因此存在一个如何确定合适的隐含层单元数的问题。在具体设计时，比较实际的做法是通过对不同神经元数进行训练对比，然后适当地加上一点余量。

BP 算法的学习过程由正向传播和反向传播组成。在正向传播过程中，输入信息从输入层经隐含层逐层处理，并传向输出层。每一层神经元的状态只影响下一层神经元的状态。如果输出层得不到期望的输出，则转入反向传播，将误差信号沿原来的连接通道返回，通过修改各层神经元的权值，使得误差信号最小。

对多层网络进行训练时，首先要提供一组训练样本，其中的每个样本由输入样本和理想输出对组成。样本的实验输出作为期望输出（目标输出），计算得到的网络输出为模型输出（实际输出）。当网络的所有实际输出与理想输出一致时，表明训练结束；否则，通过修正权值，使网络的理想输出与实际输出一致。所以，BP 网络是一种有“教师”的学习算法。将输入和对应的“教师”给定于网络，则网络根据输出与“教师”的误差来调整权值。

假设 BP 网络每层有 N 个处理单元，训练集包含 M 个样本模式对。

对第 p 个学习样本（$p=1,2,\cdots,M$），节点 j 的输入总和记为 net_{pj}，输出记为 O_{pj}，则：

$$net_{pj} = \sum_{i=1}^{N} W_{ji} O_{pi} \quad O_{pj} = f(net_{pj})$$

如果任意设置网络初始权值，那么对每个输入样本 p，网络输出与期望输出（d_{pj}）间的误差为：$E = \sum_{p} E_{p} = \left[\sum_{j} (d_{pj} - O_{pj})^2 \right] \Big/ 2$。

式中 d_{pj} 表示对第 p 个输入样本输出单元 j 的期望输出。

在 BP 网络学习过程中，输出层单元与隐单元的误差的计算是不同的。

BP 网络的权值修正公式为：

$$W_{ji} = W_{ji}(t) + \eta \delta_{pj} O_{pj}$$

$$\delta_{pj} = \begin{cases} f'(net_{pj})(d_{pj} - O_{pj}) & \text{对于输出节点} \\ f'(net_{pj}) \sum_{k} \delta_{pk} W_{kj} & \text{对于输入节点} \end{cases}$$

上式中，引入学习速率 η，是为了加快网络的收敛速度，但有时可能产生振荡。

通常权值修正公式中还需加一个惯性参数 α，从而有：

$$W_{ji} = W_{ji}(t) + \eta \delta_{pj} O_{pj} + \alpha [W_{ji}(t) - W_{ji}(t-1)]$$

上式中，α 为一常数项，称为势态因子，它决定上一次的权值对本次权值更新的影响程度。

权值修正是在误差反向传播过程中逐层完成的。由输出层误差修正各输出层单元的连接权值，再计算相连隐含层单元的误差量，并修正隐含层单元连接权值。如此继续，整个网络权值更新一次后，我们说网络经过一个学习周期。要使实际输出模式达到输出期望模式的要求，往往需要经过多个学习周期的迭代。对于给定的一组训练模式，不断用一个个训练模式训练网络，重复此过程，当各个训练模式都满足要求时，我们说 BP 网络已学习好了。

在网络的学习过程中，权重值是随着迭代的进行而更新的，并且一般是收敛的。但权值的初始值太大，可能导致网络很快就达到饱和，并且权值的初始值对网络的收敛速度也有一定的影响。

学习步长是网络学习的另一个重要参数,在一定程度上也决定了网络的收敛速度。学习步长过小会导致权重值更新量过小,因而使收敛非常缓慢;学习步长过大又会导致在极值点附近振荡的可能性加大,乃至反复振荡而难以收敛。

一般地,BP网络的学习算法描述为如下步骤。

(1) 初始化网络及学习参数,如设置网络初始权矩阵,学习因子 η,势态因子 α 等;

(2) 提供训练模式,训练网络,直到满足学习要求;

(3) 前向传播过程:对给定训练模式输入,计算网络的输出模式,并与期望模式比较,若有误差,则执行步骤(4),否则,返回步骤(2);

(4) 反向传播过程:计算同一层单元的误差,修正权值和阈值(即 $i=0$ 时的连接权值),返回步骤(2)。

网络的学习是通过用给定的训练集训练而实现的。什么时候认为网络学习好了?通常,用网络的均方根误差来定量地反映学习的性能。一般地,当网络的均方根误差值低于0.1时,则表明对给定训练集学习已满足要求了。

BP神经网络的实质就是依据所提供的样本数据,通过学习和训练,抽取样本所隐含的特征关系,以神经元间连接权值的形式存储专家的知识。具体地说,BP算法的基本思想是将每次迭代的误差信号由输出层经隐含层至输入层反向传播,调整各个神经元之间的连接权值,如此反复迭代,直到误差达到容许水平,这种调节过程具有自组织、自学习的特点。

由于BP网络及其算法增加了中间隐含层并有相应学习规则可循,使其具有对非线性模式的识别能力。特别是其数学意义明确,步骤分明的学习算法,更使其具有广泛的应用前景。

基于BP网络的多指标综合评价神经网络模型的设计如下。

BP网络的结构包括网络层数、输入、输出节点和隐节点的个数、连接方式。

根据映射定理可构造一个包括输入层、隐含层和输出层的三层BP网络,其中输入层节点数为 m,即评价指标的个数;输出层节点数 n 为1,即评价结果;隐含层节点数 $L=(m\times n)/2$。隐节点数没有统一的规则,根据具体对象而定。隐含层的输出函数为Sigmoid变换函数,输入和输出层函数为线性函数。

具体地说,将用于多指标综合评价的评价指标属性值进行归一化处理后作为BP网络模型的输入,将评价结果作为BP网络模型的输出,用足够多的样本训练这个网络,使其获取评价专家的经验、知识、主观判断及对指标重要性的倾向。或者说,利用样本对BP网络的连接权系数进行学习和调整,以使该网络实现给定的输入输出关系。这样,BP网络模型所具有的那组权系数值便是网络经过自适应学习所得到的正确知识内部表示。训练好的BP网络模型根据待评价对象各指标的属性值,就可得到对评价对象的评价结果,再现评价专家的经验、知识、主观判断及对指标重要性的倾向，实现定性与定量的有效结合，保证评价的客观性和一致性。

已经定理证明，三层 BP 网络具有可用性。故只要给定的样本集是真正科学的，具有很强的权威性，则利用 BP 网络实现多指标综合评价，其结果是令人信服的，它克服了人为确定权重的困难及模糊性和随机性的影响，是一种智能综合评价方法。

神经网络的非线性处理能力突破了基于线性处理的现有评价方法的局限；一般的评价方法在信息含糊、不完整、存在矛盾等复杂环境中往往难以应用，而神经网络技术则能跨越这一障碍；网络所具有的自学习能力使得知识获取工作转换为网络的变结构调节过程；网络通过学习，可以从典型事例中提取所包含的一般原则，学会处理具体问题。可见，引用神经网络技术将是多指标综合评价的一条有效途径。实际应用表明，该方法能较好地模拟专家评价的全过程，有机地结合了知识获取，专家系统和模糊推理功能，因而具有广阔的应用前景。

二、实例分析

现在以人工神经网络对电子行业企业的经济效益进行综合评价为例，讲解人工神经网络的 BP 模型。

首先要将描述电子行业企业经济效益综合评价的基础指标的属性值作为人工神经网络的输入向量，然后用足够多的企业样本向量训练这个网络，使不同的输入向量得到不同的输出值，经过学习后确定相应的内部组权系数，最后根据输入的企业经济效益指标向量，可以得出该企业的经济效益的综合评价结果。

实验原始数据来源于《中国电子统计年鉴》，见表 5-1。

表 5-1　电子行业中 25 家企业 1998 年各项经济效益实际值

企业代号	资产贡献率/%	工业增加值率/%	资产负债率/%	流动资产周转率/次	成本费用利润率/%	全员劳动生产率/元/人	产品销售率/%
1	22.17	25.62	19.24	1.02	6.95	42 117	62.73
2	8.95	10.74	13.89	1.57	11.63	9 761	91.24
3	18.34	37.97	25.46	2.81	47.12	80 215	98.03
4	−2.16	6.78	50.17	3.42	−13.19	4 329	44.29
5	12.41	17.35	60.37	2.16	14.28	38 742	87.56
6	28.91	13.62	0.87	6.63	11.95	52 354	79.82
7	−7.12	12.38	96.82	2.75	−1.14	16 742	76.87
8	−3.04	0.87	99.73	0.74	−16.52	1 652	37.24
9	25.03	28.91	12.97	3.46	21.13	41 321	88.71
10	17.42	30.07	68.84	4.18	5.07	44 326	74.85
11	−0.11	8.82	51.24	1.73	13.32	33 021	69.91

续表

企业代号	资产贡献率/%	工业增加值率/%	资产负债率/%	流动资产周转率/次	成本费用利润率/%	全员劳动生产率/元/人	产品销售率/%
12	29.98	65.59	7.89	3.93	25.87	96 308	93.25
13	−10.12	3.78	82.81	0.89	−0.78	8 997	54.46
14	15.32	37.25	86.39	1.31	34.14	49 382	95.53
15	−0.53	5.76	43.01	1.88	−5.42	9 845	80.74
16	10.68	32.93	1.24	5.66	9.76	22 785	89.34
17	31.02	58.94	0.41	4.23	49.25	63 240	99.02
18	3.18	26.13	65.52	0.72	19.42	7 442	78.84
19	−6.81	1.28	63.25	0.46	−9.34	2 932	56.89
20	13.55	35.14	2.92	1.76	12.93	58 731	80.39
21	5.95	2.77	17.83	3.42	15.56	38 320	92.44
22	9.23	10.23	32.25	0.93	0.76	16 241	82.88
23	24.96	49.64	31.72	2.53	25.75	34 382	86.93
24	16.65	27.14	73.45	3.05	18.53	16 842	83.04
25	6.53	−0.56	88.82	1.45	6.58	3 889	69.32

对各分指标量化后，并得到综合评价总指标的期望值。其中权重是由专家评判组反复斟酌而定，如表5-2所示。

表5-2 各企业分批标量化后的权重函数值及综合评估指标

企业代号 \ 指标	Y_{11}	Y_{12}	Y_{13}	Y_{14}	Y_{15}	Y_{16}	Y_{17}	I_1
权重	**0.2**	**0.15**	**0.15**	**0.1**	**0.2**	**0.15**	**0.05**	
1	0.481	0.094	0.275	−0.289	−0.202	0.169	−0.099	0.103
2	−0.086	−0.254	0.330	−0.185	−0.006	−0.332	0.083	−0.071
3	0.334	0.363	0.215	0.060	0.905	0.652	0.126	0.445
4	−0.537	−0.330	−0.067	0.179	−0.786	−0.410	−0.213	−0.378
5	0.075	−0.097	−0.179	−0.069	0.106	0.117	0.060	0.008
6	0.684	−0.182	0.455	0.675	0.007	0.322	0.011	0.296
7	−0.680	−0.210	−0.533	0.048	−0.499	−0.229	−0.008	−0.377
8	−0.565	−0.446	−0.555	−0.339	−0.834	−0.441	−0.256	−0.543
9	0.576	0.170	0.339	0.187	0.377	0.157	0.067	0.313
10	0.296	0.195	−0.270	0.321	−0.277	0.203	−0.021	0.054
11	−0.466	−0.287	−0.253	−0.154	0.066	0.026	−0.053	−0.175
12	0.709	0.886	0.389	0.276	0.536	0.776	0.096	0.589
13	−0.748	−0.391	−0.409	−0.312	−0.488	−0.342	−0.150	−0.458

续表

企业代号 \ 权重 \ 指标	Y_{11}	Y_{12}	Y_{13}	Y_{14}	Y_{15}	Y_{16}	Y_{17}	I_1
	0.2	**0.15**	**0.15**	**0.1**	**0.2**	**0.15**	**0.05**	
14	0.205	0.349	−0.443	−0.235	0.739	0.142	0.110	0.178
15	−0.481	−0.351	−0.098	−0.125	−0.623	−0.330	0.016	−0.349
16	−0.006	0.258	0.451	0.556	−0.085	−0.136	0.071	0.127
17	0.732	0.699	0.460	0.330	0.919	0.467	0.133	0.614
18	−0.339	0.106	−0.235	−0.342	0.313	−0.364	0.005	−0.113
19	−0.672	−0.439	−0.223	−0.387	−0.715	−0.428	−0.135	−0.486
20	0.125	0.305	0.436	−0.149	0.049	0.409	0.014	0.203
21	−0.221	−0.410	0.290	0.179	0.159	0.110	0.091	0.009
22	−0.073	−0.257	0.135	−0.305	−0.436	−0.237	0.030	−0.185
23	0.574	0.572	0.141	0.004	0.533	0.048	0.056	0.339
24	0.263	0.129	−0.318	0.107	0.289	−0.228	0.031	0.061
25	−0.195	−0.472	−0.466	−0.208	−0.217	−0.412	−0.057	−0.309

应用上述的基于人工神经网络多指标综合评价方法。本例的输入层共有 7 个节点，输出节点 1 个，为综合评价总指标。根据经验和反复试验，本实验隐层节点数选取 10。

将表 5-2 中的数据分为两部分，前 15 组数据用作学习样本，作为训练神经元连接权值用，学习精度 $\varepsilon=10^{-4}$，后 10 组数据作为检验用。经过 5 200 次的学习，其学习结果见表 5-3。

表 5-3 学 习 结 果

企业代号	**1**	**2**	**3**	**4**	**5**	**6**	**7**	**8**
训练结果	0.102	−0.071	0.447	−0.381	0.008	0.295	−0.376	0.544
期望输出	0.103	−0.071	0.445	−0.378	0.008	0.296	−0.377	−0.543
相对误差/%	0.97	0	0.45	0.79	0	0.34	0.27	0.18
企业代号	**9**	**10**	**11**	**12**	**13**	**14**	**15**	
训练结果	0.315	0.054	−0.174	0.590	0.461	0.177	−0.350	
期望输出	0.313	0.054	−0.175	0.589	0.458	0.178	−0.349	
相对误差/%	0.64	0	0.57	0.17	0.66	0.56	0.29	

训练结束后，给训练好的 BP 网络分别输入校验数据，得到综合评价经济效益排序结果，见表 5-4。

表 5-4 结果验证及综合经济效益排序

企业代号	16	17	18	19	20	21	22	23	24	25
测试结果	0.126	0.616	−0.114	−0.487	0.202	0.009	−0.184	0.341	0.061	−0.311
期望输出	0.127	0.614	−0.113	−0.486	0.203	0.009	−0.185	0.339	0.061	−0.309
相对误差/%	0.79	0.34	0.88	0.21	0.49	0	0.54	0.59	0	0.65
仿真排序	4	1	7	10	3	6	8	2	5	9
专家排序	4	1	7	10	3	6	8	2	5	9

从表 5-4 中可以看出，利用神经网络得到的输出值与期望值之间的最大误差为 0.88%，综合经济效益排序与专家排序一致。由此可见，用神经网络学习经济效益综合评价专家知识，并用学习后的网络对其他企业的经济效益进行综合评价是完全可行的。

三、步骤总结

由此可见，基于人工神经网络的综合评价方法的步骤可概括如下。

(1) 确定评价指标集，指标个数为 BP 网络中输入节点的个数。

(2) 确定 BP 网络的层数，一般采用具有一个输入层、一个隐含层和一个输出层的三层网络模型结构。

(3) 明确评价结果，输出层的节点数为 1。

(4) 对指标值进行标准化处理。

(5) 用随机数(一般为 0-1 之间的数)初始化网络节点的权值与网络阈值。

(6) 将标准化以后的指标样本值输入网络，并给出相应的期望输出。

(7) 正向传播，计算各层节点的输出。

(8) 计算各层节点的误差。

(9) 反向传播，修正权重。

(10) 计算误差。当误差小于给定的拟合误差，网络训练结束；否则转到(7)，继续训练。

(11) 训练所得网络权重就可以用于正式的评价。

需要注意的是，在综合评价(决策)中，被评对象各个特征指标之间一般没有统一的度量标准，并且在很多场合下得到的特征指标是定性描述而不是量值，因而很难进行直接比较。所以在进行综合评价前，应先对评价指标特征值进行量化处理，在综合评价前必须把这些分指标按某种隶属度函数将其归一化到某一无量纲区间。当然，由于评价指标的类型往往不同，因此其特征值量化的方法也不应相同。

具体的计算过程，可以采用专用的神经网络软件包，也可使用 MATLAB 等工具。

第三节　人工神经网络评价法的应用案例

一、在城市投资环境评价中的应用

城市投资环境评价对于城市发挥其投资环境优势和制定投资环境改善对策措施是一项极为重要的工作。关于城市投资环境评价，不同专家学者给出了不同的评价方法，这些方法在实际应用中都取得了较好的效果。但这些方法也存在一些缺陷：或者缺乏自我学习能力，或者难以摆脱决策过程中的随机性、主观不确定性和认识的模糊性，或者未能充分利用评价指标体系包含的丰富信息等。针对此，这里引入基于 BP 神经网络的城市投资环境评价方法，通过对已有样本模式的学习，获取评价专家的知识、经验。当需要对某些城市投资环境进行评价时，该方法可以再现专家的知识和经验，从而降低了评价过程中人为的不确定性。

1. 方法模型

(1) BP 神经网络模型

这里采用一种具有多输入单输出的三层 BP 神经网络作为城市投资环境评价的模型，其结构如图 5-2 所示。

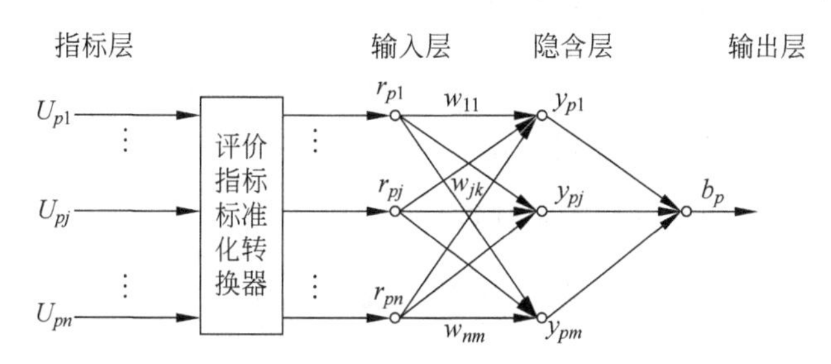

图 5-2　加入了指标标准化器的三层 BP 神经网络结构

图中，n,m 分别表示输入节点(也是评价指标数目)和隐含节点数目；U_{p1},U_{p2},…,U_{pn} 为评价指标论域 $X=\{x_1,x_2,\cdots,x_n\}$ 上第 p 个样本模式的评价指标值，记为：

$$\overline{U}_p=\{U_{p1},U_{p2},\cdots,U_{pn}\}$$

h 个样本模式构成样本矩阵：

$$\boldsymbol{U}=(\overline{U}_1,\overline{U}_2,\cdots,\overline{U}_n)^{\mathrm{T}}=(U_{pj})_{h\times n}$$

r_{p1},r_{p2},…,r_{pn} 为 X 上 U_p 经指标标准化转换器量化后的评价向量，记为：

$$\bar{r}_p=\{r_{p1},r_{p2},\cdots,r_{pn}\}$$

w_{jk}($j=1,2,\cdots,n$; $k=1,2,\cdots,m$)为输入层第 j 个节点到隐含层第 k 个节点的连接

权值，$y_{pk}(k=1,2,\cdots,m)$为样本模式 p 的隐含层第k 个节点的输出，$w_k(k=1,2,\cdots,m)$为隐含层第 k 个节点到输出层的连接权值，b_p 为样本模式 p 的输出。

(2) 评价指标标准化转换器

评价指标标准化转换器实质上是一组根据指标类型对其进行标准化的函数模型。多目标决策的一个显著特点是目标间的不可公度性，因而若直接使用各指标的原始值往往不便于分析和比较评价目标。因此在评价前，应先将各指标变量进行规范化处理，即对评价指标通过标准化转换器统一到[0,1]范围内。

城市投资环境评价指标根据其属性一般有以下几种类型：成本型、效益型和适度型。对 X 中的 n 个指标，设第 j 个指标 x_j 的取值范围为 $d_j=[\min_j,\max_j](j=1,2,\cdots,n)$。定义 $r_{pj}=U_{dj}(u_{pj})(j=1,2,\cdots,n)$为样本模式 p 的评价指标 x_j 的指标值 x_{pj} 的标准化值，且 $r_{pj}\in[0,1]$，其中 $U_{dj}(.)$为定义在 d_j 上的指标 x_j 的标准化转换函数，三种类型指标的标准化转换函数见有关文献。指标原始数据矩阵标准化后，即可形成指标标准化矩阵：

$$\boldsymbol{R}=[\bar{r}_1,\bar{r}_2,\cdots,\bar{r}_h]^{\mathrm{T}}=[r_{pj}]_{h\times n}$$

(3) BP 神经网络评价城市投资环境的算法实现

在图 5-2 的 BP 神经网络中，每个节点的输出与输入之间的非线性关系用 Sigmoid 函数描述，即

$$f(x)=[1+\exp(-x)]^{-1}$$

隐含层样本模式 p 的输出按下式计算。

$$y_{pk}=f\left(\sum_{j=1}^{n}w_{jk}r_{pj}-\theta_k\right)\quad k=1,2,\cdots,m$$

式中 θ_k 表示隐含层节点 k 的偏置值。

输出层样本模式 p 的输出按下式计算

$$b'_p=f\left(\sum_{k=1}^{m}w_k y_{pk}-\theta\right)$$

式中 θ 表示输出层输出节点的偏置值。

BP 网络的学习训练是一个误差反向传播与修正的过程，定义 h 个样本模式的实际输出 b'_p与期望输出 b_p 的总误差函数为：

$$E=\sum_{p=1}^{h}(b'_p-b_p)^2/2$$

那么，神经网络对样本模式 p 的学习就是为了使 E 极小化。

2. 算法实现

下面我们以中国 35 个主要城市投资环境的综合评价为基础，阐述基于 BP 网络的城市投资环境评价的实现算法。

第一步，分析影响城市投资环境的因素，确定综合评价的 BP 网络结构参数，即各层

神经元节点数。设评价指标论域为 $X=\{x_1,x_2,\cdots,x_{37}\}$，则输入节点可定为37；根据文献得出隐含层节点与输入输出节点数的经验优化关系，确定隐含层节点数为59(=输入节点数+0.618(输入节点数−输出节点数))；这里仅就城市综合投资环境作评价，因此输出节点数为1。

第二步，为神经网络的连接权值 $w_{ik}(0)$，$w_k(0)$ 和神经元节点偏置值 $\theta_{ik}(0)$、$\theta_k(0)$ 赋初值。

第三步，以中国35个主要城市作为神经网络学习训练的样本模式，其输入指标构成 35×37 阶矩阵 $[U_{pj}]_{35\times37}$，而期望输出即城市投资环境综合评价结果(考虑到Sigmoid函数的值域为(0,1)，因此将其规范化值统一除以100使之转化到(0,1)范围内)构成向量 $\boldsymbol{B}=(b_1,b_2,\cdots,b_{35})^{\mathrm{T}}$，如表5-5所示。

表5-5　文献[7]的城市投资环境综合评价结果与神经网络训练后的输出结果对照

城市	深圳	上海	广州	南京	厦门	北京	大连	宁波	海口
b_p	1.000 0	0.697 8	0.574 7	0.374 0	0.365 9	0.358 4	0.355 8	0.338 1	0.322 5
b_p'	0.999 9	0.697 8	0.574 6	0.374 1	0.365 8	0.358 4	0.355 8	0.338 0	0.322 5
城市	天津	杭州	青岛	福州	昆明	武汉	沈阳	长沙	石家庄
b_p	0.312 5	0.299 1	0.288 3	0.273 8	0.260 2	0.251 6	0.235 6	0.232 3	0.223 7
b_p'	0.312 6	0.300 1	0.288 1	0.274 6	0.261 3	0.254 2	0.243 3	0.240 1	0.225 8
城市	成都	济南	重庆	西安	乌鲁木齐	合肥	郑州	长春	南宁
b_p	0.221 3	0.218 5	0.217 3	0.187 3	0.179 2	0.177 9	0.175 7	0.169 7	0.169 5
b_p'	0.230 9	0.220 5	0.217 8	0.200 1	0.186 3	0.167 5	0.166 0	0.170 4	0.173 2
城市	哈尔滨	兰州	太原	南昌	贵阳	银川	呼和浩特	西宁	
b_p	0.169 4	0.162 4	0.150 0	0.147 5	0.140 8	0.122 6	0.110 8	0.095 8	
b_p'	0.170 0	0.164 8	0.145 5	0.150 7	0.150 4	0.128 5	0.110 1	0.107 6	

第四步，按指标 $x_j(j=1,2,\cdots,37)$ 的不同属性类型对 $[U_{pj}]_{35\times37}$ 进行标准化转换得到评价矩阵 $\boldsymbol{R}=[r_{pj}]_{35\times37}$。

第五步，启动BP神经网络进行学习训练。我们假定 $\boldsymbol{R}$ 与 $\boldsymbol{B}$ 存在一非线性映射 $\boldsymbol{F}$ 使

$$b_p=F(\bar{r}_p),\quad p=1,2,\cdots,35$$

其中 $\bar{r}_p=(r_{p1},r_{p2},\cdots,r_{p37})$。

神经元节点权值(w_k，w_{jk})和偏值置(θ_k 和 θ)按下列规则调节计算：

$$w_{k(t-1)}=w_{k(t)}+\eta\delta y_{pt}+\alpha[w_{k(t)}-w_{k(t-1)}]$$

$$w_{jk(t-1)}=w_{jk(t)}+\eta\delta_k y_{pj}+\alpha[w_{jk(t)}-w_{jk(t-1)}]$$

$$\theta_{(t-1)}=\theta_{(t)}+\eta\delta+\alpha[\theta_{(t)}-\theta_{(t-1)}]$$

$$\theta_{k(t-1)}=\theta_{k(t)}+\eta\delta_k+\alpha[\theta_{k(t)}-\theta_{k(t-1)}]$$

式中，η 为学习率，$\eta \in (0,1)$；α 为动量因子，$\alpha \in (0,1)$；t 为调节次数。

经过不断执行上述迭代过程，直至满足设定误差限要求为止，便可得到较为准确内部表示的神经网络(亦即合适的映射关系 F)。经学习训练后的神经网络输出结果见表 5-5。

第六步，将训练好的神经网络存入文件，这样当遇到同类评价问题时，只要输入待评价城市的指标矩阵，启动网络，即可马上得到评价结果。

进一步，挑选一组人口规模 50 万人以上的大城市 C={淄博，鞍山，唐山，包头，徐州，洛阳，无锡，苏州，株洲}加入到 35 个城市一并作为城市投资环境评价对象，利用 BP 网络方法进行评价，结果见表 5-6(表中仅列出新加入城市的评价结果)。

表 5-6　新加入城市两种方法的评价结果比较

城市	淄博	鞍山	唐山	包头	徐州	洛阳	无锡	苏州	株洲
b_p	0.2134	0.1751	0.2246	0.0847	0.2173	0.1658	0.3221	0.3259	0.1853
b_p'	0.2041	0.1732	0.2378	0.0783	0.2215	0.1599	0.3303	0.3314	0.1789

这说明采用三层 BP 神经网络通过对已有模式的学习训练来评价城市投资环境是完全可行的，并且具有其独特的优越性。

3. 结论

基于 BP 神经网络的评价方法同其他常规方法相比有其突出的优点。

(1) 具有较强的自我学习能力。BP 网络方法通过对新的样本模式不断地学习，可使网络拥有的经验和知识更加丰富，从而可以适用更广泛的应用环境。

(2) 具有较强的容错能力。BP 网络以分布式方式将投资环境评价专家的知识与经验存储在各个神经元节点中，因此，即使评价指标数据不完全或个别节点损坏也可得到较准确的评价结果。

(3) 评价速度快。训练好的网络在进行评价时，对输入的指标矩阵可做出即时响应，无须人工干预，评价客观、快速。而其他方法如 AHP、模糊综合评判等方法需同专家不断交互，效率较低。

应该指出，基于神经网络的评价方法并不能取代其他的评价方法如 AHP、Fuzzy 综合评判等。因为神经网络评价方法的学习训练样本模式需要来自这些方法所得的结果。而且当评价条件变化时(如改变评价指标体系)还必须借助传统方法来得到神经网络方法的训练样本模式。

二、在高技术项目投资风险综合评价中的应用

高技术项目投资具有高风险、高效益的特点。通常投资者在选择高技术项目时，除了要进行常规的可行性研究外，还要特别对项目风险进行深入分析评价，以判断是否具有投资价值。对高技术项目投资风险评价时，通常采用专家鉴定的方法，这就使得指标和权重

的确定带有很大的主观性，并且不能进行大规模的评价。人工神经网络的特点之一就是善于从近似的、不确定的，甚至相互矛盾的组织环境中做出决策。这里在对高技术项目投资风险因素分析的基础上，采用基于神经网络的多指标综合评价方法。

1. 高技术项目投资风险评价指标体系

以风险因素为主要依据，对高技术项目投资风险进行综合评价时考虑如下主要因素。

① R&D 风险：理论基础合理性 U_1，人才资源 U_2，信息资源 U_3，R&D 条件 U_4。

② 技术风险：技术适用性 U_5，技术配套性 U_6，技术生命周期 U_7，技术成熟性 U_8。

③ 生产风险：生产设备水平 U_9，能源原材料供应 U_{10}，生产人员构成 U_{11}。

④ 市场风险：产品竞争力 U_{12}，潜在竞争影响 U_{13}，营销能力 U_{14}。

⑤ 管理风险：企业组织合理性 U_{15}，决策的科学化 U_{16}，管理者素质和经验 U_{17}。

⑥ 环境风险：国家产业政策影响 U_{18}，宏观经济影响 U_{19}，自然环境 U_{20}。

2. 高技术项目投资风险多指标综合评价法

(1) 神经网络模型及 BP 算法

神经网络是由大量称为神经元的简单信息单元广泛连接组成的复杂网络，用于模拟人类大脑神经网络的结构和行为。它不仅具有许多优秀的品质，如自适应、自组织性等，而且善于从近似的、不确定的，甚至相互矛盾的知识环境中做出决策。这里应用的 BP 网络是目前使用最为广泛的神经网络。三层 BP 网络的拓扑结构如图 5-3 所示。

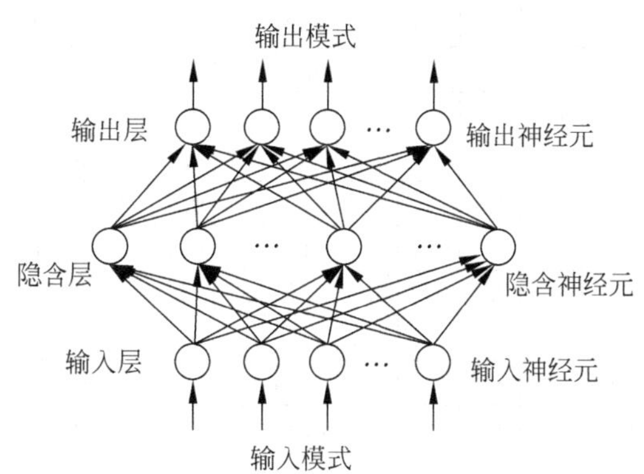

图 5-3 典型的三层 BP 网络拓扑结构

整个网络的学习过程分为两个阶段，第一阶段是从网络的底部向上进行计算，如果网络的结构和权值已设定，输入已知的学习样本，可计算每一层的神经元输出；第二个阶段是对权值和偏置值的修改，这是从最高层向下进行计算和修改，从已知最高层的误差修改来调整最高层相联的权值，然后修改各层的权值和偏置值，两个过程反复交替，直到收敛为止。

(2) 多指标综合评价神经网络方法

影响高技术项目投资风险的各风险指标 $U_1 \sim U_{20}$ 中定性因素较多，因此对于各风险指标 $U_1, U_2, \cdots, U_{20}$，采用专家打分的方法，分值为 1.0，0.7，0.5，0.3，0.1 五个等级。评分时专家充分审核、分析风险企业提交的商业计划，给出各风险指标的评分值，以衡量被评价项目在该指标上的表现及因此而可能引起的相关风险的大小。

对高技术项目投资风险的评估问题，可以看作输入对投资风险评估的各因素指标到输出该项目的最终评价值的非线性映射。因此，当采用三层 BP 网络结构时，输入层为各影响因素的评价值，共 20 个神经元，隐含层的神经元个数可根据需要确定，输出层只有一个神经元，是一个代数值，取值范围是[0,1]，表示对高技术项目投资风险的综合评价结果。分值越高，说明所有评价指标的综合表现越佳，从而该项目总的投资风险越低；反之，分值越低，项目投资风险越高。

神经网络对高技术项目投资风险的评价需要一定数量的已知样本作为训练集来训练神经网络，然后便可进行大数据量的综合评价。训练网络的样本集应是可信度高的权威性评价结果，它们可以通过专家对少量典型高技术项目投资风险进行人工评定得到。训练好的网络，对于待评价的项目，只要专家给出风险指标分值，该神经网络就可以给出它的综合风险评价分值，并由输出层作为网络输出。

3. 应用实例的仿真实验

这里应用 BP 网络以福建省经济开发创业中心对 16 个高技术项目投资风险所做的评估为例，数据如表 5-7 所示。

表 5-7　专家评估数据

序号	U_1	U_2	U_3	U_4	U_5	U_6	U_7	U_8	U_9	U_{10}	U_{11}	U_{12}	U_{13}	U_{14}	U_{15}	U_{16}	U_{17}	U_{18}	U_{19}	U_{20}	得分
1	0.7	1	1	0.7	0.7	1	0.7	0.7	1	1	0.7	1	0.7	0.7	0.7	0.7	1	1	1	1	0.861
2	0.5	0.7	0.5	0.7	0.7	0.5	0.5	0.7	0.5	0.7	0.7	0.5	0.7	0.5	0.7	0.7	0.7	0.7	0.7	0.5	0.604
3	0.5	0.5	0.3	0.5	0.3	0.3	0.3	0.5	0.3	0.5	0.3	0.3	0.3	0.5	0.3	0.3	0.3	0.3	0.3	0.1	0.340
4	0.5	0.5	0.5	0.5	0.7	0.3	0.3	0.5	0.5	0.7	0.7	0.5	0.3	0.5	0.7	0.7	0.7	0.7	0.3	0.5	0.488
5	0.5	0.5	0.5	0.7	0.7	0.5	1	0.7	1	0.7	0.7	1	1	0.7	0.7	0.7	1	0.7	0.7	0.1	0.713
6	1	0.7	1	1	1	1	1	0.7	1	1	0.7	1	1	0.7	1	0.7	1	0.3	0.7	1	0.931
7	1	0.7	1	1	1	1	1	0.7	1	1	0.7	1	1	0.7	0.7	0.7	1	1	0.7	0.1	0.810
8	0.7	0.7	0.5	0.7	0.7	0.5	0.7	0.5	0.7	0.7	0.5	0.5	0.7	0.7	0.7	0.7	0.7	0.7	1	0.5	0.641
9	0.7	0.7	1	0.7	0.7	0.5	0.7	0.5	0.7	0.7	0.7	0.5	0.7	0.7	0.5	0.7	0.7	0.7	0.7	0.5	0.683
10	0.7	0.7	1	1	0.7	0.5	1	0.7	1	1	0.7	1	1	0.7	0.7	0.7	1	0.7	1	0.5	0.827
11	0.7	0.5	0.5	0.7	0.7	0.5	0.7	0.7	0.5	0.7	0.7	0.5	0.7	0.7	0.7	0.5	0.7	0.7	0.7	1	0.647
12	0.7	0.7	1	0.7	0.7	0.5	1	0.7	1	0.7	0.7	1	1	0.7	0.7	0.7	1	0.7	0.7	0.1	0.727
13	0.7	0.7	0.3	0.5	0.3	0.5	0.3	0.5	0.5	0.5	0.7	0.5	0.3	0.5	0.7	0.5	0.7	0.3	0.3	0.5	0.460
14	0.7	1	1	1	0.7	1	1	0.7	1	1	0.7	1	0.7	0.7	0.7	0.7	0.7	0.7	1	0.5	0.817
15	0.7	0.7	0.5	1	0.7	1	1	0.7	1	1	0.7	1	1	0.7	0.7	0.7	0.7	0.7	0.7	0.5	0.766
16	0.7	0.7	0.5	0.7	0.7	0.5	0.7	0.5	0.5	0.7	0.7	0.5	0.7	0.7	0.7	0.7	0.7	0.3	1	1	0.630

选取比较典型的 12 组数据(表中前 12 组)作为训练集，训练该网络，其余 4 组作为测试集，模拟待评估的对象。为了更直观地了解评价结果，给评价结果分类，评价分值落在 0.8～1.0 之间为优，表示该项目总的投资风险很低；落在 0.7～0.8 之间为良，表示该项目总的投资风险低；落在 0.5～0.7 之间为中，说明总的投资风险一般；落在 0.5 以下为

差，表示总的投资风险高。

在实际计算时，给定的学习精度为 $\varepsilon=0.0001$，网络隐含层神经元选为 7 个，训练次数 $N=1800$，权值调整参数 $\alpha=0.5$，偏置值调整参数 $\beta=0.8$，学习结果如表 5-8 所示，它们与期望的输出非常接近；对未经训练的 4 个测试集仿真评价的结果与专家归类的结果如表 5-9 所示。

表 5-8 训 练 结 果

项目代号	1	2	3	4	5	6	7	8	9	10	11	12
训练结果	0.861 2	0.602 9	0.340 8	0.489 4	0.718 5	0.919 3	0.809 4	0.634 3	0.689 0	0.828 9	0.651 1	0.719 6
期望输出	0.861 0	0.604 0	0.340 0	0.488 0	0.713 0	0.931 0	0.810 0	0.641 0	0.683 0	0.827 0	0.647 0	0.727 0

表 5-9 测试结果及风险排序

项目序号	1	2	3	4
测试结果	0.450 9	0.836 9	0.661 4	0.756 7
期望输出	0.460 0	0.817 0	0.630 0	0.766 0
仿真归类	风险高	风险很低	风险一般	风险低
专家归类	风险高	风险很低	风险一般	风险低

4. 结论

由于影响高技术项目投资风险的因素很多，且很复杂，致使如何评价成为困难。基于 BP 神经网络的高技术项目投资风险多指标综合评价方法通过神经网络的自学习、自组织适应能力和强容错性，能准确地按照专家的评定方法进行工作，训练好的神经网络系统就是把专家评价思想以连接权的方式赋予网络上。这样，该网络系统不仅可以模拟专家对高技术项目风险进行评价，而且还避免了评价过程中的人为失误。

三、在上市公司综合评价中的应用

这里拟采用一种基于 BP 神经网络的综合评价方法对上市公司的基本面进行综合评价，以分析上市公司的内在投资价值，为投资者进行理性投资提供参考。

1. 上市公司综合评价的 BP 神经网络模型

(1) 综合评价指标值的无量纲化处理

对上市公司进行综合评价时，设有 m 个被评价目标，每个评价目标有 n 个评价指标，则评价指标矩阵为：$\boldsymbol{X}=(x_{ij})_{m\times n}, i=1,2,\cdots,m;\ j=1,2,\cdots,n$。式中 x_{ij} 表示第 i 个被评价目标的第 j 项指标的实际值。因为综合评价的指标具有不同的量纲且类型不同，因此指标间具有不可共度性，故在综合评价前须将这些指标按一定函数关系式归一到某一无量纲区间。

设 $\max\limits_{1 \leqslant i \leqslant m} x_{ij} = a_j$，$a_j$ 为第 j 项指标的最大值；$\min\limits_{1 \leqslant i \leqslant m} x_{ij} = b_j$，$b_j$ 为第 j 项指标的最小值。

① 对于效益型指标，即指标值越大越好，令：

$$y_{ij} = \frac{x_{ij} - b_j}{a_j - b_j}$$

② 对于成本型指标，即指标值越小越好，令：

$$y_{ij} = \frac{a_j - x_{ij}}{a_j - b_j}$$

③ 对于适度型指标，即指标值以稳定在某一固定值为最佳的指标，令：

$$y_{ij} = \frac{1}{1 + q - x_{ij}}$$

其中 q 为该指标的最合适值。

④ 对于区间型指标，即指标值以落入某个区间内为最佳的指标，令：

$$y_{ij} = \begin{cases} 1 - \dfrac{q_1 - x_{ij}}{\max(q_1 - b_j, a_j - q_2)} & x_{ij} < q_1 \\ 1 - \dfrac{x_{ij} - q_2}{\max(q_1 - b_j, a_j - q_2)} & x_{ij} > q_2 \\ 1 & q_1 \leqslant x_{ij} \leqslant q_2 \end{cases}$$

式中：$[q_1, q_2]$为该指标的最佳稳定区间。

通过上述计算即可得到无量纲化的数据矩阵：$\boldsymbol{Y} = (y_{ij})_{m \times n}$，$y_{ij} \in [0,1]$。

(2) BP 神经网络模型

BP 网络是目前使用最为广泛的一种人工神经网络。这里取三层 BP 神经网络为上市公司多指标综合评价模型。

① 第 1 层为输入层，共 n 个节点，分别输入无量纲化处理后的 n 个经济指标。

② 第 2 层为隐含层，根据问题的复杂程度我们取 10 个节点。

③ 第 3 层为输出层，只有一个节点，输出某个被评价对象的总评价结果。

利用 BP 网络进行训练，经过训练的 BP 网络，对于不是样本集中的输入也能给出合适的输出，即神经网络具有泛化性质。

2. 实证分析

这里选取了沪市的高科技(通信产业)板块的 30 家上市公司作为综合评价的目标，同时考虑到公司的经营业绩主要决定于盈利能力、成长能力、股本扩张能力等，最终确定 5 项具有代表性的指标即每股收益、每股净资产、净资产收益率、每股资本公积金、每股经营现金流量，构成了综合评价的指标集。

首先对 5 项效益型评价指标的原始数据按上述方法进行无量纲化处理，作为神经网络的输入，故该 BP 神经网络的输入层为 5 个神经元，输出层一个节点，为综合评价得分，隐含层为 10 个节点。

然后将数据分为两部分：前 20 组数据作为学习样本，用来对神经网络进行训练，学习精度为 $\varepsilon=10^{-4}$；后 10 组数据用作对神经网络的检验，经过 4 000 次学习，得到的学习结果如表 5-10 所示。

表 5-10 学习结果

编码	1	2	3	4	5	6	7	8	9	10
训练值	0.582 3	0.621 7	0.517 5	0.665 5	0.708 4	0.581 3	0.474 9	0.608 5	0.632 1	0.640 2
期望值	0.490 2	0.700 5	0.526 0	0.658 6	0.682 1	0.540 1	0.461 3	0.591 1	0.650 3	0.606 4
相对误差/%	18.20	−11.20	−1.60	1.05	3.86	7.63	2.95	2.94	2.79	−5.57
编码	11	12	13	14	15	16	17	18	19	20
训练值	0.672 8	0.575 3	0.422 6	0.577 2	0.651 3	0.594 9	0.566 7	0.572 4	0.599 2	0.640 9
期望值	0.627 4	0.535 9	0.403 8	0.565 1	0.653 4	0.658 0	0.523 9	0.555 4	0.644 2	0.621 4
相对误差/%	7.24	7.35	4.65	2.14	−0.32	−9.58	8.16	3.06	−8.07	3.14

从表 5-10 可知，除前两个学习样本出现较大误差外，其余学习样本的相对误差较小，因而三层 BP 神经网络的学习结果应属理想。

在网络训练完成后，再用训练好的三层 BP 神经网络，分别输入 10 组校验数据，得到用 BP 神经网络的综合评价结果，如表 5-11。

表 5-11 结果验证

编码	21	22	23	24	25	26	27	28	29	30
神经网络输出	0.654 5	0.690 7	0.622 1	0.670 1	0.639 9	0.732 7	0.673 9	0.619 0	0.601 6	0.654 0
期望值	0.654 7	0.730 6	0.596 4	0.692 3	0.674 0	0.728 5	0.663 0	0.624 0	0.594 5	0.717 2
相对误差/%	−0.03	−5.46	4.3	−3.2	−5.06	0.57	1.6	−0.8	1.19	−8.81

从表 5-11 可知，利用神经网络得到的输出值与"期望值"间的最大误差为 8.81%，平均误差为 1.56%，综合评价结果与专家所评基本一致。

3. 结论

综合以上分析，可得出如下结论：该方法使用了 BP 神经网络较高的自组织、自适应和自学习能力，对上市公司基本面综合评价的效果良好，不但克服了由人工评价所带来的人为因素及模糊随机性的影响，保证了评价结果的客观性、准确性，而且具有较强的动态性，随着时间的推进和参与样本的增加，可以进一步地学习和动态跟踪。再者，其所使用的非线性函数更贴近于复杂的非线性动态经济系统，摆脱了古典经济学赖以生存的线性分析工具，能够更为准确地综合反映上市公司的信息，故比传统方法更具适用性。

四、在企业技术创新能力评价中的应用

企业技术创新是企业获得持续竞争力的源泉。加入 WTO 后，企业面临的市场竞争将日益激烈，企业要想在市场竞争中争取主动，关键在于企业技术创新能力的准确定位和及时提高。因此，科学、有效、客观地评价企业技术创新能力，对于企业在同行业中准确定位自身的技术创新能力，获得持续竞争力，具有重要的意义。

1. 企业技术创新能力指标体系的构建

企业技术创新能力是企业的核心能力，它是指企业依靠技术获得持续竞争力的能力，具体地说，是指引入或开发新技术，使企业满足或创造市场需求，增强企业竞争力，获得最佳经济效益和社会效益的能力，它是一个由若干能力指标组合而成的指标体系。因此，根据定义以及在遵循选择指标的全面性、科学性、客观性、可比性和简便可行性原则下，结合有关文献，对企业技术创新能力进行分解，建立如图 5-4 所示的评价指标体系。

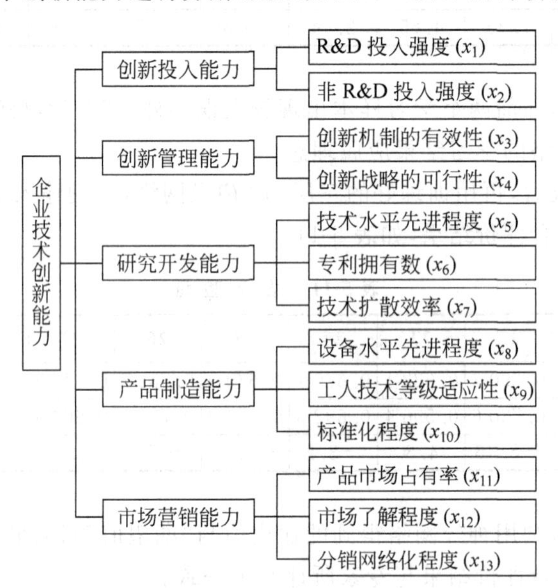

图 5-4　企业技术创新能力评价指标体系

2. 基于 BP 神经网络的企业技术创新能力评价模型

(1) 人工神经网络方法

人工神经网络是对人脑功能作某种简化、抽象和模拟的高度复杂非线性动力学系统。它具有学习、记忆、联想、归纳、概括和抽取、容错以及自学自适应的能力。典型的 BP 网络具有三层结构，即输入层、隐含层和输出层。BP 网络的学习过程是由正向传播和反向传播两部分组成的。

（2）评价指标的标准化

由于评价指标体系中，既有定性指标又有定量指标，为使各指标在整个系统中具有可比性，必须对各指标进行标准化处理。

① 定量指标。对于定量指标，因其衡量单位不同，级差有大有小，趋向也不一定一致，必须对其进行规范化和同趋化处理，处理方法如下。

- 当目标越大评价越好时，$F_j=(x_j-x_{j\min})/(x_{j\max}-x_{j\min})$
- 当目标越小评价越好时，$F_j=(x_j-x_{j\max})/(x_{j\max}-x_{j\min})$

其中，F_j 是目标值 x_j 的标准化值，$x_{j\min}$是预先确定的第 j 个指标的最小值；$x_{j\max}$是预先确定的第 j 个指标的最大值；j 是评价指标的数目。

② 定性指标。对于定性指标，应将其量化处理，其中量化处理的方法很多，较常用的是专家打分法。为了能与定量指标之间的可比性，必须将其再进行标准化处理。处理方法与①的处理方法类似。

（3）评价模型结构设计

根据上述的 BP 人工神经网络方法，这里将评价模型结构设计分成三部分进行。

① 输入层。根据企业技术创新能力评价指标体系，可以将最低层指标数作为输入层神经元数，在这里为 13，然后，按上述方法将指标标准化处理。将标准化处理后的指标值作为 BP 网络的学习样本。

② 隐含层。隐含层神经元数的选取关系到整个 BP 网络的精确度和学习效率，因此，在选取隐含层神经元数的时候，既要考虑到 BP 网络的精确度，又要兼顾网络的学习效率。而目前，隐含层神经元数的选取尚无一般的指导原则，应结合理论分析和经验来选取隐含层神经元数。一般地，隐含层神经元数为 10～15。

③ 输出层。对企业技术创新能力的评价是一个从定性到定量再到定性的过程，通过 BP 网络模型将定性转化为定量输出，然后综合评价集和输出结果，对企业技术创新能力作出定性评价。因此，将输出层神经元数设置为 1 个；评价集是整个评价过程的关键，其设置的好坏将影响评价的客观性，一般地，将评价集设为好、较好、一般、较差、差等 5 个等级。根据专家的意见。设定最高分和最低分，比如说 1 和 5，由于各等级之间具有一定的模糊性，这里认为可用如下原则评价（O 表示评分）：$O\geqslant 4.5$，好；$3.5\leqslant O<4.5$，较好；$1.5\leqslant O\leqslant 2.5$，较差；$O<1.5$，差。

（4）BP 神经网络模型评价程序

依据模型结构设计，形成一个 BP 神经网络模型，对企业技术创新能力进行评价的步骤如下。

① BP 网络学习。按照前述的指标体系，搜集学习样本即不同企业的指标值，进行标准化处理，输入 BP 神经网络，按照 BP 算法，确定各层神经元之间的权重。

② 搜集评价企业的指标值。

③ 对指标值进行规范化处理。

④ 将处理过的指标值输入 BP 神经网络，按照前面确定的权重，计算输出。

⑤ 根据输出按评价标准对企业技术创新能力下评价结论。

3. 讨论

人工神经网络方法是一种非线性映射的方法，不像其他评价方法如层次分析法、模糊综合评判法等带有明显的主观臆断，它只需将处理过的数据输入到网络中，通过计算即可产生结果，不需人为地确定权重，确实减少评价过程中的人为因素，提高评价的可靠性，使评价结果更有效、更客观，但是它也存在着一些缺点。

(1) BP 神经网络模型要求有一定的学习样本。学习样本的数量和质量在很大程度上影响着神经网络模型的学习性能，但是选取合适的学习样本并不是一件容易的事情。

(2) 网络的层数和隐含神经元数的选取在很大程度上影响着整个网络的学习能力和学习效率。但是，目前关于这个问题还没有形成一定的指导性原则，在确定层数和隐含层神经元数时，往往会有人为因素。

(3) BP 神经网络有一个致命的缺陷是在学习训练过程中，容易陷入局部最优，必然会影响评价结果的准确性。目前已经有学者对这个问题进行研究并提出改进方法，但取得的效益不是很明显。

尽管 BP 神经网络存在上述问题，但是我们不能否认 BP 神经网络所取得的成果，应该看到 BP 神经网络模型为评价问题开辟了一条新的道路。

五、在企业信用评价中的应用

在美国和欧洲，企业信用评价引起了学术界和实务界极大的关注，判别方法和模型层出不穷，但迄今为止还没有公认的、有效的和统一的方法。企业信用评价之所以引起极大的关注、之所以有大量的方法和模型得到开发和利用，是因其具有不可忽视的重要性：作为早期警告系统，判别方法和模型可以告诫管理者企业是否在变坏，是否应采取有针对性的措施防止失败；判别方法和模型可以用来帮助金融机构的决策者对企业做出评价和选择，因为这些模型和贷款决策模型相通。虽然贷款决策问题和企业信用问题不能等同，但贷款人可以卓有成效地利用企业信用等级判别模型评价贷款的可行性。

1. 企业信用评价

国际上对企业的信用评价，通常将商业银行对企业信用风险的测度转化为对企业财务状况的衡量问题，因为信用风险的形成——企业是否能如期还本付息，主要取决于企业财务状况。具体做法是根据历史上每个类别(如信用等级 AAA、AA、A、BBB 等)的若干样本，从已知的数据中发现规律，从而总结出分类的规则，建立判别模型，用于对新样本的判别。当然不能仅根据企业某些单一指标，而应根据影响企业财务状况的多维指标来评估企业的财务状况。因此，这些方法的关键步骤和难点在于指标体系的确立和评估模型的选择，即如何将多维指标综合起来。

目前采用的方法有统计方法、专家系统、神经网络技术等。这里，将神经网络理论用于对企业信用进行评价，探讨一种基于 BP 神经网络模型的企业信用等级评价模式。

2. 基于 BP 神经网络的企业信用评价模型

(1) 原理

把用来描述某类企业信用评价对象特征即某类企业信用评价指标体系的信息作为神经网络的输入向量 $\boldsymbol{X}=(x_1,x_2,\cdots,x_n)$；将代表相应综合评价结果的值即信用等级作为神经网络的输出 y；用足够的样本即比较实例训练这个网络，使不同的输入向量得到不同的输出量值，这样神经网络所持有的那组权系数值 w_{ij}（$i=0$ 时，w_{ij} 即代表阈值)，便是网络经过自适应学习所得到的正确内部表示。一旦神经网络训练完毕，即可作为某企业信用等级评价的有效工具，对不同评价对象做出相应的综合判断。

(2) 企业评价指标体系

考虑评价一个企业信用等级的各种因素，采用如图 5-5 所示的评价指标体系。

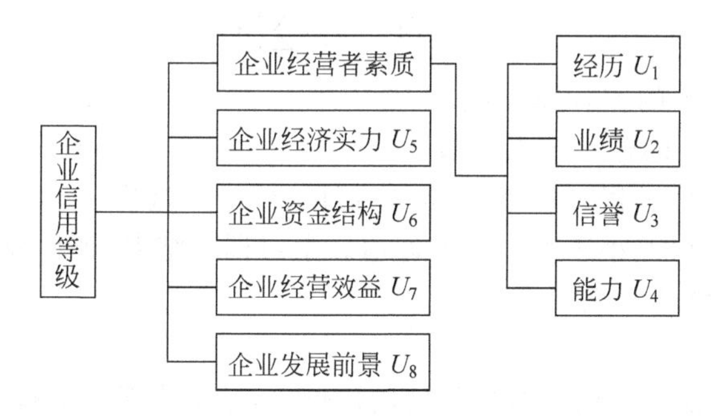

图 5-5　企业评价指标体系

(3) 模型的建立

BP 神经网络是一个简单而有效的网络。特征参量由输入层神经元输入，然后直接输出，而隐含层和输出层的每个神经元的输入量为上一层神经元的输出的加权和。其学习过程就是调整神经元间的连接权重，使得输出值等于或接近理想的目标值。

① 特征量的选取。根据给定的企业评价指标体系，共选取了 8 个特征量作为网络的输入参量，分别为图 5-5 中的 $U_1 \sim U_8$（为简化设计，各特征量之间采取并列的关系)，其中有的为定性值，有的为定量值。对于定性值，可以采用分级打分的方法进行量化；对于定量值，可以采取工程经济学的规范化方法进行处理。

② 连接权值和阈值初值的设置。连接权值初值和神经元阈值初值可随机设置。

③ 学习算法。输入样本评价指标信息$(x_1,x_2,\cdots,x_n)$，计算实际输出：

$$y_i = 1\bigg/\left[1+\exp\left(-\sum_{i=1}^{n} w_{ij}x_i\right)\right]$$

式中：n 为节点 j 的输入节点个数；

x_i 为第 i 个输入节点的输出值；

w_{ij} 为第 i 个输入节点到节点 j 的权值；$i=0$ 时，w_{ij} 和 x_i 分别代表阈值和 1。

比较已知输出与计算输出，修改 k 层节点的权值和阈值：

$$w_{ij}(k+1) = w_{ij}(k) + \eta\sigma_j x_i + \alpha[w_{ij}(k) - w_{ij}(k-1)]$$

式中：w_{ij} 为 $k-1$ 层节点 i 到节点 j 的连接权值和阈值；

x_i 为节点 i 的输出；

η 为学习系数（$0<\eta<1$）；

α 为冲量系数（$0<\alpha<1$）。

σ_j 是一个与偏差有关的值，对输出节点来说：

$$\sigma_j = y_j(1-y_j)(d_j-y_j)$$

式中：y_j 与 d_j 分别是节点 j 的实际输出和期望值。

对隐节点来说，因其输出无法比较，所以经过反向推算：

$$\sigma_j = x_j(1-x_j)\sum_{i=0}^{m}\sigma_i w_{ij}$$

式中：x_j 为节点 j 的实际输出值；

m 为节点 j 的输出节点个数。

这个算法是个迭代过程，每一轮将各 w 值调整一遍，这样一轮一轮迭代下去，直到期望输出与计算输出的误差小于某一个容许值。学习训练结束，评价模型建立。

到此为止，模型就建立完成了。

3. 结论

将 BP 神经网络技术应用于客户的信用评价中，结果表明：该模型具有广泛的应用前景。基于 BP 神经网络技术的企业信用评价具有一些其他方法无法比拟的优点。

（1）它主要根据所提供的数据，通过学习和训练，找出输入与输出之间的内在联系，从而求取问题的解，而不是完全依据对问题的经验知识相规则，因而具有自适应功能。

（2）能够处理那些有噪声或不完全的数据，具有泛化功能和很强的容错能力。

（3）由于实际信用评价往往是非常复杂的，各个因素之间相互影响，呈现出复杂的非线性关系，人工神经网络为处理这类非线性问题提供了强有力的工具。

因此，与其他信用评定方法相比，基于 BP 神经网络的信用评价方法越来越显示出优越性。

参考文献

[1] 胡守仁. 神经网络导论. 长沙：国防科技大学出版社，1993

[2] 党建武. 神经网络技术及应用. 北京：中国铁道出版社，2000

[3] 王宗军. 基于B-P神经网络的复杂对象系统多目标综合评价方法及其应用. 小型微型计算机系统,1995,16(1):25-31

[4] 潘大丰等. 神经网络多指标综合评价方法研究. 农业系统科学与综合研究,1999,15(2):105-107

[5] 戴文战. 基于三层网络的多指标综合评估方法及应用. 系统工程理论与实践,1999,(5):29-40

[6] 孙修东等. 基于人工神经网络的多指标综合评价方法研究. 郑州轻工业学院学报(自然科学版),2003,18(2):11-14

[7] 王悦. 人工神经网络在经济效益综合评价中的应用. 北京广播电视大学学报,2002,(3):39-44

[8] 杜栋. 人才需求量预测的神经网络方法. 系统工程理论方法应用,1996,5(3):45-49

[9] 杜栋. 应用神经网络技术研究农业生产函数. 农业系统科学与综合研究,1998,14(2):97-99

[10] 杜栋. 神经网络方法在农业经济预测中的应用. 统计与预测,2001,(1):32-34

[11] 文余源,邓宏兵,段娟. 基于神经网络的城市投资环境评价探讨. 现代城市研究,2003,(4):71-74

[12] 张新红. 基于神经网络的高技术项目投资风险综合评价模型. 情报理论与实践,2001,24(5):377-379

[13] 伍海华等. BP神经网络在上市公司综合评价中的应用. 青岛大学学报,2002,17(2):1-3

[14] 苏泽雄,张岐山. 基于BP神经网络的企业技术创新能力评价. 科技进步与对策,2002,(5):130-131

[15] 曹顺,刘婷. 基于BP神经网络的企业信用评价研究. 控制工程,2003,10(5):404-406

第六章　灰色综合评价法

第一节　灰色综合评价法的思想和原理

在控制论中,人们常用颜色的深浅来形容信息的明确程度。用“黑”表示信息未知,用“白”表示信息完全明确,用“灰”表示部分信息明确、部分信息不明确。相应地,信息未知的系统称为黑色系统,信息完全明确的系统称为白色系统,信息不完全确知的系统称为灰色系统。灰色系统是介于信息完全知道的白色系统和一无所知的黑色系统之间的中介系统。带有中介性的事物往往具有独特的性能,更值得开发。

灰色系统是贫信息的系统,统计方法难以奏效。灰色系统理论能处理贫信息系统,适用于只有少量观测数据的项目。灰色系统理论是我国著名学者邓聚龙教授于 1982 年提出的。它的研究对象是“部分信息已知,部分信息未知”的“贫信息”不确定性系统,它通过对部分已知信息的生成、开发实现对现实世界的确切描述和认识。换句话说,灰色系统理论主要是利用已知信息来确定系统的未知信息,使系统由“灰”变“白”。其最大的特点是对样本量没有严格的要求,不要求服从任何分布。

社会、经济等系统具有明显的层次复杂性,结构关系的模糊性,动态变化的随机性,指标数据的不完全性和不确定性。比如,由于技术方法、人为因素等,造成各种数据误差、短缺甚至虚假现象即灰色性。由于灰色系统的普遍存在,决定了灰色系统理论具有十分广阔的发展前景。随着灰色系统理论研究的不断深入和发展,其已经在许多领域取得不少应用成果。

考虑到我们要讨论的灰色综合评价问题,所以将主要讨论灰色关联度分析,也就是探讨基于灰色关联度分析的综合评价方法。

社会系统、经济系统等抽象系统包含多种因素,这些因素之间哪些是主要的,哪些是次要的,哪些影响大,哪些影响小,哪些需要发展,哪些需要抑制,这些都是因素分析的内容。比如,在粮食生产系统中,影响粮食产量的因素很多。比如肥料、农药、种子、气象、劳力、土壤、水利、耕作、技术、政策等,为了提高粮食产量,为了达到少投入多产出,为了达到经济效益、社会效益、生态效益的统一,有必要作因素的关联分析。

回归分析虽然是一种较通用的方法,但大都只用于少因素的、线性的,对于多因素的、非线性的则难以处理。灰色系统理论提出了一种新的分析方法,即系统的关联度分析方法。这是根据因素之间发展态势的相似或相异程度来衡量因素间关联程度的方法。

进行关联度分析，首先要找准数据序列，即用什么数据才能反映系统的行为特征。当有了系统行为的数据列(即各时刻的数据)后，根据关联度计算公式便可算出关联程度。

关联度反映各评价对象对理想(标准)对象的接近次序，即评价对象的优劣次序，其中灰色关联度最大的评价对象为最佳。

灰色关联分析，不仅可以作为优势分析的基础，而且也是进行科学决策的依据。

由于关联度分析方法是按发展趋势作分析，因此对样本量的多少没有要求，也不需要有典型的分布规律，计算量小，即使是上十个变量(序列)的情况也可用手算，且不至出现关联度的量化结果与定性分析不一致的情况。换句话说，关联度分析方法的最大优点是它对数据量没有太高的要求，即数据多与少都可以分析。它的数学方法是非统计方法，在系统数据资料较少和条件不满足统计要求的情况下，更具有实用性。

概括地说，由于人们对评判对象的某些因素不完全了解，致使评判根据不足；或者由于事物不断发展变化，人们的认识落后于实际，使评判对象已经成为“过去”；或者由于人们受事物伪信息和反信息的干扰，导致判断发生偏差等。所有这些情况归结为一点，就是信息不完全，即“灰”。灰色系统理论是从信息的非完备性出发研究和处理复杂系统的理论，它不是从系统内部特殊的规律出发去讨论，而是通过对系统某一层次的观测资料加以数学处理，达到在更高层次上了解系统内部变化趋势、相互关系等机制。其中，灰色关联度分析是灰色系统理论应用的主要方面之一。基于灰色关联度的灰色综合评价法是利用各方案与最优方案之间关联度的大小对评价对象进行比较、排序。灰色综合评价法计算简单，通俗易懂。因此，现在也越来越多地被应用于社会、经济、管理的评价问题。

第二节　灰色综合评价法的模型和步骤

灰色理论应用最广泛的是关联度分析方法。关联度分析是分析系统中各元素之间关联程度或相似程度的方法，其基本思想是依据关联度对系统排序。下面介绍基于关联度分析的综合评价模型和步骤。

一、灰色关联度分析

在客观世界中，有许多因素之间的关系是灰色的，分不清哪些因素之间关系密切，哪些不密切，这样就难以找到主要矛盾和主要特征。关联度是表征两个事物的关联程度。具体地说，关联度是因素之间关联性大小的量度，它定量地描述了因素之间相对变化的情况。

关联度分析是灰色系统分析、评价和决策的基础。灰色关联度分析是一种多因素统计分析方法,用灰色关联度来描述因素间关系的强弱、大小和次序的。

从思路上看,关联度分析是属于几何处理范畴的。它是一种相对性的排序分析,基本思想是根据序列曲线几何形状的相似程度来判断其联系是否紧密,曲线越接近,相应序列之间的关联度就越大,反之就越少。

作为一个发展变化的系统,关联度分析事实上是动态过程发展态势的量化分析。说得确切一点,是发展态势的量化比较分析。发展态势的比较,也就是历年来有关统计数据列几何关系的比较,实质上是几种曲线间几何形状的分析比较,即认为几何形状越接近,则发展变化态势越接近,关联程度越大。

假如考虑表 6-1 所示的三个数据列,一个是某地区 1997—2003 年总收入(亿元),另一个是这个地区 1997—2003 年招商引资收入,还有一个是该地区 1997—2003 年农业收入,将上述数列做成曲线,如图 6-1。

表 6-1　某地区 1997—2003 年总收入、招商引资、农业收入　　亿元

项　目	1997	1998	1999	2000	2001	2002	2003
总收入	18	20	22	40	44	48	60
招商引资	10	15	16	24	38	40	50
加大农业	3	2	12	10	22	18	20

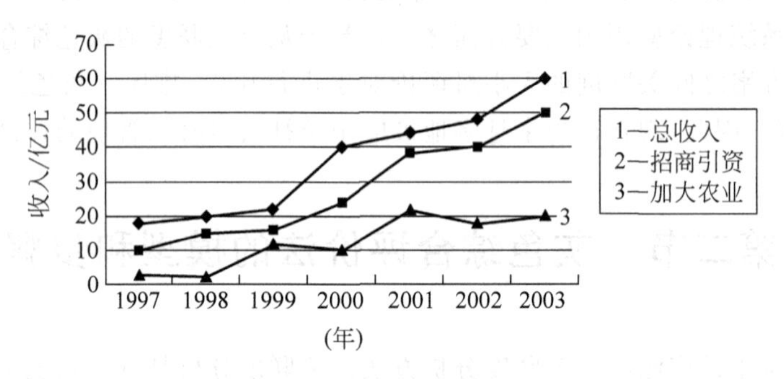

图 6-1　三个数据列关联分析图

从图 6-1 可以看出,曲线 2 的形状与曲线 1 的形状较接近,而曲线 3 与曲线 1 相差较大,因此该地区对收入影响较大的是招商引资,在制定该地区经济发展规划时,显然应加大招商引资的力度。

这种因素分析的比较,实质上是几种曲线间几何形状的分析比较,而且对数据量也没有太高的要求,即数据或多或少都可以分析。但事实上,这种直观的几何形状的判断比较,是比较粗糙的,并且,如果好几条曲线形状相差不大,或者在某些区间形状比较接近,就很难用直接观察的方法来判断各曲线间的关联程度。

下面就介绍最常用的衡量因素间关联程度大小的量化方法。

作关联分析先要制定参考的数据列(母因素时间数列),参考数据列常记为 x_0,一般表示为:

$$x_0 = \{x_0(1), x_0(2), \cdots, x_0(n)\}$$

关联分析中被比较数列(子因素时间数列)常记为 x_i,一般表示为:

$$x_i = \{x_i(1), x_i(2), \cdots, x_i(n)\}, \quad i = 1, 2, \cdots, m$$

对于一个参考数据列 x_0,比较数列为 x_i,可用下述关系表示各比较曲线与参考曲线在各点的差:

$$\xi_i(k) = \frac{\min\limits_i \min\limits_k |x_0(k) - x_i(k)| + \zeta \max\limits_i \max\limits_k |x_0(k) - x_i(k)|}{|x_0(k) - x_i(k)| + \zeta \max\limits_i \max\limits_k |x_0(k) - x_i(k)|}$$

式中,$\xi_i(k)$是第 k 个时刻比较曲线 x_i 与参考曲线 x_0 的相对差值,这种形式的相对差值称为 x_i 对 x_0 在 k 时刻的关联系数。ξ 为分辨系数,$\xi \in [0,1]$,引入它是为了减少极值对计算的影响。在实际使用时,应根据序列间的关联程度选择分辨系数,一般取 $\zeta \leqslant 0.5$ 最为恰当。

若记:$\Delta\min = \min\limits_i \min\limits_k |x_0(k) - x_i(k)|$,$\Delta\max = \max\limits_i \max\limits_k |x_0(k) - x_i(k)|$

则 $\Delta\min$ 与 $\Delta\max$ 分别为各时刻 x_0 与 x_i 的最小绝对差值与最大绝对差值。从而有:

$$\xi_i(k) = \frac{\Delta\min + \zeta\Delta\max}{|x_0(k) - x_i(k)| + \zeta\Delta\max}$$

如果计算关联程度的数列量纲不同,要转化为无量纲。无量纲化的方法,常用的有初值化与均值化。初值化是指所有数据均用第一个数据除,然后得到一个新的数列,这个新的数列即是各不同时刻的值相对于第一个时刻的值的百分比。均值化处理就是用序列平均值除以所有数据,即得到一个占平均值百分比的数列。另外,还有我们经常使用的规范化处理方式。

关联系数只表示各时刻数据间的关联程度,由于关联系数的数很多,信息过于分散,不便于比较,为此有必要将各个时刻的关联系数集中为一个值,求平均值便是作为这种信息集中处理的一种方法。于是,绝对关联度的一般表达式为:$r_i = \frac{1}{n}\sum\limits_{k=1}^{n}\xi_i(k)$,或者说 r_i 是曲线 x_i 对参考曲线 x_0 的绝对关联度。

应该看到,绝对值关联度是反映事物之间关联程度的一种指标,它能指示具有一定样本长度的给定因素之间的关联情况。但它也有明显的缺点,就是绝对值关联度受数据中极大值和极小值的影响,一旦数据序列中出现某个极值,关联度就会发生变化。因此,绝对值关联度有时不能真正反映数据列之间的关联程度。另外计算绝对值关联度时,需要对原数据作无量纲化处理,比较烦琐,而且,分辨系数的取值不同,也会导致关联系数的不唯一。

不过,关联度分析的目的,是在影响某参考数列 x_0 的诸因素 x_i 中找出主要因素,也

就是按对 x_0 的关联程度大小对 x_i 进行排序。

若 x_i 与 x_0,x_j 与 x_0 的关联度分别为 r_i,r_j,则：

(1) $r_i > r_j$ 时,称 x_i 优于 x_j；

(2) $r_i < r_j$ 时,称 x_i 劣于 x_j；

(3) $r_i = r_j$ 时,称 x_i 等于 x_j；

(4) $r_i \geqslant r_j$ 时,称 x_i 不劣于 x_j；

(5) $r_i \leqslant r_j$ 时,称 x_i 不优于 x_j。

于是,我们就可以把影响母序列 x_0 的因素 x_i 按上述定义的优劣排队,即按各自对 x_0 的影响程度大小排序,从而完成我们的关联分析。

总的来说,灰色关联度分析是系统态势的量化比较分析,其实质就是比较若干数列所构成的曲线列与理想(标准)数列所构成的曲线几何形状的接近程度,几何形状越接近,其关联度越大。关联序则反映各评价对象对理想(标准)对象的接近次序,即评价对象的优劣次序,其中灰色关联度最大的评价对象为最佳。因此,利用灰色关联度可对评价对象的优劣进行分析比较。

二、基于灰色关联度分析的灰色综合评价法

对事物的综合评价,多数情况是研究多对象的排序问题,即在各个评价对象之间排出优选顺序。

灰色综合评判主要是依据以下模型：$\boldsymbol{R}=\boldsymbol{E}\times\boldsymbol{W}$

式中：$\boldsymbol{R}=[r_1,r_2,\cdots,r_m]^{\mathrm{T}}$ 为 m 个被评对象的综合评判结果向量；

$\boldsymbol{W}=[w_1,w_2,\cdots,w_n]^{\mathrm{T}}$ 为 n 个评价指标的权重分配向量,其中 $\sum\limits_{j=1}^{n} w_j = 1$；

$\boldsymbol{E}$ 为各指标的评判矩阵：

$$\boldsymbol{E} = \begin{bmatrix} \xi_1(1) & \xi_1(2) & \cdots & \xi_1(n) \\ \xi_2(1) & \xi_2(2) & \cdots & \xi_2(n) \\ \vdots & \vdots & \vdots & \vdots \\ \xi_m(1) & \xi_m(2) & \cdots & \xi_m(n) \end{bmatrix}$$

$\xi_i(k)$为第 i 种方案的第 k 个指标与第 k 个最优指标的关联系数。

根据 R 的数值,进行排序。

1. 确定最优指标集(F^*)

设
$$F^* = [j_1^*, j_2^*, \cdots, j_n^*]$$

式中 j_k^* $(k=1,2,\cdots,n)$为第 k 个指标的最优值。此最优值可是诸方案中最优值(若某一指标取大值为好,则取该指标在各个方案中的最大值；若取小值为好,则取各个方案中的最小值),也可以是评估者公认的最优值。不过在定最优值时,既要考虑到先进性,又

要考虑到可行性。若最优指标选的过高，则不现实，不能实现，评价的结果也就不可能正确。

选定最优指标集后，可构造矩阵 $\boldsymbol{D}$：

$$\boldsymbol{D}=\begin{bmatrix} j_1^* & j_2^* & \cdots & j_n^* \\ j_1^1 & j_2^1 & \cdots & j_n^1 \\ \vdots & \vdots & \vdots & \vdots \\ j_1^m & j_2^m & \cdots & j_n^m \end{bmatrix}$$

式中：j_k^i 为第 i 个方案中第 k 个指标的原始数值。

2. 指标值的规范化处理

由于评判指标间通常是有不同的量纲和数量级，故不能直接进行比较，为了保证结果的可靠性，因此需要对原始指标值进行规范处理。

设第 k 个指标的变化区间为$[j_{k1},j_{k2}]$，j_{k1} 为第 k 个指标在所有方案中的最小值，j_{k2} 为第 k 个指标在所有方案中的最大值，则可用下式将上式中原始数值变换成无量纲值 $C_k^i\in(0,1)$。

$$C_k^i=\frac{j_k^i-j_{k1}}{j_{k2}-j_k^i}\quad i=1,2,\cdots,m;\quad k=1,2,\cdots,n$$

这样 $\boldsymbol{D}\rightarrow\boldsymbol{C}$ 矩阵

$$\boldsymbol{C}=\begin{bmatrix} C_1^* & C_2^* & \cdots & C_n^* \\ C_1^1 & C_2^1 & \cdots & C_n^1 \\ \vdots & \vdots & \vdots & \vdots \\ C_1^m & C_2^m & \cdots & C_n^m \end{bmatrix}$$

3. 计算综合评判结果

根据灰色系统理论，将$\{C^*\}=[C_1^*,C_2^*,\cdots,C_n^*]$作为参考数列，将$\{C\}=[C_1^i,C_2^i,\cdots,C_n^i]$作为被比较数列，则用关联分析法分别求得第 i 个方案第 k 个指标与第 k 个最优指标的关联系数 $\xi_i(k)$，即：

$$\xi_i(k)=\frac{\min\limits_i\min\limits_k|C_k^*-C_k^i|+\rho\max\limits_i\max\limits_k|C_k^*-C_k^i|}{|C_k^*-C_k^i|+\rho\max\limits_i\max\limits_k|C_k^*-C_k^i|}$$

式中，$\rho\in[0,1]$，一般取 $\rho=0.5$。

由 $\xi_i(k)$，即得 E，这样综合评判结果为：$\boldsymbol{R}=\boldsymbol{E}\cdot\boldsymbol{W}$，即

$$r_i=\sum_{k=1}^{n}W(k)\cdot\xi_i(k)$$

若关联度 r_i 最大，则说明$\{C^i\}$与最优指标$\{C^*\}$最接近，亦即第 i 个方案优于其他方案，据此，可以排出各方案的优劣次序。

三、实例分析

下面以一个煤炭企业管理水平的评价为例说明该模型方法。

影响生产的因素很多，因而评价煤矿生产管理水平比较困难。正确评价一个煤炭企业所属各矿井的管理水平以及相互之间的差距，不仅有助于加强矿井自身的企业管理，还能为企业管理部门考核矿井的管理水平提供可靠依据。对企业管理水平的评价经常使用的方法有：定性分析法、单项指标分析比较法、多目标分析法、模糊综合评判法等。但多数方法都不能反映矿井管理水平的综合情况，计算也比较烦琐。灰色关联度综合评价法能克服上述方法的不足，能把相互间互补的不可比的各项指标变成可比的，尤其是对多指标系统的评价更为有效。

1. 煤矿管理水平指标体系的选择

矿井管理水平的多指标评价，通常是选择同类矿井，对共同的指标进行分析，从中评价管理水平的高低。要从众多指标中选择一个指标体系，这个指标体系应能够反映所评价矿井的基本情况，指标体系中各项指标的优劣程度应能较好地反映客观现实。根据上述思想，现选择能够体现煤炭生产特征和标志的 6 项指标，即：

- 产量，以评判期计划产量为 100，希望实现完成的百分数越大越好；
- 掘进，以评判期计划掘进进尺为 100，希望实现完成的百分数越大越好；
- 工效，以评判期计划全员工效为 100，希望实现工效越高越好；
- 质量，以评判期商品煤计划含矸率为 100，希望实际含矸率越低越好；
- 成本，以评判期计划吨煤成本为 100，希望实际成本越低越好；
- 安全因素，以评判期事故率为 100，希望实际事故率越低越好。

对于上述 6 项评价指标，采用的权重按上述指标出现的先后顺序依次为：

$$W_j=(W_1,W_2,W_3,W_4,W_5,W_6)=(0.2,0.2,0.1,0.15,0.15,0.2)$$

2. 评价数据

某矿务局有 5 对矿井，年终考核各矿企业管理情况，5 对矿井的各项指标实际数据列于表 6-2 中。

表 6-2 评价原始数据

指标/%	一矿	二矿	三矿	四矿	五矿	理想对象
产量	123.2	112.2	92.2	118.4	87.5	123.2
掘进	90.4	114.4	91.1	120.5	85.5	120.5
工效	115.6	108.6	90.4	116.3	96.8	116.3
质量	100.5	85.2	100.7	85.7	120.5	85.2
成本	80.2	87.3	115.6	80.5	140.1	80.2
安全	0.858	0.914	0.946	0.606	0.806	0.606

3. 指标计算

构造理想对象。把各评价对象中每一项指标的最佳值作为理想对象的指标值。最佳值从参加比选的被评对象中选取,对不同影响因素而言,有的指标以最大为好,有的指标则以最小为好,以最佳值为基础,便可构造理想对象的指标值。

现仅以一矿与理想对象的加权关联度计算为例,来说明其计算过程。

(1) 计算指标关联系数

$\xi_{11}(1)=1$

$\xi_{11}(2)=0.538$

$\xi_{11}(3)=0.947$

$\xi_{11}(4)=0.698$

$\xi_{11}(5)=1$

$\xi_{11}(6)=0.54$

(2) 计算加权关联度

$$r_{11}=\sum_{i=1}^{n}\xi_{11}(i)W_i=(1\times 0.2+0.538\times 0.2+0.974\times 0.1+$$
$$0.698\times 0.15+1\times 0.15+0.54\times 0.2)=0.768$$

用同样方法可计算出其他几个矿井的加权关联度,如下:

$$r_{12}=0.785,\quad r_{13}=0.558,\quad r_{14}=0.973,\quad r_{15}=0.527$$

根据以上关联度可建立关联序如下:

$$r_{14}>r_{12}>r_{11}>r_{13}>r_{15}$$

可见,四矿管理水平最高,二矿次之,一矿第三,三矿第四,五矿最差。

四、步骤总结

以上可见,灰色关联度分析具体步骤如下。

(1) 确定比较数列(评价对象)和参考数列(评价标准)

设评价对象为 m 个,评价指标为 n 个,比较数列为:

$$X_i=\{X_i(k)\mid k=1,2,\cdots,n\}\quad i=1,2,\cdots,m$$

参考数列为:

$$X_0=\{X_0(k)\mid k=1,2,\cdots,n\}$$

(2) 确定各指标值对应的权重

可利用层次分析法等确定各指标对应的权重:

$$W=\{X_k\mid k=1,2,\cdots,n\}$$

其中 W_k 为第 k 个评价指标对应的权重。

(3) 计算灰色关联系数

$$\xi_i(k)=\frac{\min\limits_i\min\limits_k|X_0(k)-X_i(k)|+\xi\max\limits_i\max\limits_k|X_0(k)-X_i(k)|}{|X_0(k)-X_i(k)|+\xi\max\limits_i\max\limits_k|X_0(k)-X_i(k)|}$$

式中 $\xi_i(k)$是比较数列 X_i 与参考数列 X_0 在第 k 个评价指标上的相对差值。

(4) 计算灰色加权关联度,建立灰色关联度

灰色加权关联度的计算公式为:

$$r_i=\frac{1}{n}\sum_{k=1}^{n}W_k\xi_i(k)$$

式中:r_i 为第 i 个评价对象对理想对象的灰色加权关联度。

(5) 评价分析

根据灰色加权关联度的大小,对各评价对象进行排序,可建立评价对象的关联序,关联度越大其评价结果越好。

最后指出,通过编制程序,其中的计算过程由计算机能很快完成。

第三节　灰色关联分析法的应用案例

一、在煤矿企业经济效益评价中的应用

目前煤矿企业无论是国家对企业的评价,还是企业内部自我评价,往往是利用某几个主要单项指标完成计划的相对数,或与历史同期相比的相对数来进行评价。但是一个企业甲指标完成较好,乙指标较差;另一企业甲指标较差,乙指标较好。这时得到的综合评价也很难明确评出谁比谁更好些。为解决这些问题,近几年来国内外学者提出了一些新方法,如模糊综合评判等,有的已应用于实际工作中。然而煤矿企业经济效益除了模糊性之外,还有一种更为广泛、内容更为深刻的特性,这就是系统的灰色性——信息的不完全性和非确知性。而系统的灰色性不但包括了随机性和模糊性,还包含了这两种不确定性以外的系统的更为广泛的特性。

1. 煤矿企业经济效益的灰色关联分析法

(1) 应用灰色关联分析法评价煤矿企业效益,首先要构成各个系统的技术经济指标数据列:

$$\left.\begin{aligned}\{x_1\}&=\{x_1(1),x_1(2),\cdots,x_1(n)\}\\\{x_2\}&=\{x_2(1),x_2(2),\cdots,x_2(n)\}\\&\vdots\\\{x_m\}&=\{x_m(1),x_m(2),\cdots,x_m(n)\}\end{aligned}\right\}$$

式中：$x_1, x_2, \cdots, x_m$ 分别表示 1 到 m 个系统；

n 表示技术经济评价指标数。

(2) 确定参考数据列，确定原则为：参考数据列各项元素是以各系统技术经济指标数据列里选出最佳值组成的，即参考数据列$\{x_0\}$为：

$$\{x_0\} = \{x_0(1), x_0(2), \cdots, x_0(n)\}$$
$$= \{x_i(1), x_j(2), \cdots, x_k(m)\}$$

式中：$i, j, k \in [1, m]$的自然数域。

$\{x_0\}$中的 $x_i(1), x_j(2), \cdots, x_k(m)$是被比数据列中的最佳值，如企业利润指标，人们希望越高越好，生产成本指标越低越好。若 $x_i(r)$表示企业利润，$x_j(s)$表示生产成本，那么：

$$x_i(r) = \max\{x_1(r), x_2(r), \cdots, x_n(r)\}$$
$$x_j(s) = \min\{x_1(s), x_2(s), \cdots, x_n(s)\}$$

因此，数据列$\{x_0\}$的各项元素是最优技术经济指标的数据列。

(3) 确定各指标的重要性系数。

(4) 至此，余下的问题就是计算以各项技术经济指标为元素构成的数据列对参考数据列的关联度，所得关联度就是被比各企业经济效益优劣的次序。

2. 实例计算

对西山矿务局五个生产矿井 1989 年度的企业经济效益综合评价。

1989 年度西山矿务局五个生产矿井实际资料如表 6-3 所示。

表 6-3　1989 年度西山矿务局五个生产矿井技术经济指标实现值

指　　标	白家庄矿	杜儿坪矿	西铭矿	官地矿	西曲矿
原煤成本	99.89	103.69	97.42	101.11	97.21
企业利润	96.91	124.78	66.44	143.96	88.36
原煤产量	102.63	101.85	104.39	100.94	100.64
原煤销售量	98.47	103.16	109.17	104.39	91.90
商品煤灰分	87.51	90.27	93.77	94.33	85.21
全员效率	108.35	106.39	142.35	121.91	158.61
流动资金周转天数	71.67	137.16	97.65	171.31	204.52
资源回收率	103.25	100.00	100.00	99.13	100.22
百万吨死亡	171.20	51.35	15.90	53.72	20.78

注：表中数据为实际完成值与计划值相比的百分数。

第一步，确定最优参考数据列。

$\{x_0\} = \{97.21, 143.96, 103.60, 109.17, 85.21, 158.61, 71.67, 103.25, 15.90\}$

第二步，确定各指标的重要性系数，如表 6-4 所示。

表 6-4　各指标的重要性——权重

指标	原煤成本	企业利润	产量	销售量	灰分	全员效率	周转天数	回收率	百万吨死亡
权重	0.111	0.143	0.098	0.112	0.108	0.096	0.068	0.072	0.192

第三步，计算各矿井中指标数据列对于最优参考数据列的关联度。各矿井指标数据列为：

$\{x_1\}=\{$ 99.89, 96.91, 102.63, 98.47, 87.51, 108.35, 71.67, 103.25, 171.20$\}$

$\{x_2\}=\{$103.69, 124.78, 101.85, 103.16, 90.27, 106.39, 137.16, 100.00, 51.35$\}$

$\{x_3\}=\{$ 97.42, 66.44, 103.60, 109.17, 93.77, 142.35, 97.65, 100.00, 15.90$\}$

$\{x_4\}=\{$101.11, 143.96, 100.94, 104.39, 94.33, 121.91, 171.31, 99.13, 53.72$\}$

$\{x_5\}=\{$ 97.21, 88.36, 100.64, 91.90, 85.21, 158.61, 204.52, 100.22, 20.78$\}$

经计算各矿井的关联度及其优劣顺序如表 6-5 所示。

表 6-5　各矿井关联度及其优劣次序

单　位	白家庄矿	杜儿坪矿	西铭矿	官地矿	西曲矿
关联度	0.774 9	0.841 9	0.891 6	0.809 7	0.873 4
优劣次序	5	3	1	4	2

3. 结论

(1) 用灰色关联分析法评价煤炭企业经济效益是一种行之有效且简单易行的新方法。

(2) 灰色关联分析法只是对评判对象的优劣做出鉴别，并不反映某个企业经济效益的绝对水平。

二、在企业顾客满意度评价中的应用

随着中国加入 WTO 和全球经济一体化发展，市场竞争日趋激烈，企业越来越认识到争取市场、赢得并留住顾客的重要性，不断提高顾客满意度已成为企业之间竞争的焦点。因此，科学、合理地测量和评价顾客满意度，正确认识自身的市场地位，必然是企业决策者最关心、最重视的课题之一。

企业顾客满意度是顾客对企业的产品和服务满意程度的综合反映，它受多种因素的影响，且各因素之间的联系难以精确定量和不完全确知，仅仅依靠定性方法和一般的数学评价方法，很难做出合理、准确的判断。用灰色系统理论评价企业顾客满意度具有一定的适用性和科学性。

灰色系统理论对信息不精确、不完全确知的小样本系统有明显的理论分析优势，这里讨论的顾客满意度评价就是采用灰色关联度分析法将评价因素之间的不完全确知关系进行“白”化。

1. 评价指标体系选择

顾客满意(customer satisfactory,CS)理论研究的结果表明,顾客满意态度取决于顾客的事前期望与实际感受的关系。企业顾客满意度就是企业的顾客在购买企业产品或接受服务的过程中,由于在期望与实际感受上的差距所形成的满意态度的定量描述,它是多种因素综合影响的结果。一般而言,一个企业常常经营多种产品(服务),在此情况下可选取企业代表性的产品(服务)项目进行测量。以顾客对代表性产品相关因素的满意度来评价整个企业的顾客满意度。企业代表性产品评价指标体系选择与顾客满意形成过程如图 6-2 所示。

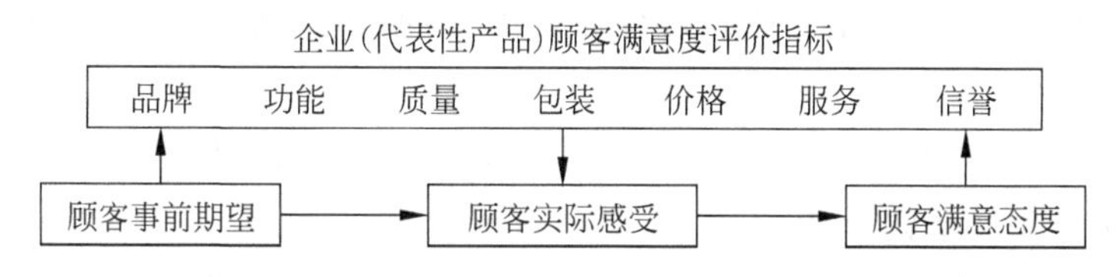

图 6-2 企业代表性产品评价指标体系与顾客满意形成过程

2. 确定被评企业的指标值数列和参考评价标准数列

如选定某行业中 5 个企业,分别就其代表性产品的品牌、功能、质量、包装、价格、服务和信誉 7 个因素进行市场调查,让顾客对这 7 个因素的满意程度打分评价,每个因素的得分数在 0～10 之间,满意程度越高其分值越高。对获得的原始分,先采用简单加权平均法统计企业在各评价因素上的综合得分,各企业的得分情况及参考数列见表 6-6。

表 6-6 企业得分情况及参考数列

企业	品牌	功能	质量	包装	价格	服务	信誉
企业 1	8	7	8	7	6	7	8
企业 2	6	7	8	7	7	6	5
企业 3	7	6	6	8	7	6	7
企业 4	6	5	7	8	8	7	6
企业 5	4	6	6	8	8	4	5
标准	8	7	8	8	8	7	8

注:表中标准数列的取值为各企业在每一指标得分的最大值。

将表 6-6 做归一化处理,其方法是用标准数列中的最大值 8 去除以表中所有分值,以百分比表示顾客对企业各评价指标的满意程度,处理结果见表 6-7。

表 6-7 顾客对企业评价指标的满意度

企业	品牌	功能	质量	包装	价格	服务	信誉
企业 1	100	87.5	100	87.5	75	87.5	100
企业 2	75	87.5	100	87.5	87.5	75	62.5
企业 3	87.5	75	75	100	87.5	75	87.5
企业 4	75	62.5	87.5	100	100	87.5	75
企业 5	50	75	75	100	100	50	62.5
参考数列	100	87.5	100	100	100	87.5	100

3. 确定评价因素的权重

通过专家咨询并利用 AHP 法确定各评价因素的权重，按上述评价指标顺序排列的权重为：

$$W=(0.15,0.1,0.2,0.1,0.15,0.2,0.1)$$

4. 计算灰色关联系数

根据灰色关联系数计算公式，对企业 1 而言，两级最小差与两级最大差分别为：

$$\min_i \min_k |X_0(k)-X_i(k)|=0, \quad \max_i \max_k |X_0(k)-X_i(k)|=50$$

取 $\zeta=0.5$，则有：

$$\xi_1(1)=1, \quad \xi_1(2)=1, \quad \xi_1(3)=1, \quad \xi_1(4)=0.67,$$
$$\xi_1(5)=0.5, \quad \xi_1(6)=1, \quad \xi_1(7)=1$$

即
$$\xi_1(k)=\{1.00,1.00,1.00,0.67,0.50,1.00,1.00\}$$

同理算得：

$$\xi_2(k)=\{0.50,1.00,1.00,0.67,0.50,1.00,0.40\}$$
$$\xi_3(k)=\{0.67,0.67,0.50,1.00,0.67,0.67,0.67\}$$
$$\xi_4(k)=\{0.50,0.50,0.67,1.00,1.00,1.00,0.50\}$$
$$\xi_5(k)=\{0.34,0.67,0.50,1.00,1.00,0.40,0.40\}$$

5. 计算灰色关联度，建立关联序

算得企业 1 的顾客满意灰色关联度为：

$$r_1=0.15\times1+0.1\times1+0.2\times1+0.1\times0.67+0.15\times0.5+0.2\times1+0.1\times0.67=0.892$$

同理算得，企业 2、企业 3、企业 4、企业 5 的顾客满意灰色关联度分别为：

$$r_2=0.747, \quad r_3=0.669, \quad r_4=0.759, \quad r_5=0.588$$

各企业的顾客满意灰色关联度排序为：

$$r_1>r_4>r_2>r_3>r_5$$

6. 企业顾客满意度评价分析

从以上计算过程和结果可以看出，企业1由于其品牌形象好、产品质量高和服务与信誉良好而得到顾客的好评，顾客满意度最高；企业2与企业4虽然品牌形象一般，但依靠产品质量保证和价格优势也获得了顾客的较好评价；企业3的品牌形象尚可，但在产品质量和服务水平上有待进一步提高；企业5的问题较多，应重点在产品质量、服务相信誉上进行改进以建立和提升形象，进而提高企业顾客满意度。

7. 结论

上述讨论表明，企业顾客满意度的灰色关联度评价法具有操作简便、效率高、所需数据少和揭示问题清晰等特点，借助计算机可对大量的企业进行评价，是一个易于推行的方法。但同时需要说明几点：

(1) 用灰色关联度评价企业顾客满意度的关键是顾客调查环节，在对顾客进行合理分类并选择合适的调查方法的条件下，其评价的有效性才能真正体现。

(2) 评价因素权重实际上与顾客的类型有关，如高收入顾客群比较看重产品的品牌因素，而低收入顾客群则重视价格因素，即不同类型顾客对企业的满意度可能存在较大差异，因此，应在考虑顾客类型的前提下合理确定评价因素的权重。

(3) 顾客对一个企业的产品或服务的事前期望，实际上是在参照了同行业中其他企业的情况得出的，如顾客在购物前收集其他企业同类产品的价格、质量和功能等方面的信息。因此，企业顾客满意度与企业之间的竞争直接相关。这里选择各企业在每一指标上得分数的最大值作为评价标准，比用其他标准更合理、科学。

三、在企业竞争力评价中的应用

在激烈的市场竞争中，竞争力是企业战胜对手的根本武器，是企业生存和发展的唯一基础，任何企业都必须重视自己竞争力的培养。然而，企业要培养竞争力，首要的一点就是必须先识别自身的竞争地位。因为只有在识别了自身的竞争地位后，才能知道自己与竞争对手的差距，进而探索提高企业市场竞争力的途径。因此，准确地评价企业的竞争力显得尤为重要。

关于企业竞争力评价，目前已经涌现了不少的研究成果。比如利用模糊综合评价来评估企业的竞争力，采用神经网络作为评价企业竞争力的模型，等等。但值得注意的是，这些评价方法要么过于简单，信息丢失太多，使评价结果难以令人信服；要么过于复杂，可操作性不强，缺乏实用价值。

其实，企业竞争力评价系统是一个灰色系统。首先因为影响企业竞争力的因素太多而且复杂，人们在评价时，只能选取有限的主要指标来进行分析。其次，所选取的评价指标的数据，有些是已知的——可以从现有的统计资料中获得，有些指标的数据却是未知的——无法从统计资料中获得。因此该系统具有信息不完全，或者“灰色”的特征。鉴于该系统的灰色特征，这里运用灰色系统理论评价此系统是非常适宜的。

1. 企业竞争力评价体系的设计

为了客观科学地评价企业的竞争力，观察企业在市场竞争中所处的位置，需要设计一套科学、完整及能够从全方位、多角度反映企业竞争力的指标体系。根据指标体系科学性、完整性、合理性的设计原则，选取一些既能反映企业竞争力内涵的主要方面，同时又能从现有的统计资料中获取数据的指标作为利用灰色理论评价企业竞争力的指标体系，见图 6-3。

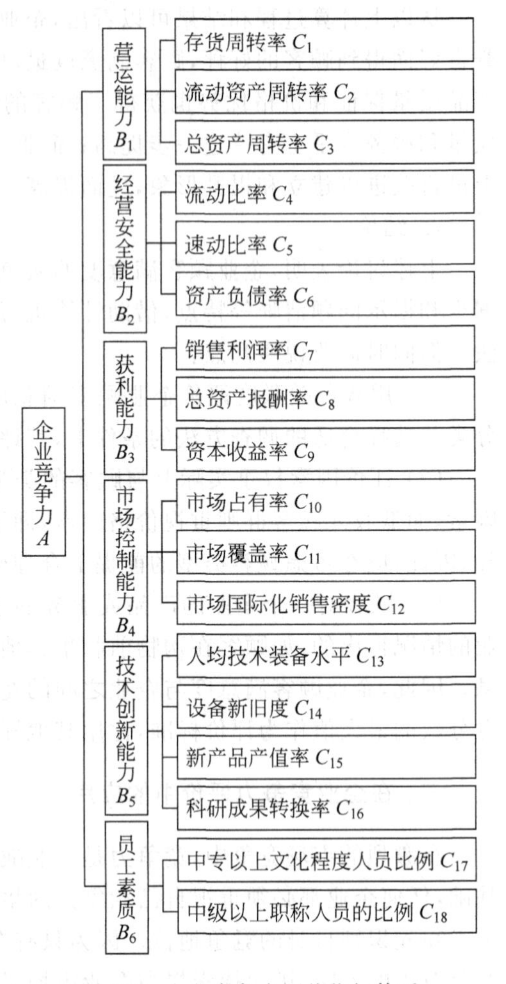

图 6-3　企业竞争力评价指标体系

该评价体系由 6 大类 18 项指标构成，较好地反映了企业竞争力的基本内涵。一个企业要有较强的竞争力，必须同时具有较强的营运能力、经营安全能力、获利能力、市场控制能力、技术创新能力以及较高的员工素质。

2. 多层次灰色系统评价模型

灰色关联分析提供了一种定量分析两因素之间相互关联程度的方法。这里采用灰色关联分析来评价企业竞争力的基本思路是：以行业内最有竞争力（理想企业）的各指标值作为参考数列 X_0 的各实体 x_{0k}，被评价企业的各指标作为比较数列 X_i 的各实体 x_{ik}，求关联度 r_i。关联度越大，说明被评价企业与竞争力最强的企业越相似，其竞争力越强；反之，则竞争力越弱。因此，关联度的大小顺序，就是被评价企业竞争力强弱的次序。其评价步骤如下。

（1）选择参考数列

设：i 为第 i 个评价单元（企业）的序号，$i=1,2,\cdots,m$；k 为第 k 个评价指标的序号，$k=1,2,\cdots,n$；v_{ik} 为第 i 个评价单元的第 k 个指标的评价值。

取每个指标的最佳值的 v_{0k} 参考数列 V_0 的实体，于是有：

$$V_0=(v_{01},v_{02},\cdots,v_{0n})$$

式中：$v_{0k}=\text{Optimum}(v_{ik})$，$i=1,2,\cdots,m$；$k=1,2,\cdots,n$

对一个由 m 个评价单元（企业），n 个评价指标的系统，有下列矩阵：

$$\mathbf{V}=(V_{ik})_{m\times n}=\begin{bmatrix} V_{11} & V_{12} & \cdots & V_{1n} \\ V_{21} & V_{22} & \cdots & V_{2n} \\ \vdots & \vdots & \vdots & \vdots \\ V_{m1} & V_{m2} & \cdots & V_{mn} \end{bmatrix}$$

选取的参考数列为：

$$V_0=(v_{01},v_{02},\cdots,v_{0n})$$

(2) 指标值规范化处理

为了使各指标之间可以比较，需要对各指标值进行规范化处理，规范化的公式如下：

$$X_{ik}=\frac{V_{ik}-\min\limits_i V_{ik}}{\max\limits_i V_{ik}-\min\limits_i V_{ik}}$$

进行规范化处理之后，得：

$$\mathbf{X}=(X_{ik})_{m\times n}=\begin{bmatrix} X_{11} & X_{12} & \cdots & X_{1n} \\ X_{21} & X_{22} & \cdots & X_{2n} \\ \vdots & \vdots & \vdots & \vdots \\ X_{m1} & X_{m2} & \cdots & X_{mn} \end{bmatrix}$$

(3) 计算关联系数

把规范化后的数列 $X_0=(x_{01},x_{02},\cdots,x_{0n})$ 作为参考数列，$X_i=(x_{i1},x_{i2},\cdots,x_{in})(i=1,2,\cdots,m)$ 作为比较数列，关联系数的计算公式为：

$$\xi_{ik}=\frac{\min\limits_i\min\limits_k|X_{0k}-X_{ik}|+\rho\max\limits_i\max\limits_k|X_{0k}-X_{ik}|}{|X_{0k}-X_{ik}|+\rho\max\limits_i\max\limits_k|X_{0k}-X_{ik}|}$$

$$i=1,2,\cdots,m;\quad k=1,2,\cdots,n$$

式中 ρ 是分辨系数，$\rho\in[0,1]$。

利用公式计算关联系数 $\xi_{ik}(i=1,2,\cdots,m;\ k=1,2,\cdots,n)$，得下列关联系数矩阵：

$$\mathbf{E}=(\xi_{ik})_{m\times n}=\begin{bmatrix} \xi_{11} & \xi_{12} & \cdots & \xi_{1n} \\ \xi_{21} & \xi_{22} & \cdots & \xi_{2n} \\ \vdots & \vdots & \vdots & \vdots \\ \xi_{m1} & \xi_{m2} & \cdots & \xi_{mn} \end{bmatrix}$$

式中：ξ_{ik} 为第 i 个评价单元(企业)第 k 个指标与第 k 个最佳指标的关联系数。

(4) 计算单层次的关联度

考虑到各指标的重要程度不一样，所以关联度计算方法采取权重乘以关联系数。根据专家法得到某一层的各指标相对于上层目标的优先权重为：

$$W=(w_1,w_2,\cdots,w_n)$$

式中：$\sum\limits_{k=1}^{t}w_k=1$，$t$ 表示该层中的指标个数。则关联度的计算公式是：

$$R = (r_i)_{1\times m} = (r_1, r_2, \cdots, r_m) = WE^{\mathrm{T}}$$

(5) 计算多层评价系统的最终关联度

对一个由 L 层组成的多层评价系统，最终关联度的计算方法如下：将第 k 层各指标的关联系数进行合成，分别得它们所属的上一层即 $k-1$ 层各指标的关联度；然后把这一层所得到的关联度作为原始数据，继续合成得到第 $k-2$ 层各指标的关联度，以此类推，直到求出最高层指标的关联度为止。

(6) 企业竞争力大小排序

依据关联度 $r_i(i=1,2,\cdots,m)$ 大小进行排序，关联度的大小顺序即为企业竞争力优劣次序。

3. 应用实例

这里以 4 个家电企业(V_1, V_2, V_3, V_4)为实例，说明它的应用。

(1) 建立企业竞争力评价指标体系

企业竞争力评价指标体系如图 6-3 所示。该系统由三层指标组成，即第一层：目标层，企业竞争力(A)；第二层：要素层，包括营运能力(B_1)、经营安全能力(B_2)、获利能力(B_3)、市场控制能力(B_4)、技术创新能力(B_5)、员工素质(B_6)；第三层：指标层，共 18 个指标($C_1, C_2, \cdots, C_{18}$)。

(2) 计算单层关联度

4 个家电企业(V_1, V_2, V_3, V_4)各指标的数据 $v_{ik}(i=1,2,3,4;\ k=1,2,3,\cdots,18)$ 及各指标的最佳值 v_{0k} 列于表 6-8。

表 6-8 企业各指标值及满意值

指标 \ 企业	V_1	V_2	V_3	V_4	满意度
C_1	1.5	1.5	1.8	1.2	2.0
C_2	2.1	2.3	2.5	2.3	3.0
C_3	1.5	1.3	1.4	1.7	2.0
C_4	2.3	2.5	2.5	2.6	2.0
C_5	1.6	1.5	1.3	1.6	1.0
C_6	0.8	0.76	0.68	0.75	0.6
C_7	0.08	0.07	0.05	0.09	0.1
C_8	0.22	0.16	0.19	0.20	0.30
C_9	0.10	0.08	0.11	0.13	0.15
C_{10}	0.12	0.08	0.1	0.16	0.45
C_{11}	0.11	0.17	0.13	0.21	0.3
C_{12}	0.14	0.11	0.16	0.21	0.3
C_{13}	0.55	0.76	0.65	0.7	1.0

续表

指标 \ 企业	V_1	V_2	V_3	V_4	满意度
C_{14}	0.6	0.82	0.76	0.56	1.0
C_{15}	0.11	0.14	0.1	0.2	0.26
C_{16}	0.12	0.09	0.21	0.14	0.25
C_{17}	0.14	0.11	0.17	0.10	0.2
C_{18}	0.10	0.09	0.14	0.12	0.15

从表 6-8 可以得出参考数列

$$V_0 = (2.0, 3.0, 2.0, 2.0, 1.0, 0.6, 0.1, 0.3, 0.15, 0.45, 0.3, 0.3, 1.0, 1.0, 0.26, 0.25, 0.2, 0.15)$$

对表 6-8 中的各指标的值经规范化处理后，得到各指标与参考数列中各最佳值的关联系数 $\xi_{ik}(i=1,2,\cdots,m;\ k=1,2,\cdots,n)$值列于表 6-9。

表 6-9　关联系数值表

关联系数 \ 企业	V_1	V_2	V_3	V_4
ξ_{i1}	0.60	0.60	0.89	0.45
ξ_{i2}	0.45	0.52	0.63	0.52
ξ_{i3}	0.55	0.45	0.49	0.72
ξ_{i4}	0.67	0.50	0.50	0.45
ξ_{i5}	0.45	0.50	0.67	0.45
ξ_{i6}	0.45	0.52	0.74	0.54
ξ_{i7}	0.74	0.61	0.45	0.96
ξ_{i8}	0.63	0.45	0.52	0.55
ξ_{i9}	0.55	0.45	0.63	0.85
ξ_{i10}	0.48	0.45	0.47	0.52
ξ_{i11}	0.45	0.57	0.48	0.69
ξ_{i12}	0.50	0.45	0.54	0.69
ξ_{i13}	0.45	0.65	0.52	0.57
ξ_{i14}	0.48	0.72	0.63	0.45
ξ_{i15}	0.47	0.54	0.45	0.77
ξ_{i16}	0.51	0.45	0.89	0.56
ξ_{i17}	0.61	0.48	0.84	0.45
ξ_{i18}	0.50	0.45	1.0	0.67

（3）多层结构关联度合成

利用专家调查法得到如下权重：

$$W_{AB}=(0.14,0.14,0.17,0.20,0.18,0.17)$$

$$W_{B_1C}=(0.3,0.4,0.3)$$

$$W_{B_2C}=(0.3,0.4,0.3)$$

$$W_{B_3C}=(0.3,0.3,0.4)$$

$$W_{B_4C}=(0.5,0.3,0.2)$$

$$W_{B_5C}=(0.3,0.2,0.3,0.2)$$

$$W_{B_6C}=(0.6,0.4)$$

利用公式 $\boldsymbol{R}=\boldsymbol{W}\boldsymbol{E}^{\mathrm{T}}$ 可以得到 B 层各指标的关联度：

$$\boldsymbol{R}_{B_1}=W_{B_1C}\boldsymbol{E}_{B_1C}^{\mathrm{T}}=(0.5238,0.5218,0.6666,0.559)$$

$$\boldsymbol{R}_{B_2}=W_{B_2C}\boldsymbol{E}_{B_2C}^{\mathrm{T}}=(0.516,0.506,0.64,0.447)$$

$$\boldsymbol{R}_{B_3}=W_{B_3C}\boldsymbol{E}_{B_3C}^{\mathrm{T}}=(0.631,0.498,0.543,0.793)$$

$$\boldsymbol{R}_{B_4}=W_{B_4C}\boldsymbol{E}_{B_4C}^{\mathrm{T}}=(0.475,0.486,0.487,0.605)$$

$$\boldsymbol{R}_{B_5}=W_{B_5C}\boldsymbol{E}_{B_5C}^{\mathrm{T}}=(0.474,0.591,0.595,0.604)$$

$$\boldsymbol{R}_{B_6}=W_{B_6C}\boldsymbol{E}_{B_6C}^{\mathrm{T}}=(0.566,0.486,0.904,0.538)$$

上式中 $\boldsymbol{E}_{B_1C},\boldsymbol{E}_{B_2C},\boldsymbol{E}_{B_3C},\boldsymbol{E}_{B_4C},\boldsymbol{E}_{B_5C},\boldsymbol{E}_{B_6C}$分别为表 6-9 中对应的数据所组成的矩阵。

进一步可求得最高层指标 A 的关联度。

$$\begin{aligned}\boldsymbol{R}_A=(r_1,r_2,r_3,r_4)&=W_{AB}[\boldsymbol{R}_{B_1},\boldsymbol{R}_{B_2},\boldsymbol{R}_{B_3},\boldsymbol{R}_{B_4},\boldsymbol{R}_{B_5},\boldsymbol{R}_{B_6}]\\&=(0.5294,0.5117,0.633,0.601)\end{aligned}$$

（4）企业竞争力排序

按 $\boldsymbol{R}_A$ 中关联度的大小得到各企业竞争力的优劣次序为：$V_3>V_4>V_1>V_2$。

4. 结论

（1）如前所述，企业竞争力系统实际上是一个信息不完备、不确切的系统。利用灰色系统理论评价企业竞争力，可以在信息不完备、不确切的条件下，扩大信息源，提高评价分析的可信度。

（2）在计算关联度时，用加权平均合成法取代算术平均合成法，以考虑各指标的重要性程度的差别，这样更合理、更准确些。

四、在供应商选择决策中的应用

随着准时化（JIT）和全面质量管理（TQM）在供应链中的广泛应用，供应商选择问题变得越来越重要。在供应链管理中，哪家企业抓住了作为“中间产业”的供应商，其就有可能在全球化的竞争中占据主导地位。合理选择供应商将有助于降低成本、增强企业柔性、提高企业整体竞争力。因此对供应商的选择也就成为今天所有企业不可忽视的重要决策部分。

在供应商选择问题中，评价供应商的方法有定性方法、定量方法以及两种方法相结合的方法。虽然定性方法考虑问题比较全面，但是定量方法更为准确、可靠。这里尝试用灰色系统理论提出的灰色关联分析法对供应商选择的评价指标进行分析从而做出决策选择。

1. 供应商选择的评价指标

影响供应商选择的因素很多，既有定量因素，也有定性因素；既有信息明确的因素，也有信息不明确的因素，并且各影响因素相互关联，这就使得供应商选择的过程更加复杂。这里选择易于度量、数据采集方便的指标进行评价，包括 9 个评价指标：产品质量、产品价格、售后服务、地理位置、技术水平、供应能力、经济效益、交货情况、市场影响度。在选择供应商的决策中需要综合考虑以上因素，各因素具体要求如下。

(1) 产品质量是指供应商的产品满足企业需求的程度。产品质量是企业的生存之本，产品的价值是以产品质量为基础的。如果供应商提供的产品质量差，不仅影响到企业自身形象，而且会给产品消费者造成重大的经济和社会损失，所以产品质量是一个很重要的评估指标。产品质量用产品合格率来表示：

产品合格率＝(合格产品数/总产品数)×100％

(2) 产品价格是指企业购买每一单位产品所需付出的成本。供应商应该能够提供有竞争力的价格。在现代供应链管理中，产品价格不再是选择供应商时需要考虑的首要因素，但仍然是一个重要因素。

(3) 售后服务水平是选择供应商时的一个重要指标。供应商应该能够及时解决用户的各种服务请求，或者能够提供某些技术支持。在这里用问题解决时间来表示售后服务水平。所谓问题解决时间是指从用户提出问题时起到问题得到圆满解决时止的一段时间。

(4) 地理位置是指供应商所在地与企业所在地之间的距离。供应商的地理位置对库存量有相当大的影响，如果物品单价较高，需求量又大，则距离近的供应商有利于管理。

(5) 技术水平是指供应商提供商品的技术参数是否达到要求，供应商是否具有一支较强的技术队伍，是否具有新产品开发、研制能力及制造或供应所需产品的能力。这些问题都很重要，选择具有高技术水准的供应商对企业的长远发展是有好处的。

(6) 供应能力是指供应商的生产能力。企业需要确定供应商是否具备相当的生产规模与发展潜力，这意味着供应商的制造设备必须能够在数量上达到一定规模，能够保证供应客户所需数量的产品。

(7) 经济效益是指供应商获取利润的能力。高的经济效益就是要求以较少的消耗取得较多的成果，它反映了供应商的财务状况和经营绩效。这里用净资产收益率来表示经济效益：

净资产收益率＝（利润总额/净资产总值）×100％

（8）交货情况是指供应商及时满足企业订单的程度。单从时间角度来衡量供应商的供货能力，那么准时交货的百分比越高，企业需要保留的安全库存就越低。这里用准时交货率来表示交货情况：

准时交货率＝（按时按量交货的批次/订单确认的交货总批次）×100％

（9）市场影响度是指供应商提供的产品在市场上的销售情况。供应商所提供产品占市场份额的大小体现了供应商的发展潜力，企业总是希望能找到一家市场占有率高、实力雄厚的供应商作为合作伙伴。我们用市场占有率来表示市场影响度：

市场占有率＝（供应商产品数/市场同类产品数）×100％

在上述指标中，产品质量、技术水平、供应能力、经济效益、交货情况、市场影响度指标越大越优，属于效益型指标；产品价格、售后服务、地理位置指标越小越好，属于成本型指标。这些指标中有些可以直接量化，不能量化的指标可借助专家评分法进行赋值。

2. 灰色关联分析的基本思路

灰色关联分析的基本思路是：根据各比较数列构成的曲线与参考数列构成的几何相似程度来确定比较数列与参考数列之间的关联度。几何形状越接近，则关联度越大。在供应商选择决策中，可将各待选供应商作为比较数列，最优供应商作为参考数列。

设 x_i 表示第 i 个供应商，x_0 表示最优的供应商，且

$$x_i = \{x_i(k) \mid k = 1,2,\cdots,n\} \quad (i = 1,2,\cdots,m)$$

$$x_0 = \{x_0(k) \mid k = 1,2,\cdots,n\}$$

式中：i 为待选供应商的个数；k 为指标的个数，即供应商选择影响因素的个数；$x_i(k)$为第 i 个供应商中第 k 项指标的原始值。

由于各指标之间存在量纲上的差异性，数据之间也不存在运算关系，所以需要对这些原始数据进行生成处理，将其化为[0,1]区间内的数。对数据进行生成处理可采用下面两个公式进行：

$$x_i(k) = \frac{x_i(k) - \min x_i(k)}{\max\limits_i x_i(k) - \min\limits_i x_i(k)} \quad i = 1,2,\cdots,m;\ k = 1,2,\cdots,n$$

$$x_i(k) = \frac{\max\limits_i x_i(k) - x_i(k)}{\max\limits_i x_i(k) - \min\limits_i x_i(k)} \quad i = 1,2,\cdots,m;\ k = 1,2,\cdots,n$$

式中：$\min\limits_i x_i(k)$和$\max\limits_i x_i(k)$分别表示第 k 项指标在 m 方案中的最小值和最大值；前者适用于效益指标集，取指标在供应商评价指标中的最小值；后者适用于成本指标集，

取指标在供应商评价指标中的最大值。

原始数据经过区间化的生成处理后，关联系数可按下式计算：

设 $$\Delta_i(k)=|x_0(k)-x_i(k)|$$

$$\xi_i(k)=\frac{\min\limits_i\min\limits_k\Delta_i(k)+\zeta\max\limits_i\max\limits_k\Delta_i(k)}{\Delta_i(k)+\zeta\max\limits_i\max\limits_k\Delta_i(k)}$$

式中：$\Delta_i(k)$表示 x_0 与 x_i 在第 k 项指标处的绝对差；$\xi_i(k)$表示 x_0 与 x_i 在第 k 项指标处的关联系数，ζ 为分辨系数。ζ 在式中的作用非常重要，它不仅仅可以调节 ξ 的大小，而且还可以控制关联系数的变化区间。通常 ζ 的取值范围在[0,1]区间，根据经验，在此 ζ 取值 0.5。$\min\limits_i\min\limits_k\Delta_i(k)$与$\max\limits_i\max\limits_k\Delta_i(k)$分别表示最小绝对差值和最大绝对差值。

关联系数的数值较多，信息过于分散，不便于比较。为使信息相对集中，可对关联系数求平均值，计算关联度如下：

$$r_i=\frac{1}{n}\sum_{k=1}^{n}\xi_i(k)$$

式中：r_i 表示 x_0 与 x_i 的关联度；r_i 处于(0,1)区间时，表示系统中任何因子都不是严格无关的。若 r_i 越大，则说明第 i 个供应商越接近最优供应商，亦即第 i 个供应商优于其他供应商，由此可排出各方案的优劣次序，以此作为企业决策者的决策依据。

3. 应用案例

为了说明灰色关联分析算法的应用，下面给出一个数值计算和分析案例。某核心企业需要在 6 个待选的零部件供应商中选择一个合作伙伴，各待选供应商有关数据见表 6-10。

表 6-10　某核心企业待选供应商的指标评价有关数据

评价指标	待选供应商					
	1	2	3	4	5	6
1　产品质量	0.83	0.90	0.99	0.92	0.87	0.95
2　产品价格/元	326	295	340	287	310	303
3　地理位置/千米	21	38	25	19	27	10
4　售后服务/小时	3.2	2.4	2.2	2.0	0.9	1.7
5　技术水平	0.20	0.25	0.12	0.33	0.20	0.09
6　经济效益	0.15	0.20	0.14	0.09	0.15	0.17
7　供应能力/件	250	180	300	200	150	175
8　市场影响度	0.23	0.15	0.27	0.30	0.18	0.26
9　交货情况	0.87	0.95	0.99	0.89	0.82	0.94

如前所述,产品质量、技术水平、供应能力、经济效益、交货情况、市场影响度指标属于效益型指标;产品价格、售后服务、地理位置指标属于成本型指标。现分别对上述指标进行规范化处理,数据结果见表 6-11。

表 6-11 比较数列参考和参考数列值

评价指标	供应商						最优供应商
	1	2	3	4	5	6	
指标 1	0.00	0.44	1.00	0.56	0.25	0.75	1.00
指标 2	0.26	0.85	0.00	1.00	0.57	0.70	1.00
指标 3	0.61	0.00	0.46	0.68	0.39	1.00	1.00
指标 4	0.00	0.35	0.43	0.52	1.00	0.65	1.00
指标 5	0.46	0.67	0.12	1.00	0.46	0.00	1.00
指标 6	0.55	1.00	0.45	0.00	0.55	0.73	1.00
指标 7	0.67	0.20	1.00	0.33	0.00	0.17	1.00
指标 8	0.53	0.00	0.80	1.00	0.20	0.73	1.00
指标 9	0.29	0.76	1.00	0.41	0.00	0.71	1.00

根据表 6-11 数据,可计算出参考数列(最优供应商)与各比较数列的绝对差 $\Delta_i(k)$,得表 6-12。

表 6-12 $\Delta_i(k)$的计算结果

评价指标	供应商					
	1	2	3	4	5	6
指标 1	1.00	0.56	0.00	0.44	0.75	0.25
指标 2	0.74	0.15	1.00	0.00	0.43	0.30
指标 3	0.39	1.00	0.54	0.32	0.61	0.00
指标 4	1.00	0.65	0.57	0.48	0.00	0.35
指标 5	0.54	0.33	0.88	0.00	0.54	1.00
指标 6	0.45	0.00	0.55	1.00	0.45	0.27
指标 7	0.33	0.80	0.00	0.67	1.00	0.83
指标 8	0.47	1.00	0.20	0.00	0.80	0.27
指标 9	0.71	0.24	0.00	0.59	1.00	0.29

从表 6-12 数据可知,$\min\limits_i \min\limits_k \Delta_i(k)=0$,$\max\limits_i \max\limits_k \Delta_i(k)=1$,取 $\xi=0.5$,计算 $\xi_i(k)$及 r_i,具体数值见表 6-13。

表 6-13　关联系数和关联度值

评价指标	供应商					
	1	2	3	4	5	6
指标 1	0.333	0.472	1.000	0.532	0.400	0.667
指标 2	0.403	0.769	0.333	1.000	0.538	0.625
指标 3	0.562	0.333	0.481	0.610	0.450	1.000
指标 4	0.333	0.435	0.467	0.510	1.000	0.588
指标 5	0.481	0.602	0.362	1.000	0.481	0.333
指标 6	0.526	1.000	0.476	0.333	0.526	0.649
指标 7	0.602	0.385	1.000	0.427	0.333	0.376
指标 8	0.515	0.333	0.714	1.000	0.385	0.649
指标 9	0.413	0.676	1.000	0.459	0.333	0.633
r_i	0.463	0.556	0.648	0.652	0.494	0.613

从表 6-13，按灰色关联度排序可看出 $r_4>r_3>r_6>r_2>r_5>r_1$，由于供应商 4 的关联度与最优供应商的关联度最大，亦即供应商 4 优于其他供应商，企业决策者可以优先考虑从供应商 4 处采购零部件以达到整体最优。

4. 结论

将灰色关联分析用于供应商选择决策中可以针对大量不确定性因素及其相互关系，将定量和定性方法有机结合起来，使原本复杂的决策问题变得更加清晰简单，而且计算方便，并可在一定程度上排除决策者的主观任意性，得出的结论也比较客观，有一定的参考价值。但在实际应用时，可以根据具体情况对评价指标进行修正。

五、在企业财务评价中的应用

对社会、经济、科技管理系统中产生出来的序列，如企业若干会计期间的财务指标动态时间序列等，由于种种不确定因素的影响，常常被作为不确定性序列来处理。人们习惯的处理方法是引入随机序列，而把实际序列当成随机序列的实现，由此引出回归分析、相关分析、方差分析等有巨大应用价值的方法。然而随机模型对于处理对象的要求很强，如要求知道其分布、计算时应有大量样本等，这在社会、经济、科技管理系统中往往不能兑现。若将这种序列视为灰色序列，便可应用灰色关联分析来处理。灰色关联分析针对系统的态势变化进行分析，不需要找出典型的分布规律，对样本量的多少也没有太高的要求，对多指标的综合分析一般不受权数影响，其应用于财务评价尤显独到之处。

1. 财务评价的灰色性

从系统的角度看，受激烈竞争的市场环境的影响，企业系统经济行为的复杂性导致了企业会计信息系统的复杂化，促进了企业财务子系统的自适应调节，使企业财务子系统的影响因素错综复杂。因而，分析企业财务子系统的现状、预测企业财务子系统的前景、控制企业财务子系统的行为等一系列问题时，我们所依赖的信息是“部分完全的”或称“贫信息性”，这正是财务子系统的“灰色性”。

事实上，在企业财务评价中，我们并没有穷尽所有已知的或未知的影响因素，而往往是以《企业会计准则》的规范为基础，选择部分重要指标进行评价。因此，企业财务评价中所利用的财务信息是不完备的，实际上也不可能是完备的。这意味着作为评价对象的企业财务系统具有典型的灰色性。

灰色财务评价，可以根据《企业会计准则》中规定的总结、评价财务完善的若干财务指标为依据，根据被评企业的财务指标数据，确定出“满意财务状况指标序列”，以此为参考序列，该参考序列和被评对象实际序列共同构成了灰色评价样本空间。

由于财务状况的优劣并非由某一个财务指标唯一确定，而要利用多项指标综合分析。因此，在灰色评价样本空间内以参考序列为标准，对各被评对象指标序列与参考序列之间相应财务指标态势的相似或相异程度，直接进行对比分析，并采用统一的灰色关联度来刻画这种程度。因为灰色关联度的产生较少地依赖于各指标的权数，所以最终通过关联序就能较为客观地反映财务状况的优劣序次。

2. 灰色财务评价的静态模型

灰色财务评价的静态模型，适用于同行业中的若干企业之间的财务评价。这类评价以各个企业在同一会计期间的财务指标为依据，所有评价数据均取自同一会计期间，其实质是同行业中企业财务状况的横向评价，因此其评价结论是排出被评企业财务状况的优劣次序，为不同财务分析主体的决策或控制提供科学依据。

假定要对 M 个企业进行财务评价，每个企业都选择 N 个财务指标 $X(1)$，$X(2)$，$X(3)$，…，$X(N)$来刻画其财务状况，我们对其中第 K 个企业的这 N 项指标所构成的指标序列用向量 $\boldsymbol{X}_k=\{X_k(1),X_k(2),\cdots,X_k(N)\}$来表示。显然，序列 X_k 中各个分量综合反映了第 K 个企业在该会计期间的财务状况。

由于所选择的 N 项财务指标并不都是越大越好或越小越好，因而“满意财务状况”参考序列的确定不能一刀切。对于某些财务指标，有一个最佳期望值，例如，一般认为资产负债率指标的最佳期望值区间为[0.5,0.8]，流动比率指标的最佳期望值区间为[1.5,2.2]，速动比率指标的最佳期望值区间为[0.9,1.1]，等等。对这类指标，我们可以用 Delphi 方法确定其最佳期望值，以此作为满意财务指标值。对另一些财务指标，可能是越大越好或越小越好，如应收账款周转率、存货周转率、净值收益率、销售利润率、成本费用利润率等指标一般认为越大越好，对这类指标可用被评对象中相应指标的最大值(当越大越好时)或最小值(当越小越好时)作为满意财务指标值。用这种方法确定的满意财务指标值构成“满意财务状况”参考序列，用向量 $\boldsymbol{X}_0=\{X_0(1),X_0(2),\cdots,X_0(N)\}$来表示。

N 个企业的财务状况指标序列和“满意财务状况”参考序列共 $N+1$ 个向量构成了灰色财务评价的样本空间$\varnothing$：

$$\begin{bmatrix} X_0(1) & X_0(2) & \cdots & X_0(N) \\ X_1(1) & X_1(2) & \cdots & X_1(N) \\ X_2(1) & X_2(2) & \cdots & X_2(N) \\ \vdots & \vdots & \vdots & \vdots \\ X_M(1) & X_M(2) & \cdots & X_M(N) \end{bmatrix} \begin{matrix} \cdots\cdots\text{“满意财务状况”参考序列} \\ \cdots\cdots\text{第 1 个企业财务状况指标序列} \\ \cdots\cdots\text{第 2 个企业财务状况指标序列} \\ \\ \cdots\cdots\text{第 } M \text{ 个企业财务状况指标序列} \end{matrix}$$

对灰色样本空间进行如下三步数据处理，可得到灰色关联序，实现灰色财务评价。

(1) 样本序列的灰色变换

尽管企业财务评价指标往往采用百分比单位，但由于各财务指标的经济意义各不相同，而且有些指标之间有一定数量级差，如净值收益率可能在10%以下，而流动比率则可能超过220%。为了避免各指标之间原始数据相差过分悬殊，保证影响企业财务状况的各因素指标值具有同序性和待权性，需要对样本进行灰色变换。

灰色变换的方法很多，如初值化、均值化、区间值化等。在同行业企业财务评价中，由于原始序列是同一会计期间的 N 项财务指标构成的指标序列而不是时间序列，因此可采用均值化方法进行灰色变换。

对样本空间$\varnothing$中的向量 $\boldsymbol{X}_k=\{X_k(1),X_k(2),\cdots,X_k(N)\}$作如下灰色变换，可得区间值化序列 $Y_k=\{Y_k(1),Y_k(2),\cdots,Y_k(N)\}$：

$$Y_k=\frac{X_k(i)-\min X_k(i)}{\max X_j(i)-\min X_j(i)}$$

其中，$i=1,2,3,\cdots,N$ 为指标号；$j,k=1,2,\cdots,M$ 为企业代号，下同。

(2) 求差序列，获得两级差

对经过灰色变换的区间值化序列 $Y_k=\{Y_k(1),Y_k(2),\cdots,Y_k(N)\}$，按公式 $\delta_{0k}(j)=|Y_0(j)-Y_k(j)|$求差序列，以差序列为基础获得两级最大差 $\delta_{\max}$和两级最小差 $\delta_{\min}$。

$$\delta_{\max}=\max_k\max_j\delta_{0k}(j)$$

$$\delta_{\max}=\min_k\min_j\delta_{0k}(j)$$

(3) 计算关联系数，获得关联序

根据下列公式计算关联系数：

$$\xi_{0k}(j)=\frac{\delta_{\min}+\rho\delta_{\max}}{\delta_{0k}(j)+\rho\delta_{\max}}$$

其中，ρ 为分辨系数，一般取 $\rho=0.5$ 为宜。关联系数是关联度的基础。当计算出关联系数后，可根据下列公式求出关联度：

$$\beta_{0k}=\frac{1}{N}\sum_{j=1}^{N}\xi_{0k}(j)$$

关联度 β_{0k} 的大小表达了各企业财务状况与"满意财务状况"之间的关联程度，关联度越大，说明该企业的财务状况越满意，反之则说明该企业财务状况越不满意。因此，根据关联度的大小排出的灰色关联序就是各企业财务状况的优劣次序。我们不仅由此可得出灰色财务评价结果，而且在此基础上根据关联度的具体差异，可以进一步分析被评对象之间财务状况悬殊的程度。

3. 灰色财务评价的动态模型

灰色财务评价的动态模型，适用于同一企业在不同历史时期或会计期间的财务评价。这类评价以该企业在不同会计期间的财务指标为依据，所有评价数据均取自同一企业，但在不同的会计期间，其实质是分析企业在一个历史时期的经营过程中财务状况的变化模式。因此，其评价结果要求获得该企业在不同历史时期财务状况的优劣次序，找出企业经营过程中最佳财务状况和最差财务状况的会计期间，为企业经营管理过程中的会计控制及经营决策提供科学依据。

假定要对某企业 M 个会计期间的财务状况进行评价，每个会计期间都选择 N 个财务指标 $X(1),X(2),\cdots,X(N)$ 来刻画该期间的财务状况。我们对其中第 K 个会计期间的这 N 项指标所构成的指标序列用向量 $\boldsymbol{X}_k=\{X_k(1),X_k(2),\cdots,X_k(N)\}$ 表示。这样，序列 X_k 中各个分量综合反映了该企业第 K 个会计期间的财务状况。

可以用与静态模型类似的方法构造灰色财务评价的样本空间∅：

$$\begin{bmatrix} X_0(1) & X_0(2) & \cdots & X_0(N) \\ X_1(1) & X_1(2) & \cdots & X_1(N) \\ X_2(1) & X_2(2) & \cdots & X_2(N) \\ \vdots & \vdots & \vdots & \vdots \\ X_M(1) & X_M(2) & \cdots & X_M(N) \end{bmatrix} \begin{matrix} \cdots\cdots\text{“满意财务会计期间”参考序列} \\ \cdots\cdots\text{第 1 个会计期财务状况指标序列} \\ \cdots\cdots\text{第 2 个会计期财务状况指标序列} \\ \\ \cdots\cdots\text{第 } M \text{ 个会计期财务状况指标序列} \end{matrix}$$

与静态模型相比，仍然用三个步骤实现动态灰色财务评价，所不同的是，参考序列是满意财务状况指标值构成的理想会计期间，我们称之为"满意财务会计期间"，这样最终关联度 β_{0k} 的大小表达了该企业各会计期间与"满意财务会计期间"之间财务状况的关联程度。关联度越大，说明该期间的财务状况越满意，反之则说明该期间财务状况越不满意；关联度最大，说明该期间是被评历史时期内最优财务状况期间，反之则说明该期间是最差财务状况期间。因此，根据关联度的大小排出的灰色关联序应是该企业各个会计期间财务状况的优劣次序。这个结论的得出，不仅是得到了财务状况的历史对比，而且对我们进一步分析较差财务状况的成因有着重要的意义。

4. 灰色财务评价案例分析

假定有同行业甲、乙、丙、丁四个企业某会计期间的九项财务指标如表 6-14 所示。

表 6-14　四个企业某会计期间的财务指标数据

企业名称	资产负债率	流动比率	速动比率	应收账款周转率	存货周转率	净值收益率	销售利润率	成本费用利润率	资本保值增值率
甲	0.80	1.67	0.80	0.76	0.70	0.35	0.45	0.36	1.08
乙	0.45	1.25	0.96	0.65	0.52	0.38	0.37	0.30	1.15
丙	0.50	1.80	1.20	0.50	0.80	0.42	0.52	0.28	1.28
丁	0.92	2.40	1.45	0.85	0.75	0.40	0.35	0.46	1.02

现在要对这四个企业的财务状况进行静态评价。

根据静态评价模型，采用 Delphi 方法构造出“满意财务状况”参考序列 $X_0=\{0.65, 1.00, 3.00, 0.85, 0.80, 0.42, 0.52, 0.46, 1.28\}$。对参考序列及四个企业的财务指标序列采用区间值化灰色变换，可得到归一化的灰色评价样本空间：

$$\begin{bmatrix} 0.425 & 0.652 & 0.308 & 1.000 & 1.000 & 1.000 & 1.000 & 1.000 & 1.000 \\ 0.745 & 0.365 & 0.000 & 0.743 & 0.623 & 0.000 & 0.471 & 0.444 & 0.231 \\ 0.000 & 0.000 & 0.246 & 0.429 & 0.000 & 0.429 & 0.118 & 0.111 & 0.500 \\ 0.106 & 0.478 & 0.615 & 0.000 & 1.000 & 1.000 & 1.000 & 0.000 & 1.000 \\ 1.000 & 1.000 & 1.000 & 1.000 & 0.821 & 0.714 & 0.000 & 1.000 & 0.000 \end{bmatrix}$$

根据公式 $\delta_{0k}(j)=|Y_0(j)-Y_k(j)|$ 求出差序列对象空间：

$$\begin{bmatrix} 0.320 & 0.287 & 0.308 & 0.257 & 0.377 & 1.000 & 0.529 & 0.556 & 0.769 \\ 0.425 & 0.652 & 0.062 & 0.571 & 1.000 & 0.571 & 0.882 & 0.889 & 0.500 \\ 0.319 & 0.174 & 0.307 & 1.000 & 0.000 & 0.000 & 0.000 & 1.000 & 0.000 \\ 0.575 & 0.348 & 0.692 & 0.000 & 0.179 & 0.286 & 1.000 & 0.000 & 1.000 \end{bmatrix}$$

由此获得两级最大差 $\delta_{\max}=1.000$，两级最小差 $\delta_{\min}=0.000$。

计算四个向量的关联系数后，可以求出甲、乙、丙、丁四个企业的灰色关联度分别为 $\beta_{01}=0.54$，$\beta_{02}=0.4837$，$\beta_{03}=0.6635$，$\beta_{04}=0.6868$，灰色关联序为 $\beta_{04}>\beta_{03}>\beta_{01}>\beta_{02}$。

分析结果表明，四个企业在该会计期间的综合财务状况由优到劣的排列顺序为丁企业、丙企业、甲企业、乙企业，其中丁企业与满意财务状况的关联度最大，达到 0.686 8，说明丁企业财务状况最好，而乙企业与满意财务状况的关联度最小，仅为 0.483 7，这说明乙企业财务状况最差。

5. 结论

将灰色系统理论应用于财务管理或会计控制中是一种新的尝试，它将有助于我们拓展财务分析的新思路。实际工作中，对几十个甚至几百个企业进行财务评价时，由于数据量比较大，我们需要通过计算机进行数据处理。

参考文献

[1] 邓聚龙.灰色系统基本方法.武汉：华中理工大学出版社,1987
[2] 曹鸿兴,郑耀文,顾今.灰色系统理论浅述.北京：气象出版社,1988
[3] 袁嘉祖.灰色系统理论及其应用.北京：科学出版社,1991
[4] 杜栋.管理控制论.徐州：中国矿业大学出版社,2000
[5] 张延欣等.灰色综合评价法在后勤绩效评估中的应用.郑州航空工业管理学院学报,1995,(4)：40-44
[6] 曾繁伟.煤炭企业管理水平的灰色关联度综合评价法.河北煤炭,2000,(2)：55-56
[7] 李富平.灰色关联分析在煤矿企业经济效益评价中的应用.中州煤炭,1994,(5)：11-13
[8] 李卫星.基于灰色系统理论的企业顾客满意度评价.湖北商业高等专科学校学报,2001,13(4)：8-11
[9] 胡大立.应用灰色系统理论评价企业竞争力.科技进步与对策,2003,(1)：159-161
[10] 程铁等.灰色关联分析在供应商选择决策中的应用.水运管理,2005,27(9)：29-31
[11] 彭家生.企业灰色财务评价研究.经济问题探索,2000,(6)：67-69

第七章　综合评价方法的评析、组合与集成

第一节　对几种综合评价方法的评析

综合评价是决策科学化、民主化的基础，是实际工作迫切需要解决的问题。因此，需要我们掌握综合评价的方法。但是，正如任何事物都有它的两面性一样，每种评价方法有它的产生背景，难免存在着局限性和不足之处，对此我们必须要有所认识。不然，盲目地去应用，就会导致错误的决策。近年来的一些应用研究中，有些是抓到评价方法就上，而不管其是否用得恰当。从目前国内外的文献看，多数学者在评价方法的研究上都遵循着一种思路，即针对某个问题构造一种新的方法，然后用一个例子来说明其方法的有效性，仅此而已，理论研究与实际应用距离甚远。另外，随着理论研究的深入，评价方法越来越复杂，又没有有效地面向广大的实际工作者，以至于实际工作者望而生畏，评价方法几乎成了专家们的专利，离开了这些专家，实际工作者就束手无策，理论成果的推广应用受到很大的局限。理论与实践严重脱节是目前综合评价研究领域一个亟需解决的问题。正确看待和解决应用中的问题，可以促进综合评价方法得到更广泛、更科学、更合理的应用。本节首先归纳使用各综合评价方法时应注意的一些问题，以及各种不同评价方法的思路、特征、使用范围、优劣，供大家参考。

1. 对层次分析法的评价

层次分析法是一种实用的多准则决策方法。它把一个复杂问题表示为有序的递阶层次结构，通过人们的判断对决策方案的优劣进行排序。具体地讲，它把复杂的问题分解为各个组成因素，将这些因素按支配关系分组形成有序的递阶层次结构，通过两两比较的方式确定层次中诸因素的相对重要性，然后综合人的判断以决定决策诸因素相对重要性总的顺序。这种方法能够统一处理决策中的定性与定量因素，具有实用性、系统性、简洁性等优点。它完全依靠主观评价做出方案的优劣排序，所需数据量很少，决策花费的时间很短。从整体上看，AHP 是一种测度难于量化的复杂问题的手段。它能在复杂决策过程中引入定量分析，并充分利用决策者在两两比较中给出的偏好信息进行分析与决策支持，既有效地吸收了定性分析的结果，又发挥了定量分析的优势，从而使决策过程具有很强的条理性和科学性，特别适合在社会经济系统的决策分析中使用。

AHP 方法的表现形式与它的深刻的理论内容联系在一起。简单的表现形式使得

AHP 方法有着广泛的应用领域；深刻的理论内容确立了它在多准则决策领域中的地位。层次分析法的特点是：将人们的思维过程数学化、模型化、系统化、规范化，便于人们接受。用 AHP 进行决策，输入的信息主要是决策者的选择与判断，决策过程充分反映了决策者对决策问题的认识，加之很容易掌握这种方法，这就使以往决策者与决策分析者难以互相沟通的状况得到改变。在多数情况下，决策者直接使用 AHP 进行决策，这就大大增加了决策的有效性。另一方面，在 AHP 的使用过程中，无论建立层次结构还是构造判断矩阵，人的主观判断、选择、偏好对结果的影响极大，判断失误即可能造成决策失误。这就使得用 AHP 进行决策主观成分很大。当决策者的判断过多地受其主观偏好影响，而产生某种对客观规律的歪曲时，AHP 的结果显然就靠不住了。要使 AHP 的决策结论尽可能符合客观规律，决策者必须对所面临的问题有比较深入和全面的认识。

层次分析法应用主要针对方案基本确定的决策问题，一般仅用于方案选优。层次分析法的不足之处是遇到因素众多、规模较大的问题时，该方法容易出现问题。它要求评价者对问题的本质、包含的要素及其相互之间的逻辑关系能掌握得十分透彻。鉴于标准的 AHP 方法在使用中所存在的种种不足，人们对其进行了大量的修改。这些修改主要集中在以下几方面。

(1) 对标度方法的修改，不是单纯地采用 Satty 所提出的 1-9 标度，而是根据不同的应用目的提出了不同的标度原则。

(2) 求单排序的方法改进。

(3) 一致性检验的处理，比如我们引入 0.1-0.9 标度和模糊一致矩阵，从根本上解决了 AHP 中判断矩阵的一致性问题。

(4) 大规模指标的判断矩阵的给出。还有，在应用 AHP 时采用群组判断方式也不失为克服主观偏见的一个好办法。当然，也并不排斥把 AHP 与其他决策方法结合起来。

2. 对模糊综合评判法的评价

模糊综合评判法是利用模糊集理论进行评价的一种方法。具体地说，该方法是应用模糊关系合成的原理，从多个因素对被评判事物隶属等级状况进行综合性评判的一种方法。模糊评价法不仅可对评价对象按综合分值的大小进行评价和排序，而且还可根据模糊评价集上的值按最大隶属度原则去评定对象所属的等级。这就克服了传统数学方法结果单一性的缺陷，结果包含的信息量丰富。这种方法简易可行，在一些用传统观点看来无法进行数量分析的问题上，显示了它的应用前景，它很好地解决了判断的模糊性和不确定性问题。由于模糊的方法更接近于东方人的思维习惯和描述方法，因此它更适应于对社会经济系统问题进行评价。

模糊综合评判的优点是可对涉及模糊因素的对象系统进行综合评价。作为较常用的一种模糊数学方法，它广泛地应用于经济、社会等领域。然而，随着综合评价在经济、社会等大系统中的不断应用，由于问题层次结构的复杂性、多因素性、不确定性、信息的不充分以及人类思维的模糊性等矛盾的涌现，使得人们很难客观地做出评价和决策。模糊综合评判方法的不足之处是，它并不能解决评价指标间相关造成的评价信息重复问题，隶属函数的确定还没有系统的方法，而且合成的算法也有待进一步探讨。其评价过程大量运用了人的主观判断，由于各因素权重的确定带有一定的主观性，因此，总的来说，模糊综合评判是一种基于主观信息的综合评价方法。实践证明，综合评价结果的可靠性和准确性依赖于合理选取因素、因素的权重分配和综合评价的合成算子等。所以，无论如何，都必须根据具体综合评价问题的目的、要求及其特点，从中选取合适的评价模型和算法，使所做的评价更加客观、科学和有针对性。

对于一些复杂系统，需要考虑的因素很多，这时会出现两方面的问题：一方面是因素过多，对它们的权数分配难以确定；另一方面，即使确定了权数分配，由于需要归一化条件，每个因素的权值都很小，再经过 Zadeh 算子综合评判，常会出现没有价值的结果。针对这种情况，我们需要采用多级(层次)模糊综合评判的方法。按照因素或指标的情况，将它们分为若干层次，先进行低层次各因素的综合评价，其评价结果再进行高一层次的综合评价。每一层次的单因素评价都是低一层次的多因素综合评价，如此从低层向高层逐层进行。另外，为了从不同的角度考虑问题，我们还可以先把参加评判的人员分类。按模糊综合评判法的步骤，给出每类评判人员对被评价对象的模糊统计矩阵，计算每类评判人员对被评价者的评判结果，通过“二次加权”来考虑不同角度评委的影响。

3. 对数据包络分析法的评价

DEA 法的一个直接和重要的应用就是根据输入、输出数据对同类型部门、单位(决策单元)进行相对效率与效益方面的评价。其特点是完全基于指标数据的客观信息进行评价，剔除了人为因素带来的误差。一般来说，利用 DEA 法进行效率评价，可以获得如下一些管理信息：设计出科学的效率评价指标体系，确定各决策单元的 DEA 有效性，为宏观决策提供参考；分析各决策单元的有效性对各输入/输出指标的依赖情况，了解其在输入/输出方面的“优势”和“劣势”。它的优点是可以评价多输入多输出的大系统，并可用“窗口”技术找出单元薄弱环节加以改进。缺点是只表明评价单元的相对发展指标，无法表示出实际发展水平。

DEA 法不需要预先给出权重是其一个优点，但有时也成为其一个缺点。就 DEA 模型本身的特点而言，各输入、输出向量对应的权重是通过相对效率指数进行优化来决定的，这一方面有利于我们处理那些输入、输出之间权重信息不清楚的问题，另一方面也有利于我们排除对权重施加某些主观随意性。但是在实际中确实也存在下面的情况。

(1) 人们对输入、输出之间的权重信息有一定了解。

(2) 根据实际需要，要对权重施以一定约束。

(3) 单纯的 DEA 模型得到的权重缺乏合理性和可操作性，因此需要修正。

DEA 方法存在一个最致命的缺陷是，由于各个决策单元是从最有利于自己的角度分别求权重的，导致这些权重是随 DMU 的不同而不同的，从而使得每个决策单元的特性缺乏可比性，得出的结果可能不符合客观实际。

要考虑输入/输出指标体系的多样性。由于 DEA 方法的核心工作是“评价”，因此很难讲对某个评价目的、指标体系的确定是唯一的，特别是我们一般希望各 DMU 在 DEA 分析中有效性有显著差别，或者希望能观察到哪些指标对 DMU 有效性有显著影响。为了能做到这些，一个常用的方法就是我们可以在实现评价目的的大前提下，设计多个输入/输出指标体系，在对各体系进行 DEA 分析后，将分析结果放在一起进行分析比较。另外，下面的做法值得注意，就是如果将较多的 DMU 放在一起时，“同类型”反映不够充分，但若将它们按一定特性分成几个子集，则每个子集内的 DMU 较好地体现出“同类型”，这样我们可以分别对这几个子集分别进行 DMU 分析，再将分析结果或者独立地或者综合地进行再分析，这样做往往能够得到一些新的有用的信息。此外，在输入/输出指标体系的建立过程中，采用相对性指标与绝对性指标的搭配、定性指标的“可度量性”、指标数据的可获得性、指标总量究竟多少为宜等问题，也是我们在实际工作中会遇到并且要逐一加以解决的。

4. 对人工神经网络评价法的评价

虽然目前已有一些综合评价方法较好地考虑和集成了综合评价过程中的各种定性与定量信息，但是这些综合评价方法在应用中仍摆脱不了综合评价过程中的随机性和评价专家主观上的不确定性及认识上的模糊性。例如，即使是同一评价专家，在不同的时间和环境对同一评价对象也往往会得出不一致的主观判断。因此，需要有一类方法，既能充分考虑评价专家的经验和直觉思维的模式，又能降低综合评价过程中的不确定性因素，既具备综合评价方法的规范性又能体现出较高的问题求解效率。人工神经网络评价法就是满足上述要求的面向复杂系统的一类新型的综合评价方法。它是一种交互式的评价方法，它可以根据用户期望的输出不断修改指标的权值，直到用户满意为止。因此，一般来说，人工神经网络评价方法得到的结果会更符合实际情况。

神经网络具有自适应能力，能对多指标综合评价问题给出一个客观评价，这对于弱化权重确定中的人为因素是十分有益的。在以前的评价方法中，传统的权重设计带有很大的模糊性，同时权重确定中人为因素影响也很大。随着时间、空间的推移，各指标对其对应问题的影响程度也可能发生变化，确定的初始权重不一定符合实际情况。再者，考虑到整个分析评价是一个复杂的非线性大系统，必须建立权重的学习机制，这些方面正是人工神经网络的优势所在。我们可以利用人工神经网络来确定各项指标的权重，通过对已知样本的学习，获得评价专家的经验知识及对目标重要性的权重协调能力，尽可能消除以往权重确定方法中的人为影响，保证权值的有效性和实用性。需要注意的是，ANN 在应用中遇到的最大问题是不能提供解析表达式，权值不能解释为一种回归系数，也不能用来分析因果关系，目前还不能从理论上或从实际出发来解释 ANN 的权值的意义。

基于人工神经网络的评价方法具有自适应能力、可容错性，能够处理非线性、非局域性的大型复杂系统。在对学习样本训练中，无须考虑输入因子之间的权系数，ANN通过输出值与期望值之间的误差比较，沿原连接权自动地进行调节和适应，因此该方法体现了因子之间的相互作用。特别是，针对综合评价建模过程中变量选取方法的局限性，采用神经网络原理可对变量进行贡献分析，进而剔除影响不显著和不重要的因素，以建立简化模型，避免了主观因素对变量选取的干扰。但缺点是需要大量的训练样本，精度不高，应用范围是有限的。评价模型的隐含性也是其应用障碍之一，最终无法得出一个"显式"的评价模型，使得人们"心中无底"。而且，其最大的应用障碍是评价算法的复杂性，人们只能借助计算机进行处理，而此方面的商品化软件还不够成熟。另外，网络收敛速度慢也极大地影响着评价工作的效率。为了提高ANN模型用于多指标综合评价的可靠性，应合理地选择网络参数，通过适当地设置隐含层神经元数目、学习步长、动量项，以便避免迭代过程的振荡、网络陷入局部极小点和过拟合等问题。

5. 对灰色综合评价法的评述

灰色关联度分析认为若干个统计数列所构成的各条曲线几何形状越接近，即各条曲线越平行，则它们的变化趋势越接近，其关联度就越大。该方法首先是求各个方案与由最佳指标组成的理想方案的关联系统矩阵，由关联系统矩阵得到关联度，再按关联度的大小进行排序、分析，得出结论。灰色关联度分析的核心是计算关联度，关联度越大，说明比较序列与参考序列变化的态势越一致，反之，变化态势则相悖。可以说，灰色关联分析的工具就是灰色关联度，所以灰色关联度及其计算方法具有重要的意义。

采用灰色关联度模型进行评价是从被评价对象的各个指标中选取最优值作为评价的标准。实际上是评价各被评对象和此标准之间的距离，这样可以较好地排除数据的"灰色"成分。且该标准并不固定，不同的样本会有不同的标准。即便是同一样本在不同的时间，其标准也会不同。但不管如何，选取值始终是样本在被选时刻的最优值。构造理想评价对象可用多种方法，如可用预测的最佳值，有关部门规定的指标值，评价对象中的最佳值等，这时求出的评价对象关联度与其应用的最佳指标相对应，显示出这种评价方法在应用上的灵活性。具体地说，需要确定参考数据列。确定原则为：参考数据列各项元素是以各系统技术经济指标数据列选出最佳值组成的。如效益指标，人们希望越高越好，成本指标越低越好。

灰色综合评价法是一种定性分析和定量分析相结合的综合评价方法，这种方法可以较好地解决评价指标难以准确量化和统计的问题，排除了人为因素带来的影响，使评价结果更加客观准确。整个计算过程简单，通俗易懂，易于为人们所掌握；数据不必进行归一化处理，可用原始数据进行直接计算，可靠性强；评价指标体系可以根据具体情况增减；无须大量样本，只要有代表性的少量样本即可。缺点是要求样本数据具有时间序列特性。当然，该方法只是对评判对象的优劣做出鉴别，并不反映绝对水平。而且，基于灰色关联系数的综合评价具有“相对评价”的全部缺点。另外，灰色关联系数的计算还需要确定“分辨率”，而它的选择并没有一个合理的标准。需要说明的是，应用该种方法进行对象评价时指标体系及权重分配也是一个关键问题，选择的恰当与否直接影响最终评价结果。另外，要注意，现在常用的灰色关联度量化所求出的关联度总为正值，这不能全面反映事物之间的关系，因为事物之间既可以存在正相关关系，也可以存在负相关关系。

第二节　对组合评价方法的讨论

通过上一节的分析，可以看出，综合评价有赖于方法的选择。多种逻辑上可行的评价方法针对同一评价对象集可能得到不同的评价结果，这是综合评价理论中不可回避的一个难题。那么方法的优劣自然会成为研究的一个主要课题。遗憾的是，各种方法的提出都有其特殊的背景和意义，因而会有适合自己的应用范围；也就是说，方法的优劣与否没有绝对的甄别标准，单纯从方法的机理上判别方法的好坏不可行。为此，从另一种角度出发，一些学者提出组合的思想。

为了更明白地去组合，我们先来对已有的单一评价法做个汇总分类。

按照如何确定权数的角度，单一评价法可分为两大类：主观赋权评价法和客观赋权评价法。前者多是采取定性的方法，由专家根据经验进行主观判断而得到权数，如层次分析法、模糊综合评判法；后者的原始数据来源于实际数据，根据指标之间的相关关系或各项指标的变异系数来确定权数，如数据包络分析法和人工神经网络方法。

而随着灰色系统理论研究的深入，利用灰色系统分析中的关联分析法测定权数，则是一种比较新颖和有效的方法。这里补充介绍利用灰色系统关联分析法测定权数的新方法。其基本步骤如下。

(1) 选定母指标。假设有指标 $X_0, X_1, \cdots, X_n$，其中如果 X_0 被认为比其他指标含有更大的信息量，则可以将 X_0 作为母指标(基准指标)，其他指标为子指标(对照指标)，记：

$$X_0 = (X_{10}, X_{20}, \cdots, X_{n0}) \text{ 为母数列(或基准数列)}$$

$$X_1 = (X_{11}, X_{21}, \cdots, X_{n1})$$

$$X_2 = (X_{12}, X_{22}, \cdots, X_{n2})$$

$$\vdots$$

$$X_m = (X_{1m}, X_{2m}, \cdots, X_{nm}) \text{ 为子数列(或对照数列)}$$

(2) 对原始指标进行无量纲化处理。由于各指标的量纲(计量单位和正逆性质)不同，指标值的数量级的差别很大。为了处理的方便，必须对各指标进行无量纲、无数量级的处理，得到相应的新数列。处理的方法有两种：一种是均值化处理，即分别求出每一个指标原始数据的平均值，再用每一个原始数据与平均值相除；第二种是初值化处理，即每一个指标的原始数值与所在数列的第一项相除。X_{ki} 处理后的数值记为 X'_{ki}。

(3) 计算各子数列无量纲化处理后的各项数据与母数列无量纲化处理后的相应数据之间的绝对离差 $\Delta_i(k)$。

$$\Delta_i(k) = | X_{ki} - X_{0i} | \quad i = 1,2,\cdots,m;\ k = 1,2,\cdots,n$$

(4) 计算关联系数 $y_i(k)$

$$y_i(k) = \frac{a + pb}{\Delta_i(k) + pb}$$

其中，$a = \min\limits_{1 \leqslant k \leqslant n} \min\limits_{1 \leqslant i \leqslant m} \{\Delta_i(k)\}$；$b = \max\limits_{1 \leqslant k \leqslant n} \max\limits_{1 \leqslant i \leqslant m} \{\Delta_i(k)\}$；$p$ 为分辨率，取 0～1 之间的数(一般可取 0.5)。

(5) 求各数列与母数列的关联度。X_i 与 X_0 之间的关联度为：

$$r_i = \frac{1}{n}\sum_{k=1}^{n} y_i(k) \quad i = 1,2,\cdots,m$$

(6) 求各指标对应的权数 r'_j

$$r'_j = r_j/(r_1 + r_2 + \cdots + r_m) \quad j = 1,2,\cdots,m$$

有些事物之间、因素之间的相互关系比较复杂，有些关系甚至无法明确表达，加上变化的随机性，很容易混淆人们的直觉，掩盖事物的本质，使人们在认识、分析、决策时得不到全面、足够的信息，不容易形成对事物明确的认识。一句话，这些都是灰色因素、灰色的关联性在起作用。利用灰色系统分析方法中的关联分析法测定权数就是一个比较成功的尝试。利用灰色系统关联分析法测定权数的方法本身不太复杂，具有较高的实用性。

也有的基于评价所使用数据的来源来划分，认为综合评价中有客观评价和主观评价之说。客观评价一般根据实测数据来评价，如数据包络分析、人工神经网络评价法和灰色综合评价法；而主观评价往往随评价者的主观判断而定，如层次分析法和模糊综合评判法。

但总的来看，单一评价法存在这样一些问题。

(1) 不存在一种绝对完美的综合评价方法。不同的方法只是从不同的角度对被评价对象做出的某种估计，如果仅采用一种方法进行评价，其结果的可信性就值得怀疑。

(2) 选择何种评价方法受评价主体的主观影响太大。面对同一个被评对象，不同的人会选择不同的评价方法，而不同的方法所得到的评价结果一般并不完全相同，至于何种方法所得的结果为优，有时是很难判断的。

(3) 无论是选用主观赋权评价法，还是采用客观赋权评价法，都有自身无法解决的缺陷。主观赋权法虽然能充分吸收本领域专家的知识和经验，体现出各个指标的重要程度，但以人的主观判断作为赋权基础不尽完全合理。客观赋权法虽然具有赋权客观，不受人为因素影响等优点，但也有不足之处：一是客观赋权法所得各指标的权数不能体现各指标自身价值的重要性；二是各指标的权数随样本的变化而变化，权数依赖于样本。

面对单一综合评价方法的不足，人们的想法自然就是对两类方法做一综合，以实现二者的优势互补，得到更为合理、科学的评价结果。这种综合的方法，就是“组合评价法”。通过各种方法的组合，可以达到取长补短的效果。因为，每种方法都有自身的优点和缺点，它们的适用场合也并不完全相同，通过将具有同种性质的综合评价方法组合在一起，就能够使各种方法的缺点得到弥补，而同时兼有各方法的优点。

对单一评价方法的组合，可针对单一评价法的权数进行组合，也可对单一评价法的评价排序结果进行组合。或者说，可将组合评价方法分为“权重系数的组合”与“评价结果的组合”。需要注意的是，只有在几种单一综合评价法所赋的权数或评价结果具有一致性时才能进行组合。或者说，只有当选择的原始方法具有一致性时，在此基础上所建立的组合评价法才是有效的。这就需要采用一定的方法进行检验，包括事前检验和事后检验。组合评价法的事前检验，主要是检验用以组合的各种单一方法的排序结果是否能够相互印证，即是否具有一致性。组合评价法的事后检验，主要是检验组合方法所得的排序结果与原始方法所得排序结果之间的密切程度，即组合评价是原始方法的如实体现还是对它们的歪曲。无论是事前检验还是事后检验，需要的工作量较大，所以，在对综合评价的准确度要求较高时，可考虑采用组合评价法。

由于选用不同的方法实际上是从不同的角度进行的综合评价，如果仅仅用一种方法进行评价（而目前又找不到一种十全十美的评价方法），其结果是很难令人信服的。因而有必要选用多种方法进行评价，而后将几种评价结果进行组合。从理论上来说，组合评价法应该比单一的评价方法更合理、更科学。而且，从评价结果看，应该说，主观赋权评价法的评价结果与客观赋权评价法的评价结果具有一定程度的互补性。组合评价法通过一定的方法将两者综合在一起，在吸收两类方法优点的同时，又克服了两类方法各自的缺陷，这样，就对待评对象作了更为全面的评价。但是，组合评价法也可能出现较大的随机性偏差，从而与真实情况不相符合。由于有众多的单一评价方法可供组合，而在组合时又有许多不同的方法，所有这些都会使采用组合评价法进行综合评价时具有一定程度的主观性色彩。从另一方面看，单一综合评价法所得的综合评价排序结果具有一定的抽象意义，而组合评价法是在单一综合评价法的基础上进行进一步的综合，这就使组合评价法的排序结果更具有抽象意义，其社会经济含义不易把握，不利于进一步的分析。所以，要对组合评价法有一个正确、全面的认识。

（1）组合评价法并不能完全取代单一综合评价法。不能说组合评价法就一定优于某一种单一评价方法。

（2）采用组合评价法进行综合评价时仍然具有较强的主观性。因为组合评价法只是从评价方法选择方面进行了改进。

（3）在采用组合评价法进行综合评价时不能忽视综合评价的其他几个阶段。只有在各个阶段都比较科学、合理的情况下才能最终保证综合评价结果的科学性、合理性。

(4) 在采用组合评价法进行综合评价时，单一综合评价方法并不能随意组合。因为不同的单一评价方法对评价指标体系和被评价对象个数的多少有不同的要求。

第三节　综合评价方法的两两集成

综合评价是个十分复杂的问题，它涉及评价对象集、评价指标集、评价方法集、评价人集，综合评价结果由以上诸因素特定组合所决定。对一个复杂对象的评价能否准确，不但受所遴选的专家群及描述被评价对象特征的指标体系的影响，还受所选择评价方法的影响，对同一组对象使用不同方法进行评价其结论可能存在较大差异，这个问题在现实中普遍存在，但至今还没有有效的解决办法。当前，人们已经重视对综合评价方法的创新与发展。能不能从系统观看待此问题，运用集成法帮助解决此问题？鉴于单一评价法和组合评价法的优缺点，本书提出和即将介绍的是对单一综合评价方法的“两两集成”。这里不是“组合”，而是“结合”，为了避免混淆，采用“集成”这个术语也许更合适些。“集成”与“组合”的最大不同在于，“组合”只在权数和结果两个局部环节进行“重组”，而“集成”是在同时使用两种方法进行综合评价的各个阶段根据需要进行“再造”。前面也已指出，“在采用组合评价法进行综合评价时不能忽视综合评价的其他几个阶段。只有在各个阶段都比较科学、合理的情况下才能最终保证综合评价结果的科学性、合理性。”“两两集成”是两个(或以上)综合评价方法的有机结合，可以缩小主观认识和客观实际的差距，这也许更具科学性和可操作性。将已有的方法综合运用，是多指标综合评价方法发展的途径之一，这样可提高评价结果的可靠性。目前，关于这方面的尝试有一些，但有关应用基础研究还较少，而要有效地求解复杂对象的综合评价问题，就必须针对问题的不同侧面应用不同的方法，因此就有必要探讨多种方法的综合运用问题。

比如，在求解 DEA 线性规划的最优解时，实际上是选取对被评价决策单元最为有利的权系数(输入和输出的权系数)。在很多实际问题中，每项输入(或输出)的重要性是不相同的，因此权系数的选取应该满足一定的限制，在事先确定各项指标之间的相对重要性时要把主观因素考虑进来。如果能将层次分析法与数据包络分析进行整合，这种权重的选择方法比一般的 DEA 权重分析方法更具有准确性和客观性，能够克服一般 DEA 方法对权重选择的缺点。

又比如，基于 DEA 的加权灰色关联分析方法。灰色关联系统分析方法自 20 世纪 80 年代初由邓聚龙教授提出以来，已成功地应用于许多领域，而且形成了自己的理论体系。最初的关联分析模型是先计算各点的关联系数，然后采用算术平均的手段得到各子因素相对于母因素的关联度。后来人们为了刻画不同点关联系数的重要程度，又提出了加权灰色关联分析方法，而且出现了不少相应的模型，我们前面实际上已经使用过。但是以往的加权灰色关联分析模型至少存在两点不足。

（1）权重系数的确定由于没有统一的方法而具有很大的主观性，因此导致计算出的关联度未必客观准确。

（2）权重系数一旦被确定，则适用于所有因素的关联度计算，即计算每一个子因素相对于母因素的关联度时使用的都是同一组权重，因此这种加权属于“均一化”加权，而没有体现出评价的“最优性”与“公正性”。

鉴于此，有学者提出一种基于DEA方法的加权灰色关联分析模型。我们知道，DEA对每一个评价单元建立数学规划，通过其最优解来确定指标间的权重和优先顺序，不同的评价单元可能拥有不同的权重向量，而且都相对最优，因此DEA评价属于“非均一”评价，从而具有客观性和最优性。借助于DEA方法的原理，给出基于DEA的加权灰色分析方法。这种方法实际上是针对每一个子因素，试图建立DEA模型，找出对其最有利的权重分配，从而得到其最优的关联度，因此这种方法是一种变权评价方法。基于DEA方法的加权灰色关联分析，综合了DEA和灰色关联分析两种方法的优点，以灰色关联分析为中心模型，以DEA模型为辅助模型，通过DEA模型来确定每一个子因素各点关联系数的权重向量，从而计算出相对最优的关联度，实现对各因素客观的优先排序。基于DEA方法的加权灰色关联分析方法既克服了确定权重时的主观性，又通过“非均一”赋权达到了优先排序评价的“最优性”，从而实现了分析结果的“公正性”。

再比如，传统的BP网络都研究输入、输出层维数确定的建模问题。然而，当我们研究复杂系统建模时，例如社会、经济系统，系统内各因素间的复杂关系还不能由我们现有的理论知识完全合理地进行解释，即不明确哪些因素（自变量）对我们所关心的变量（因变量）关系密切些。这时，为避免对因变量有重要影响的因素的漏选，常用的方式是将所有对因变量有影响的变量均作为输入变量，着手建立系统模型。当这些因素（自变量）很多时，把它们都作为BP网络的输入，这显然会增加网络的复杂度，降低网络性能，大大增加计算运行的时间，影响计算的精度。层次分析法为解决这一难题提供了较好的方法。由于层次分析法是一种定性与定量相结合的、系统的、层次化的分析方法，它通过专家判断、比较、评价等手段将多个变量的重要程度数量化，因此，应用它可将重要的变量选择出来。具体方法是，我们先用层次分析法筛选出对因变量（网络输出）最有影响作用的变量（自变量）作为BP网络的输入节点，再用改进的BP算法进行学习。这样做的思想在于，虽然层次分析法在筛选出对因变量最有影响的因素（自变量）方面有独到的优点，然而在用其他常规方法拟合时，其精度往往不如BP算法。因而，取长补短，将两种方法有机地结合起来，从而增强了BP网络对复杂系统建模的能力。将AHP与BP神经网络相结合建立的新模型，不仅可以自动确定复杂系统的输入维数（输入节点数），而且还提高了网络的学习速率，加快了网络的收敛速度，从而优化了网络的拓扑结构，增强了BP网络的适应能力。

下面的介绍仍以案例分析讨论为主，也就是针对具体问题实现若干评价方法的有效集成，目的在于增强实用性。

一、层次分析法与模糊综合评判法的集成

AHP 方法将定性分析和定量分析有效结合，不仅能保证模型的系统性和合理性，而且能让决策人员充分运用其有价值的经验和判断能力，从而为许多多规则决策问题提供强有力的决策支持。层次分析法与模糊综合评判法的结合，主要体现在将评价指标体系分成递阶层次结构，运用层次分析法确定各指标的权重，然后分层次进行模糊综合评判，最后综合出总的评价结果。

例 1 基于 AHP 和模糊综合评判方法的高新技术企业综合评估

对高新技术企业综合评估是一项非常重要的工作。全面准确地评估高新技术企业，对于高新技术企业投资者来说，能使其理智地回避风险，正确地做出投资决策；而对于高新技术企业来说，又可以通过评估来提高企业的声誉，进一步得到更多投资者的青睐，给今后企业的发展打下一个坚实的基础。因此，设计先进适用的高新技术企业综合评估系统，具有重要的理论价值和现实意义。这里，从我国的实际情况出发，结合国内外已有的研究成果，首先，按照科学性、系统性、客观性和可行性的原则，运用层次分析法建立了高新技术企业评估指标体系，然后再利用模糊数学建立了高新技术企业综合评估模型。

1. 高新技术企业评估指标体系的设计

(1) 指标体系的设计原则

高新技术企业的投资具有高风险和高收益的特点，投资者在投资前必须对企业进行全面、系统和科学的评估，以此来减少投资风险。建立的高新技术企业综合评估指标体系应能全面、本质地反映评估目标，为此所设计的高新技术企业评估指标应满足以下原则。

① 科学性和先进性原则：设计的指标体系应能有效地反映出所评估的高新技术企业特征。

② 全面性和系统性原则：合理的指标层次结构，应能全面地反映所评估的高新技术企业的基本状态，并能为评估提供必要的数据。

③ 定性和定量分析相结合原则：为了综合评估高新技术企业，必须将所设计评估指标定量化、规范化，为采用定量评估分析方法奠定基础。

④ 可行性和可操作性原则：设计的指标应具有可采集性和可量化性特点，各项指标能够有效测度或统计。

(2) 指标体系结构设计

根据评估指标体系的设计原则，在国内外学者的研究成果基础上，运用层次分析法建立了如图 7-1 所示的高新技术企业评估指标体系。该评估指标体系的目标层是高新技术企业综合评估，主准则层包括市场前景、产品新意、变现能力、管理能力和环境的适应性五

个方面的内容,次准则层是将主准则层内容细划成18项具体可量化的评估指标。

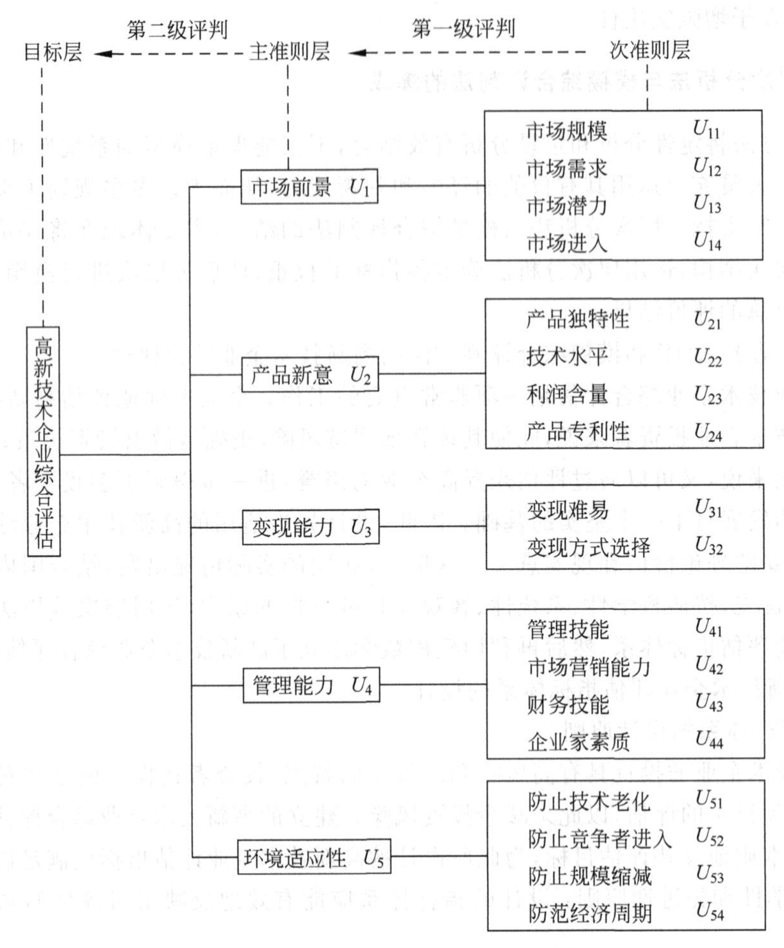

图7-1　高新技术企业综合评估指标体系

2. 高新技术企业综合评估模型

上面设计的高新技术企业综合评估指标体系是一个二级三层结构的指标体系。这些评估指标大多带有模糊性,因此,根据FUZZY理论,把次准则层对主准则层的评判看成第一级评判,把主准则层对目标层的评判看成第二级评判,从而构成一个二级三层模糊综合评估模型。

具体评估步骤如下:

(1) 设高新技术企业评估因素集 $U=\{U_1,U_2,\cdots,U_n\}$,将因素集按属性将其细分成 m 个子评估因素集 $U_i=\{U_{i1},U_{i2},\cdots,U_{ij}\}$,$i=1,2,\cdots,m$; $j=1,2,\cdots,t$;(本综合评估模型 $m=5$,t 变动)。

(2) 进行一级评判：对每一个子评估因素集分别做出综合评判。

① 评语集：用 $V=\{V_1,V_2,\cdots,V_5\}$ 表示。本评估模型所定义的评语集 $V=\{$优,良,中,可,差$\}$5 个档次。

② 权重指标集：让若干资深专家各自对评估指标体系中各项指标给出相对标度，并计算出相应指标的权重。然后对专家们的权重值进行加总，求平均，确定各项评估指标的最终权重，用 $A_i=(a_{i1},a_{i2},\cdots,a_{ij})$ 表示。

③ 模糊评估矩阵：把高新技术企业评估子因素集 U_i 到评语集 V 看成是一个模糊映射，可以确定模糊评估矩阵 $\boldsymbol{R}_i$。

$$\boldsymbol{R}_i=\{r_{ijk}\}$$

上式中，$r_{ijk}=d_{ijk}/d$，d_{ijk} 为评估子因素集 U_i 中第 ij 项评估指标被作出评语集中第 k 种评估 V_k 的专家人数，d 为参加评估的总专家数。专家评估表如表 7-1 所示。

表 7-1 某个资深专家对高新技术企业指标模糊评判

风险项目：________专家姓名：________评判日期：________

等级 子因素	优	良	中	可	差
市场规模 U_{11}	✓				
市场需求 U_{12}			✓		
市场潜力 U_{13}		✓			
市场进入 U_{14}				✓	

注：请在空格内打✓。

④ 根据 FUZZY 理论，运用模糊矩阵的合成运算，得 U_i 的综合评判向量 $\underset{\sim}{\boldsymbol{B}}_i$

$$\boldsymbol{B}_i=A_i\circ\boldsymbol{R}_i=(b_{i1},b_{i2},\cdots,b_{i5})$$

(3) 进行二级评判：将每个子因素集 U_i 看为一个因素，用 $\underset{\sim}{\boldsymbol{B}}_i$ 作为它的单因素评判，即得高新技术企业评估因素集 U 到评语集 V 是一个模糊映射，$U=\{U_1,U_2,\cdots,U_s\}$。

将每个 U_i 作为 U 的一部分，可以按它们的重要性给出权数分配 $\underset{\sim}{A}=(a_1,a_2,\cdots,a_s)$，所以二级综合评判为：$\underset{\sim}{\boldsymbol{B}}=A\circ\boldsymbol{R}=(b_1,b_2,\cdots,b_m)$，对评判结果作归一化，按最大隶属原则得：$B_k=\max(b_1,b_2,\cdots,b_m)$，则得出 FUZZY 综合评判为 V_k。

3. 高新技术企业综合评估模型的应用

根据前面所建立的高新技术企业综合评估模型，以国内某高新技术企业为例来说明上述综合评估模型的应用，具体数据如下。

(1) 请若干资深专家测定各指标权重：

$$\underset{\sim}{A}=(0.35\quad 0.20\quad 0.15\quad 0.20\quad 0.10)$$

$$\underset{\sim}{A_1}=(0.15\quad 0.30\quad 0.40\quad 0.15)$$

$$\underset{\sim}{A}_2 = (0.25 \quad 0.30 \quad 0.20 \quad 0.25)$$

$$\underset{\sim}{A}_3 = (0.55 \quad 0.45)$$

$$\underset{\sim}{A}_4 = (0.30 \quad 0.20 \quad 0.20 \quad 0.30)$$

$$\underset{\sim}{A}_5 = (0.40 \quad 0.25 \quad 0.20 \quad 0.15)$$

(2) 确定评语集中 $V=\{优,良,中,可,差\}$。

(3) 按上述评语集对 U_1-U_5 中各指标进行评判,得出如下模糊评判矩阵,并进行第一级综合评估。

$$\underset{\sim}{\boldsymbol{R}}_1 = \begin{bmatrix} 0.20 & 0.20 & 0.32 & 0.18 & 0.10 \\ 0.20 & 0.35 & 0.25 & 0.15 & 0.05 \\ 0.18 & 0.20 & 0.36 & 0.16 & 0.10 \\ 0.05 & 0.45 & 0.15 & 0.25 & 0.10 \end{bmatrix}$$

$$\underset{\sim}{\boldsymbol{R}}_2 = \begin{bmatrix} 0.25 & 0.15 & 0.30 & 0.20 & 0.10 \\ 0.30 & 0.25 & 0.20 & 0.15 & 0.10 \\ 0.40 & 0.22 & 0.20 & 0.08 & 0.10 \\ 0.35 & 0.15 & 0.20 & 0.25 & 0.05 \end{bmatrix}$$

$$\underset{\sim}{\boldsymbol{R}}_3 = \begin{bmatrix} 0.20 & 0.35 & 0.30 & 0.10 & 0.05 \\ 0.25 & 0.16 & 0.15 & 0.34 & 0.10 \end{bmatrix}$$

$$\underset{\sim}{\boldsymbol{R}}_4 = \begin{bmatrix} 0.30 & 0.35 & 0.16 & 0.14 & 0.05 \\ 0.20 & 0.20 & 0.35 & 0.15 & 0.10 \\ 0.35 & 0.15 & 0.20 & 0.20 & 0.10 \\ 0.25 & 0.15 & 0.20 & 0.30 & 0.10 \end{bmatrix}$$

$$\underset{\sim}{\boldsymbol{R}}_5 = \begin{bmatrix} 0.26 & 0.24 & 0.36 & 0.10 & 0.04 \\ 0.15 & 0.40 & 0.25 & 0.15 & 0.05 \\ 0.25 & 0.35 & 0.15 & 0.15 & 0.10 \\ 0.25 & 0.34 & 0.15 & 0.16 & 0.10 \end{bmatrix}$$

$$\underset{\sim}{\boldsymbol{B}}_1 = \underset{\sim}{A}_1 \circ \underset{\sim}{\boldsymbol{R}}_1 = (0.20 \quad 0.30 \quad 0.36 \quad 0.16 \quad 0.10)$$

$$\underset{\sim}{\boldsymbol{B}}_2 = \underset{\sim}{A}_2 \circ \underset{\sim}{\boldsymbol{R}}_2 = (0.30 \quad 0.25 \quad 0.25 \quad 0.25 \quad 0.10)$$

$$\underset{\sim}{\boldsymbol{B}}_3 = \underset{\sim}{A}_3 \circ \underset{\sim}{\boldsymbol{R}}_3 = (0.25 \quad 0.35 \quad 0.30 \quad 0.34 \quad 0.10)$$

$$\underset{\sim}{\boldsymbol{B}}_4 = \underset{\sim}{A}_4 \circ \underset{\sim}{\boldsymbol{R}}_4 = (0.30 \quad 0.30 \quad 0.20 \quad 0.30 \quad 0.10)$$

$$\underset{\sim}{\boldsymbol{B}}_5 = \underset{\sim}{A}_5 \circ \underset{\sim}{\boldsymbol{R}}_5 = (0.26 \quad 0.25 \quad 0.36 \quad 0.15 \quad 0.10)$$

(4) 对高新技术企业进行第二级综合评估,得出结论。

$$\underset{\sim}{\boldsymbol{R}}=\begin{bmatrix}\underset{\sim}{\boldsymbol{B}_1}\\\underset{\sim}{\boldsymbol{B}_2}\\\underset{\sim}{\boldsymbol{B}_3}\\\underset{\sim}{\boldsymbol{B}_4}\\\underset{\sim}{\boldsymbol{B}_5}\end{bmatrix}=\begin{bmatrix}0.20 & 0.30 & 0.36 & 0.16 & 0.10\\0.30 & 0.25 & 0.25 & 0.25 & 0.10\\0.25 & 0.35 & 0.30 & 0.34 & 0.10\\0.30 & 0.30 & 0.20 & 0.30 & 0.10\\0.26 & 0.25 & 0.36 & 0.15 & 0.10\end{bmatrix}$$

$$\underset{\sim}{\boldsymbol{B}}=\underset{\sim}{A}\circ\underset{\sim}{\boldsymbol{R}}=(0.20\quad 0.30\quad 0.35\quad 0.20\quad 0.10)$$

归一化后，按最大隶属度原则得：

$$\underset{\sim}{\boldsymbol{B}}=\max(b_1,b_2,b_3,b_4,b_5)=\max(0.17,0.16,0.31,0.17,0.09)=0.37=b_1$$

所以评估结果对评语集中 V_3 的隶属度最大。

根据隶属度最大原则，该高新技术企业评估为 V_3＝中。

4. 结论

高新技术企业综合评估是在定性分析的基础上，进行定量化、模型化的综合评判系统。该评估系统具有适用性、简洁性、实用性和可操作性。它不但能全面、有效地反映高新技术企业的基本特征，而且还能较好地评估出高新技术企业总体价值水平，为高新技术企业投资者的投资决策提供建设性的指导意见，因此在高新技术企业评估中有一定的推广价值。

例 2 基于 AHP 和模糊理论的综合评价模型及其在供应商评价中的应用

AHP 主要包括两方面内容：一是各层次指标权重的确定，二是根据最低层次各指标的权重和各方案的属性值对方案作出综合评价。但是 AHP 法不是解决综合评价问题的万能药。如果被评方案过多(如超过 7 个)，除非进行分批，否则不易处理且评价结果有偏差(这是由于当判断矩阵的维数 $n>7$ 时，在一致性指标小于 0.1 的情况下，矩阵一致性未通过率超过 30%)。因此，AHP 不适用于多方案综合评价问题。在多方案综合评价中(如方案数超过 7 个)，AHP 也不适于求取各方案的权重。如果指标数目超过 7 个，可以将各指标分层归类。但鉴于 AHP 本身的有效性和准确性，所求取的各层指标(包括最低层指标)的权重是合理有效的。因此，仍可以采用 AHP 来确定各层指标的权重。针对多方案综合评价问题，这里介绍一种基于 AHP 和基本模糊理论的综合评价方法，然后讨论其应用。

1. 基于 AHP 和模糊理论的综合评价方法

针对多方案综合评价问题，将 AHP 和模糊理论相结合，该方法的步骤如下。

(1) 确定评价方案的指标论域 $U=\{u_1,u_2,\cdots,u_n\}$ 和评语等级论域 $V=\{v_1,v_2,\cdots,v_m\}$

其中，u_i 为最低层指标($i=1,2,\cdots,n$)。如果 $n>7$，则采用递阶结构，即大指标下有小指标，小指标下还可以有小指标的结构，并保证总目标及每个指标下所对应的下一层指标的个数不超过 6 个。m 为评语等级集合的个数，每一个等级可对应一个模糊子集。一般情况下，m 取 3、5、7，这样不仅符合模糊综合评价的质量要求，而且可以使被评方案的等级归属中有一个中间等级。具体等级可以依据评价内容用适当的语言描述。

(2) 确定指标的权向量 $\boldsymbol{W}=\{w_1, w_2, \cdots, w_n\}^{\mathrm{T}}$

在 AHP 的"同层次求单权重"步骤中，可以采用"对数最小二乘法"，求

$$Z=\sum_{i=1}^{n}\sum_{j=1}^{n}\left[\ln\alpha_{ij}-\ln\left(\frac{\omega_i}{\omega_j}\right)\right]^2$$

的最小值，从而求出一个向量$\boldsymbol{\omega}=\{\omega_1, \omega_2, \cdots, \omega_n\}^{\mathrm{T}}$，将其归一化后，得 $\boldsymbol{W}=\{w_1, w_2, \cdots, w_n\}^{\mathrm{T}}$。该方法不仅准确合理，而且一般情况下，可以省略各判断矩阵的一致性检验工作。

在方案评审过程中，根据公平和公正原则，往往有多个评审人员或评审小组参加，因此判断矩阵中的元素 a_{ij} 有多个值(表示不同人员或小组的意见)，因而上式可扩展为

$$Z=\sum_{i=1}^{n}\sum_{j=1}^{n}\sum_{k=1}^{b}(\ln a_{ijk}-\ln\omega_i+\ln\omega_j)^2$$

其中，b 为一常数，即评审人员或评审小组的数目。

为求 Z 的最小值，将该式两边对 $\omega_p(p=1,2,\cdots,n)$ 取偏导数，并使其等于 0。最后，将 W_p 标准化为 $\boldsymbol{W}=\{w_1, w_2, \cdots, w_n\}^{\mathrm{T}}$，$\sum_{p=1}^{n}w_p=1$。

(3) 对每个方案进行评价，建立其模糊关系矩阵 $\boldsymbol{R}$

逐个对被评方案从每个最底层指标 $u_i(i=1,2,\cdots,n)$ 上进行量化，也就是确定从单指标来看被评方案对各等级模糊子集的隶属度$(R|u_i)$，进而得到模糊关系矩阵 $\boldsymbol{R}$。

$$\boldsymbol{R}=\begin{bmatrix}R\mid u_1\\R\mid u_2\\\vdots\\R\mid u_n\end{bmatrix}=\begin{bmatrix}r_{11} & r_{12} & \cdots & r_{1m}\\r_{21} & r_{22} & \cdots & r_{2m}\\\vdots & \vdots & \vdots & \vdots\\r_{n1} & r_{n2} & \cdots & r_{nm}\end{bmatrix}$$

其中，r_{ij} 表示某个被评方案从指标 u_i 来看对 v_j 等级模糊子集的隶属度。

(4) 计算各被评方案的评价结果向量 $\boldsymbol{S}$，并作综合比较

$$\boldsymbol{S}=\boldsymbol{w}\circ\boldsymbol{R}=(w_1, w_2, \cdots, w_n)\begin{bmatrix}r_{11} & r_{12} & \cdots & r_{1m}\\r_{21} & r_{22} & \cdots & r_{2m}\\\vdots & \vdots & \vdots & \vdots\\r_{n1} & r_{n2} & \cdots & r_{nm}\end{bmatrix}=(s_1, s_2, \cdots, s_m)$$

式中：$\boldsymbol{S}$ 是评价结果向量，它反映了该方案总体上对评语论域 r 中各模糊子集的隶属程度；"$\circ$"代表模糊合成算子 $M(\cdot, \oplus)$，对于 $j=1,2,\cdots,m$，可具体表示为：

$$s_j=(w_1\cdot r_{1j})\oplus(w_2\cdot r_{2j})\oplus\cdots(w_{1n}\cdot r_{nj})=\min\left(1, \sum_{i=1}^{n}w_i r_{ij}\right)$$

最后，采用加权平均原则对各方案的综合评价结果进行处理，即

$$T=\frac{\sum_{j=1}^{m} s_j^k \cdot j}{\sum_{j=1}^{m} s_j^k}$$

其中，T 为将方案定量化处理后的最终结果，它代表被评方案在评语论域 V 中的相对位置。其中 k 为待定系数(一般取 $k=2$)，目的是控制较大的 $s_j(j=1,2,\cdots,m)$ 所起的作用。可以看出，T 越小即被评方案在评语论域 V 中的相对位置越靠前，方案越优越。

2. 实例分析

随着全球经济一体化和科学技术的进步，人们的消费结构不再是追求单纯数量上的满足，而是多样化、个性化的需求。传统制造业流水线大批量生产方式明显缺乏柔性。多品种、中小批量的离散制造方式已成为主流。当前，中国的制造企业面对着激烈竞争的买方市场，如何迅速对市场的需求做出响应呢？敏捷制造的出现使企业及时组织生产成为了可能，其通过快速组合零部件供应商，以充分自治、分布协同作业方式来适应快速多变的竞争环境，所以对于供应商考评和选择已成为敏捷制造中必须解决的关键技术问题。

我国长期以来受计划经济物资流通的影响，没有建立规范的供应商评判体系。企业面对成百上千的零部件供应商，往往依据一定经验，定性地考评和选择供应商，甚至某种程度上还存在着部门或个人利益驱动下的采购供应关系，已经不能适应现代企业制度的需要，严重制约了企业，特别是大型集团企业的发展。因此在庞杂的供应协作体系中，采用现代管理思想和信息技术建立一套能全面、科学评价供应商的定量化模型有着十分重要的意义。这样可为中国的大型企业从战略采购高度出发，有效地将质量有保障、技术力量雄厚的供应商纳入长期的供货体系，提供重要的理论依据。

这里结合某大型国有造纸企业木材供应管理系统中供应商综合评价，举例说明上述方法在供应商的选择中的应用。为便于说明，该系统只采用二级递阶评价结构方式，如图 7-2 所示：一级为总目标；二级为四个指标。被评供应商共有 10 个(由于商业原因，用 A～J 表示)。

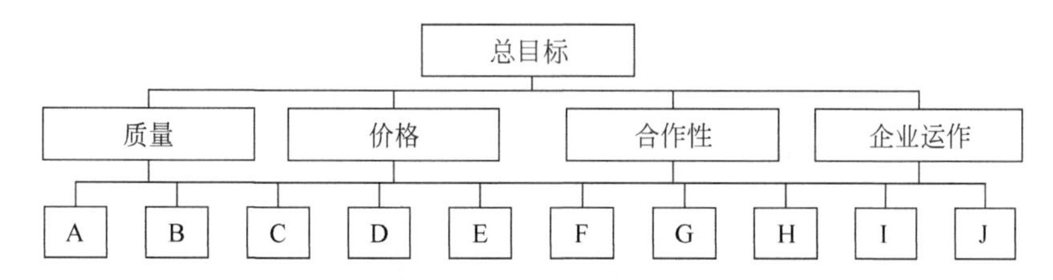

图 7-2 造纸企业木材供应商二级递阶评价结构图

具体评价和选择步骤如下。

(1) 评审人员及评审小组的确定

由木材供应部门骨干及负责人(3 人)、厂部相关事务领导(4 人)以及业内专家(3 人)

组成三个评审小组。由三个评审小组对四个指标进行一对一的比较，构造出判断矩阵；并由上述10人分别对供应商进行单指标评价，建立模糊关系矩阵。

(2) 采用AHP求出质量、价格、合作性和企业运作的权重W

三个评审小组通过比较四个指标，得到一个判断矩阵式，求得的指标权重如表7-2所示。

$$
\begin{array}{c}
\\
\text{质量} \\
\text{价格} \\
\text{合作性} \\
\text{企业运作}
\end{array}
\begin{array}{c}
\begin{array}{cccc} \quad\text{质量} \quad & \quad\text{价格}\quad & \quad\text{合作性}\quad & \quad\text{企业运作} \end{array} \\
\begin{bmatrix}
(1, & 1, & 1) & (1, & 1, & 3/2) & (2, & 3/2, & 2) & (3/2, & 1, & 2) \\
(1, & 1, & 2/3) & (1, & 1, & 1) & (3/2, & 3/2, & 1) & (3/2, & 3/2, & 1) \\
(1/2, & 2/3, & 1/2) & (2/3, & 2/3, & 1) & (1, & 1, & 1) & (3/2, & 1, & 4/3) \\
(2/3, & 1, & 1/2) & (2/3, & 2/3, & 1) & (2/3, & 1, & 3/4) & (1, & 1, & 1)
\end{bmatrix}
\end{array}
$$

表7-2 每个指标的权重W_p

指标	质量W_1	价格W_2	合作性W_3	企业运作W_4
权重	0.322 5	0.271 2	0.209 0	0.197 3

(3) 采用模糊理论对被评供应商进行单指标评价，建立模糊关系矩阵$\boldsymbol{R}$

首先确定被评供应商的评语等级论域$V=\{v_1, v_2, \cdots, v_5\}$，其中$v_i(i=1,2,\cdots,5)$，与评语的对应情况如表7-3所示。经统计，可以得到各供应商的模糊关系矩阵。由于篇幅关系，这里只列出供应商A的模糊关系矩阵式。

表7-3 评语等级论域与评语的对应情况

v_i	v_1	v_2	v_3	v_4	v_5
评语情况	很满意	较满意	一般	不满意	很不满意

$$
\boldsymbol{R}_A = \begin{bmatrix}
0.3 & 0.4 & 0.3 & 0 & 0 \\
0 & 0.2 & 0.5 & 0.3 & 0 \\
0.2 & 0.7 & 0.1 & 0 & 0 \\
0.1 & 0.3 & 0.4 & 0.1 & 0.1
\end{bmatrix}
$$

(4) 求出各供应商的综合评价结果$\boldsymbol{S}_x$(X代表各供应商)，并作最终比较

计算各评价方案的评价结果向量$\boldsymbol{S}_x$，如表7-4所示。从该表中可获得各供应商相对于各评语等级的隶属情况，例如，在“很满意”评语等级中，I最高，F最低。进一步，求得各供应商在评语论域中的相对位置T_x，如表7-5所示。由该表可知，供应商I最佳，G其次，D第三。

表 7-4 各供应商的综合评价结果 S_x

S_A	(0.158 3,0.388 7,0.332 2,0.101 1,0.019 7)	S_F	(0.054 2,0.325 5,0.404 0,0.184 0,0.032 3)
S_B	(0.145 9,0.260 5,0.460 4,0.133 2,0)	S_G	(0.288 8,0.500 0,0.191 4,0.019 7,0)
S_C	(0.165 0,0.311 8,0.363 7,0.155 9,0)	S_H	(0.104 0,0.344 6,0.450 4,0.100 1,0)
S_D	(0.209 1,0.438 4,0.196 0,0.129 4,0.027 1)	S_I	(0.290 4,0.608 4,0.101 2,0,0)
S_E	(0.170 1,0.362 8,0.335 0,0.112 3,0.019 7)	S_J	(0.111 2,0.557 2,0.284 8,0.046 9,0)

表 7-5 各供应商在评语论域中的相对位置 T_x

T_A	T_B	T_C	T_D	T_E	T_F	T_G	T_H	T_I	T_J
2.359 8	2.709 3	2.551 0	2.097 5	2.383 8	2.752 8	1.875 8	2.620 1	1.840 6	2.180 1

3. 结论

在多方案综合评价问题中，由于 AHP 不适于求取各方案的权重值，这里提出了一种基于 AHP 和模糊理论的综合评价方法。该方法采用 AHP 求取各层次指标的权重，采用模糊方法确定各方案的属性值，并在最后归并获得评价结果。在指标权重求取过程中，采用的对数最小二乘法不仅在一般情况下可以略去判断矩阵的多次一致性检验，而且所求得的运算式规范、简便，在计算机上容易实现，矩阵维数少的，也可以手算；在方案属性值的确定过程中，只需采用口头调查或表格统计的方式就可以确定各方案的相对属性值，即模糊关系矩阵，操作简单可行，易于推广。

二、层次分析法与数据包络分析方法的集成

AHP 法的判断矩阵是由评价者或专家给定的，因此其一致性必然受到有关人员的知识结构、判断水平及个人偏好等许多主观因素的影响。DEA 以各决策单元的输入输出指标的权重为变量，确定各指标在优先意义下的权重，使之受不确定的主观因素的影响比较小。充分发挥各自的优势，将使综合评价方法更加完善。

例 3 基于 AHP 和 DEA 相结合的方法确定供应商评价准则的综合权重

供应商评价是供应链管理中一个重要环节。就评价方法而言，层次分析法能充分利用专家的主观意见，缺点是过分依赖其主观判断；数据包络分析法的评价结果不受人为因素影响，但不能反映决策者的偏好。这里讨论用 AHP 和 DEA 相结合的方法确定供应商评价准则的综合权重，即引入主、客观偏好系数概念，用加权方法，结合 AHP、DEA 求得的权重，进而确定准则的综合权重。

1. AHP 确定准则权重

考虑 m 个评价准则，记 $J=\{1,2,\cdots,m\}$ 为下标集合，准则两两比较得判断矩阵

$A=(a_{ij})_{m\times m}$。A导出的归一化权重 $\overline{\omega}$ 由 $A\,\overline{\omega}=\lambda_{\max}(A\,\overline{\omega})$ 求解，$\overline{\omega}=(\overline{\omega_1},\overline{\omega_2},\cdots,\overline{\omega_n})^{\mathrm{T}}$，其中，$\lambda_{\max}(A)$为 A 的主特征值。A 的一致性比例 $CR(A)=[\lambda_{\max}(A)-m]/[(m-1)RI]$，$RI$ 为随机一致性指标，若 $CR(A)\leqslant 0.1$，称 A 是满意一致性判断矩阵，由此，m 个评价准则的权重即为 $\overline{\omega}$。

2. DEA 确定准则权重

记 $y_k^j(k=1,\cdots,h)$为第 j 个供应商第 k 个效益型属性值，$x_i^j(i=1,\cdots,m-h)$为第 j 个供应商第 i 个成本型属性值。C^2R 模型强调被评价单元的优势，权重针对该评价单元，若选取另一个评价单元，权重又会不同，这种变化的权重使各供应商之间缺乏可比性，因此选用整体有效 DEA 模型确定权重，见模型 M。

$$\mathrm{M}:\ \max\sum_{j=1}^{n}\theta_j=\sum_{j=1}^{n}\frac{\sum\limits_{k=1}^{h}u_k y_k^j}{\sum\limits_{i=1}^{m-h}v_i x_i^j}$$

$$\text{s.t.}\ 0\leqslant\theta_j\leqslant 1,\quad j=1,\cdots,n$$

$$\left.\begin{array}{l}u_k\geqslant\varepsilon,\quad v_i\geqslant\varepsilon,\quad k=1,\cdots,h\\ i=1,\cdots,m-h\end{array}\right\}$$

式中：u_k 为第 k 个效益型准则权重；v_i 为第 i 个成本型准则权重；n 为供应商数目；ε 为足够小的正数。

由于各准则的度量尺度不同，应将 y_k^j，x_i^j 按相同归一化方法转换成 0～1 之间的数。解模型 M，令 $\Psi=(u_1,u_2,\cdots,u_h,v_1,v_2,\cdots,v_{m-h})^{\mathrm{T}}$，归一化后满足 $u_1+u_2+\cdots+u_h+v_1+v_2+\cdots+v_{m-h}=1$，$\Psi$ 即为 DEA 确定的准则权重。

3. 综合权重

AHP 反映决策者的主观偏好，DEA 反映基于供应商有效性基础上的属性数值之间客观存在的关系，为使求得的准则权重综合反映主观和客观的关系，充分体现 AHP 和 DEA 的优点，用线性加权的方法确定综合权重，即

$$w^*=\alpha\,\overline{\omega}+(1-\alpha)\Psi$$

式中，w^* 为综合权重；α 为主观偏好系数；$1-\alpha$ 为客观偏好系数，$\alpha\in[0,1]$。α 的具体数值由决策者根据偏好给出。

应该说，用 AHP 和 DEA 相结合的方法确定供应商选择准则的综合权重，是比较科学合理的，而且具有较高的实用价值。

例 4 结合 AHP 和 DEA 的基于供应商持续发展的综合评价方法

20 世纪 90 年代以来，随着市场竞争的全球化、激烈化，产品的生命周期越来越短。供应商作为供应链中核心企业的采购活动的对象，直接关系着企业的采购成本以及原材料和零部件质量的好坏，对企业产品竞争力产生很大的影响。因此对供应商选择方法的研究，具

有重要的理论意义和实践意义，供应商选择方法是否科学得当关系到企业的生存与发展。

供应商的评价、选择是制造过程中资源利用的经典问题，该问题现在不断地被赋予新的内容。从评价的方法来看，供应商选择问题是多目标决策问题，对供应商的选择方法很多。但评价供应商所选用的方法应由采购者对供应商的要求来定。在整个供应链管理的框架中，对供应商的绩效进行评价无疑是很重要的，同时也是贯穿始终的一环。因为，核心企业必须对供应商进行定期或不定期的评价，特别是要对其质量体系和生产系统进行评价，以确保其能持续稳定地提供优质的产品。同时，对供应商的产品在质量、服务、价格以及发展上的综合评价有利于对供应商进行动态管理。通过综合评价，不仅能使核心企业了解供应商的优缺点，以此作为制定订货策略的依据，而且还可以对供应商指出其改进方向，为供应链战略联盟企业之间建立长期的合作伙伴关系服务。

传统的评价指标主要是以企业的财务指标为主，这是因为当时企业的主要任务就是以最低的成本生产出尽可能多的产品，以实现利润的最大化。但是，随着卖方市场向买方市场的转变，单纯的通过财务指标进行供应商评价的缺点暴露无遗。往往这些指标只能提供有关企业历史绩效信息，无法预测未来的企业发展趋势，应用的范围受到限制。因此，目前企业在确定评价指标时往往是结合定性指标和定量指标、财务指标和非财务指标进行综合的评价，但是如何在数量众多的指标中选取适合企业自身特点的指标是目前研究的一个热点。

与确定评价指标相对应的是采用合理的评价体系，这方面的文献相对较多，各国学者从不同的研究角度建立了不同的企业评价框架模型。然而，这些模型往往侧重于供应商目前的情况，无法对供应商的发展后劲进行持续的评价，同时也就无法对供应商进行动态的管理，无法为供应商战略联盟建立长期的合作伙伴关系提供技术支持。为此，这里介绍一种结合层次分析法和数据包络分析的基于供应商持续发展的动态评价体系与方法。

1. 供应商动态评价体系

基于供应商发展的动态评价体系主要使用了层次分析法作为构成主体框架的方法，它分为两个基本模块：数据包络分析技术有效性评价和现行状况评价。其中对供应商的现行状况进行评价将再次使用到层次分析法，通过从不同层次将指标细分而得到一个较为客观的供应商现状。与此同时，数据包络分析则对供应商的发展后劲和持久竞争力进行评价，最后将两部分综合达到对供应商的动态评价。为了确定 DEA 技术有效性和现行状况在整体评价体系中的权重，对企业中的各层领导和管理、技术人员进行了大量的问卷调查，经汇总统计得出综合评价时 DEA 有效性评价权重为 30%，而现行状况的具体指标的权重为 70%。具体模型如图 7-3 所示。

层次分析法是进行供应商评价的有效技术之一，也是目前使用的较多的一种模型。它可以将复杂的问题分解成若干层次，在比原问题简单得多的层次上逐步分析；可以有效地处理那些难于完全用定量方法来分析的问题；可以将人的主观判断用数量形式表达

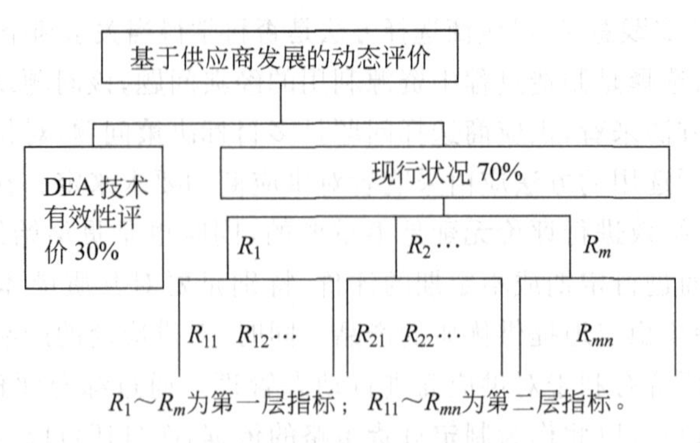

$R_1 \sim R_m$为第一层指标；$R_{11} \sim R_{mn}$为第二层指标。

图 7-3　供应商动态评价模型

和处理；也可以提示人们对某类问题主观判断前后有矛盾。运用层次分析法有很多优点，其中最重要的一点就是简单明了。它不仅适用于存在不确定性和主观信息的情况，还允许以合乎逻辑的方式运用经验、洞察力和直觉。同时，层次分析法最大的优点就是提出了层次本身，这种层次递阶的系统结构可以清晰地反映出诸相关因素的彼此关系，这可以使决策者在决策分析时把复杂问题理顺。

针对供应商的选择决策，应用 AHP 方法来解决多目标决策问题有 5 个步骤

(1) 明确问题：选择最好的供应商。

(2) 建立供应商选择问题的层次结构(见图 7-4)。

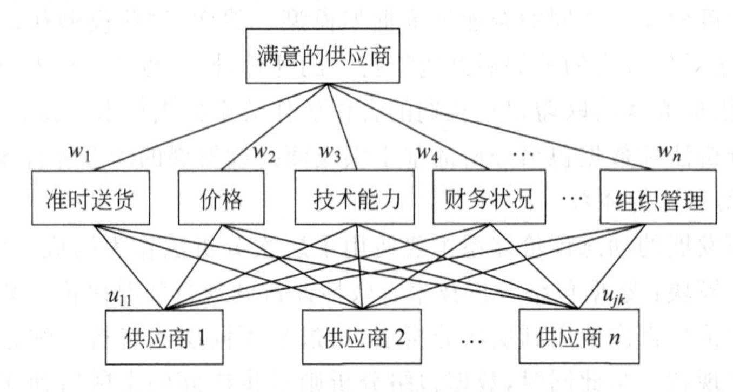

图 7-4　供应商选择的层次结构

(3) 根据层次结构中供应商选择的准则，两两比较并量化构成相应的判断矩阵，采用特征向量法确定供应商选择的准则的权重，并判断一致性。

(4) 层次单排序，针对每个准则给出各个供应商的评价值，构成每个供应商对应于每个准则的判断矩阵，计算相应的权重。

(5) 层次总排序，计算每个供应商的综合权重，根据权重作为最后选择供应商的依据。

DEA 也是对供应链内部不同企业的综合状况进行评价的有效方法。DEA 是一种新

出现的分析工具，是运筹学发展的一个新领域，它是研究具有相同类型的部门（或单位）间相对有效性的十分有用的方法，也是处理一类多目标决策问题的好方法。在 DEA 模型中，每一分支都与其他分支进行比较，并计算一个效率比值，该比值是基于资源投入与产品/服务产出的比值来计算的。DEA 允许使用多投入和多产出，以得到效率比值。一方面，它对输入、输出数据几乎没什么要求，输入可以是任何形式的，输出只要是对人类有益的都可以，并且不受数据量纲的影响；另一方面，其计算结果很直观而且十分科学，能够实际反映评价对象的综合状况和潜在的竞争能力。

企业同时处于技术有效和规模有效时它的发展后劲最强，这时它才有持久的竞争能力和长久的生命力。DEA 不仅能反映企业的生产能力、经济实力，而且还能反映企业的持久竞争能力和长久的生命力，可以弥补现行状况评价的不足之处，可以对企业的综合实力和发展后劲进行全面的评价。需要注意的是，DEA 模型根据输入输出数据将候选供应商分为有效的（$E_j=1$）和无效的（$E_j<1$）两类，对有效的供应商不能进一步区分优劣。当然，如果供应商被评价为相对无效的，这有力地说明该供应商在各个指标上都处于劣势。这种权重的选择方式比权重分析方法的优越之处在于权重选择方式更具客观性。而 DEA 方法的缺点是通过对权重的精细选择，使一个在少数指标上有优势，而在多数指标上有劣势的供应商成为相对有效的供应商。

2. 实例计算

对 A 公司的 W 产品的主要部件 G 箱的供应商进行实证分析。

G 箱有三个供应商（X、Y、Z）负责供应，为了建立长期的合作伙伴关系，确定供应策略就必须对他们进行评价。所以使用上面提出的综合模型。

首先，使用层次分析法，请专家进行问卷调查，然后综合汇总确定了各评价因素的权重，同时请 A 公司的人员（总经理、部门经理、技术人员、管理人员和现场工人等）根据平时积累的数据分别对三家供应商进行打分，得出如下结果：$a(X)=85$，$a(Y)=82$，$a(Z)=87$（a 为现行状况评价得分，$0\leqslant a\leqslant 100$）。

然后进行 DEA 分析。根据对 A 公司的员工进行问卷调查得出供应商的投入主要是在人员、固定资产和资金等方面，产出主要在产成品和收入等方面，这里由于篇幅所限仅从中选取了 3 个具有代表性的投入和 2 个产出，表 7-6 所示。

表 7-6　供应商投入、产出表

		DMU(X)	DMU(Y)	DMU(Z)
投入	职工人数/人	1 000	3 000	2 500
	占地面积/万 m^2	80	200	200
	流动资金/10 万元	250	700	600
产出	销售收入/10 万元	200	300	260
	利税总额/10 万元	180	260	225

解得：$\theta(X)=1,\theta(Y)=1,\theta(Z)=0.867$。

根据$b=30\%\times\theta\times100+70\%\times a$，则三家供应商的综合评分为：$b(X)=89.5$，$b(Y)=87.4$，$b(Z)=86.9$（$b$为综合评价得分，$0\leqslant b\leqslant100$）。

显然，单纯地使用层次分析法将得出Z供应商最佳的结论。然而，从供应商的发展角度来看X供应商的发展前景最好，因此在建立长期合作伙伴关系时可以有意识地向供应商X倾斜。

3. 结论

从上述实例可以看出，结合AHP和DEA法的综合评价模型不仅能客观地评价供应商现阶段的情况，同时可以综合考虑供应商的未来发展趋势，从而使核心企业可以从更长远的角度来评价供应商，使得这个评价更客观、更全面，同时更有价值。

三、层次分析法与人工神经网络评价法的集成

对于评价问题来说，常有许多定性因素穿插交融在复杂的评价问题之中，要求人们凭借经验、知识和智慧参与判断决策。层次分析法设法通过一定模式使决策思维过程规范化，使之适用于定性与定量因素相结合特别是定性因素起主导作用的评价问题。然而如何在人的参与过程中，尽量减少主观上的随意性、思维上的不定性以及认识上的模糊性等不利的主观因素影响，人工神经网络方法可有效地弥补解决上述问题。

例5 AHP法、专家调查法与人工神经网络方法相结合的综合定权

随着我国社会主义市场经济体制改革的不断深入，世界经济一体化的趋势越发强烈，在各个领域开展客观公正的评价工作成为社会发展的必然趋势。大到国家的综合国力评价、省市的经济实力评价，小到企业的综合业绩评价、竞争力评价、人力资源评价等工作，目前都已在不同程度上开展起来。

在开展各项评价工作时影响评价结果客观准确性的最重要的两个问题是：

- 评价分指标的选择；
- 评价分指标权系数的确定。

目前关于权系数的确定方法有数十种之多，根据计算权系数时原始数据的来源不同，这些方法大致可分为两大类：一类为主观赋权法，其原始数据主要由专家根据经验主观判断得到；另一类为客观赋权法，其原始数据由各指标在被评价单位中的实际数据形成。这两类方法各有优缺点：主观赋权法客观性较差，但解释性强；客观赋权法确定的权数在大多数情况下精度较高，但有时会与实际情况相反，而且解释性比较差，对所得结果难以给出明确的解释。

基于上述原因，人们提出了综合主、客观赋权法的第三类方法，即组合赋权法。这里以AHP法、专家调查法与误差逆传播神经网络技术（BP网）相结合的综合分析方法正是组合赋权法中的一种。

1. 主、客观赋权法的优缺点

(1) 主观赋权法的优缺点

目前对于主观赋权法的研究比较成熟。这些方法的共同特点是各评价指标的权重是由专家根据自己的经验和对实际的判断给出。选取的专家不同,得出的权系数也不同。这类方法的主要缺点是主观随意性大,这点并未因采取诸如增加专家数量、仔细选专家等措施而得到根本改善。因而,在个别情况下应用单一种主观赋权法得到的权重结果可能会与实际情况存在较大差异。

该类方法的优点是专家可以根据实际问题,较为合理地确定指标之间的排序,也就是说尽管主观赋权法不能准确地确定各指标的权系数,但在通常情况下,主观赋权法可以在一定程度上有效地确定各指标按重要程度给定的权系数的先后顺序。

(2) 客观赋权法的优缺点

客观赋权法的原始数据来源于评价矩阵的实际数据,使系数具有绝对的客观性。即由评价方案差异大小来决定权系数的大小。

这类方法的突出优点是权系数客观性强,但有时会与实际不符。在实际情况中,依据上述原理确定的权系数,最重要的指标不一定具有最大的权系数,最不重要的指标可能具有最大的权系数。

2. AHP 法、专家调查法与误差逆传播神经网络技术(BP 网)相结合的综合分析方法

(1) 原始数据的归一化

原始数据的归一化工作利用 S 型传递函数$\left(Y_{ij}=\frac{1-\mathrm{e}^{-M_{ij}}}{1+\mathrm{e}^{-M_{ij}}}\right)$来完成,此函数是非线性递增函数。当 $M_{ij}\to 0$ 时,Y_{ij} 的导数 $d_{ij}=f'(M_{ij})$逐渐变大,$Y_{ij}=f(M_{ij})\to 0$,函数曲线越来越陡;当 $M_{ij}\to\infty$时,Y_{ij} 的导数 $d_{ij}=f'(M_{ij})\to 0$,$Y_{ij}=f(M_{ij})\to\pm 1$,函数曲线越来越平缓。如此归一化处理,一方面可以防止某一指标过大时左右整个综合指标,另一方面当原始值小于平均值时,其效用函数为负,体现“奖优罚劣”。

(2) AHP 法与专家调查法的基本原理

由于 AHP 法与专家调查法的使用已有数年的历史,应用范围又较为广泛,其基本原理也早已为广大学者熟知,故不再累述。

为防止使用单一主观赋权法所得权重重要程度排序与实际情况不符,在综合赋权法中分别采用 AHP 法和专家调查法得出两套权重重要程度排序结果。比较两套结果是否一致,若一致则可利用得到的一致权重重要程度排序结果作为检验神经网络所得权重结果重要程度排序的标准;若不一致,则需重新调整上述两种方法直到一致为止。这样便可在很大程度上提高主观赋权法重要度排序的准确性。

(3) 误差逆传播神经网络技术的基本原理

神经网络由许多并行运算的功能简单的单元组成。这些单元类似于生物神经系统的

单元。神经网络是一个非线性动力学系统，其特色在于信息的分布式存储和并行协同处理。虽然单个神经元的结构极其简单，功能有限，但大量神经元构成的网络系统所能实现的行为却是极其丰富多彩的。

BP网络的产生归功于BP算法的获得。BP算法是最著名的多层神经网络的训练方法。BP算法的主要思想为：对于 q 个学习样本：$P_1, P_2, \cdots, P_q$，已知与其对应的输出样本为：$T_1, T_2, \cdots, T_q$，学习的目的是用网络的实际输出 $A_1, A_2, \cdots, A_q$ 与目标矢量 $T_1, T_2, \cdots, T_q$ 之间的误差来修改其权值。$A_i(i=1,2,\cdots,q)$ 与期望的 T_L 尽可能地接近，即使网络输出层的误差平方和达到最小。每一次权值和偏差的变化都与网络误差的变化成正比，并以反向传播的方式传递到每一层。

但是由于BP网络涉及复杂的多维输入和输出空间，因而其误差面可能有一些局部的最低点。在网络训练时，往往权重矢量被调节在局部的最低点，而不能达到实际的最小误差；同时神经网络是“黑箱推理”，全部知识都存在于网络内部，难以对最终的结果提供解释，因而结合上述两种方法，扬其所长，避其所短，形成一种综合分析方法。

(4) 综合分析方法运用步骤

① 分别运用AHP法、专家调查法和BP网络得出合理的权重。

② 判断上述两种方法得出的结果中各指标的权系数重要程度排序是否一致。

比较利用BP网络训练、检验后得出的结果与使用AHP法、专家调查法定性分析得出的重要等级排序是否一致。如果一致，则说明BP网络在训练过程中没有陷入误差面中的局部最小点，达到了真正的最小点，得出的结果可以信赖；如果不一致，则说明BP网络在训练过程中陷入误差面中的局部最小点，没有达到真正的最小点，这就需要采取重新选择初始权重、训练数据、增加隐层神经元数、改用动量算法等措施来重新训练、检验网络，得出新的权重值，直到与使用AHP法、专家调查法定性分析得出的重要等级排序一致为止。

③ 利用已得权重结果对各待评对象进行评价。

这种方法整合了各种方法的优点，尤其是兼顾了主观与客观赋权，所以，是一种值得推荐的定权方法。

例6 基于层次分析法和BP神经网络的高新技术企业综合评价方法及应用

在世界高科技飞速发展的今天，任何一个国家的高技术产业的规模及水平决定着其经济发展水平，甚至决定着国家的未来。高新技术企业是指从事高新技术及其高新技术产品的研究开发、生产和技术服务的企业，它是知识密集、技术密集的经济实体，具有高投入、高竞争、高风险，高收益等特点。随着我国高新技术产业的飞速发展，高新技术企业认定与管理工作正向着制度化、规范化和信息化方向发展。因此，积极开展高新技术企业定量化综合评价，及时、准确和科学地掌握高新技术企业的发展状态，为高新技术企业战略管理提供决策依据，以及为高新技术产业规划和产业政策制定提供科学数据支持具有重要的实际意义。

1. 用AHP建立高新技术企业综合评价指标体系

为了能够对高新技术企业发展的综合状态进行有效的评价，首先按照科学性、系统性、定量化和信息化的原则，运用AHP原理根据高新技术企业经济规模、科技实力、技术创新能力、企业发展水平、管理水平等主要因素以及它们之间的隶属关系，建立高新技术企业综合评价指标体系，并聘请有关高科技及其管理专家参加指标权重的确定。为适应各省市高新技术企业管理实际需要，选取了占90%以上的关键的定量化指标，建立了高新技术企业定量化评价指标体系结构模型(如图7-5所示)。

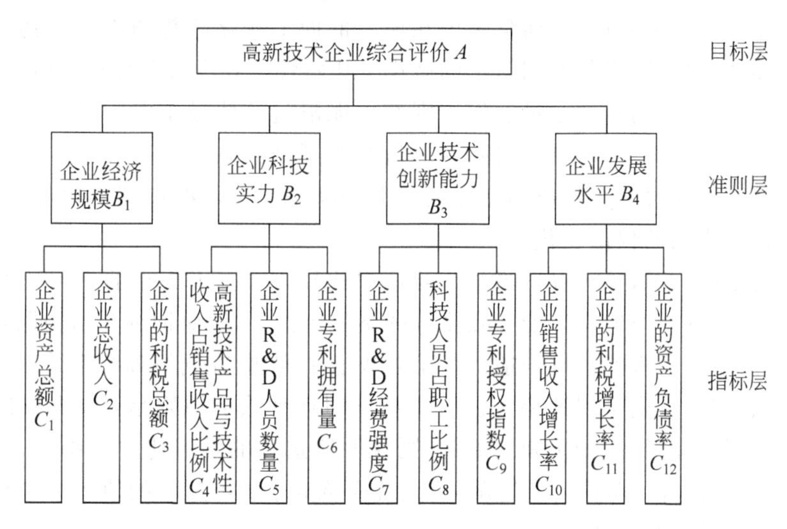

图7-5　高新技术产品定量化综合评价指标体系结构模型

2. 用人工神经网络对高新技术企业状况进行评价

应用人工神经网络理论对高新技术企业发展的综合状态进行定量的评价，是运用具有模拟专家思想、经验和记忆的智能化功能的神经网络系统，建立一种新的高新技术企业定量化综合评价方法。这不仅可以模拟专家知识和经验实现高新技术企业定量化评价，而且可以避免评价过程中的人为失误，并使系统具有良好的容错能力。

(1) 神经网络训练样本的确定

根据高新技术企业综合评价实际需要，结合高新技术企业统计数据和高新技术企业复查数据，从调查的高新技术企业中选择典型企业数据作为神经网络评价的训练样本，对多个典型企业的实际数据进行无量纲化和规范化处理，得出企业的12个评价指标的测量值。

(2) BP网络训练算法选择

BP网络即误差逆传播神经网络是能实现映射变换的前馈型网络中最常使用的一类

网络，它是一种典型的误差修正方法，它具有理论上能逼近任意非线性连续函数的能力，且结构简单，易于编程，在众多的领域得到了广泛的应用。BP 学习算法是利用最小二乘法，采用梯度搜索技术，以期使网络的实际输出值与期望输出值之间的误差均方值为最小。这种基于反向传播的前向式多层网络采用的算法是一种最速下降寻优算法，算法的收敛速度很慢，且容易陷入局部极小。为了提高训练速度，避免陷入局部最小和改善概括能力，这里采用了动量法和自适应学习速率相结合的方法。

根据高新技术企业评价的特点，用改进型 BP 神经网络模型进行神经网络的训练。为了防止网络陷入局部极小值，采用了附加动量法。附加动量法使网络在修正其权值时，不仅考虑误差在梯度上的作用，而且考虑在误差曲面上变化趋势的影响。其作用如同一个低通滤波器，它允许网络忽略网络上的微小变化特性。在没有附加动量时，网络可能陷入浅的局部极小值，利用附加动量的作用则有可能滑过这些极小值。附加动量法降低了网络对于误差曲面局部细节的敏感性，有效地抑制了网络陷于局部极小。该方法是在反向传播法的基础上在每一个权值的变化上加上一项正比于前次权值变化量的值，并根据反向传播法来产生新的权值变化。

对一个特定的问题，要选择适当的学习速率比较困难。因为小的学习速率导致较长的训练时间，而大的学习速率可能导致系统的不稳定。并且，对训练开始初期功效较好的学习速率，不见得对后来的训练合适。为了解决这个问题，在网络训练中采用自动调整学习速率的方法，即自适应学习速率法。自适应学习速率法的原则是：检查权值的修正值是否真正降低了误差函数，如果确实如此，则说明所选取的学习速率值小了，可以对其增加一个量；若不是这样，而产生了过调，那么就应该减小学习速率的值。下式给出了一种自适应学习速率的调整公式：

$$\eta(k+1)=\begin{cases}1.05\eta(k) & \mathrm{SSE}(k+1)<\mathrm{SSE}(k)\\ 0.7\eta(k) & \mathrm{SSE}(k+1)>1.04\mathrm{SSE}(k)\\ \eta(k) & \text{其他}\end{cases}$$

$$\mathrm{SSE}=\sum_{i=1}^{n}(y_i-y_i')^2\quad(i=1,2,\cdots,n)$$

式中：η 为学习速率；k 为训练次数；SSE 为误差函数；y_i 为学习样本的输出值；y_i' 为网络训练后 y_i 实际输出值；n 为学习样本的个数。

(3) BP 网络的调练

这里采用一个二层 BP 神经网络，在隐含层取 20 个神经元，采用对数 S 型激活函数；输出层取线性激活函数。网络具有 12 个输入节点和 1 个输出节点。如图 7-6 所示。

初始化：置网络权值(w_{jk}^1，w_i^2)和阈值(b_j^1，b^2)的初始值为(−1,1)之间的随机数。w_{jk}^1，b_j^1 为第一层网络连接权的权值和阈值；w_i^2，b^2 为第二层网络的权值和阈值。

BP 网络训练：利用基于规则的评价法，结合专家的经验和思想对典型企业(样本)进

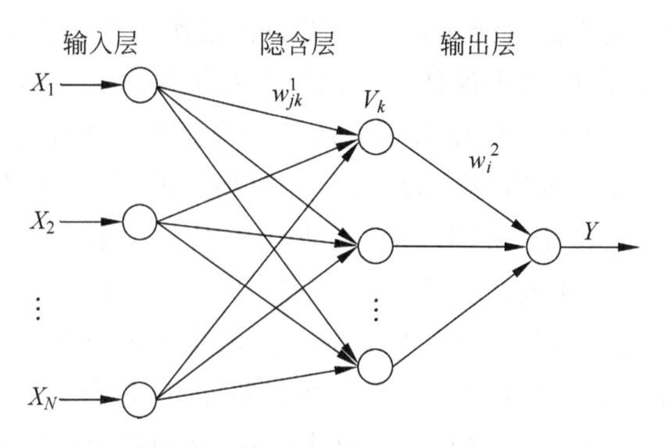

图 7-6 高新技术企业评价 BP 网络结构

行综合评价得出真实值。BP 网络训练使用改进的带有附加动量法和自适应学习速率相结合的快速算法。当训练达到最大的训练次数，或网络误差平方和降低到期望误差之下，网络停止训练，并获得最终权值和阈值（$w_{jk}^1, b_j^1, w_i^2, b^2$）。整个设计与训练是 MATLAB 环境下，用奔腾Ⅳ计算机进行的，训练样本集为 10 个样本，期望误差为 0.000 001；最大训练次数为 15 000；初始学习率为 0.000 01；递增乘因子为 1.05；递减乘因子为 0.7；误差速率为 1.04。当循环次数为 5 000 时，达到精度要求，BP 网络训练时间为 280 秒。

（4）BP 网络的应用

根据黑龙江省高新技术企业管理的实际需要，黑龙江省科技厅组织了有关高科技及其管理专家，对有关高新技术企业进行了综合评价。运用基于改进型 BP 人工神经网络的高新技术企业综合评价法，对有关的高新技术企业进行了综合评价。首先，对企业的评价指标数据进行规范化处理，得到了各评价指标的实际测量值，将各指标的测量值与训练好的 BP 网络的各连接权和阈值输入 BP 神经网络中，计算出高新技术企业综合评价值。该评价结果与按照规范法组织大批专家评价结果一致。

3. 结论

针对我国各省市高新技术企业综合评价问题，运用 AHP 法建立了高新技术企业定量化综合评价指标体系，运用改进型 BP 神经网络设计了高新技术企业定量化综合评价方法，采用典型的高新技术企业指标数据，对该评价网络系统进行了训练。通过采用综合评价网络系统对黑龙江省部分高新技术企业实际评价，效果良好。该方法为国家及各省市高新技术产业管理部门定期对高新技术企业进行综合评价提供了一种有效手段。

四、层次分析法与灰色综合评价法的集成

层次分析法是一种系统化、层次化分析问题的多目标决策方法。而灰关联分析方法（GRAP 法）一般多用于分析和处理纵向序列（如时间序列）。可建立多层次灰色相对关联度分析综合评估法，即将灰色综合评估法与层次分析法有机结合起来的一种直接多层

次评估方法。这样的评估方法既能对复杂系统的各层次子系统进行评估，又能在子系统评估的基础上进行综合评估，将为评估多层次复杂系统提供了一种新的思路和方法。

例 7 层次分析法—灰色关联度分析方法结合模型在企业兼并风险评价中的应用

企业兼并作为一种企业的市场行为，是配置市场资源、构建战略联盟、增值资本与经济效益、提升核心竞争力、产生“协同效应”的重要手段。20 世纪 90 年代以来，全球企业兼并进入了新高峰，成为企业投融资的主要方式。同时，企业兼并作为一种商业行为，通过市场进行交易，兼并风险客观存在。从企业兼并风险来源分析，影响企业兼并有效性的风险因素有很多，在企业兼并过程中，会有多种兼并方案，每种兼并方案对各种风险因素的考虑程度不尽相同。如何进行兼并风险模式识别，从而找出风险最小的企业兼并模式，不论是对于决策层还是管理层，都具有十分重要的意义。

这里将 AHP 法与 GRAP 法有机结合，建立风险评价模型，基本思想是：由 AHP 法构建层次结构关系图，依据判断矩阵定量计算出准则层和方案层中各风险因素的相对权重。然后，根据 GRAP 法给出由准则层中各风险因素重要度组成的待检模式向量和由方案层中各风险因素相对权重组成的兼并风险特征矩阵，通过关联度计算，求出企业兼并过程中造成兼并风险发生的各种兼并方案可能性大小的顺序。

1. 综合评价模型的建立

(1) 建立层次结构模型

在用层次分析法研究问题时，首先要根据问题的因果关系将相关因素分解成若干层次。通常分解为目标层(最高层)、准则层(中间层)和方案措施层(最低层)，当某个层次包括的因素较多时，可将该层次进一步划分为若干子层次。

(2) 构造判断矩阵

判断矩阵 $\mathbf{A}=(a_{ij})_{n\times n}$ 为正互反矩阵，它被用来描述 n 个因子 $X=\{x_1,x_2,\cdots,x_n\}$ 进行对比判断后对事件的影响大小关系。

(3) 层次单排序及一致性检验

根据线性代数有关理论：正互反矩阵 $\mathbf{A}$ 的特征值可作为衡量同一层次中每个因素对上一目标的影响中所占的比重，$\mathbf{A}$ 的最大特征值与权向量的“和法”计算公式为：

$$\lambda_{\max}=\frac{1}{n}\sum_{k=1}^{n}\frac{\sum_{j=1}^{n}a_{kj}\omega_j}{\omega_k} \quad \omega_k=\frac{\sum_{j=1}^{n}a_{kj}}{\sum_{i,j=1}^{n}a_{ij}} \quad k=1,2,\cdots,n$$

当 $\mathbf{A}$ 不一致时，$\lambda_{\max}>n$，$\mathbf{A}$ 的不一致必须控制在一定的允许范围内，Saaty 定义了随机性指标：

$$RI=\frac{\lambda_{\max}-n}{n-1}$$

用比值 $CR=CI/RI$ 来判断正互反矩阵的不一致性是否可以接受。当且仅当 $CR<0.1$ 时，认为的不一致可以接受。

(4) 灰色关联系数和灰色关联分析

灰色关联度是表征两个灰色系统之间相似性的一种指标。设有两个数列 $\{X_i(t), X_j(t)\}$，在 $t=k$ 时刻，则其间的灰色关联度定义为：

$$r_{ij}=\frac{1}{n}\sum_{k=1}^{n}\varepsilon_{ij}(k)$$

其中 $\varepsilon_{ij}(k)$ 为灰色关联系数，可用式计算：

$$\varepsilon_{ij}(k)=\frac{\Delta_{\min}+\rho\Delta_{\max}}{\Delta_{ij}(k)+\rho\Delta_{\max}}$$

$\Delta_{ij}(k)$ 表示 k 时刻两个数列的绝对差。即：

$$\Delta_{ij}(k)=|X_i(k)-X_j(k)|$$

$\Delta_{\max}$，$\Delta_{\min}$ 分别为各个时刻的绝对差中的最大值与最小值，一般 $\Delta_{\min}=0$，ρ 为分辨系数，$0<\rho<1$，一般取 $\rho=0.5$。

(5) 灰色系统的建模

设有 K 种风险模式，每种风险模式可以由几个风险特征参数构成一个特征向量。由这 K 个风险特征向量构成一个风险模式的特征矩阵：

$$\boldsymbol{X}_R=\begin{bmatrix}X_{R1}\\X_{R2}\\\vdots\\X_{RK}\end{bmatrix}=\begin{bmatrix}X_{R1}(1)&X_{R1}(2)&\cdots&X_{R1}(n)\\X_{R2}(1)&X_{R2}(2)&\cdots&X_{R2}(n)\\\vdots&\vdots&\vdots&\vdots\\X_{RK}(1)&X_{RK}(2)&\cdots&X_{RK}(n)\end{bmatrix}$$

若有 P 组待检数据，同理可构成待检数据特征矩阵：

$$\boldsymbol{X}_T=\begin{bmatrix}X_{T1}\\X_{T2}\\\vdots\\X_{TK}\end{bmatrix}=\begin{bmatrix}X_{T1}(1)&X_{T1}(2)&\cdots&X_{T1}(n)\\X_{T2}(1)&X_{T2}(2)&\cdots&X_{T2}(n)\\\vdots&\vdots&\vdots&\vdots\\X_{TK}(1)&X_{TK}(2)&\cdots&X_{TK}(n)\end{bmatrix}$$

每个特征向量都代表一种"风险模式"，风险识别可归结为对待检数据进行模式识别问题。在灰色识别中可利用关联度分析来进行风险模式识别，称之为灰色风险模式识别。其基本原理如图 7-7 所示。

设第 j 个待检模式向量为 $\{X_{Tj}\}$，通过 $\{X_{Tj}\}$ 与风险模式向量 $\{R_{Ri}\}$ $(i=1,2,\cdots,k)$ 之间的关联度的计算，可以得到关联度序列：$\{r_{Tjei}\}=\{r_{TjR1}, r_{TjR2}, \cdots, r_{TjRK}\}$。若把关联度序列从大到小依次排列：$r_{TjRr}>r_{TjRs}>\cdots$，则提供了待检模式 X_{Tj} 划归某种风险模式可能性大小的顺序，从而为风险识别决策提供了依据，对于其他待检模式也可进行相同的处理。

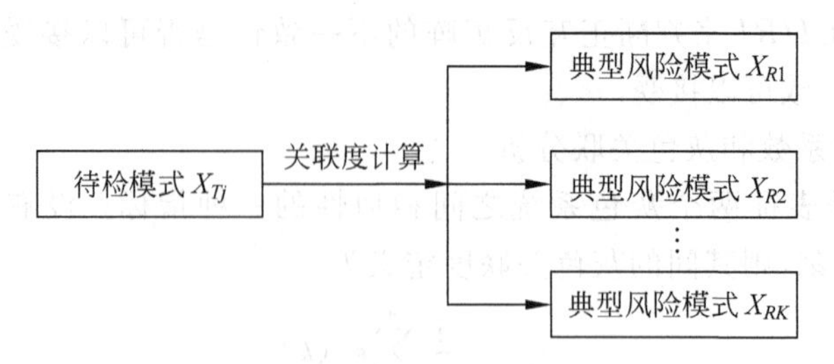

图 7-7 灰色风险模式识别基本原理图

2. 评价模型在企业兼并风险识别中的引进

在企业兼并过程中，影响兼并的风险因素很多。不同的兼并方案，风险因素会有不同的组合，即权重也会有所变化。设 T 为企业兼并风险事件，$K_i(i=1,2,\cdots,m)$ 为兼并方案，$X_j(j=1,2,\cdots,n)$ 为影响企业兼并有效性的风险因素，则导致企业兼并风险的结构函数可表示为：$\varphi(X)=\varphi(X_1,X_2,\cdots,X_n)$，$X_j$ 具体取值为风险因素的权重。在实际分析中，应用 AHP 法将并购系统内各因素按其属性分成相互联系的若干层次，构建层次结构图，通过定量计算相关因素从而确定出方案层中所有因素的相对权重。这样，由 m 个兼并方案就构成了一个典型风险的特征矩阵：

$$\boldsymbol{T}_K=\begin{bmatrix} T_{K1} \\ T_{K2} \\ \vdots \\ T_{Km} \end{bmatrix}=\begin{bmatrix} T_{K1}(1) & T_{K1}(2) & \cdots & T_{K1}(n) \\ T_{K2}(1) & T_{K2}(2) & \cdots & T_{K2}(n) \\ \vdots & \vdots & \vdots & \vdots \\ T_{Km}(1) & T_{Km}(2) & \cdots & T_{Km}(n) \end{bmatrix}$$

为了准确评价影响企业兼并有效性的各种兼并风险模式（亦即 m 个兼并方案），可以从风险因素 $X_j(j=1,2,\cdots,n)$ 的重要度入手加以分析。不同的风险因素，对于企业兼并有效性的影响程度是不相同的，亦即其重要度不尽相同。重要度有很多种方法予以定量化，这里的风险因素重要度定义为，由于该风险因素的发生对兼并整体风险影响大小的程度。在实际应用中，同样可根据层次结构图，采用 AHP 法具体量化准则层中各风险因素 $X_j(j=1,2,\cdots,n)$ 的权重，作为其重要度指标。这样，n 个风险因素按其权重值就组成了一组待检数据 $\{\boldsymbol{X}_{\Pi}\}$。

$$\boldsymbol{X}_{\Pi}=(X_{\Pi}(1),X_{\Pi}(2),\cdots,X_{\Pi}(n))=(e_1,e_2,\cdots,e_n)$$

通过 $\{\boldsymbol{X}_{\Pi}\}$ 与典型风险特征向量 $\{\boldsymbol{T}_{Ki}\}$ $(i=1,2,\cdots,m)$ 之间的灰色关联度计算可以得出关联度序列。把关联度从大到小依次排列，即可得出待检数据 $\{\boldsymbol{X}_{\Pi}\}$ 划归为某种典型风险模式可能性大小的顺序。这样，针对某一具体兼并行为，就分析得出了各种兼并方案风险可能性的大小排序。

3. 实例分析

设 A 集团公司计划兼并 B 企业，经过专家分析，兼并 B 企业风险主要涉及市场风险、信息风险、政策环境风险、产业风险、整合风险和资本风险六方面。同时，专家建议四种兼并方案，现应用 AHP-GRAP 模型进行兼并风险的实证分析。

(1) 建立层次结构模型

由题意知企业兼并风险层为评价的目标层，六个风险因素作为六项评价指标构成准则层，专家建议的四种兼并方案构成方案层，企业兼并风险层次结构图如图 7-8 所示。

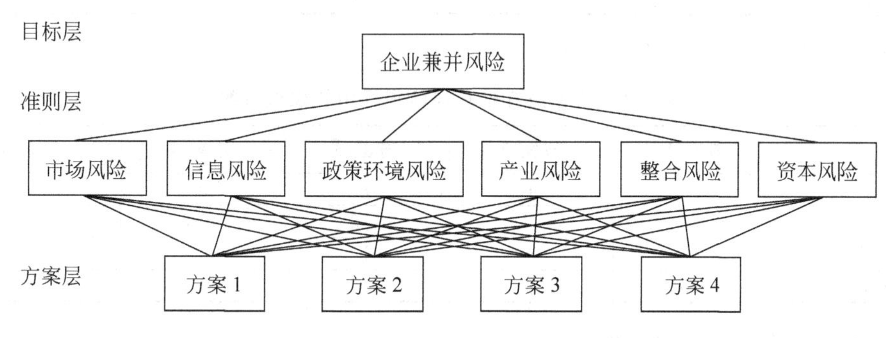

图 7-8　企业兼并风险层次结构图

(2) 确定准则层中影响因素对目标层的权重系数

由 A 集团公司决策管理层与相关兼并顾问共同组成兼并专家委员会，根据准则层中的六项风险因素对目标层中的企业兼并风险影响程度大小进行两两比较，确定评分值，构造判断矩阵。根据前面的公式，可以计算出各项风险因素对目标层的重要度权重以及一致性检验参数，具体见表 7-7 所示。

表 7-7　准则层风险影响因素判断矩阵及对目标层的权重系数

综合评价	a	b	c	d	e	f	排序值
市场风险 a	1	3	5	3	1	1	0.211
信息风险 b	1/3	1	9	1	1	1	0.201
政策环境风险 c	1/5	1/9	1	1/7	1/5	1/4	0.029
产业风险 d	1/3	1	7	1	1/4	1/3	0.149
整合风险 e	1	1	5	4	1	5	0.256
资本风险 f	1	1	4	3	1/5	1	0.154

表 7-7 表明企业兼并风险因素重要度值(风险从大到小)依次为：整合风险(0.256)、市场风险(0.211)、信息风险(0.201 1)、资本风险(0.154)、产业风险(0.149)、政策环境风险(0.029)。

(3) 确定方案层在六项风险因素指标中的权重系数

这一步骤的计算原理同上，主要是确定四种企业兼并方案在六项风险因素指标下的影响程度排序，具体判断矩阵及各方案的权重系数值详见表 7-8～表 7-13。

表 7-8　方案层在市场风险指标中的权重系数

a	方案 1	方案 2	方案 3	方案 4	排序值
方案 1	1	9	3	5	0.537
方案 2	1/9	1	1/5	1/3	0.049
方案 3	1/3	5	1	3	0.279
方案 4	1/5	3	1/3	1	0.135

注：$\lambda_{max}=4.114$；$CI=0.038$；$CR=0.0426<0.1$。

表 7-9　方案层在信息风险指标中的权重系数

a	方案 1	方案 2	方案 3	方案 4	排序值
方案 1	1	4	7	3	0.476
方案 2	1/4	1	1/3	1/5	0.057
方案 3	1/7	3	1	4	0.258
方案 4	1/3	5	1/4	1	0.209

注：$\lambda_{max}=4.206$；$CI=0.0687$；$CR=0.077<0.1$。

表 7-10　方案层在政策环境风险指标中的权重系数

a	方案 1	方案 2	方案 3	方案 4	排序值
方案 1	1	1/5	1/3	1/4	0.064
方案 2	5	1	2	5	0.467
方案 3	3	1/2	1	1/3	0.175
方案 4	4	1/5	3	1	0.294

注：$\lambda_{max}=4.217$；$CI=0.0723$；$CR=0.0813<0.1$。

表 7-11　方案层在产业风险指标中的权重系数

a	方案 1	方案 2	方案 3	方案 4	排序值
方案 1	1	3	6	1/4	0.356
方案 2	1/3	1	1/2	5	0.237
方案 3	1/6	2	1	3	0.214
方案 4	4	1/5	1/3	1	0.193

注：$\lambda_{max}=4.168$；$CI=0.056$；$CR=0.063<0.1$。

表 7-12　方案层在整合风险指标中的权重系数

a	方案 1	方案 2	方案 3	方案 4	排序值
方案 1	1	7	3	5	0.479
方案 2	1/7	1	1/5	1/3	0.05
方案 3	1/3	5	1	5	0.339
方案 4	1/5	3	1/5	1	0.132

注：$\lambda_{max}=4.086$；$CI=0.0287$；$CR=0.032<0.1$。

表 7-13　方案层在资本风险指标中的权重系数

a	方案 1	方案 2	方案 3	方案 4	排序值
方案 1	1	1/7	1/3	1/4	0.05
方案 2	7	1	3	1/7	0.324
方案 3	3	1/3	1	5	0.271
方案 4	4	7	1/5	1	0.355

注：$\lambda_{\max}=4.009$；$CI=0.003$；$CR=0.0033<0.1$。

(4) 给出典型风险特征矩阵和待检模式向量

影响企业兼并有效性的风险因素为 6 个，即 $n=6$；兼并方案为 4 个，即 $m=4$。求出典型风险特征矩阵：

$$\boldsymbol{T}_K=\begin{bmatrix}T_{K1}\\T_{K2}\\T_{K3}\\T_{K4}\end{bmatrix}=\begin{bmatrix}0.537 & 0.476 & 0.064 & 0.356 & 0.479 & 0.05\\0.049 & 0.057 & 0.467 & 0.237 & 0.05 & 0.324\\0.279 & 0.258 & 0.175 & 0.214 & 0.339 & 0.271\\0.135 & 0.209 & 0.294 & 0.193 & 0.132 & 0.355\end{bmatrix}$$

同理，可以得出由风险因素重要度值构成的待检模式向量

$$\boldsymbol{X}_{\Pi}=\{e_1,e_2,e_3,e_4,e_5,e_6\}=\{0.211,0.201,0.029,0.149,0.256,0.154\}$$

(5) 计算关联度

以 $\boldsymbol{X}_{\Pi}=\{0.211,0.201,0.029,0.149,0.256,0.154\}$ 为母因素，$T_{Ki}(i=1,2,3,4)$ 为子因素。

① 对 $\{\boldsymbol{X}_{\Pi}\}$ 作初始化处理

$$\boldsymbol{X}_{\Pi}=\left(\frac{0.211}{0.211},\frac{0.201}{0.211},\frac{0.029}{0.211},\frac{0.149}{0.211},\frac{0.256}{0.211},\frac{0.154}{0.211}\right)$$
$$=(1,0.953,0.137,0.706,1.213,0.73)$$
$$T_{K1}=(0.537,0.467,0.064,0.356,0.479,0.05)$$
$$T_{K2}=(0.049,0.057,0.467,0.237,0.05\ ,0.324)$$
$$T_{K3}=(0.279,0.258,0.175,0.214,0.339,0.271)$$
$$T_{Ke}=(0.135,0.209,0.294,0.193,0.132,0.355)$$

② 求差序列

$$\Delta_{\Pi Ki}(K)=|X_{\Pi}(K)-T_{Ki}(K)|\quad i=1,2,3,4;\quad K=1,2,3,4,5,6$$
$$\Delta_{\Pi K1}=(0.463,0.477,0.073,0.35,0.734,0.68)$$
$$\Delta_{\Pi K2}=(0.051,0.896,0.33,0.469,1.163,0.406)$$
$$\Delta_{\Pi K3}=(0.721,0.695,0.038,0.492,0.874,0.459)$$
$$\Delta_{\Pi K4}=(0.865,0.744,0.157,0.513,1.081,0.375)$$

③ 求两级最大差和最小值

$$\max_k \mid K_{\Pi}(k) - T_{k1}(k) \mid = 0.734$$

$$\max_k \mid K_{\Pi}(k) - T_{k2}(k) \mid = 1.163$$

$$\max_k \mid K_{\Pi}(k) - T_{k3}(k) \mid = 0.874$$

$$\max_k \mid K_{\Pi}(k) - T_{k4}(k) \mid = 1.081$$

所以 $\Delta_{\max} = \max\ \max |K_{\Pi}(k) - T_{ki}(k)| = 1.163 \quad \Delta_{\min} = 0$

④ 计算关联系数

取 $\rho = 0.5$，求得表 7-14。

表 7-14 关 联 系 数

i \ $\varepsilon_{\Pi ki}(k)$	$k=1$	$k=2$	$k=3$	$k=4$	$k=5$	$k=6$
$i=1$	0.557	0.549	0.888	0.624	0.442	0.460
$i=2$	0.919	0.394	0.638	0.554	0.333	0.589
$i=3$	0.446	0.456	0.938	0.542	0.560	0.600
$i=4$	0.402	0.440	0.790	0.531	0.350	0.608

⑤ 计算关联度

由式 $r_{\Pi ki} = \dfrac{1}{n} \sum_{k=1}^{n} \varepsilon_{\Pi ki}(k)$ 可得表 7-15。

表 7-15 关 联 度

$r_{\Pi k1}$	$r_{\Pi k2}$	$r_{\Pi k3}$	$r_{\Pi k4}$
0.587	0.551	0.563	0.52

因为 0.587>0.563>0.551>0.52，则 T_{ki} 对 X_{Π} 的关联度为：$r_{\Pi k1} > r_{\Pi k2} > r_{\Pi k3} > r_{\Pi k4}$。

可以得出结论：在 A 集团并购 B 企业的四种并购方案中，并购风险可能性大小依次为（从大到小排列）：方案 1、方案 3、方案 2、方案 4，亦即方案 4 为并购风险最小方案。

4. 结论

企业兼并是一个非常复杂的系统工程，企业兼并风险与诸多因素相关，为使企业兼并行为更为科学和有效，这里构建了 AHP-GRAP 评价模型，引入到企业兼并风险模式识别中，依据企业兼并风险因素的重要度来量化各种兼并方案风险的可能性大小情况，从而选择出了最佳的兼并方案。

例 8 灰色多层次综合评判模型及其在经济效益中的应用

经济效益是由若干指标构成的指标体系。每个指标只是从某个方面反映着经济效益，这样在评价企业经济效益优劣时就存在如下问题了。例如，要比较两个企业的经济效益优劣，一个企业可能甲指标高、乙指标低，而另一个企业甲指标低、乙指标高，那么两个企业的经济效益谁优谁劣呢？简单的指标对比就很难回答了。事实上，从不同方面反映经济效益的指标有十几个甚至更多，简单的指标对此就会失之偏颇，甚至是错误的，因此必须通过综合评价模型把影响经济效益的各种因素包括在内，得到一个综合性指标从整体上反映它。目前，评价经济效益的方法很多，采用什么方法衡量经济效益的优劣最理想，莫衷一是。在这里，建立经济效益的递阶层次评价指标体系，应用灰色多层次评判模型对其进行综合分析。

1. 灰色多层次综合评价模型

灰色系统理论中的关联度分析法是分析系统中多因素关联程度的一种新的因素分析方法。灰色多层次综合评判模型就是把关联度分析方法用于分析具有层次结构的系统而建立的数学模型。

(1) 灰色单层次评判模型

假设系统是由 m 个指标(因素)构成的单层次系统。若系统有 n 个方案，则第 i 个方案的 m 个指标构成数列 $X_{ik}=[X_{i1},X_{i2},\cdots,X_{im}]$，$(i=1,2,\cdots,n;\ k=1,2,\cdots,m)$，$n$ 个方案的原始指标构成如下矩阵：

$$\boldsymbol{X}=\begin{bmatrix} X_{11} & X_{12} & \cdots & X_{1m} \\ X_{21} & X_{22} & \cdots & X_{2m} \\ \vdots & \vdots & \vdots & \vdots \\ X_{n1} & X_{n2} & \cdots & X_{nm} \end{bmatrix}$$

用灰色单层次综合评判模型进行 n 个方案优劣的比较，其具体方法如下。

① 确定最优指标集(X_{0k})

设
$$X_{0k}=[X_{01},X_{02},\cdots,X_{0m}]$$

式中：$X_{0k}(k=1,2,\cdots,m)$为第 k 个指标在诸方案中的最优值。在指标中，如某一指标取大值为好，则取该指标在各方案中的最大值，如取小值为好，则取各方案中的最小值。

最优指标集($X_{\sigma k}$)的意义是通过在各方案中选取最优指标，构成最优理想方案，以此作为基准，采用灰色关联度作为测度去评判各方案与理想最优方案的关联程度，从而得到各方案的优劣次序。

② 指标值的规范化处理

由于指标相互之间通常具有不同的量纲和数量级，不能直接进行比较，因此需要对原始指标值进行规范化处理。用下式进行规范化处理：

$$\lambda_{ik}=\frac{X_{ik}-X_i^{\min}}{X_i^{\max}-X_i^{\min}}$$

式中：λ_{ik} 表示第 i 个方案的第 k 个指标 X_{ik} 的规范化数值；$X_i^{\min}$ 表示第 k 个指标在所

有方案中的最小值；X_i^{max} 表示第 k 个指标在所有方案的最大值。

进行规范化处理后得到如下矩阵：

$$\boldsymbol{\lambda}=\begin{bmatrix}\lambda_{01} & \lambda_{02} & \cdots & \lambda_{0m}\\ \lambda_{11} & \lambda_{12} & \cdots & \lambda_{1m}\\ \vdots & \vdots & \ddots & \vdots\\ \lambda_{n1} & \lambda_{n2} & \cdots & \lambda_{nm}\end{bmatrix}$$

③ 计算关联度系数

将经规范化处理后的最优指标集$\{\lambda_{0k}\}=[\lambda_{01},\lambda_{02},\cdots,\lambda_{0m}]$作为参考数列，经规范化处理后备用方案的指标值$\{\lambda_{ik}\}=[\lambda_{i1},\lambda_{i2},\cdots,\lambda_{im}]$作为被比较数列，则可用下述关联度系数公式分别求得第 i 个方案第 k 个指标与第 k 个最优指标的关联系数$\xi_i(k)$，$(i=1,2,\cdots,n;k=1,2,\cdots,m)$。

$$\xi_i(k)=\frac{\min\limits_{i}\min\limits_{k}|\lambda_{0k}-\lambda_{ik}|+\rho\max\limits_{i}\max\limits_{k}|\lambda_{0k}-\lambda_{ik}|}{|\lambda_{0k}-\lambda_{ik}|+\rho\max\limits_{i}\max\limits_{k}|\lambda_{0k}-\lambda_{ik}|}$$

式中分辨率$\rho\in[0,1]$，ρ一般取 0.5。

进一步求得如下关联系数矩阵 $\boldsymbol{E}$：

$$\boldsymbol{E}=\begin{bmatrix}\xi_1(1) & \xi_2(1) & \cdots & \xi_n(1)\\ \xi_1(2) & \xi_2(2) & \cdots & \xi_n(2)\\ \vdots & \vdots & \vdots & \vdots\\ \xi_1(m) & \xi_2(m) & \cdots & \xi_n(m)\end{bmatrix}$$

式中：$\xi_i(k)$，$(i=1,2,\cdots,n;\ k=1,2,\cdots,m)$为第 i 种方案第 k 种指标与第 k 个最优指标的关联系数。

④ 建立灰色单层次评判模型

数学模型：$\boldsymbol{R}=\boldsymbol{P}\cdot\boldsymbol{E}$

式中：$\boldsymbol{R}=[r_1,r_2,\cdots,r_n]$为 n 个方案的综合评判结果矩阵。其中，$r_i(i=1,2,\cdots,n)$表示第 i 个方案的综合评判结果。$\boldsymbol{P}=[P_1,P_2,\cdots,P_m]$为 m 个评判指标的权重分配矩阵，应满足$\sum\limits_{k=1}^{m}P_k=1$，权重分配矩阵可用专家法确定。

第 i 个方案的综合评判结果即关联度 r_i 可由下式求得：

$$r_i=(P_{i1},P_{i2},\cdots,P_{im})\cdot\begin{bmatrix}\xi_i(1)\\ \xi_i(2)\\ \vdots\\ \xi_i(m)\end{bmatrix}$$

该式也可用 $r_i=\sum\limits_{k=1}^{m}P_k\xi_i(k)$ 表示。

若关联度 r_i 最大，则说明$\{\lambda_{ik}\}$与最优指标集$\{\lambda_{0k}\}$最接近，说明第 i 个方案优于其他方案，据此可排出各方案的优劣次序。

（2）灰色多层次综合评判模型

当系统中的指标（因素）构成不同层次时，需建立多层次评判模型。多层次评判模型以单层次评判模型为基础。其基本思路是：首先对最基础层的指标（因素）进行层次综合评估，然后把这一层次的评判结果 $\boldsymbol{R}_k(\boldsymbol{R}_k=\boldsymbol{P}_k\cdot\boldsymbol{E}_k)$ 作为下一层次的原始指标，再重复进行下一层次单层评判，以此类推至最高层。

2. 应用灰色多层次评估模型分析企业经济效益

这里以某国营企业（中型企业）1980—1989 年的投入与产出的原始资料，运用前述的灰色多层次评判模型评价该企业的经济效益，确定各年经济效益的优劣。通过该例的分析说明灰色多层次评判模型在多层次指标系统中应用的方法和步骤，使其具有普遍的意义。

应用灰色多层次评判模型进行系统因素分析时，首先需要建立递阶层次结构图。所谓递阶层次结构就是把复杂事物分解为称之为元素的各个组成部分，并按不同属性分成若干组以形成不同层次。同一层次的元素作为准则对下一层次的某些元素起支配作用，同时它自己又受上一层次元素的支配。层次的数目与问题的复杂程度和所需要分析的详尽程度有关。

这里采用劳动消耗、资金占用、符合社会需要这三大因素来综合分析该企业的经济效益，该企业综合经济效益指标体系的递阶层次结构如图 7-9 所示。

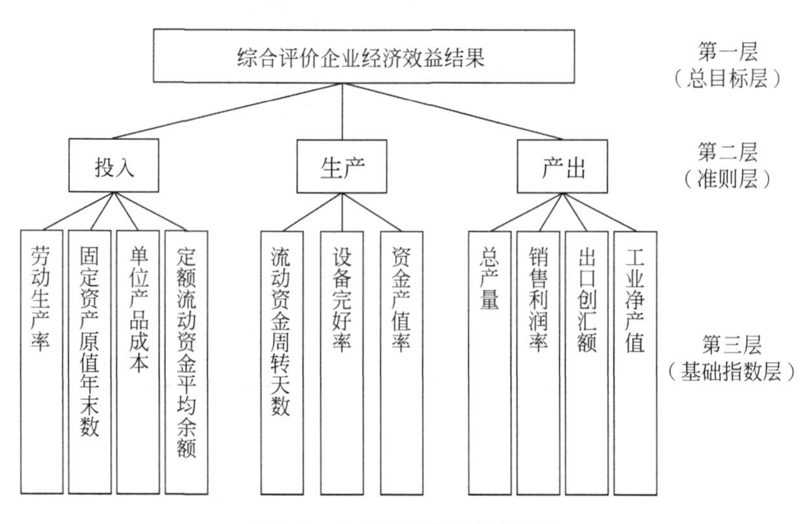

图 7-9 企业经济效益指标体系

接下来我们给出该企业 1980—1989 年递阶层次结构中的基础层各指标的实际数值，并应用灰色多层次综合评判模型进行分析计算。

（1）原始数据

该企业原始数据如表 7-16 所示。

表 7-16　某企业的经济指标原始数据

年份（x_i）	劳动生产率 X_{i1}/万元/人	固定资产原值年末数 X_{i2}/亿元	单位产品成本 X_{i3}/万元/吨	定额流动资金平均余额 X_{i4}/千万元	流动资金周转天数 X_{i5}/天/年
1980（X_1）	0.735	2.029 4	5.900	5.479	749
1981（X_2）	0.763	2.075 8	5.438	4.924	578
1982（X_3）	0.869	2.091 7	8.156	4.587	493
1983（X_4）	0.934	2.121 1	4.720	4.780	418
1984（X_5）	1.333	2.159 8	5.952	4.944	398
1985（X_6）	1.739	2.166 9	5.084	6.679	349
1986（X_7）	1.652	2.239 4	4.225	7.176	344
1987（X_8）	2.347	2.537 5	4.115	7.475	241
1988（X_9）	3.101	2.775 4	4.139	7.240	190
1989（X_{10}）	4.604	2.810 8	5.881	8.305	182

年份（X_i）	设备损失率 X_{i6}/%	产值资金率 X_{i7}/%	销售利税率 X_{i8}/%	总产量 X_{i9}/吨	工业净产值 X_{i10}/万元	出口创汇额 X_{i11}/万元
1980（X_1）	16.5	163.9	17.7	398.27	1 295.0	2 459.13
1981（X_2）	10.7	142.8	11.8	492.68	1 132.0	752.07
1982（X_3）	13.6	116.2	16.3	356.11	1 463.0	145.49
1983（X_4）	6.1	113.6	19.7	642.36	1 598.0	9.93
1984（X_5）	6.2	82.9	22.6	746.42	1 909.6	159.40
1985（X_6）	7.0	83.9	27.7	1 181.39	2 654.2	257.79
1986（X_7）	5.5	93.8	19.9	1 380.46	2 324.0	342.45
1987（X_8）	6.3	67.2	20.2	1 932.00	4 052.0	335.83
1988（X_9）	5.3	48.1	23.1	2 345.00	6 593.2	455.50
1989（X_{10}）	7.3	36.3	25.2	2 558.00	9 997.2	658.70

（2）确定最优指标集

$$X_{0i}=[4.604,2.029\,4,4.115,4.587,182,3\%,36.6\%,27.7\%,2\,558.00,9\,997.2,2\,459.13]$$

（3）指标值的规范化处理

对原始指标和最优指标集进行规范化处理得表 7-17。

表 7-17　规范化处理后的指标数据

年份 X_i	λ_{i1}	λ_{i2}	λ_{i3}	λ_{i4}	λ_{i5}	λ_{i6}	λ_{i7}	λ_{i8}	λ_{i9}	λ_{i10}	λ_{i11}
X_1	0	0	0.441 7	0.239 9	1	1	1	0.371 1	0.019 1	0.018 4	1
X_2	0.007 2	0.059 4	0.327 4	0.090 6	0.698 4	0.961 1	0.834 6	0	0.033 4	0	0.303 0
X_3	0.034 6	0.079 7	1	0	0.548 5	0.741 1	0.626 2	0.283 0	0	0.037 3	0.055 3
X_4	0.051 4	0.117 4	0.149 7	0.051 9	0.416 2	0.071 4	0.605 8	0.496 9	0.130 0	0.052 6	0
X_5	0.154 6	0.166 9	0.454 6	0.109 5	0.381 0	0.080 4	0.365 2	0.679 2	0.177 3	0.087 3	0.061 0
X_6	0.259 5	0.176 0	0.239 8	0.562 7	0.294 5	0.151 8	0.373 0	1	0.374 8	0.171 7	0.101 2
X_7	0.237 0	0.268 7	0.027 2	0.696 3	0.285 7	0.017 9	0.450 6	0.509 4	0.465 2	0.134 5	0.135 8
X_8	0.416 6	0.650 2	0	0.776 8	0.104 1	0.089 3	0.242 2	0.528 3	0.715 7	0.329 4	0.133 1
X_9	0.611 5	0.954 7	0.005 9	0.713 6	0.014 1	0	0.092 5	0.710 7	0.903 3	0.616 0	0.181 9
X_{10}	1	1	0.437 0	1	0	0.448 8	0	0.842 8	1	1	0.264 9
X_0	1	0	0	0	0	0	0	1	1	1	1

(4) 确定关联系数矩阵 $\boldsymbol{E}$

计算表 7-17 各指标和最优指标的关联系数，得表 7-18。

表 7-18　关 联 系 数

年份 X_i	$\xi_i(1)$	$\xi_i(2)$	$\xi_i(3)$	$\xi_i(4)$	$\xi_i(5)$	$\xi_i(6)$	$\xi_i(7)$	$\xi_i(8)$	$\xi_i(9)$	$\xi_i(10)$	$\xi_i(11)$
X_1	0.333 3	1	0.530 9	0.675 8	0.333 3	0.333 3	0.333 3	0.574 0	0.963 2	0.964 5	0.333 3
X_2	0.334 9	0.893 8	0.604 3	0.846 6	0.417 2	0.342 2	0.374 6	1	0.937 4	1	0.622 7
X_3	0.341 2	0.862 5	0.333 3	1	0.476 9	0.402 9	0.444 0	0.638 6	1	0.930 6	0.900 4
X_4	0.345 2	0.809 8	0.769 6	0.905 9	0.545 7	0.875 0	0.452 2	0.501 6	0.793 7	0.904 8	1
X_5	0.371 6	0.749 7	0.523 8	0.820 3	0.567 5	0.861 5	0.577 9	0.424 0	0.738 2	0.851 4	0.891 3
X_6	0.403 1	0.739 6	0.675 9	0.470 5	0.629 7	0.767 1	0.572 7	0.333 3	0.571 6	0.744 4	0.831 7
X_7	0.395 9	0.650 4	0.948 4	0.418 0	0.636 4	0.965 4	0.526 0	0.893 3	0.518 0	0.788 0	0.786 4
X_8	0.461 5	0.434 7	1	0.391 6	0.827 7	0.848 5	0.673 7	0.486 2	0.411 3	0.602 8	0.789 8
X_9	0.562 7	0.343 7	0.988 3	0.412 0	0.972 6	1	0.843 9	0.413 0	0.356 3	0.448 0	0.733 2
X_{10}	1	0.333 3	0.533 6	0.333 3	1	0.527 0	1	0.372 4	0.333 3	0.333 3	0.653 7

(5) 企业经济效益评判指标重要性权值的确定

指标体系具有多层次性，而且每个指标对经济效益的影响程度也不同。往往以不同的权重系数表示它们各自作用的大小。这里采用专家调查法确定的权重系数如表 7-19 所示。

表 7-19　各指标的权重

指　标	权　重	指　标	权　重
投入类指标	0.3	流动资金周转天数	0.4
生产类指标	0.2	设备损失率	0.3
产出类指标	0.5	产值资金率	0.3

续表

指　标	权　重	指　标	权　重
劳动生产率	0.4	销售利税率	0.3
固定资产原值	0.1	总产量	0.3
单位产品成本	0.3	工业净产值	0.3
定额流动资金平均余额	0.2	出口创汇额	0.1

(6) 对基础层指标进行单层次综合评判

对基础层指标按投入类、生产类、产出类指标分别进行单层次综合评判。对投入类指标的四个分指标进行单层次综合评判，评判结果视为投入类指标的原始数值，这个原始数值就成为影响企业经济效益的一个分量 $\boldsymbol{R}_1$。以同样方法分别确定生产类指标和产出类指标的单层次综合评判结果 $\boldsymbol{R}_2$ 和 $\boldsymbol{R}_3$。再以 $\boldsymbol{R}_1$、$\boldsymbol{R}_2$、$\boldsymbol{R}_3$ 作为综合经济效益的三个分量进行最后层次的单层评判，该评判结果即是各方案的综合经济效益指数。

以投入类指数的单层次综合评判为例。

确定投入类指标综合评判的结果计算如下：

$$\boldsymbol{P}_1 = [0.4, 0.1, 0.3, 0.2]$$

E_1 是关联系数矩阵表中 $\xi_i(1)$，$\xi_i(2)$，$\xi_i(3)$，$\xi_i(4)$的四列关联系数。

$$\boldsymbol{R}_1 = \boldsymbol{P}_1 \times \boldsymbol{E}_1$$

$$= [0.5278, 0.5740, 0.5227, 0.6310, 0.5448, 0.5321, 0.5915, 0.6063, 0.6383, 0.660]$$

同理，生产类指标和产出类指标的综合评判结果可以用同样方法确定如下：

$$\boldsymbol{R}_2 = [0.3333, 0.3819, 0.4448, 0.6164, 0.6588, 0.6538, 0.7020, 0.7877, 0.9422, 0.8581]$$

$$\boldsymbol{R}_3 = [0.4355, 0.3440, 0.3599, 0.3690, 0.4371, 0.5820, 0.4437, 0.5103, 0.6490, 0.8687]$$

(7) 确定各年(各方案)的关联度数值

根据 $\boldsymbol{R}=\boldsymbol{P}\times\boldsymbol{E}$，把 $\boldsymbol{R}_1$、$\boldsymbol{R}_2$、$\boldsymbol{R}_3$ 作为指标体系准则层的原始指标，对最后一层即综合经济效益层计算关联度数值，该数据的确定就是各方案的综合经济效益指标。据此可判明各年经济效益的优劣。计算过程如下：

1980 年的关联度数值为：

$$\boldsymbol{R}_I = (0.3, 0.2, 0.5)\begin{bmatrix} 0.5278 \\ 0.3333 \\ 0.4355 \end{bmatrix} = 0.4428$$

同理，其他方案的关联度数值可以以同样方法确定，各方案的关联度如下：

$$\boldsymbol{R} = [0.4428, 0.4206, 0.4257, 0.4971, 0.5138, 0.5814, 0.5397, 0.5946, 0.7044, 0.8040]$$

3. 结果分析

从关联度数值可以看出，经济效益最好的年份是 1988 年和 1989 年，尤其是 1989 年达到了最高点。还可以从关联度数值的发展变化中看到，该企业经济效益的提高可分为三个明显的阶段，1980—1982 年为第一阶段，第二阶段为 1983—1986 年，第二阶段较第一阶段明显的上了台阶，第三阶段为 1987—1989 年，这一阶段较第二阶段又明显的上了台阶。联系该企业发展的实际以及我国改革的实际情况来看，上述结果是可信而可靠的，具有实用价值。这是因为，1979—1982 年，是我国十年改革的前期阶段，企业的潜力还没有真正发挥出来，还属于计划经济的管理体制，经济效益还较低。从 1983 年开始，我国开始实行承包租赁制，简政放权，企业自主权得到了扩大，该企业从 1983 年开始也实行了厂长负责制和承包制，使经济效益得到了明显的提高。从 1987 年开始，我国经济进入了经济高速增长时期，在这种背景下，该企业适应社会和市场的需要，进一步挖掘企业潜力，使该企业的经济效益从 1987 年开始有了较大的提高，三年中每年上了一个新台阶。

从以上的分析可以看到，利用灰色多层次评判模型综合分析企业的经济效益，其结果是十分可信的，这充分论证了该模型的实用价值。相信随着这一模型的进一步完善，可以广泛推广用于评价企业经济效益，为管理部门及企业决策部门了解企业经济效益的整体水平及制定相应的政策措施提供有力的支持和依据。

五、模糊综合评判与数据包络分析方法的集成

在 DEA 的应用过程中，最关键的步骤就是输入/输出指标体系的确定和各决策单元在相应指标体系下的输入输出数据的搜集与获得。目前已有的 DEA 模型由于所涉及的指标体系是确定的，所涉及的投入产出数据是确定已知的，所以目前的模型都是确定型的。然而许多领域的评价和决策问题都存在着大量的不确定性，对于这些领域中的决策问题，确定型的 DEA 模型就存在着缺陷和不足。因此，有必要研究和建立能够处理含有不确定性因素的评价与决策问题的 DEA 模型。

例 9 基于 DEA 模型的模糊综合评判方法及其在人才评价中的应用

模糊综合评判方法在许多领域里得到应用，但在具体应用过程中，模糊综合评判方法仅能告诉各决策方案的好坏程度，却无法找出较差方案无效的原因。特别是在模糊综合评判过程中，各因素的权重分配主要靠人的主观判断，而当因素较多时，权数往往难以恰当分配。我们将模糊集合论与数据包络分析方法相结合，提出了一种基于 DEA 模型的模糊综合评价方法，并结合其在人才评价中的应用进行了讨论。

1. 两种评价方法集成思想的提出

对于一个复杂的系统而言，由于牵涉的因素多，而且这些因素的关系也很难用经典数学语言来描述，所以往往只能用软评价方法进行评价。软评价方法就是以评委作为信息的来源，由评委对评价对象的各种因素依据评价标准做出评价。

模糊综合评判方法是典型的软评价方法之一。应用它，必须事先确定权重。而当因

素较多时，给出权重的大小往往是一件困难的事。另外，模糊综合评判方法仅从被评价单元自身的角度进行评价，而事实上各评价单元是相关的。如果充分依据同类单元间的这种联系，不仅可以发现被评价单元在同类单元中的相对有效性，而且还能根据同类单元提供的信息发现被评价单元的弱点，提出较差单元进一步改进的策略和办法。DEA 方法则可以弥补上述不足。DEA 评价单元是不是有效是相对于其他所有决策单元而言的。特别是，它把决策单元中各“输入”和“输出”的权重作为变量，通过对决策单元的实际原始数据进行计算而确定，排除了人为因素，具有很强的客观性。也就是说，该方法中各个评价对象的相对有效性是在对大量实际原始数据进行定量分析的基础上得来的，从而避免了人为主观确定权重的缺点。

基于以上分析，有必要也有可能将模糊综合评判方法和 DEA 方法进行集成。在模糊综合评判过程基础上，引入 DEA 理论，通过巧妙构造 DEA 的“输入”和“输出”指标，建立新的系统综合评价模型方法。

2. 模糊综合评判新模型方法的机理

如果一个评价对象相对于各因素的评价具有一定的模糊性，那么就需要运用模糊集合论来研究。

设 $W=\{w_1,w_2,w_3,\cdots,w_k\}$ 为评价对象集，k 为评价对象个数；

$U=\{u_1,u_2,u_3,\cdots,u_m\}$ 为评价因素集，m 为评价因素个数；

$V=\{v_1,v_2,v_3,\cdots,v_n\}$ 为评价等级集，n 为评价等级个数。

(1) 对每一个评价对象，有模糊关系矩阵 $\boldsymbol{R}$，称为某一评价对象的评价矩阵。

$$\boldsymbol{R}=\begin{bmatrix}R_1\\R_2\\\vdots\\R_m\end{bmatrix}=\begin{bmatrix}r_{11}&r_{12}&\cdots&r_{1n}\\r_{21}&r_{22}&\cdots&r_{2n}\\\vdots&\vdots&\vdots&\vdots\\r_{m1}&r_{m2}&\cdots&r_{mn}\end{bmatrix}$$

式中：r_{ij} 为 U 中因素 u_i 对应 V 中等级 v_j 的隶属关系，即从因素 u_i 着眼被评价对象能被评为 v_j 等级的隶属程度，可以通过二相模糊统计法来确定，具体来说就是评委在某个等级上画钩的人数占总评委人数的比值。

(2) 对某个评价因素来说，则有一模糊关系矩阵 $\boldsymbol{Q}$，称为某一评价因素的评价矩阵。

$$\boldsymbol{Q}=\begin{bmatrix}Q_1\\Q_2\\\vdots\\Q_k\end{bmatrix}=\begin{bmatrix}q_{11}&q_{12}&\cdots&q_{1n}\\q_{21}&q_{22}&\cdots&q_{2n}\\\vdots&\vdots&\vdots&\vdots\\q_{k1}&q_{k2}&\cdots&q_{kn}\end{bmatrix}$$

式中：q_{ij} 为 W 中对象 w_i 对应 V 中等级 v_j 的隶属关系，即从对象 w_i 着眼被评价因素能被评为 v_j 等级的隶属程度，也可以通过二相模糊统计法来确定。

新方法是在 DEA 方法的基础上建立起来的。DEA 方法是根据决策单元的“输入”和

“输出”实测数据来估计“有效生产前沿面”的。其中，C^2R 模型是 DEA 最早提出也是应用最为广泛的模型。以下采用此模型进行讨论。

选取需要评价的对象（针对某因素而言）或因素（针对某对象而言）作为 DEA 的决策单元，以其评价矩阵的转置矩阵作为 DEA 决策单元的“输入”和“输出”矩阵。

需要说明的是，评语的个数 n 因具体问题及其要求不同，取值也不一定。$n=3$（如优秀、合格、不合格）；$n=4$（如优、良、中、差）；$n=5$（如优、良、中、及格、不及格）；等等。而且具体取哪些等级为 DEA 的“输入”，哪些等级为 DEA 的“输出”，评价结果也会有一些差异。

对于 1 个决策单元，它有 t 种类型的“输入”以及 s 种类型的“输出”。$t+s=n$，n 为评语个数（见表 7-20）。

表 7-20　DEA 输入输出表

决策单元		1	2	…	l	权重
输入	1	x_{11}	x_{12}	…	x_{1l}	v_1
	2	x_{21}	x_{22}	…	x_{2l}	v_2
	⋮	⋮	⋮	⋮	⋮	⋮
	t	x_{t1}	x_{t2}	…	x_{tl}	v_t
输出	1	y_{11}	y_{12}	…	y_{1l}	u_1
	2	y_{21}	y_{22}	…	y_{2l}	u_2
	⋮	⋮	⋮	⋮	⋮	⋮
	s	y_{s1}	y_{s2}	…	y_{sl}	u_s

其中：以评价对象为决策单元时，$l=k$；

以评价因素为决策单元时，$l=m$。

$v_1,v_2,\cdots,v_t$ 为 DEA 输入的“权”；

$u_1,u_2,\cdots,u_s$ 为 DEA 输出的“权”。

记 $X_j=(X_{1j},X_{2j},\cdots,X_{tj})^{\mathrm{T}}$，$Y_j=(Y_{1j},Y_{2j},\cdots,Y_{sj})^{\mathrm{T}}$，$j=1,2,\cdots,l$

则可用 (X_j,Y_j) 表示第 j 个决策单元。

相应于权系数 $V=(v_1,v_2,\cdots,v_t)^{\mathrm{T}}$，$U=(u_1,u_2,\cdots,u_s)^{\mathrm{T}}$

每一个决策单元都有相应的效率评价指数

$$h_j=(U^{\mathrm{T}}Y_j)/(V^{\mathrm{T}}X_j)$$

我们总是可以适当地选取权系数 V 和 U，使 $h_j\leqslant 1$。

对于第 j_0 个决策单元进行效率评价，以第 j_0 个决策单元的效率指数为目标，以所有决策单元（包括第 j_0 个决策单元）的效率指数为约束，构成最优化模型。原始的 C^2R 模型是一个分式规划，当使用 Charnes-Cooper 变化时，可将分式规划为一个等价的线性规划

(LP)问题。

相应于第 $j_0(1\leqslant j_0\leqslant l)$ 个决策单元的线性规划模型为：

$$\begin{aligned} \max \quad & U^{\mathrm{T}} Y_{j_0} \\ \text{s.t.} \quad & V^{\mathrm{T}} X_j - U^{\mathrm{T}} Y_j \geqslant 0 \quad j = 1,2,\cdots,l \\ & V^{\mathrm{T}} X_{j_0} = 1 \\ & V \geqslant 0, \quad U \geqslant 0 \end{aligned}$$

用线性规划的最优解来判断决策单元 j_0 的有效性。利用上述模型评价决策单元是不是有效是相对于其他所有决策单元而言的。决策单元间的相对有效性也即决策单元的优劣。另外,还可以获得许多其他有用的管理信息。这些信息可以找出较差单元无效的原因,并能为较差单元的改进提供策略和办法。

上面讨论的是针对单因素的多对象评价和单对象的多因素评价,但是一般我们还要得到最终的多因素多对象综合评价结果。

(1) 假如要评价 k 个对象,即评价系统的决策单元有 k 个。针对某个因素而言,我们首先统计评委对这 k 个对象在该因素的等级比重(方法同传统的模糊综合评判)。对某个评价对象来说,我们可以得到一个线性规划模型,一共可以得到 k 个线性规划模型。这 k 个线性规划模型的最优目标函数值,即为这 k 个评价对象在该因素上的评价结果。对 k 个对象所有因素上(假设有 m 个)分别进行计算,按被评价者将其 m 个结果相乘(加),其积(和)可作为对该对象的总的评价结果。

(2) 对某个对象来说,即整个评价系统的一个子系统而言。取 m 个评价因素为该子系统的决策单元,则在评委的等级比重的基础上(方法与上面相同),对每个因素都将对应有一个线性规划模型,m 个因素将需解 m 个线性规划,这样求得某对象每个因素的最优目标函数值。它刻画了该对象在每个因素上的表现,从而可以发现某对象的优点和弱点。对所有对象(假设有 k 个)在 m 个因素上的表现分别进行计算,可以观察到每个对象在所有因素上的具体表现。

以上可见,这种集成评价方法,最终不仅可以观察到每个对象在所有因素上的具体表现,而且可以得到每个对象在所有因素上表现的总的评价结果。

3. 算例

假如某单位对科技管理人员的工作(德、勤、能、绩四个方面)进行评价。

对某因素(以德为例)而言,评委(注：10 人)按优、良、中、差四个等级对被评价者(这里仅选四人讨论)在该因素的表现做模糊评价。表 7-21 中的数据是 10 个评委在某人在某等级上打钩的人数。仅以差、中为 DEA 的“输入”,以良、优为 DEA 的“输出”进行讨论。

表 7-21　10 个评委对四个管理人员在“德”上的表现打钩统计表

	甲	乙	丙	丁	权重
差	0	0	1	0	q_1
中	2	4	8	1	q_2
良	7	6	1	8	p_1
优	1	0	0	1	p_2

对每一个人(决策单元)都将得到一个线性规划模型。

对甲而言,有 LP1

$$\begin{aligned} &\max\ 7p_1 + 1p_2 \\ &\text{s.t.}\ 2q_2 - 7p_1 - 1p_2 \geqslant 0 \\ &\quad 4q_2 - 6p_1 \geqslant 0 \\ &\quad 1q_1 + 8q_2 - 1p_1 \geqslant 0 \\ &\quad 1q_2 - 8p_1 - 1p_2 \geqslant 0 \\ &\quad 2q_2 = 1 \\ &\quad q_1, q_2, p_1, p_2 \geqslant 0 \end{aligned}$$

同理可得其他三人对应的线性规划模型。

经计算机计算得到四个线性规划的最优目标函数值分别为:

甲　　LP1: max = 0.500 0

乙　　LP1: max = 0.187 5

丙　　LP1: max = 0.015 6

丁　　LP1: max = 1.000 0

这就是这四个人在该因素上的表现。

以同样方法可得到这四个人在其他三个因素方面的表现,最终求得总的评价结果。限于篇幅原因,后续计算过程略。

4. 讨论与结论

基于 DEA 模型的模糊综合评判方法,由于应用了 DEA 的理论,直观性好,避免了人为确定权重的缺点,从而增强了模糊综合评判结果的客观性。它不仅可以考察每个对象在多个因素的表现,指出评价单元的优点和弱点,以便进行进一步改进和完善,尤其是它可以把一组对象作为一个整体进行关于某个因素的评价,然后进行综合。由于它把多个评价对象放在一起进行讨论计算,所以可比性很强,评价效率很高。因此,我们认为这是一种值得推荐的更为有效的模糊综合评判方法。

需要注意的是,由于 DEA 方法本身的原因,要求每个决策单元都应有输入和输出,否则,将导致线性规划无解以至评价方法失效。解决的办法是将评价矩阵初始化,即先把评价矩阵各元素均设为1，然后在此基础上追加原评价矩阵，产生新的评价矩阵。当然，有人可能怀疑，使用线性规划增加了原模糊综合评判的复杂程度和计算难度，其实在计算机十分发达的今天，做矩阵运算、求解线性规划是计算机的强项，由于不像原来一个一个地对对象进行评价，而是把好多对象放在一块进行计算，所以该评判方法恰恰减少了评判的工作量，提高了评判的效率。

例 10 对营销渠道中间商的绩效评价

作为市场营销重要因素之一的营销渠道，相对于产品、价格、促销来讲，人们对其重视的程度往往不够。许多年来，营销渠道都是其他三个营销组合战略要素的"垫底"因素。许多企业是在考虑产品、价格、促销这些更重要的战略之后才关注营销渠道战略，将其作为"遗留问题"来考虑的。但是近几年来对营销渠道忽视的现象有所改观，人们发现企业要想获取持久的竞争优势已经越来越困难了。无论从产品、价格还是促销角度来讲，企业要想在这些方面取得竞争对手无法模仿的竞争优势已经不太可能。而营销渠道是由不同组织中的人相互作用的，依靠不同组织之间的相互信任、合作来完成的，是一种长期的、复杂的人际管理，竞争对手很难在短期内模仿。

企业在设计或改造现有的营销渠道时所面临的一个主要的问题是如何能够在众多的中间商之中挑选出比较满意的合作伙伴。如果不加筛选随便挑选中间商，就很难贯彻企业的营销意图，达不到渠道设计的目的。因此，必须建立一套评价中间商的模型作为挑选中间商的依据。

1. 营销渠道中间商绩效评价指标体系

要想对中间商进行绩效评价，必须首先确定中间商的绩效评价指标。评价中间商的绩效指标有很多，每个企业对中间商的要求侧重点不同，所采取的评价指标也会不相同。我们大体上可以把评价指标分为三类：一是中间商的财务绩效指标；二是中间商的竞争能力指标；三是中间商的素质指标。

由于中间商绩效由多项因素构成，有些指标可以通过定量计算获得，但多数指标是难以精确描述的，因而计量评价一直十分困难。对于这样一个复杂的问题，可以运用层次分析法、模糊综合评价法以及精确值评价法相结合的 AFA 方法来解决模糊指标和精确指标量化的问题。

AFA 方法的思路是：首先用层次分析法确立评价指标体系，使各因素之间的关系层次化、条理化，并能够区别它们各自对评价目标影响的程度。中间商绩效评价的层次指标体系如图 7-10 所示。然后用模糊综合评价法计算模糊指标，与精确指标相结合评价出中间商绩效的优劣程度。

2. 中间商模糊评价指标的 DEA 评价模型

中间商的模糊评价指标是指企业对中间商的看法和感受难以用经典的数学语言来描述，不像精确值评价指标那样，可以用一个准确的数字来表达该指标的情况，所以，要借助

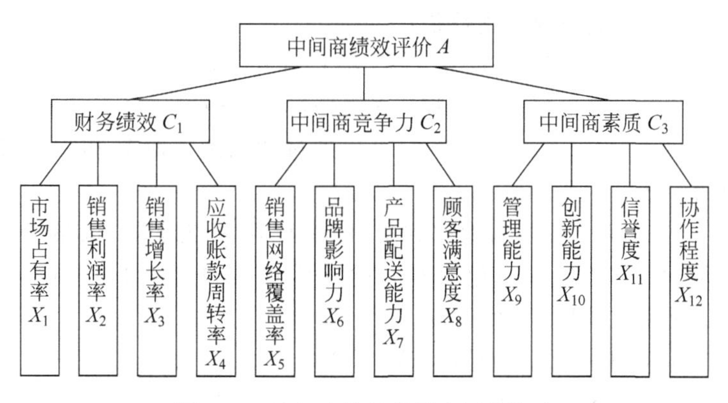

图 7-10　中间商绩效的层次评价体系

模糊数学的知识来研究。如图 7-10 所示，市场占有率、销售利润率、销售增长率、应收账款周转率、销售覆盖率为精确值评价指标，而其他的指标像产品配送能力、品牌影响力、顾客满意度、管理能力、创新能力、信誉度、协作程度为模糊评价指标。精确值评价指标，可以通过调研、计算来获取，而模糊评价指标的获取就比较困难。

在确定了评价对象、指标和标准后，可以通过对模糊评价指标进行合理的赋权。权重的确定目前有主观赋权法、客观赋权法和主客观相结合法三种，其中数据包络分析法是客观赋权法的一种。这里采用 DEA 法确定权重并与模糊评价相结合评价中间商的模糊评价指标，具体方法如下。

$W=\{w_1,w_2,\cdots,w_n\}$为评价对象集，n 为评价对象个数；

$U=\{u_1,u_2,\cdots,u_k\}$为评价指标集，k 为评价指标个数；

$V=\{v_1,v_2,\cdots,v_t\}$为评价级度集，t 为评价级度个数；

则对每一个评价对象有模糊关系矩阵 $\boldsymbol{R}$，即称为某一评价对象的评价矩阵，

$$\boldsymbol{R}=\begin{bmatrix}R_1\\R_2\\\vdots\\R_m\end{bmatrix}=\begin{bmatrix}R_{11} & R_{12} & \cdots & R_{1n}\\R_{12} & R_{22} & \cdots & R_{2n}\\\vdots & \vdots & \vdots & \vdots\\R_{m1} & R_{m2} & \cdots & R_{mn}\end{bmatrix}$$

式中：r_{ij} 为 U 中评价指标 U_k 对应 V 中级度 V_l 的隶属关系，具体可用供应商在某个级度上对中间商的评定来确定。

选取需要评价的对象作为决策单元，每个评价单元均需要 m 种输入，s 种输出。用 x_{ij} 表示第 j 个决策单元需要的第 i 种输入的数量，$x_{ij}>0$，$1\leqslant i\leqslant m$，$1\leqslant j\leqslant n$；用 y_{rj} 表示第 j 个决策单元的第 r 种输出的数量，$y_{rj}>0$，$1\leqslant r\leqslant s$，$1\leqslant j\leqslant n$；再用 v_i 表示对第 i 种输入的一种度量（或称权），$1\leqslant i\leqslant m$；用 u_r 表示对第 r 种输出的一种度量（或称权），$1\leqslant r\leqslant s$。

第 j 个决策单元的效益评价指数是：

$$E_j = U^{\mathrm{T}}Y_j/(V^{\mathrm{T}}X_j) \quad 1 \leqslant j \leqslant n$$

其中 $V=(v_1,v_2,\cdots,v_m)$ 是度量(权)，$X=(x_{1j},x_{2j},\cdots,x_{mj})$，$U=(u_1,u_2,\cdots,u_s)$ 是度量(权)，$Y=(y_{1j},y_{2j},\cdots,y_{sj})$。为了比较，可以通过适当地选取 V 和 U，让各决策单元的 E_j 满足下列关系：$E_j \leqslant 1, 1 \leqslant j \leqslant n$。

现在对第 j_0 个决策单元进行效率评价，以权 U 和 V 为变量，以第 j_0 个决策单元的 E_{j0} 为目标，以所有的决策单元，也包括第 j_0 个决策单元的 $E_j \leqslant 1, 1 \leqslant j \leqslant n$ 为约束条件，构成以下的最优化模型(即 C^2R 模型)：

$$\max f(U,V) = U^{\mathrm{T}}Y_0/(V^{\mathrm{T}}X_0)$$

$$\text{s.t. } U^{\mathrm{T}}Y_j/(V^{\mathrm{T}}X_j) \leqslant 1 \quad 1 \leqslant j \leqslant n, \quad U \geqslant 0, \quad V \geqslant 0$$

式中将下标 j_0 用 0 代替，Y_0 就是 Y_{j_0}，X_0 就是 X_{j_0}，等等。另外，有 $1 \leqslant j_0 \leqslant n$。上式是一个分式规划，将它化为等价的线性规划问题如下：

$$\begin{aligned} & \max f(P) = P^{\mathrm{T}}Y_0 \\ & \text{s.t. } Q^{\mathrm{T}}X_j - P^{\mathrm{T}}Y_j \geqslant 0 \quad j = 1,2,\cdots,n \\ & \quad Q^{\mathrm{T}}X_0 = 1 \\ & \quad Q \geqslant 0, \quad P \geqslant 0 \end{aligned}$$

用线性规划的最优解来定义决策单元 j_0 的有效性。

可以举一个具体的实例来验证上面的模型。如图 7-10 所示，中间商的模糊评价指标包括品牌影响力、产品配送能力、顾客满意度、管理能力、创新能力、信誉度和协作程度 7 个指标。其中模糊评价指标集 X={品牌影响力，产品配送能力，顾客满意度，管理能力，创新能力，信誉度，协作程度}，评价集 V={很好，好，一般，差，很差}。

在做出综合评价之前，先分别针对指标集中的各个指标做出单因素综合评价。

以某企业的 5 个中间商(A、B、C、D、E)作为评价对象，即评价系统的决策单元有 5 个，并统计出供应商对 5 个中间商各指标(品牌影响力、产品配送能力、顾客满意度、管理能力、创新能力、信誉度、协作程度)评判的评价级度。以协作程度指标为例，供应商按 5 个级度(很差、差、一般、好、很好)分别对 5 个中间商在该指标的表现进行模糊评判，如表 7-22 所示。

表 7-22　中间商协作程度指标评判

协作程度	中间商				
	A	B	C	D	E
很差	0	0	0.1	0.2	0
差	0.1	0.1	0.1	0.4	0.2
一般	0.3	0.6	0.1	0.2	0.4
好	0.5	0.3	0.4	0.2	0.3
很好	0.1	0.2	0.3	0	0.1

由于 DEA 方法要求每个决策单元都应有输入和输出，否则，评价方法将失效。又因为企业都想选取具有较好协作程度的中间商作为企业的合作伙伴。因此，选取好、很好为系统的输出，选取很差、差、一般为系统的输入。对中间商 A 来说，可以得到一个线性规划模型，即：

$$
\begin{aligned}
\max\ & 0.5p_1+0.1p_2 \\
\text{s.t.}\ & 0q_1+0.1q_2+0.3q_3-0.5p_1-0.1p_2\geqslant 0 \\
& 0q_1+0.1q_2+0.6q_3-0.3p_1-0.2p_2\geqslant 0 \\
& 0.1q_1+0.1q_2+0.1q_3-0.4p_1-0.3p_2\geqslant 0 \\
& 0.2q_1+0.4q_2+0.2q_3-0.2p_1-0p_2\geqslant 0 \\
& 0q_1+0.2q_2+0.4q_3-0.3p_1-0.1p_2\geqslant 0 \\
& 0q_1+0.1q_2+0.3q_3=1 \\
& p_1,p_2,q_1,q_2,q_3\geqslant 0
\end{aligned}
$$

同理可以得到其他 4 个供应商在协作程度指标的线性规划模型。用运筹学中的单纯形法或通过计算机软件计算得到 5 个线性规划的最优目标函数值，分别为：

$$\max A_4=0.75,\quad \max B_4=0.6,\quad \max C_4=1,\quad \max D_4=0.25,\quad \max E_4=0.75$$

这是 5 个中间商在协作程度方面的表现。可见，中间商 C 的协作程度最高，D 的协作程度最低。以同样的方法可以得到 5 个中间商在其他 6 个模糊评价指标方面的表现（即最优目标函数值）。

3. AFA 综合评价

AFA 综合评价就是根据评价指标体系所设置的指标，分定量测评和模糊评价两类指标分别进行评价。如图 7-10 所示，X_1,X_2,X_3,X_4,X_5 为精确值评价指标，$X_6,X_7,X_8,X_9,X_{10},X_{11},X_{12}$ 为模糊评价指标。评价步骤如下：

（1）确定模糊评价指标集

$$X=(X_1,X_2,\cdots,X_k)$$

K 为模糊评价指标数，本例中 $X=(X_6,X_7,X_8,X_9,X_{10},X_{11},X_{12})$

（2）确定评价集

$$V=(V_1,V_2,\cdots,V_k)$$

评价集可采用等级评价，如 5 级评价，即：很差、差、一般、好、很好。

（3）确定隶属度集

$G=(G_1,G_2,\cdots,G_k)$，即对模糊评价指标评价集赋值。

模糊评价指标 $X_6,X_7,X_8,X_9,X_{10},X_{11},X_{12}$ 可以通过上面介绍的中间商模糊评价指标的 DEA 评价模型计算而得到，是介于 0～1 之间的小数。

（4）计算精确值百分率集合

如果可精确评价的评价指标有 d 项，则精确值百分率集合为：$g=(g_1,g_2,\cdots,g_d)$ 精确值评价指标：市场占有率 X_1，销售利润率 X_2，销售增长率 X_3，应收账款周转率 X_4，销售覆盖率 X_5，可以通过准确计算得到，也是介于 0～1 之间的小数。

(5) 精确值百分率集合转置后与隶属度集合合并，得到综合隶属度集合

$$D=[G,g^{\mathrm{T}}]$$

(6) 确定各指标权重集

$$A=(a_1,a_2\cdots,a_n)$$

模糊评价指标权重集 $A_f=(a_1,a_2,\cdots,a_f)$

精确值评价指标权重集 $A_d=(a_1,a_2,\cdots,a_d)$

显然有：

$$\sum_{i=1}^{f}a_i+\sum_{j=1}^{d}a_j=1$$

(7) 计算评价指标的总得分

$$W=[A_f,A_d]\times[G,g^{\mathrm{T}}]$$

将集合评价中各元素数字相加即可以得到该中间商各绩效评价指标的评价结果之和，包括精确值评价指标和模糊评价指标。企业可以把所要挑选的所有中间商的评价结果之和都计算出来，通过相互比较就可以判断哪些中间商是比较理想的合作伙伴，哪些中间商企业应该考虑排除。

当然评价中间商绩效的方法有很多，这只不过是其中的一种而已，企业可以根据自己的实际情况，利用不同的方法来进行评价。

六、模糊综合评判与人工神经网络评价法的集成

由于客观事物本身在很多情况下都带有模糊性，使得相应的评价与决策工作必须引入模糊数学的理论和方法，才能使决策的效果更加切合实际，更加准确。但是，由于这些方法都缺乏自学习的能力，而且很难摆脱决策过程中的随机性和参评人员主观上的不确定性及其认识上的模糊性，比如，即使是同一评价专家，对同一被评对象在不同的时间和环境下也常常会得到不一致的主观判断。于是，可建立基于人工神经网络技术的模糊综合评判方法。

例 11 基于神经网络的模糊综合评价

1. 模糊综合评价网络的建立

模糊综合评价就是通过一个模糊变换，把评价因素集中的元素映射为评价结果集中相应的元素，但由于对各因素重视程度的不同，需给各因素分配一个合理的权重。因此，模糊综合评价中权重的合理分配问题一直是人们普通关心的问题。由此，我们想到了神经网络的学习功能。由神经网络，通过一些实际的数据的反复学习，可以使得最终的权重结果在约定的精度范围内完全可靠。

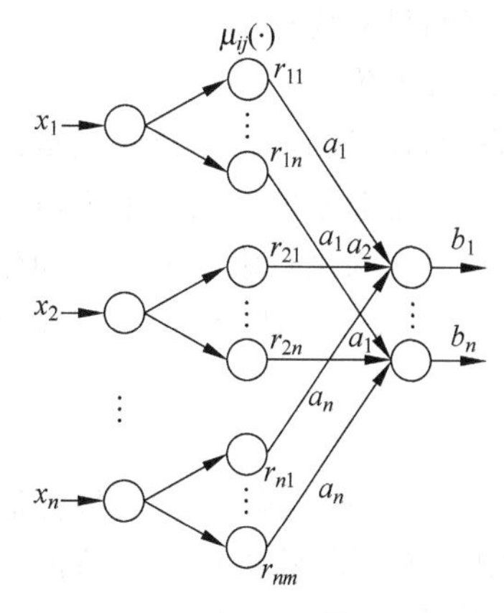

图 7-11　网络结构

建立一个三层前馈神经网络来解决这一问题，选取一些历史数据或典型数据作为样本进行学习，网络结构如图 7-11 所示。

第一层为输入层，输入各评价因素值 x_i；第二层为中间层，实现模糊综合评价问题中求各因素对各指标的隶属度值 $r_{ij}=\mu_{ij}(x_i)$；第三层为评价结果输出层，输出评价结果向量的各元素 $b_j=\min\left(1,\sum a_i r_{ij}\right)$；第一层与第二层之间的连接权为常值 1；第二层与第三层之间的连接权为不同因素的权重值 a_i，即我们要调整的量，在第二层与第三层之间通过权值 a_i 实现模糊综合评价问题中的合成运算；作用函数为模糊隶属函数 $\mu_{ij}(\cdot)$，即第 i 个因素与第 j 个指标之间的模糊关系隶属函数。其中，x_i 为要评价的各因素值；r_{ij} 为第 i 个因素对第 j 个指标的隶属度；a_i 为第 i 个因素的权重值；b_j 为评价结果隶属于第 j 个指标的程度：它们之间满足 $r_{ij}=\mu_{ij}(x_i)$，$b_j=\min\left(1,\sum a_i r_{ij}\right)$。

2. 网络的学习算法

给定样本

$\{(X^i,B^{*i})\mid X^i=(X_1^i,X_2^i,\cdots,X_n^i),B^{*i}=(b_1^{*i},b_2^{*i},\cdots,b_m^{*i}),i=1,2,\cdots,p\}$

设输入为 X^i，得到的输出结果为 $B^i(i=1,2,\cdots,p)$，则网络的总误差为

$$E=\frac{1}{2}\sum_{p_1}\sum_{j}(b_j^{*p_1}-b_j^{p_1})^2$$

我们所要做的就是使 E 最小，即通过调节网络的权值 a_{ij}，使输出结果 B^i 与期望输出 B^{*i} 尽可能地接近。

算法步骤如下：

(1) 结定学习样本 $X^1,X^2,\cdots,X^p,B^{*1},B^{*2},\cdots,B^{*p}$，初始化权值 ω^0，给定误差 ε，计数 $p_1=0$；

(2) 选出一组样本作为输入与期望输出，记数 $p_1=p_1+1$；

(3) 计算网络中间层输出 R^{p_1} 及输出层输出 B^{p_1}

$$R^{p_1}=\{r_{ij}^{p_1}\},\quad B^{p_1}=\{b_1^{p_1},b_2^{p_1},\cdots,b_m^{p_1}\}$$

(4) 计算网络实际输出与期望输出的误差；

(5) 判断是否 $p_1>p$，若成立，按步骤(1)调整网络权值，否则转入步骤(2)；

(6) 按新的权计算网络输出和总误差，若总误差 $E<\varepsilon$，则停止学习，否则 $p_1=0$，转入步骤(2)。

所建立的模糊综合评价神经网络，通过对一些典型数据的学习来确定综合评价权重，

因此它对有历史数据情况下的评价问题或大批量评价时具有明显的优势。

例 12 基于BP神经网络的企业技术创新效果的模糊综合评价

在市场经济条件下，企业的生存和发展取决于竞争优势，而技术创新正是企业竞争优势的根本支撑或决定因素。企业技术创新效果的综合分析是对企业某些反映技术创新状况和技术创新成果的单项内容或单项指标根据其相关程度联系起来进行定量的计算和分析，其目的在于通过综合的分析，对企业的技术创新状况及其结果进行评价和论断，以提高认识的深度和分析的质量。

1. 技术创新效果的评估指标体系

技术创新效果评估系统是一个复杂的系统，要把系统的本质及规律描述清楚，以控制它达到预定的目标，需要建立指标体系。一个指标仅能反映技术创新效果评估体系的某一属性。为此，需要择其主要指标加以处理，形成一个新的数值，才能全面地综合地评估企业的技术创新效果。在建立评估指标体系时应遵循以下原则。

(1) 科学性原则

即所列的指标应是技术创新效果的体现，尽量避免一切非技术创新效果指标的列入，以致对提高技术创新效果起到相反的作用。

(2) 公正合理性

即评价指标应能公正合理地体现企业技术创新效果的好坏，有利于企业之间的比较，从而激发企业提高技术创新效果的积极性。

(3) 可操作性

指标的数据应易于收集；其准确性、可靠性容易保证；指标数量不宜过多；应避免过于复杂的计算；要易于掌握。

(4) 良好的导向性

即指标体系应有利于把企业的技术创新工作引导到提高技术创新效果上来，避免企业无效的技术创新行为。

(5) 动态性原则

每次评价仅反映当时的技术创新能力，随着时间的改变，要对企业的技术创新能力进行动态跟踪。

尽管创新鼻祖熊彼特最早提出的创新包括五个方面，但总体上企业创新可以归结为产品创新和工艺创新，因此技术创新的评价指标主要集中在产品创新和工艺创新方面的指标。根据以上几个方面原则，参考1992年经济合作与发展组织(OECD)出版的《奥斯陆手册》(*Oslo Manual*)设计的技术创新效果评价指标体系，结合我国的国情，采用以产品创新率、创新产品的商业成功率、创新产品的销售额率、创新工艺数、产品的创新频率为一体的指标体系全面反映企业的技术创新效果。(注：OECD出版的《奥斯陆手册》是在创新理论的指导下编写而成，总结OECD各国创新调查的经验，是OECD推荐的技术创新

数据收集和解释指南）

各指标的经济含义如下。

（1）产品创新率

产品创新率是指企业在一段时间内投放市场的创新产品的数目与该时间段内投放市场的总产品数之比。这里，我们用到了创新产品的概念。所谓的创新产品，是指产品在技术性能、材料结构等方面有别于以前的产品，其差异程度允许将它们视为新产品，或是对老产品进行了重大改进的产品。创新产品可以由涉及该产品不同部件的若干渐进型创新组成。

（2）创新产品的商业成功率

所谓创新产品的商业成功率，是指企业在一段时间内所研究开发的新产品能达到商业成功的比率。产品进行创新，最终是为了占领市场，取得商业上的成功。而成功的产品创新实际上包括技术上的成功和商业上的成功，它们的成功率分别是70％和15％～20％，因此产品创新的成功率约为15％～20％，创新具有极大风险性。所以，在评价创新效果时，这也是一个不容忽视的指标。

（3）创新产品的销售率

所谓创新产品的销售率是指企业创新产品的销售额占企业全部产品销售额的比重。创新产品的销售额则是创新产品占领市场后，所取得的经济效益的测度。由于企业进行产品创新的最终目的在于获得更好的经济效益，所以创新产品的销售额比率是评价企业技术创新效果的一个非常重要的指标。

（4）创新工艺数

创新工艺数是指企业在一段时间内采用的新的生产方法的数目。这些新的生产方法可用于生产新产品，亦可用于对老产品作重大改进。另外，还可以用于显著地提高现有产品的生产效率（包括扩大生产量、减少成本、降低消耗等）。该指标反映了企业在工艺创新方面的活力。

（5）产品的创新频数

产品的创新频数是指单位时间内从研究开发阶段到批量投放市场为止的创新产品的个数。市场的激烈竞争要求企业具有快速的产品更新换代能力，谁能早日开发出新产品并投入市场，谁就能获得更大的经济效益。因此，创新频数也是一个不可忽视的评价指标。

2. 确定各指标的隶属度

（1）有量纲向无量纲的转化

上述指标中，创新工艺数和产品的创新频数都是有量纲的值。由于它们的量纲各异，难于进行综合对比，因此必须作无量纲处理，也即对评价指标数值做标准化、正规化处理，以便消除指标量纲的影响造成的困难。由于创新工艺数越多，产品的创新频数越大，企业的技术创新效果就越好，可见，这两个指标都属于正指标类，即是指标数值越大越好的指标。现采取一种二次抛物偏大型分布的数学模型描述：

$$f(x_i)=\begin{cases}0 & x_i \leqslant x_{\min} \\ \left(\dfrac{x_i-x_{\min}}{x_{\max}-x_{\min}}\right)^2 & x_{\min} \leqslant x_i \leqslant x_{\max} \\ 1 & x_{\max}=x_{\min}\end{cases}$$

式中：$x_{\max}$指评价系统区域范围内某项指标的最大值；$x_{\min}$指评价系统区域范围内某项指标的最小值；x_i 指评价系统区域范围内某企业该指标的实际值。该模型实际就是"效果好"这个模糊集的隶属度。它具有如下性质：

① 严格单调性：在其评价系统区域范围内变化时严格单调。

② 函数 $f(x)$中包含用于比较的标准值，即各企业某指标的最大值和最小值。

③ 当正指标数值较低时，隶属度随指标数值的增大而缓慢增大，随着正指标数值增大程度的提高，隶属度增大加速。

④ $0 \leqslant f(x) \leqslant 1$，函数 $f(x)$刻画了"效果好"这个模糊集。

(2) 无量纲指标的处理

对于指标体系中无量纲的指标，如何去刻画它们对于"效果好"这个模糊集的隶属度呢？为便于计算，采取线性递增函数进行刻画：

$$g(x_i)=\begin{cases}0 & x_i \leqslant x_{\min} \\ \dfrac{x_i-x_{\min}}{x_{\max}-x_{\min}} & x_{\min} \leqslant x_i \leqslant x_{\max} \\ 1 & x_{\max}=x_{\min}\end{cases}$$

(3) 确定单因素评价矩阵 $\boldsymbol{R}$

假定对 m 家企业做评价，用 r_{ij} 表示对第 i 家企业第 j 个指标的评价结果($i=1,2,\cdots,m$；$j=1,2,\cdots,5$)，这样便构成了单因素评价矩阵 $\boldsymbol{R}$。

$$\boldsymbol{R}=\begin{bmatrix} r_{11} & r_{12} & \cdots & r_{15} \\ r_{21} & r_{22} & \cdots & r_{25} \\ \vdots & \vdots & \vdots & \vdots \\ r_{m1} & r_{m2} & \cdots & r_{m5}\end{bmatrix}=\begin{bmatrix} R_1 \\ R_2 \\ \vdots \\ R_m\end{bmatrix}$$

R_i 表示对第 i 家企业的评价向量。

3. 基于神经网络的模糊综合评价

(1) BP 神经网络的基本原理

神经网络是大量的神经元广泛互联而成的网络，它反映了人脑功能的许多基本特性，具有大规模并行、分布、存储、处理、自适应、自组织和自学习能力，因此而积累知识和经验，从而不断修正自己。它特别适用于处理需要同时考虑许多因素和条件的模糊信息问题。

BP 网络是单向传播的多层网络。它是一个由输入层、输出层和中间隐含层三个神经元层次构成的模型，称 BP 模型，各层次的神经元间形成全互联连接，同层次内的神经元间没有连接。对 BP 网络进行训练时，首先要提供一组训练样本，每个样本由输入样本和理想输出对组成。当网络的所有实际输出与理想输出一致时，表明训练结束；否则通过修改权值使网络的理想输出和实际输出一致。

（2）基于 BP 网络的模糊综合评价与实际数据计算

应用 BP 网络对某类问题作模糊综合评价的原理是：把用于描述评价对象的特征信息（即指标体系）作为神经网络的输入向量，将代表相应综合评价的量值作为神经网络的输出。使用网络前，用一些经传统综合评价取得成功的样本训练这个网络，使它所持有的权值系数值经过自适应学习后得到正确的内部表示，训练好的神经网络便可作为模糊综合评价的有效工具。

在构造评价工业企业技术创新效果的 BP 网络时，考虑到经济指标体系包括五个指标 $r_{i1},r_{i2},\cdots,r_{i5}$，所以输入层神经元设五个，$r_{i1},r_{i2},\cdots,r_{i5}$ 分别输入相应的神经元。隐含层神经元也设五个。输出层神经元只有一个。当某企业的指标值经输入层进入网络，网络便用训练好的权值进行运作，最后输出层输出的值就是该企业的最后得分，得分越高的企业技术创新效果越好。

为说明以上方法的可信性，对福建省涉及五个行业的 20 家企业进行问卷调查，用 $f(x)$，$g(x)$ 确定各指标的隶属度，经处理后的数据见表 7-23。

表 7-23　企业技术创新数据表

工业行业分类	序号	产品创新率	创新产品成功率	创新产品占销售额的比重	创新工艺数	产品创新频数
计算机软件业	1	1	0.87	0.95	0.86	0.93
	2	0.79	0.71	0.81	0.78	0.76
	3	0.90	0.82	0.79	0.63	0.71
	4	0.74	0.93	1	0.86	0.85
服装纤维制品业	5	0.67	0.54	0.63	0.79	0.78
	6	0.75	0.49	0.62	0.59	1
	7	0.54	0.72	0.80	0.61	0.69
	8	0.42	0.38	0.45	0	0.31
通信设备制造业	9	0.89	1	0.88	0.82	0.95
	10	0.75	0.78	0.81	0.69	0.74
	11	0.81	0.85	0.78	1	0.81
	12	0.34	0.21	0	0.35	0.42
文教体育用品业	13	0.23	0.45	0.72	0.32	0.29
	14	0.34	0.48	0.21	0.54	0.38
	15	0.42	0.24	0.32	0.15	0
	16	0.29	0.45	0.64	0.14	0.29

续表

工业行业分类	序号	产品创新率	创新产品成功率	创新产品占销售额的比重	创新工艺数	产品创新频数
家具制造业	17	0	0.13	0.17	0.24	0.31
	18	0.41	0.23	0.19	0.35	0.33
	19	0.13	0	0.24	0.29	0.45
	20	0.21	0.32	0.24	0.30	0.27

根据表 7-23 的数据，把 20 家企业的数据输入网络，编写神经网络算法，经过计算机计算，得出网络的权值。把求得的权值按五个等级列入表 7-24。

表 7-24　权值定级标准

等级＼权值	计算机软件业	通信设备制造业	服装纤维制品业	文教体育用品业	家具制造业
0.81～1.00	0.88(1) 0.87(4)	0.92(9) 0.85(11)			
0.61～0.80	0.78(2) 0.75(3)	0.76(10)	0.69(5),0.69(6) 0.67(7)		
0.41～0.60				0.42(13)	
0.21～0.40		0.26(12)	0.32(8)	0.39(14) 0.36(16)	0.30(18) 0.27(20)
0.00～0.20				0.20(15)	0.17(17) 0.19(19)

由表 7-24 可以看出，计算机软件业企业总体技术创新效果最好，有两家企业列入第一等级，两家企业列入第二等级；其次是通信设备制造业，有两家企业列入第一等级，一家企业列入第二等级；服装纤维制品业列第三；文教体育用品业列第四；家具制造业列第五。这一结果符合各行业技术创新的实际，可见此法是可信的。

4. 结论

提高企业技术创新效果是企业生存和发展的重要问题，衡量企业技术创新效果好坏应有科学的方法，而过去的某些评价方法存在以下缺陷：第一，局限于定性分析，忽视定量分析，以致评估效果带有主观因素，缺乏科学性；第二，即使有定量分析，其分析方法基本上是百分制分项评分法，忽略了各项指标的完成情况实际上是一个由差到好的连续过程。因而用评分将指标清晰地分段划分，这对全面评价技术创新效果带来相当大的误差。采用 BP 神经网络模糊综合评价方法，正是克服了上述缺点。首先，无量纲化处理实现了从定性分析到定量分析的飞跃。其次，BP 神经网络具有较高的自组织、自适应和自学习的能力，对企业技术创新能力评价效果良好。该方法不但克服了由人工评价所带来的人为因素的随机性和参评人员主观上的不确定性及其认识上的模糊性，保证了评价结果的客观性、准确性；而且，由于随着时间的推移和参与样本的增加，还可以进一步地学习和动态跟踪，具有较强的动态性。因此，该方法具有一定的实际使用价值。

七、模糊综合评判与灰色综合评价法的集成

灰色模糊综合评判是在已知信息不充分的前提下，评判具有模糊因素的事物或现象的一种方法。利用模糊集理论和灰色关联分析建立的方案排序模型，能较好地处理方案评估与排序过程中的模糊性和人脑综合判断的灰色综合分析性质，为方案排序的解析化、定量化提供更有力的手段。

例 13 灰色关联分析在模糊综合评判中的应用

目前，在自然科学和社会科学的众多领域，模糊综合评判方法正在得到日益广泛的应用。这种方法是先由因素集 U、评语集 V 及单因素评判集 R（从 U 到 V 的一个模糊映射）构成一个综合评判模型，再根据各因素的相对重要性给定一个因素权重集 A，经 A 与 R 的模糊合成，得到一个多因素综合评判集 S。显然权重集 A 是决定模糊综合评判结果可靠与否的一个关键性的模糊子集。而进行模糊综合评判时，最复杂和最困难的问题，往往又是对 A 的正确赋值。从目前的应用成果来看，因素权重集大多是根据“经验”由研究者人为赋值的。因为对同一个因素，不同的人可能赋予不同的权重，所以，同一问题的权重集不是唯一的，这就使模糊综合评判这样一种定量研究方法因权重集在一定程度上反映了人们的主观认识而带上了较浓厚的人为性。

模糊综合评判的因素权重集，事实上反映了事物内部各种影响因素之间的相互关系。在许多情况下，我们并不能清楚地知道这种关系，换言之，事物与其影响因素共同构成了一个灰色系统。人为地确定一个权重集，常常是凭主观印象将原来灰色的关系用打分的办法使其白化，不可能深入挖掘数据的内部结构信息，特别是在相互关系比较复杂，表面现象及变化随机性掩盖了事物本质的情况下，由于得不到全面、足够的信息，这种“白化”的方法是很不可靠的。

灰色系统的问题，最好用灰色系统分析方法加以处理。研究灰色系统中各因素之间相互关系的方法称为灰色关联分析。在模糊综合评判中，我们可以将被评判事物的数据序列作为母序列，将其影响因素的数据序列作为子序列，计算各子序列与母序列的关联度。作为系统内各因素之间关联性计量的测度，关联度愈大，表明相应的子因素与主因素的关系愈紧密，亦即该子因素对主因素的影响能力愈大。因此，关联度与权重在基本意义上是相通的，对关联度加以必要处理代替模糊综合评判中的因素权重集是合理的和可行的。此外，这种方法对样本数据的分布形式及数据的多少没有什么限制，并从事物发展变化的动态趋势上找关联，因而较回归分析、相关分析等方法有明显的优越性。

1. 母序列与子序列的选定

在进行关联分析时，为了从数据信息的内部结构上分析被评判事物与其影响因素之间的关系，必须用某种数量指标定量地反映被评判事物的性质。这样一种按一定顺序排列的数量指标，称为关联分析的母序列，记为$\{x_t^{(0)}(0)\}$，$t=1,2,\cdots,n$。

关联分析的子序列是决定或影响被评判事物性质的各子因素数据的有序排列。考虑主因素的 m 个子因素(要求同单位、同比例尺或无单位)，则有子序列

$$\{x_t^{(0)}(i)\},\quad i=1,2,\cdots,m;\quad t=1,2,\cdots,n$$

2. 计算子序列与母序列之间的关联度

首先，对原始数据矩阵进行初值化变换或进行均值化变换。

然后，计算出同一观测时刻(点)各子因素与主因素观测值之间的绝对差值(Δ)及其极值。

$$\Delta_t(i,0)=|\,x_t^{(1)}(i)-x_t^{(1)}(0)\,|$$

$$\Delta_{\max}=\max_t\ \max_i\,|\,x_t^{(1)}(i)-x_t^{(1)}(0)\,|$$

$$\Delta_{\min}=\min_t\ \min_i\,|\,x_t^{(1)}(i)-x_t^{(1)}(0)\,|$$

式中：$i=1,2,\cdots,m$；$t=1,2,\cdots,n$

至此，利用下式即可计算出各子因素与主因素之间的关联度

$$r_{i,0}=\frac{1}{n}\sum_{t=1}^{n}\frac{\Delta_{\min}+k\Delta_{\max}}{\Delta_i(i,0)+k\Delta_{\max}}$$

式中：$i=1,2,\cdots,m$；$k\in(0.1,1)$

由此可见，关联度是一个有界的数，其取值范围在 0.1～1 之间。子因素与主因素之间的关联度愈接近于 1，表明它们之间的关系愈紧密，或者说，该子因素对主因素的影响愈大，反之亦然。

3. 由关联度向权重的转换

对关联度进行归一化处理，得权重集

$$\underset{\sim}{A}=\{a_1,a_2,\cdots,a_m\}$$

式中：$a_i=r(i,0)\Big/\sum_{i=1}^{m}r(i,0),\ i=1,2,\cdots,m$

4. 模糊综合评判

设有因素集　$U=\{u_1,u_2,\cdots,u_m\}$

评语集　$V=\{v_1,v_2,\cdots,v_l\}$

根据各因素的观测值，对评判对象的全体进行单因素评判，得到单因素评判集 $\underset{\sim}{R}$

$$\underset{\sim}{\boldsymbol{R}}=\begin{bmatrix} r_{11} & r_{12} & \cdots & r_{1l} \\ r_{21} & r_{22} & \cdots & r_{2l} \\ \vdots & \vdots & \vdots & \vdots \\ r_{m1} & r_{m2} & \cdots & r_{ml} \end{bmatrix}$$

则模糊综合评判向量

$$\underset{\sim}{S}=\underset{\sim}{A}\cdot\underset{\sim}{R}=\{s_1,s_2,\cdots,s_l\}$$

这里，运算“·”可遵循两种规则，或按模糊矩阵的合成运算规则，或进行普通矩阵的乘法运算。当考虑因素较少($m\leqslant 4$)，权重值与隶属度相差不大时，用模糊矩阵的合成运算效果较好，计算也要简便得多；但若考虑的因素较多，而单因素评判中得到的隶属度(r_{ij})又相对较大时，往往出现权重值小于所有 r 值的情况，此时，必须施行普通矩阵的乘法运算。

用灰色系统理论和方法，分析处理现有模糊综合评判方法存在的问题，使该方法完全摆脱了人为干预，更趋完善。该方法计算简单，定量化程度高，可改变模糊综合评判结果因人而异的状况。

例 14 基于灰色关联度的矿山经营状况模糊分析

矿山经营状况的好坏，直接关系到矿山企业的生产和发展。对矿山企业经营状况进行评价，不但是矿山企业实现科学管理的重要环节，而且通过对矿山企业经营状况的分析可以帮助矿山企业认识经营活动中存在的问题，找到改进的方向，达到发挥优势，扬长避短的目的，从而确定改善矿山企业经营状况的途径。因此，在当前大多数矿山普遍存在活力不足，经营状况欠佳的形势下，对矿山企业经营状况进行合理、客观、科学的评价和分析，提出改善经营状况的建议和对策，就成为目前矿山企业迫切关注的问题之一。

然而，由于矿山企业的经营活动是一项极其复杂的技术经济过程，影响经营效果好坏的因素角度，层次复杂，而且因素之间存在着关系模糊的不确定性。因此，传统的只按某些因素之间进行单因素评价，而后给出其粗略评价结果的评价方法，在某种程度上带有片面性和偶然性，难以保证评价的合理性和准确性，更谈不上科学性。为此，这里应用基于灰色关联度的模糊层次评价模型，分析矿山经营状况的方法。这种方法的实质就是建立矿山经营状况评价的模型，采用灰色关联度，求解模型的隶属度，按 AHP 法求解影响因素之间的权重分配，确定矿山经营状况的综合评价指标。据此评价矿山经营状况的好坏，达到对矿山企业经营状况分析的目的。

1. 灰色模糊评价模型

在矿山企业经营状况评价中，参与评价的矿山组成的集合为 $A=\{a_1,a_2,\cdots,a_n\}$；因素指标集为 $Y=\{y_1,y_2,\cdots,y_m\}$，$y_i(i=1,2,\cdots,m)$是第 i 个因素的指标。对于某一指定矿山 a_j，可以表示成一个向量 $a_j=(y_{1j},y_{2j},\cdots,y_{mj})$，$y_{ij}\in y_i$，$i=1,2,\cdots,m$；$j=1,2,\cdots,n$。在指标 y_i 上建立一个单目标模糊决策函数。

$$f_i: y_i\rightarrow[0,1],\quad i=1,2,\cdots,m$$

对于给定的矿山集 $A=\{a_1,a_2,\cdots,a_n\}$，函数值 $f_i(a_j)\triangleq f_i(y_{ij})\in[0,1]$表示就因素指标 y_i 而言，矿山 a_j 属于优越的程度。令

$$\eta_j(i)\triangleq f_i(y_{ij})\triangleq f_i(a_j)\quad i=1,2,\cdots,m;\quad j=1,2,\cdots,n$$

那么，我们可以得到一个模糊关系矩阵

$$\underset{\sim}{\boldsymbol{R}}=\begin{bmatrix}\eta_1(1) & \eta_2(1) & \cdots & \eta_n(1)\\ \eta_1(2) & \eta_2(2) & \cdots & \eta_n(2)\\ \vdots & \vdots & \vdots & \vdots\\ \eta_1(m) & \eta_2(m) & \cdots & \eta_n(m)\end{bmatrix}_{m\times n}$$

称 $\underset{\sim}{\boldsymbol{R}}$ 为综合评价矩阵，$\underset{\sim}{\boldsymbol{R}}$ 的第 i 行向量 $\underset{\sim}{R_i}=[\eta_1(i),\eta_2(i),\cdots,\eta_m(i)](i=1,2,\cdots,m)$ 中每一个分量 $\eta_j(i)(i=1,2,\cdots,m;\ j=1,2,\cdots,n)$ 为第 j 个矿山 a_j 的第 i 个因素指标 y_{ij} 与第 i 个最优指标(虚拟矿山)y_i^* 的关联度。因此，可依据 $\eta_j(i)$ 的大小对其进行排序，显然，它是一个单因素评价。

但是，由于 Y 中各因素的地位和作用程度不同，因此，用模糊 $\underset{\sim}{P}=(P_1,P_2,\cdots,P_m)$ 来表示各因素的权重分配，这里 $P_i\in[0,1]$，且 $\sum_{i=1}^{m}P_i=1$。那么，矿山企业经营状况评价的数学模型为：

$$\underset{\sim}{\boldsymbol{B}}=\underset{\sim}{P}\cdot\underset{\sim}{\boldsymbol{R}}$$

$\underset{\sim}{\boldsymbol{B}}$ 为矿山 a_j 综合考虑所有因素 $y_i(i=1,2,\cdots,m)$ 后，属于优越的程度，$b_j\in[0,1]$，$j=1,2,\cdots,n$。

至此，我们建立了矿山经营效果评价的数学模型。

2. 算法原理

(1) 基于灰色关联度的隶属度求解

前式中 $\eta_j(i)$ 为矿山 a_j 就因素 y_i 而言，其经营效果属于优越的程度，通常称为隶属度。它的求解，通常是通过构造隶属函数来取得。在这里 $\eta_j(i)$ 的求解是通过计算灰色关联系数来求解的。其实质就是表示矿山 a_j 就指标因素 y_i 而言，其指标 y_{ij} 与虚拟最优指标 y_i^* 的关联程度，其算法步骤为：

① 确定最优指标集 y^*

$$y^*=(y_1^*,y_2^*,\cdots,y_m^*)$$

式中：$y_i^*(i=1,2,\cdots,m)$ 为第 i 个指标在各个矿山中的最优值(如果某一指标其实际要求越大越好，则该指标为各矿山中最大值，反之取最小值)。因此，我们可构造初始矩阵 $\boldsymbol{E}$：

$$\boldsymbol{E}=\begin{bmatrix}y_1^* & y_2^* & \cdots & y_m^*\\ y_{11} & y_{12} & \cdots & y_{1m}\\ y_{21} & y_{22} & \cdots & y_{2m}\\ \vdots & \vdots & \vdots & \vdots\\ y_{n1} & y_{n2} & \cdots & y_{nm}\end{bmatrix}$$

式中：y_{ji} 为矿山 j 的第 i 个因素 y_i 的指标值。

② 指标值的无量纲化处理

由于决策中所涉及的各个指标因素具有不同的量纲，不能直接进行比较，因此，需要对原始数据指标进行无量纲化处理。

假定第 i 个因素指标 y_i 的最小值为 $y_i^{\min}$，最大值为 $y_i^{\max}$，那么令

$$C_{ji} = \frac{y_{ji} - y_i^{\min}}{y_i^{\max} - y_i^{\min}} \quad i = 1,2,\cdots,m; \quad j = 1,2,\cdots,n$$

③ 计算灰色关联系数

以无量纲化处理后，最优指标集 $C^* = (C_1^*, C_2^*, \cdots, C_m^*)$ 作为参考数据列，以各矿山的指标值 $C_j(j=1,2,\cdots,m)$，$C_j = (C_{j1}, C_{j2}, \cdots, C_{jm})$ 作为被比较数列，那么第 j 个矿山 a_j 在第 i 个因素 y_i 的指标 y_{ji} 的作用下与其最优指标 y_i^* 的关联系数 $\eta_j(i)(i=1,2,\cdots,m;$ $j=1,2,\cdots,n)$。

$$\eta_j(i) = \frac{\min\limits_j \min\limits_i |C_i^* - C_{ji}| + \rho \max\limits_j \max\limits_i |C_i^* - C_{ji}|}{|C_i^* - C_{ji}| + \rho \max\limits_j \max\limits_i |C_i^* - C_{ji}|}$$

式中：$\rho \in [0,1]$，一般取 $\rho = 0.5$，称为分辨系数。采用这种方式求得的关联系数，就是隶属度。

(2) 基于层次分析法的权重分配计算

为了求得前述模型中的权向量 $\boldsymbol{P} = (P_1, P_2, \cdots, P_m)$，由层次分析法可知：

$$P_i = P_j \cdot U_{ij} \quad i,j = 1,2,\cdots,m$$

将因素集 $Y = \{y_1, y_2, \cdots, y_m\}$ 中的第 k 个元素与其他元素比较，其重要度以 1～9 标度，即可写出第 k 行元素的比率判断标度值 $U_{k1}, U_{k2}, \cdots, U_{km}$，这就意味着上式中的 $i=k$，即

$$P_k = P_j \cdot U_{kj}, \quad j = 1,2,\cdots,m$$

改写上式为

$$P_j = \frac{P_k}{U_{kj}}, \quad j = 1,2,\cdots,m$$

由此可得：

$$\left.\begin{aligned} P_1 &= P_k/U_{k1} \\ P_2 &= P_k/U_{k2} \\ &\vdots \\ P_m &= P_k/U_{km} \end{aligned}\right\}$$

累加 $P_1, P_2, \cdots, P_m$ 有

$$\begin{aligned} P_1 + P_2 + \cdots + P_m &= \frac{P_k}{U_{k1}} + \frac{P_k}{U_{k2}} + \cdots + \frac{P_k}{U_{km}} \\ &= \sum_{j=1}^{m} \frac{P_k}{U_{kj}} = a_k \cdot \sum_{j=1}^{m} \frac{1}{U_{kj}} \end{aligned}$$

又 $\sum_{j=1}^{m} P_j = 1$，故有

$$P_k \cdot \sum_{j=1}^{m} \frac{1}{U_{kj}} = 1$$

于是

$$P_k = \left(\sum_{j=1}^{m} \frac{1}{U_{kj}}\right)^{-1}, \quad j = 1,2,\cdots,m$$

上式中 $U_{kj}(j=1,2,\cdots,m)$已知，于是 P_k 可得。进一步即可求得各因素的权重 $P_j(j=1,2,\cdots,m)$。这是基于层次分析法的行元素法的基本思想。显然，这种算法比传统的权重层次计算简捷得多。

依据该方法，不难求得模型中 $\underset{\sim}{B}=(b_1,b_2,\cdots,b_n)$，依据 b_i 的大小，我们即可对各矿山的经营状况进行分析和评价。

3. 应用实例

为了便于说明该方法和模型的应用，根据专家的意见，选取总资金利税率(%)、总产值增长率(%)、设备投资效率(%)、人均利税(元/(人·年))、全员劳动生产率(吨/(人·年))、百元产值占用定额流动资金(元/百元)、总费用对总效益比(%)、损失率(%)等 8 个指标因素作为我们的评价因素。现有 3 个矿山其指标基础数据见表 7-25 所示。

表 7-25　矿山经营指标

矿山	总资金利税率/%	总产值增长率/%	设备投资效率/%	人均利税/元/(人·年)	全员劳动生产率吨/(人·年)	百元产值占用资金	总费用与总效益比	损失率/%
矿山 1	2.15	4.18	84.73	351.34	139	37.74	1.41	21.03
矿山 2	1.22	6.57	94.46	193.34	350	47.00	12.50	12.53
矿山 3	1.81	2.43	75.03	334.21	499	53.29	2.70	30.29

显然，模型中 $Y=\{y_1,y_2,\cdots,y_8\}$，$A=\{a_1,a_2,a_3\}$。依此，可根据前述的原理和方法，对 3 个矿山的经营状况进行分析。

(1) 权重 P 的确定

根据专家以全员劳动生产率(因素 y_5)为基准，给出了其他各因素($y_1,y_2,y_3,y_4,y_6,y_7,y_8$)对因素 y_5 的重要性比较标度值如表 7-26 所示。

表 7-26　因素间的重要性比较标度值

y_i/y_k	y_1/y_5	y_2/y_5	y_3/y_5	y_4/y_5	y_5/y_5	y_6/y_5	y_7/y_5	y_8/y_5
U_{ik} (1～9)标度	4	2	2	3	1	1	2	1

显然，这里给出了比率判断矩阵中第 5 列的标度值：$U_5=\{U_{15},U_{25},U_{35},U_{45},U_{65},U_{75},U_{85}\}$，那么即可得因素 y_5 的权重值：

$$P_5=\left(\sum_{j=1}^{8}U_{j5}\right)^{-1}=\frac{1}{16}$$

由 $P_5=\frac{1}{16}$代入得：

$$P_1=P_5/U_{51}=P_5\cdot U_{15}=\frac{1}{16}\times 4=\frac{4}{16}$$

$$P_2=P_5/U_{52}=P_5\cdot U_{25}=\frac{1}{16}\times 2=\frac{2}{16}$$

同理 $$P_3=\frac{2}{16},P_4=\frac{3}{16},P_6=\frac{1}{16},P_7=\frac{2}{16},P_8=\frac{1}{16}$$

即 $$\underset{\sim}{\boldsymbol{P}}=\left(\frac{4}{16},\frac{2}{16},\frac{2}{16},\frac{3}{16},\frac{1}{16},\frac{1}{16},\frac{2}{16},\frac{1}{16}\right)$$

这就是我们所求得的权向量 $\underset{\sim}{\boldsymbol{P}}$。

(2) 基于关联系数的反计算

根据各个指标因素的实际意义，显然，因素 y_1,y_2,y_3,y_4,y_5 的取值越大越好，而因素 y_6,y_7,y_8 的取值则越小越好。由表 7-25 容易得到：

$$y^*=\{2.15,6.57,94.46,351.34,499,37.74,1.41,12.53\}$$

再结合表 7-25 不难得到初始矩阵：

$$\boldsymbol{E}=\begin{bmatrix}2.15 & 6.57 & 94.46 & 351.34 & 499 & 37.74 & 1.41 & 12.53\\ 2.15 & 4.18 & 84.73 & 351.34 & 139 & 37.74 & 1.41 & 21.03\\ 1.22 & 6.57 & 94.46 & 193.34 & 350 & 47.00 & 12.50 & 12.53\\ 1.81 & 2.43 & 75.03 & 334.21 & 499 & 53.29 & 2.70 & 30.29\end{bmatrix}\leftarrow y^*$$

无量纲化后得：

$$\boldsymbol{C}=\begin{bmatrix}1 & 1 & 1 & 1 & 1 & 0 & 0 & 0\\ 1 & 0.42 & 0.50 & 1 & 0 & 0 & 0 & 0.49\\ 0 & 1 & 1 & 0 & 0.59 & 0.60 & 1 & 0\\ 0.63 & 0 & 0 & 0.89 & 1 & 1 & 0.12 & 1\end{bmatrix}\begin{matrix}\leftarrow C_0\\ \leftarrow C_1\\ \leftarrow C_2\\ \leftarrow C_3\end{matrix}$$

所以 $$\Delta\boldsymbol{C}=\begin{bmatrix}0 & 0.58 & 0.50 & 0 & 1 & 0 & 0 & 0.49\\ 1 & 0 & 0 & 0 & 0.41 & 0.60 & 1 & 0\\ 0.37 & 1 & 1 & 0.11 & 0 & 1 & 0.88 & 1\end{bmatrix}\begin{matrix}\leftarrow \Delta C_1\\ \leftarrow \Delta C_2\\ \leftarrow \Delta C_3\end{matrix}$$

进一步得：

$$\eta_j(i)=\frac{0+0.5\times 1}{|C_i^*-C_{ji}|+0.5\times 1}=\frac{0.5}{0.5+|C_i^*-C_{ji}|}$$

不难得到：

$$\underset{\sim}{\boldsymbol{R}} = (R_1, R_2, R_3)$$

$$\underset{\sim}{\boldsymbol{R}} = \begin{bmatrix} 1 & 0.33 & 0.57 \\ 0.46 & 1 & 0.33 \\ 0.50 & 1 & 0.33 \\ 1 & 0.33 & 0.82 \\ 0.33 & 0.53 & 1 \\ 1 & 0.45 & 0.33 \\ 1 & 0.33 & 0.80 \\ 0.51 & 1 & 0.33 \end{bmatrix}$$

(3) 模糊评价

由前面求得的$\underset{\sim}{\boldsymbol{P}}$,$\underset{\sim}{\boldsymbol{R}}$及$\underset{\sim}{\boldsymbol{B}}=\underset{\sim}{\boldsymbol{P}}\cdot\underset{\sim}{\boldsymbol{R}}$,我们即容易得到

$$\underset{\sim}{\boldsymbol{B}} = \left(\frac{12.80}{16}, \frac{8.95}{16}, \frac{9.32}{16}\right) = (0.80, 0.56, 0.58)$$

即 $b_1 > b_3 > b_2$,也就是说综合以上 8 个评价因素而言,矿山 1 经营效果比矿山 2、矿山 3 都明显好。另一方面,从基于关联系数 $\eta_j(i)$的隶属度矩阵$\underset{\sim}{\boldsymbol{R}}$,我们可以看到,矿山 2、矿山 3 与矿山 1,在总利税率(因素 y_1)、人均利税(y_4)上存在明显差距,同时,矿山 2、矿山 3 在因素 y_6,y_7 方面也有偏差,即占用固定资产流动资金和总费用消耗方面均比矿山 1 偏大。因此,为了提高矿山 2、矿山 3 两个矿山的经营状况,建议在以上四个方面(y_1,y_4,y_6,y_7)进行调整和改进,作为努力的方向。

4. 结论

通过以上应用和分析表明：

(1) 应用这里提出的基于灰色关联度的模糊层次评价模型进行经营状况的评价是切实可行的,易接受,也便于推广。

(2) 该模型和算法具有严密的逻辑推理和数学依据,为矿山企业经济评价提供了一条崭新的手段和途径。

(3) 这里将灰色理论、模糊数学及层次分析法相结合的思想,对其他领域内的经济评价问题也有一定的参考价值。

参考文献

[1] 郭显光. 一种新的综合评价方法——组合评价法. 统计研究,1999,(5)：56-59

[2] 徐强. 组合评价法研究. 江苏统计,2003,(10)：10-12

[3] 张国宏等. 组合评价系统综合研究. 复旦学报(自然科学版),2003,42(5):667-672
[4] 刘满凤. 企业管理中的定量化评价方法评析. 当代财经,2003,(5):80-82
[5] 金玉国. 一种测定权数的新方法:灰色系统关联分析. 统计教育,2002,(3):14-15
[6] 杨印生等. 基于DEA的加权灰色关联分析方法. 吉林大学学报(工学版),2003,23(1):98-101
[7] 李晓峰. 基于AHP的人工神经网络模型的建立. 四川大学学报(工程科学版),2003,35(1):101-103
[8] 杨柏等. 高新技术企业综合评估系统研究. 商业研究,2005,(7):7-10
[9] 曹東等. 一种基于AHP和模糊理论的多方案综合评价方法. 浙江工业大学学报,2003,31(4):355-359
[10] 朱建军等. 供应商选择及订购计划的分析. 东北大学学报(自然科学版),2003,24(10):956-958
[11] 俞杰等. 基于供应商发展的综合评价研究. 上海大学学报(自然科学版),2002,8(5):463-470
[12] 梁杰等. AHP法专家调查法与神经网络相结合的综合定权方法. 系统工程理论与实践,2001,(3):59-63
[13] 杨廷双. 基于BP神经网络的高新技术企业综合评价方法及应用研究. 中国软科学,2003,(5):96-98
[14] 张振辉,达庆利. AHP-GRAM模型在企业兼并风险评价中的应用. 科研管理,2003,24(3):130-136
[15] 张鹏侠等. 灰色多层次综合评判模型在评价经济效益中的应用. 沈阳航空工业学院学报,1994,总27:81-87
[16] 杜栋. 模糊DEA方法及其在人才评价中的应用. 第二届中国青年运筹与管理学者大会论文集. 北京:宇航出版社,1997:24-28
[17] 蒋恩尧等. 对营销渠道中间商的绩效评价. 科技情报开发与经济,2004,14(2):84-86
[18] 葛彩霞. 基于神经网络的模糊综合评价. 大连海事大学学报,1997,23(3):96-99
[19] 朱祖平. 基于BP神经网络的企业技术创新效果的模糊综合评价. 系统工程理论与实践,2003,(9):16-21
[20] 夏玉成. 灰色关联分析在模糊综合评判中的应用. 西安矿业学院学报,1991,(1):44-46
[21] 魏一鸣等. 基于灰色关联度的矿山经营状况模糊层次分析. 中国钼业,1995,19(3):28-32

第八章　几种智能化的综合评价方法简介

过去的30多年，综合评价在我国得到了纵深的发展，已广泛运用于国民经济的各个领域，人们对综合评价的理论、方法和应用开展了多方面的、卓有成效的研究。可以说，综合评价方法的研究成果已相当丰富，但这些方法由于基本原理不同，思想存在差异，良莠不齐。本章试图从综合评价方法应用的视角，介绍一些比较新的方法，以展现现阶段综合评价方法的研究进展情况，希望对以后的研究者有所帮助，以提高我国在综合评价方法领域的整体研究水平。

第一节　网络层次分析法

AHP法是一种强有力的系统分析方法，也是一种对多因素、多准则、多方案的综合评价方法，已被广泛应用社会经济管理评价之中。但AHP方法的核心是将系统划分层次，且只考虑上层元素对下层元素的支配作用，同一层次中的元素被认为是彼此独立的。这种递阶层次结构虽然给处理系统问题带来了方便，同时也限制了它在复杂决策问题中的应用。在许多实际问题中，各层次内部元素往往是依存的，低层元素对高层元素亦有支配作用，即存在反馈作用，此时系统的结构更类似于网络结构。网络层次分析法(Analytic Network Process，ANP)正是适应这种需要，由AHP延伸发展得到的系统评价方法。

1996年，T. L. Saaty在AHP的基础上较为系统地提出了ANP的理论与方法，它是复杂化的AHP，能够应用在更加广泛的领域中。AHP和ANP的共同点是都能够处理不易定量化变量的多准则问题，可以将定性的判断用数量的形式表达和处理。AHP和ANP的不同点在于，AHP处理的层次结构的内部元素是独立的，在同一层次间的任意两元素不存在支配和从属关系；不相邻的两个层次之间的任意两个元素也不存在支配和从属关系，是简单的递阶层次结构。ANP相对于AHP的结构更加复杂，ANP虽然也存在递阶层次结构，但是ANP的层次结构之间存在循环和反馈，并且每一层次结构内部存在内部依存和相互支配的结构。ANP更适合于对一般社会经济系统的评价，也可以说

AHP 是 ANP 的一个特例。

一、ANP 相关概念

1. 结构分析

ANP 的网络层次结构相对于 AHP 递阶层次结构来讲，显然更为复杂。ANP 将系统元素划分为两大部分，第一部分称为控制元素层，包括问题目标及决策准则。所有的决策准则均被认为是彼此独立的，且只受目标元素的支配。控制元素层中可以没有决策准则，但至少有一个目标。控制层次就是一个典型 AHP 递阶层次结构，所有的准则彼此独立，下一个准则只受上一个准则支配，每个准则的权重均可用传统的 AHP 法获得。第二部分为网络层，它是由所有受控制层支配的元素组成的，元素之间相互依存、相互支配，元素和层次间内部不独立，递阶层次结构中的每个准则支配的不是一个简单的内部独立的元素，而是一个相互依存、反馈的网络结构。控制层和网络层组成了典型 ANP 层次结构，如图 8-1 所示。

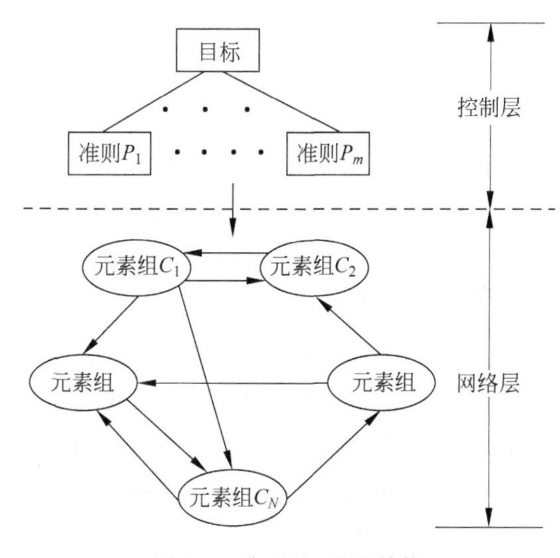

图 8-1　典型的 ANP 结构

2. 优势度

AHP 的一个重要步骤就是在一个准则下，受支配元素进行两两比较，由此获得判断矩阵。但在 ANP 中被比较元素之间可能不是独立的，而是相互依存的，因而这种比较将以两种方式进行。

(1) 直接优势度：给定一个准则，两元素对于该准则的重要程度进行比较。这种比较适用于元素间互相独立的情形。

(2) 间接优势度：给出一个准则，两个元素在准则下对第三个元素(称为次准则)的影响程度进行比较。例如，要比较甲、乙两成员对商品营销能力的优势度，方法之一，可通过他们对董事长所采取的营销策略的影响力比较而间接获得。这种比较适用于元素间互相依存的情形。

3. 超矩阵与加权超矩阵

设 ANP 的控制层中有元素 $p_1,\cdots,p_n$。在控制层下，网络层有元素组 $C_1,\cdots,C_N$，其中 C_i 中有元素 $e_{i1},\cdots,e_{in_i}$，$i=1,\cdots,N$。以控制层元素 $P_s(s=1,\cdots,m)$ 为准则，以 C_j 中元素 $e_{jl}(l=1,\cdots,n_j)$ 为次准则，元素组 C_i 中元素按其对 e_{jl} 的影响力大小进行间接优势度比较，即构造判断矩阵：

e_{jl}	$e_{i1},e_{i2},\cdots,e_{in_i}$	归一化特征向量
e_{i1}		$w_{i1}^{(jl)}$
e_{i2}		$w_{i2}^{(jl)}$
$\vdots$		$\vdots$
e_{in_i}		$w_{in_i}^{(jl)}$

并由特征根法得到排序向量 $(w_{i1}^{(jl)},\cdots,w_{in_i}^{(jl)})'$，记 $\boldsymbol{W}_{ij}$ 为：

$$\boldsymbol{W}_{ij}=\begin{bmatrix} w_{i1}^{(j1)} & w_{i1}^{(j2)} & \cdots & w_{i1}^{(jn_j)} \\ w_{i2}^{(j1)} & w_{i2}^{(j2)} & \cdots & w_{i2}^{(jn_j)} \\ \vdots & \vdots & \vdots & \vdots \\ w_{in_i}^{(j1)} & w_{in_i}^{(j2)} & \cdots & w_{in_i}^{(jn_j)} \end{bmatrix}$$

这里 $\boldsymbol{W}_{ij}$ 的列向量就是 C_i 中元素 $e_{i1},\cdots,e_{in_i}$ 对 C_j 中元素 $e_{j1},\cdots,e_{jn_j}$ 的影响程度排序向量。若 C_j 中元素不受 C_i 中元素的影响，则 $\boldsymbol{W}_{ij}=0$。这样最终可以获得 P_s 下超矩阵 $\boldsymbol{W}$。

$$\boldsymbol{W}=\begin{array}{c} \\ 1 \\ \vdots \\ n_1 \\ 1 \\ \vdots \\ n_2 \\ \vdots \\ 1 \\ \vdots \\ n_N \end{array}\begin{array}{c} \begin{array}{cccc} 1\cdots n_1 & 1\cdots n_2 & \cdots & 1\cdots n_N \end{array} \\ \begin{bmatrix} W_{11} & W_{12} & \cdots & W_{1N} \\ W_{21} & W_{22} & \cdots & W_{2N} \\ & \vdots & & \\ W_{N1} & W_{N2} & \cdots & W_{NN} \end{bmatrix} \end{array}$$

这样的超矩阵共有 m 个，它们都是非负矩阵，超矩阵的子块 $\boldsymbol{W}_{ij}$ 是列归一化的，但 $\boldsymbol{W}$ 却不是列归一化的。为此以 P_s 为准则，对 P_s 下各组元素对准则 C_j（$j=1,\cdots,N$）的重要性进行比较可得：

C_j	C_1 $\cdots$ C_N	归一化特征向量（排序向量）
C_1		a_{1j}
$\vdots$	$\vdots$ $j=1,\cdots,N$	
C_N		a_{Nj}

与 C_j 无关的元素组对应的排序向量分量为零，由此得到加权矩阵

$$\boldsymbol{A}=\begin{bmatrix} a_{11} & \cdots & a_{1N} \\ & \vdots & \\ a_{N1} & \cdots & a_{NN} \end{bmatrix}$$

对应超矩阵 $\boldsymbol{W}$ 的元素加权，得到 $\overline{W}=(\overline{W}_{ij})$，其中 $\overline{W}_{ij}=a_{ij}W_{ij}$，$i=1,\cdots,N,j=1,\cdots,N$。$\overline{W}$ 就为加权超矩阵，其列和为 1，称为列随机矩阵。

4. 极限相对排序向量

设（加权）超矩阵为 $\boldsymbol{W}$ 的元素为 w_{ij}，则 w_{ij} 的大小反映了元素 i 对元素 j 的一步优势度。i 对 j 的优势度还可以用 $\sum_{k=1}^{N} w_{ik}w_{kj}$ 得到，称为二步优势，它就是 W^2 的元素，W^2 仍然是列归一化的。当 $W^{\infty}=\lim_{t\to\infty}W^t$ 存在时，W^{∞} 的第 j 列就是在 P_s 下网络层中各元素对应元素 j 的极限相对排序向量。

二、基于 ANP 的综合评价步骤

1. 分析问题

将决策问题进行系统的分析、组合，形成元素和元素集，这是非常重要的一步，归类要正确，即“物以类聚”，主要分析判断元素层次是否内部独立，是否存在依存和反馈，分析问题的方法基本类同于 AHP 方法，可用会议讨论、专家填表等形式和方法进行。

2. 构造 ANP 结构

首先是构造控制层次（Control Hierarchy）。先界定决策目标，再界定决策准则，这是问题的基本，各个准则相对决策目标的权重用 AHP 法得到。

其次是构造网络层次。要归类确定每一个元素集，分析其网络结构和相互影响关系，分析元素之间的关系可以采取多种方法进行。一种是内部独立的递阶层次结构，即层次

之间相对对立；一种是内部独立，元素之间存在着循环的 ANP 网络层次结构；还有一种是内部依存，即元素内部存在循环的 ANP 网络层次结构，这几种情况都是 ANP 的特例情况。

3. 构造 ANP 的超矩阵

设控制层中相对应目标层 A 的准则为 $B_1,\cdots,B_N$，网络层有元素集 $C_1,\cdots,C_N$，C_i 中有元素 $e_{i1},\cdots,e_{in_i}$，$i=1,\cdots,N$。

则第 i 层所有元素对 j 层的影响作用矩阵为

$$
\boldsymbol{W}=\begin{array}{c} 1\\ \vdots\\ n_1\\ 1\\ \vdots\\ n_2\\ \vdots\\ 1\\ \vdots\\ n_N \end{array}
\overset{\begin{array}{cccc}1\cdots n_1 & 1\cdots n_2 & \cdots\ 1 & \cdots\ n_N\end{array}}{\begin{bmatrix} W_{11} & W_{12} & \cdots & W_{1N}\\ W_{21} & W_{22} & \cdots & W_{2N}\\ & & \vdots & \\ W_{N1} & W_{N2} & \cdots & W_{NN} \end{bmatrix}}
$$

4. 计算权重

ANP 赋权的核心工作，即解超矩阵，是一种非常复杂的计算过程，手工运算几乎不可能。实际应用中一般都用计算机软件进行，如 Super Decision 等软件。

三、应用举例

这里以文献[5]为例来说明 ANP 是如何应用于综合评价中的。政府采购工作一般通过招投标程序进行，而各评标因素之间存在一定的依赖关系。这里应用网络层次分析法来解决政府招标采购中存在的问题。

1. 确定评标因素

设定评标因素主要包括：投标报价 B_1、货物质量 B_2、供货与质量保证 B_3、包装与运输 B_4、投标书编制质量和技术服务 B_5。

确定评标因素的权值，其权重可按有关规定所推荐的评分值范围确定，设定最高分为9，其他因素的权重与最高分两两比较而得，见表 8-1。

其中投标报价 B_1 包括：已支付或将支付产品税和其他税费 C_1、技术规格中特别要求的备件价格 C_2、合同条款前附表上所有伴随服务的费用 C_3、货物验收时的鉴定测试费 C_4、至合同约定交货地点的运费 C_5；货物质量 B_2 以拟投入的人力、财力和设备等因素定

分 C_6；供货与质量保证 B_3 以质量检测设备、质量管理体系等因素定分 C_7；包装与运输 B_4 以包装方法与运输方式等因素定分 C_8；投标书编制质量和技术服务 B_5 以投标人近 5 年完成类似项目的质量、工期(C_9)、履约表现和技术服务质量(C_{10})等因素定分。

表 8-1　评价因素的权重

评 标 因 素	权　　值
投标报价(B_1)	9
货物质量(B_2)	2.1
供货与质量保证(B_3)	1.5
包装与运输(B_4)	1.2
投标书编制质量和技术服务(B_5)	1.2

假定 5 个投标人在各因素下的得分如表 8-2 所示。

表 8-2　5 个投标人在各因素下的得分

投标人	C_1	C_2	C_3	C_4	C_5	C_6	C_7	C_8	C_9	C_{10}
投标人 M_1	3.03	4.64	6.12	5.00	9.00	8.81	7.65	9.00	8.55	9.00
投标人 M_2	8.01	8.90	9.00	9.00	6.00	7.02	8.31	9.00	7.35	8.55
投标人 M_3	7.15	8.50	8.00	9.00	8.33	5.23	4.65	9.00	6.83	2.25
投标人 M_4	3.54	5.21	8.00	9.00	7.33	4.86	6.78	5.62	3.91	1.20
投标人 M_5	9.00	9.00	8.00	9.00	6.00	6.32	6.59	8.00	6.07	5.11

2. 建立 ANP 结构

通过分析比较，建立了网络内部具有依赖关系的 ANP 结构模型，如图 8-2 所示。

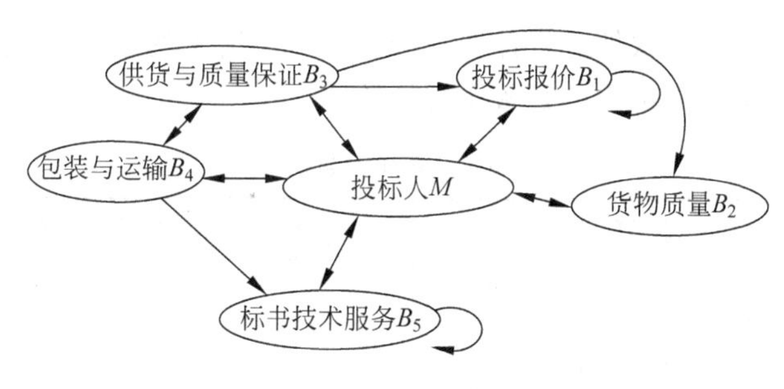

图 8-2　ANP 结构

3. 计算各因素下投标人的权重

这里采取 Super Decisions 软件进行计算。表 8-3 为按照表 8-2 计算的各投标人在各因素下的归一化权重，表 8-4 为按表 8-1 计算的各投标因素的归一化权重。

表 8-3 在各因素下的权重

C_1	W	C_2	W	C_3	W	C_4	W	C_5	W
M_1	0.097	M_1	0.128	M_1	0.156	M_1	0.120	M_1	0.246
M_2	0.266	M_2	0.246	M_2	0.230	M_2	0.220	M_2	0.164
M_3	0.232	M_3	0.234	M_3	0.204	M_3	0.220	M_3	0.227
M_4	0.113	M_4	0.144	M_4	0.204	M_4	0.220	M_4	0.200
M_5	0.292	M_5	0.248	M_5	0.204	M_5	0.220	M_5	0.163

C_6	W	C_7	W	C_8	W	C_9	W	C_{10}	W
M_1	0.273	M_1	0.226	M_1	0.222	M_1	0.262	M_1	0.345
M_2	0.217	M_2	0.245	M_2	0.222	M_2	0.225	M_2	0.327
M_3	0.163	M_3	0.136	M_3	0.222	M_3	0.208	M_3	0.086
M_4	0.150	M_4	0.199	M_4	0.138	M_4	0.119	M_4	0.046
M_5	0.197	M_5	0.194	M_5	0.196	M_5	0.186	M_5	0.196

表 8-4 评标因素的权重

评 价 因 素	权重(W)
投标报价 B_1	0.600
货物质量 B_2	0.140
供货与质量保证 B_3	0.100
包装与运输 B_4	0.080
投标书编制质量和技术服务 B_5	0.080

4. 计算极限超矩阵

采取 Super Decisions 软件进行计算完成。表 8-5 给出的是未加权超矩阵,表 8-6 给出的是加权超矩阵,表 8-7 给出的是极限超矩阵。

表 8-5 未加权超矩阵

	M_1	M_2	M_3	M_4	M_5	C_1	C_2	C_3	C_4	C_5	C_6	C_7	C_8	C_9	C_{10}
M_1	0.000	0.000	0.000	0.000	0.000	0.128	0.128	0.156	0.124	0.246	0.273	0.226	0.222	0.262	0.345
M_2	0.000	0.000	0.000	0.000	0.000	0.245	0.246	0.230	0.219	0.164	0.218	0.245	0.222	0.225	0.328
M_3	0.000	0.000	0.000	0.000	0.000	0.235	0.234	0.205	0.219	0.228	0.163	0.136	0.222	0.208	0.087
M_4	0.000	0.000	0.000	0.000	0.000	0.144	0.144	0.205	0.219	0.199	0.150	0.199	0.138	0.119	0.045
M_5	0.000	0.000	0.000	0.000	0.000	0.248	0.248	0.204	0.219	0.163	0.196	0.194	0.196	0.185	0.195
C_1	0.200	0.200	0.200	0.200	0.200	0.000	0.000	0.000	0.000	0.000	0.000	1.000	0.000	0.000	0.000
C_2	0.200	0.200	0.200	0.200	0.200	1.000	0.000	0.000	0.000	0.000	0.000	0.000	0.000	0.000	0.000
C_3	0.200	0.200	0.200	0.200	0.200	0.000	0.000	0.000	0.000	0.000	0.000	0.000	0.000	0.000	0.000

续表

	M_1	M_2	M_3	M_4	M_5	C_1	C_2	C_3	C_4	C_5	C_6	C_7	C_8	C_9	C_{10}
C_4	0.200	0.200	0.200	0.200	0.200	0.000	0.000	0.000	0.000	0.000	0.000	0.000	0.000	0.000	0.000
C_5	0.200	0.200	0.200	0.200	0.200	0.000	0.000	1.000	0.000	0.000	0.000	0.000	0.000	0.000	0.000
C_6	1.000	1.000	1.000	1.000	1.000	0.000	0.000	0.000	0.000	0.000	0.000	1.000	0.000	0.000	0.000
C_7	1.000	1.000	1.000	1.000	1.000	0.000	0.000	0.000	0.000	0.000	0.000	0.000	1.000	0.000	0.000
C_8	1.000	1.000	1.000	1.000	1.000	0.000	0.000	0.000	0.000	0.000	0.000	1.000	0.000	0.000	0.000
C_9	0.500	0.500	0.500	0.500	0.500	0.000	0.000	0.000	0.000	0.000	0.000	0.000	0.000	0.000	1.000
C_{10}	0.500	0.500	0.500	0.500	0.500	0.000	0.000	0.000	0.000	0.000	0.000	0.000	1.000	1.000	0.000

表 8-6　加权超矩阵

	M_1	M_2	M_3	M_4	M_5	C_1	C_2	C_3	C_4	C_5	C_6	C_7	C_8	C_9	C_{10}
M_1	0.000	0.000	0.000	0.000	0.000	0.064	0.128	0.078	0.121	0.245	0.273	0.056	0.073	0.130	0.172
M_2	0.000	0.0000	0.000	0.000	0.000	0.122	0.245	0.115	0.219	0.163	0.217	0.061	0.073	0.112	0.163
M_3	0.000	0.000	0.000	0.000	0.000	0.117	0.234	0.102	0.219	0.227	0.162	0.034	0.073	0.104	0.043
M_4	0.000	0.000	0.000	0.000	0.000	0.071	0.143	0.102	0.219	0.199	0.150	0.049	0.046	0.059	0.022
M_5	0.000	0.000	0.000	0.000	0.000	0.124	0.248	0.102	0.219	0.163	0.196	0.048	0.065	0.092	0.097
C_1	0.120	0.120	0.120	0.120	0.120	0.000	0.000	0.000	0.000	0.000	0.000	0.250	0.000	0.000	0.000
C_2	0.120	0.120	0.120	0.120	0.120	0.500	0.000	0.000	0.000	0.000	0.000	0.000	0.000	0.000	0.000
C_3	0.120	0.120	0.120	0.120	0.120	0.000	0.000	0.000	0.000	0.000	0.000	0.000	0.000	0.000	0.000
C_4	0.120	0.120	0.120	0.120	0.120	0.000	0.000	0.000	0.000	0.000	0.000	0.000	0.000	0.000	0.000
C_5	0.120	0.120	0.120	0.120	0.120	0.000	0.000	0.500	0.000	0.000	0.000	0.000	0.000	0.000	0.000
C_6	0.140	0.140	0.140	0.140	0.140	0.000	0.000	0.000	0.000	0.000	0.000	0.250	0.000	0.000	0.000
C_7	0.100	0.100	0.100	0.100	0.100	0.000	0.000	0.000	0.000	0.000	0.000	0.000	0.358	0.000	0.000
C_8	0.080	0.080	0.080	0.080	0.080	0.000	0.000	0.000	0.000	0.000	0.000	0.250	0.000	0.000	0.000
C_9	0.040	0.040	0.040	0.040	0.040	0.000	0.000	0.000	0.000	0.000	0.000	0.000	0.000	0.000	0.500
C_{10}	0.040	0.040	0.040	0.040	0.040	0.000	0.000	0.000	0.000	0.000	0.000	0.000	0.308	0.500	0.000

表 8-7　极限超矩阵

	W_1	W_2	W_3	W_4	W_5	C_1	C_2	C_3	C_4	C_5	C_6	C_7	C_8	C_9	C_{10}
W_1	0.083	0.083	0.083	0.083	0.083	0.083	0.083	0.083	0.083	0.083	0.083	0.083	0.083	0.083	0.083
W_2	0.092	0.092	0.092	0.092	0.092	0.092	0.092	0.092	0.092	0.092	0.092	0.092	0.092	0.092	0.092
W_3	0.082	0.082	0.082	0.082	0.082	0.082	0.082	0.082	0.082	0.082	0.082	0.082	0.082	0.082	0.082
W_4	0.066	0.066	0.066	0.066	0.066	0.066	0.066	0.066	0.066	0.066	0.066	0.066	0.066	0.066	0.066
W_5	0.085	0.085	0.085	0.085	0.085	0.085	0.085	0.085	0.085	0.085	0.085	0.085	0.085	0.085	0.085
C_1	0.063	0.063	0.063	0.063	0.063	0.063	0.063	0.063	0.063	0.063	0.063	0.063	0.063	0.063	0.063
C_2	0.081	0.081	0.081	0.081	0.081	0.081	0.081	0.081	0.081	0.081	0.081	0.081	0.081	0.081	0.081
C_3	0.049	0.049	0.049	0.049	0.049	0.049	0.049	0.049	0.049	0.049	0.049	0.049	0.049	0.049	0.049

续表

	W_1	W_2	W_3	W_4	W_5	C_1	C_2	C_3	C_4	C_5	C_6	C_7	C_8	C_9	C_{10}
C_4	0.049	0.049	0.049	0.049	0.049	0.049	0.049	0.049	0.049	0.049	0.049	0.049	0.049	0.049	0.049
C_5	0.073	0.073	0.073	0.073	0.073	0.073	0.073	0.073	0.073	0.073	0.073	0.073	0.073	0.073	0.073
C_6	0.071	0.071	0.071	0.071	0.071	0.071	0.071	0.071	0.071	0.071	0.071	0.071	0.071	0.071	0.071
C_7	0.058	0.058	0.058	0.058	0.058	0.058	0.058	0.058	0.058	0.058	0.058	0.058	0.058	0.058	0.058
C_8	0.047	0.047	0.047	0.047	0.047	0.047	0.047	0.047	0.047	0.047	0.047	0.047	0.047	0.047	0.047
C_9	0.042	0.042	0.042	0.042	0.042	0.042	0.042	0.042	0.042	0.042	0.042	0.042	0.042	0.042	0.042
C_{10}	0.052	0.052	0.052	0.052	0.052	0.052	0.052	0.052	0.052	0.052	0.052	0.052	0.052	0.052	0.052

5. 确定排序

合成排序矩阵为：

$$\boldsymbol{P} = [M_1 \quad M_2 \quad M_3 \quad M_4 \quad M_5]^{\mathrm{T}} = [0.90 \quad 1.00 \quad 0.90 \quad 0.72 \quad 0.92]^{\mathrm{T}}$$

前三名投标人的排序矩阵为：

$$\boldsymbol{P}_3 = [M_2 \quad M_5 \quad M_1]^{\mathrm{T}} = [1.00 \quad 0.92 \quad 0.90]^{\mathrm{T}}$$

6. 结果修正

根据合成排序结果另邀 2 名以上技术专家，对前 3 名投标人按排序的先后顺序分别进行实地考察，并给出专家考察分，按层次分析法进行排序，并推荐合格的中标候选人。

设共组成 5 名技术专家（其中 3 名是招标委员会成员），对投标人 M_2、M_5、M_1 分别进行实地考察。专家考察评分矩阵如下：

$$\boldsymbol{N} = [N_1 \quad N_2 \quad N_3]^{\mathrm{T}} = [0.39 \quad 0.29 \quad 0.32]^{\mathrm{T}}$$

以专家考察评分矩阵的分量为权重，对合成排序矩阵 P_3 的进行修正：

$$\boldsymbol{P}'_3 = [1.00 \quad 0.68 \quad 0.74]^{\mathrm{T}}$$

推荐合格的中标候选人：投标人 M_2。

第二节　基于粗糙集的综合评价方法

粗糙集理论是波兰科学家 Pawlak 于 20 世纪 80 年代初提出来的一种数学工具，可以用来分析、推理和挖掘数据之间的关系，发现隐含的知识，探寻数据间潜在的规律。粗糙集方法无须提供问题所需处理的数据集合之外的任何先验信息，仅根据观测数据删除冗余信息，比较不完整知识的程度（粗糙度）、属性间的依赖性与重要性，从而导出问题决策和分类规则。

粗糙集的功能和特性使它越来越多地用于综合评价当中，第一，只需要根据评价对象指标数据，就可以推理得出评价结果和评价对象的分类；第二，粗糙集具有强大的属性约简功能，能够从大量指标中根据属性重要度或者区分能力，提取出核心指标和约简指标体系，可以用于指标体系的筛选，剔除冗余和相关的指标。较之常用的统计方法筛选指标，粗糙集方法除了能处理定量指标外，还可以有效处理具有不确定性和需要主观评判的定性指标；第三，粗糙集属性重要性原理，可以通过去掉该指标后对评价结果的影响度大小来反映各个指标对于整个指标体系的重要性，从而得到指标的权重。较之常用的赋权方法，原理科学且更具有一定的客观性。因此，根据粗糙集这些特点，可以建立基于粗糙集的多指标综合评价方法。

一、粗糙集相关概念

这里对粗糙集有关的定义和概念做简单阐述，有兴趣的读者可参阅有关文献。

1. 基本概念

(1) 知识、知识库与等价关系。在粗糙集理论中，知识被认为是一种对研究对象进行分类的能力。设 $U \neq \varnothing$ 是研究对象组成的有限集合，称为论域。任何子集 $X \subseteq U$ 称为 U 中的一个概念或范畴。论域 U 中的任意概念簇称为关于 U 的抽象知识，简称知识，它代表了对 U 中个体的分类。设 R 是 U 上的一个等价关系，则给定论域 U 和等价关系 R，在 R 下对 U 的划分，称为知识，由它确定的等价类记为 U/R。U 上的一簇划分（对 U 的分类）称为关于 U 的知识库，一个知识库可用 $K=(U,R)$ 表示，其中 U 是非空有限集，R 是 U 上的一簇等价关系。

(2) 知识表达系统与决策表。粗糙集理论主要借助二维信息表有效表示知识信息，称为知识表达系统。它的基本成分是研究对象的集合，关于这些对象的知识是通过指定对象的属性（特征）和它们的属性值（特征值）来描述的，一般用 $S=\{U,R,V,f\}$ 表示。其中，U 为论域，R 是属性集合，$V=\bigcup_{r \in R} V_r$ 是属性值的集合，V_r 表示属性 $r \in R$ 的属性值范围，即属性 r 的值域，$f: U \times R \rightarrow V$ 是一个信息函数，它指定 U 中每一个对象 x 的各种属性值。决策表是一类特殊的知识表达系统。若 $R=C \cup D$ 是属性集合，子集 C 和 D 分别称为条件属性集和决策属性集，$D \neq \varnothing$，则称信息表知识表达系统 $S=\{U,R,V,f\}$ 为决策信息系统，对应的二维数据表称为决策表，表示当满足某些条件时，决策（行为、控制等）应当如何进行。

(3) 上近似集、下近似集与正域。粗糙集理论中的不确定性和模糊性是一种基于边界的概念，即一个集合在某特定的知识下有模糊的边界。设 U 是给定论域，$X \subseteq U$，R 是 U 上的等价关系簇。当 X 能表达成属性子集 B 所确定的 U 上的基本集的并集时，称 X 是 B 可定义的，否则称 X 是 B 不可定义的。B 可定义集也称作 B 精确集，B 不可定义集称为 B 粗糙集。包含于 X 中的最大可定义集和包含 X 的最小可定义集，都是能够根据 B 确定的，前者称为 X 的下近似集，记为 $B_{-}(X)$；后者称为 X 的上近似集，记为 $B^{-}(X)$。则：

X 的下近似集：$B\_(X)=U\{Y_i|Y_i\in U|\text{IND}(B)\wedge Y_i\subseteq X\}$；

X 的上近似集：$B^{-}(X)=U\{Y_i|Y_i\in U|\text{IND}(B)\wedge Y_i IX\neq\varnothing\}$。

集合 $BN_B(X)=B^{-}(X)/B_{-}(X)$ 称为 X 的 B 边界；$\text{pos}_B(X)=B_{-}(X)$ 称为 X 的 B 正域；$NEG_B(X)=U/B\_(X)$ 称为 X 的 B 负域。直观地讲，边界域 $BN_B(X)$ 是根据知识 B、U B、U 中所有一定能归入集合 X 的元素构成的集合；负域 $NEG_B(X)$ 是根据知识 B、U 中所有不能确定一定能归入集合 X 的元素的集合。

(4) 冗余属性、属性约简与属性核。决策表中的所有条件属性并非都是必要的，有的是多余的，去除这多余的属性不会影响原表达效果，即在保持分类能力不变的中既不能肯定归入集合 X，又不能肯定归入集合 $\overline{X}$ 的元素构成的集合；正域 $\text{pos}_B(X)$ 是根据知识前提下，通过知识的约简导出概念的分类规则。对信息系统 $S=\{U,R,V,f\}$，设 $r_0\in R$，如果 $\text{IND}(R-\{r_0\})=\text{IND}(R)$，则称属性 r_0 在 R 中是冗余的，r_0 为冗余属性；否则称 r_0 在 R 中是绝对必要的。如果每个属性 $r\in R$ 在 R 中都是绝对必要的，则称属性集 R 是独立的；否则称 R 是可约简的。R 中所有绝对必要属性组成的集合称为 R 的属性核，记作 $\text{core}(R)$。

设 P 和 Q 为论域 U 上的两个等价关系簇，且 $Q\subseteq P$。如果满足 $\text{IND}(Q)=\text{IND}(P)$，$Q$ 是独立的这两个条件，则称 Q 是 P 的一个绝对约简，记为 $\text{red}(P)$。

2. 属性离散化

在运用粗糙集理论进行对象评价、处理决策表时，要求对决策表中的值用离散(如整型、字符串型、枚举型) 数据表达。如果某条件属性或决策属性的值域为连续值，则在计算前必须进行离散化处理。属性离散化的算法有很多种，如等距离划分算法、等频率划分算法、Naive Scaler 算法、C－均值属性离散化算法，等等。

3. 属性重要度

为了找出某属性或属性集的重要性，需要从表中去掉另外一些属性，再来考察去掉该属性后分类会怎样变化。若去掉该属性会相应地改变分类，则说明该属性的强度大，即重要性高；反之说明该属性的强度小，即重要性低。

对于决策表 $S=\{U,R,V,f\}$，$C\cup D=R$，条件属性 $c_i\in C(i=1,2,\cdots,n)$，c_i 对于决策属性的重要性程度定义为 k_i，如下式所示：

$$k_i=r_C(D)-r_{C/c_i}(D)=\frac{\text{card}(\text{pos}_C(D))-\text{card}(\text{pos}_{C/c_i}(D))}{\text{card}(U)}$$

其中 $\text{card}(U)$ 表示集合 U 中元素的数量，$\text{pos}_{C/c_i}(D)$ 称为 D 的相对于 C/c_i 的正域，即 U 中所有根据属性集 C/c_i 进行划分后，仍可准确地划分到 D 的等价类中的对象集合；$\text{card}(\text{pos}_{C/c_i}(D))$ 表示集合 $\text{pos}_{C/c_i}(D)$ 中元素的个数。

k_i 越大，表明当从条件属性中去掉属性 c_i 以后再对论域中对象进行分类时，分类 U/D 的正域所受影响越大，则条件属性 c_i 即第 i 个指标对决策结果越重要；对于重要程度 $k_i=0$ 的指标，说明它对决策结果影响很小，可直接约简，不必赋予权重和评分。

二、基于粗糙集的综合评价步骤

1. 建立关系数据模型

首先建立关系数据模型，将每个评价指标视为条件属性，则条件属性集合为 $C=\{c_1,c_2,\cdots,c_n\}$；将各个专家根据每个评价指标打分后的最后综合得分 y 视为决策属性，则决策属性集合为 $D=\{y\}$。第 k 个待评价对象的各个指标值和最后综合得分视为某个知识系统的一条信息，则可定义 $u_k=(c_{1k},c_{2k},\cdots,c_{nk},y_k)$，从而论域为 $U=(u_1,u_2,\cdots,u_m)$，也称为样本集合，这时候研究对象 u_k 的属性值为：$c_i(u_k)=c_i$，$y(u_k)=y_k$，则由 u_k 构成的二维信息表就是关于要评价的关系数据模型。

2. 确定指标权重

步骤1：从最低一层指标开始，建立其对父指标的知识表达系统(KRS)，各子指标即构成条件属性集合 C，设 $C=\{c_1,c_2,\cdots,c_n\}$，父指标即为决策属性 D，设 $D=\{y\}$。

步骤2：对KRS进行数值化处理，并删去重复行。

步骤3：计算知识 R_D 对知识 R_C 的依赖程度 $\gamma_{R_C}(R_D)$，即计算指标集合 C 对决策属性指标 y 的依赖程度。

$$r_{RC}(R)=\frac{\sum\limits_{[y]R_D\in\{U/R_D\}}\operatorname{card}(\underline{R_C}[y]R_D)}{\operatorname{card}(U)}$$

步骤4：对每个评价指标 c_j，计算知识 R_D 对知识 $R_{C-\{c_j\}}$ 的依赖程度 $\gamma_{R_{C-\{c_j\}}}(R_D)$，$j=1,2,\cdots,n$。

$$\gamma_{R_{C-\{c_j\}}}(R_D)=\frac{\sum\limits_{[y]R_D\in\{U/R_D\}}\operatorname{card}(\underline{R_{C-\{c_j\}}}[y]R_D)}{\operatorname{card}(U)}$$

步骤5：计算第 j 种评价指标的重要性。$\sigma_D(c_j)=\gamma_{R_C}(R_D)-\gamma_{R_{C-\{c_j\}}}(R_D)$，$j=1,2,\cdots,n$。

步骤6：经归一化处理，可计算出第 j 种评价指标的重要性即权重 $w_j=\sigma_D(c_j)\Big/\sum\limits_{j=1}^{n}\sigma_D(c_j)$。

3. 综合权重计算

利用上述方法分别求出各指标对上一级指标的权重后，即可以从上一级开始，自上而下地求出各级指标关于评价目标的综合权重，由下面公式计算得出：

$$w_i=\sum_{j=1}^{n}a_j b_{ij}$$

其中 a_j 是一级指标相对于评价目标的权重；b_{ij} 是二级指标相对于一级指标的权重。

4. 确定各指标的隶属度

分析各指标的实际特点，确定出各个指标的隶属函数，然后把待评对象各个指标的参

数值 x_i 及其对应的标准值 x_i 分别代入其隶属函数，计算出隶属度 $\mu_A(x_i)$。

5. 综合评价

可以用线性加权法对各指标进行加权计算，计算公式为：

$$T=\sum_{i=1}^{n} w_i \mu_A(x_i)$$

最后将待评价对象和参照对象的计算结果进行比较，得出待评价对象的质量。

三、应用实例

这里以高等院校教师队伍的质量综合评价为例来说明如何利用粗糙集来进行综合评价，有关详细内容可参加文献[8]。

1. 建立评价对象的关系数据模型

表 8-8 给出的是有关专家对 16 名大学教师给出的评分表。表中左半部分为专家评分知识表达系统。

这里设定 $C=\{c_1$ 教学时数；c_2 科研分值；c_3 担任其他工作量；c_4 教学和学习指导能力；c_5 科学文化素质；c_6 组织管理能力$\}$，决策属性为 $f=\{$最后总得分$\}$（这里假设评价因子权重相等，计算所有专家分数的平均值得到）。

表 8-8 指标值及专家评分表

论域	参评教师						专家打分						
教师	c_1	c_2	c_3	c_4	c_5	c_6	专家 1	专家 2	专家 3	专家 4	专家 5	专家 6	最后得分 f
1	340	80	80	90	70	90	89	76	90	86	85	88	85.67
2	340	85	80	78	80	88	96	75	94	94	82	90	88.50
3	360	80	90	78	80	90	95	72	94	89	84	90	87.33
4	260	70	85	80	75	90	92	69	90	89	78	90	84.67
5	360	25	70	85	85	95	84	70	85	83	80	82	80.67
6	320	90	65	95	89	70	91	77	82	88	84	83	80.67
7	240	20	20	75	75	85	70	68	73	78	72	76	72.83
8	260	80	75	95	70	85	92	70	86	90	79	85	83.67
9	260	90	75	98	70	80	86	87	87	87	84	90	86.83
10	340	75	95	98	70	65	74	68	76	79	78	79	75.67
11	260	85	90	83	88	92	85	70	85	83	82	79	80.67
12	240	80	85	70	92	60	73	90	89	89	88	84	85.50
13	360	85	20	75	99	99	89	83	89	89	85	87	87.00
14	220	40	40	70	99	95	80	85	81	81	80	81	81.33
15	240	85	95	90	70	98	79	74	78	80	76	82	78.17
16	260	20	95	90	85	70	76	66	73	77	73	78	73.82

2. 计算指标权重

首先，对表 8-8 中各指标属性进行离散化处理

c_1：(1——>320；2——290～320；3——<290)；

c_2：(1——>80；2——30～80；3——<30)；

c_3：(1——>80；2——30～80；3——<30)；

c_4：(1——>90；2——80～90；3——<80)；

c_5：(1——>90；2——80～90；3——<80)；

c_6：(1——>90；2——70～90；3——<70)；

进而可以得出：(1——>85；2——80～85；3——<80)

其次，根据上述分段，对知识表达系统进行离散化处理，并消除重复行后得到如下的知识表达系统简化表，如表 8-9 所示。

表 8-9　知识表达系统简化表

论域	c_1	c_2	c_3	c_4	c_5	c_6	f
1	2	1	1	2			
2	2	1	1	3	1	3	1
3	1	1	3	3	1	1	1
4	3	2	2	3	1	1	2
5	2	1	1	1	3	1	3
6	2	3	2	1	2	3	3
7	3	3	3	3	1	2	3
8	2	1	1	1	3	1	2
9	2	1	2	1	3	2	1
10	2	2	1	1	3	3	3
11	1	1	1	1	3	1	1
12	1	1	1	2	2	2	1
13	1	1	1	2	2	1	1
14	2	2	1	2	3	1	2
15	1	3	2	2	2	1	2
16	2	1	2	1	2	2	2

由表 8-9 可以得到：

$U/\mathrm{ind}(c_2,c_3,c_4,c_5,c_6)$＝{(11,3)，(12)，(13)，(14)，(15,8,1)，(16)，(7)，(9)，(10)，(2)，(4)，(5)，(6)}；

$U/\mathrm{ind}(c_1,c_3,c_4,c_5,c_6)$＝{(11)，(12)，(13)，(14)，(15,8)，(16)，(7)，(9)，(10)，(1)，(2)，(3)，(4)，(5)，(6)}；

$U/\mathrm{ind}(c_1,c_2,c_4,c_5,c_6)=\{(11),(12),(13),(14),(15,8),(16),(7),(9),(10),(1),(2),(3),(4),(5),(6)\}$；

$U/\mathrm{ind}(c_1,c_2,c_3,c_5,c_6)=\{(11),(12),(13),(14),(15,8),(16),(7),(9),(10),(1),(2),(3),(4),(5),(6)\}$；

$U/\mathrm{ind}(c_1,c_2,c_3,c_4,c_6)=\{(11),(12),(13),(14),(15,8),(16),(7),(9,6),(10),(1),(2),(3),(4),(5)\}$；

$U/\mathrm{ind}(c_1,c_2,c_3,c_4,c_5)=\{(11),(12),(13),(14),(15,8),(16),(7),(9,6),(10),(1),(2,3),(4),(5)\}$。

$U/f=\{(11,14,8,4,5,6),(12,13,9,1,2,3),\{15,16,7,10\}\}$；

$U/C=\{(11),(12),(13),(14),(15),(16),(7),(8),(9),(10),(2),(4),(5),(6)\}$。

从而可以得到：

$\mathrm{pos}(c_2,c_3,c_4,c_5,c_6)(f)=\{12,13,14,16,7,9,10,2,4,5,6\}=11$；

$\mathrm{pos}(c_1,c_3,c_4,c_5,c_6)(f)=\{14,12,13,15,16,7,9,10,1,2,3,4,5,6\}=14$；

$\mathrm{pos}(c_1,c_2,c_4,c_5,c_6)(f)=\{11,12,13,14,16,7,9,10,1,2,3,4,5,6\}=14$；

$\mathrm{pos}(c_1,c_2,c_3,c_5,c_6)(f)=\{11,12,13,14,16,7,9,10,1,2,4,5,6\}=13$；

$\mathrm{pos}(c_1,c_2,c_3,c_4,c_6)(f)=\{13,14,16,7,10,1,2,3,4,5\}=10$；

$\mathrm{pos}(c_1,c_2,c_3,c_4,c_5)(f)=\{11,12,13,14,16,7,10,1,2,4,5\}=11$；

$\mathrm{pos}C(f)=(11,12,13,14,15,16,7,8,9,10,1,2,3,4,5,6)=16$。

进而可以求得：

$\gamma C(D)=16/16=1$；

$\gamma(c_2,c_3,c_4,c_5,c_6)(f)=11/16=0.6875$；

$\gamma(c_1,c_3,c_4,c_5,c_6)(f)=14/16=0.8750$；

$\gamma(c_1,c_2,c_4,c_5,c_6)(f)=14/16=0.8750$；

$\gamma(c_1,c_2,c_3,c_5,c_6)(f)=13/16=0.8125$；

$\gamma(c_1,c_2,c_3,c_4,c_6)(f)=10/16=0.6250$；

$\gamma(c_1,c_2,c_3,c_4,c_5)(f)=11/16=0.6875$。

可以求得：

$\gamma C(D)-\gamma(c_2,c_3,c_4,c_5,c_6)(f)=1-0.6875=0.3125$；

$\gamma C(D)-\gamma(c_1,c_3,c_4,c_5,c_6)(f)=1-0.8750=0.1250$；

$\gamma C(D)-\gamma(c_1,c_2,c_4,c_5,c_6)(f)=1-0.8750=0.1250$；

$\gamma C(D)-\gamma(c_1,c_2,c_3,c_5,c_6)(f)=1-0.8125=0.1875$；

$\gamma C(D)-\gamma(c_1,c_2,c_3,c_4,c_6)(f)=1-0.6250=0.3750$；

$\gamma C(D)-\gamma(c_1,c_2,c_3,c_4,c_5)(f)=1-0.6875=0.3125$。

经过归一化处理，可以分别得到各指标的权重分别为

$$w_i = (0.238, 0.095, 0.095, 0.095, 0.286, 0.191)$$

3. 综合评价

知道各个指标的权重后即可以计算出某个教师的综合得分。以第 11 个教师为例，计算过程如下：

利用加权评分法计算公式 $T = \sum_{i=1}^{n} w_i S_i$，其中 T 为加权后的总分数；w_i 为第 i 个评价因素所占的权重；S_i 为第 i 个评价因素的评分。利用以上公式可以得到权值改变前后的得分。

权值改变前：$T = \sum_{i=1}^{n} w_i S_i = (85 + 70 + 85 + 83 + 79)/6 = 80.67$；

权值改变后：$T = \sum_{i=1}^{n} w_i S_i = 85 \times 0.238 + 70 \times 0.095 + 85 \times 0.095 + 83 \times 0.095 + 82 \times 0.286 + 79 \times 0.191 = 81.38$

可见权值改变后第 11 个教师的总分有所提高，同时也提高了评价的准确度。

第三节　基于支持向量机的综合评价方法

支持向量机(Support Vector Machine，SVM)核心内容是在 1992—1995 年间提出的，是以统计学习理论作为理论依据的。支持向量机的基本思想是：首先，在线性可分情况下，在原空间寻找两类样本的最优分类超平面；在线性不可分的情况下，加入了松弛变量进行分析，通过使用非线性映射将低维输入空间的样本映射到高维属性空间使其变为线性情况，从而使得在高维属性空间采用线性算法对样本的非线性进行分析成为可能，并在该特征空间中寻找最优分类超平面。其次，它通过使用结构风险最小化原理在属性空间构建最优分类超平面，使得分类器得到全局最优，并在整个样本空间的期望风险以某个概率满足一定上界。

SVM 算法是基于结构风险最小化原则，克服了传统方法的过拟合和陷入局部最小的问题，具有很强的泛化能力，即由有限的训练样本得到的小的误差能够保证使独立的测试集仍保持小的误差。支持向量机作为一种新的机器学习算法，以最小结构风险代替了传统的经验风险，求解的是一个二次型寻优问题，得到的是全局最优点，解决了在神经网络方法中无法避免的局部极值问题；此外，其采用核函数方法，向高维空间映射时不但不增加计算的复杂性，反而有效地克服了维数灾问题。由于 SVM 自身的突出优势，因此被越来越多的研究人员作为强有力的学习工具，以解决模式识别、回归估计等领域的难题。基于支持向量机的特点，这种方法已被广泛应用于综合评价之中。

一、支持向量机相关概念

1. 最优分类面和广义最优分类面

SVM 是从线性可分情况下的最优分类面发展而来的，基本思想可用图 8-3 来说明。对于一维空间中的点，二维空间中的直线，三维空间中的平面，以及高维空间中的超平面，图中实心点和空心点代表两类样本，H 为它们之间的分类超平面，$H1$，$H2$ 分别为过各类中离分类面最近的样本且平行于分类面的超平面，它们之间的距离叫作分类间隔(margin)。

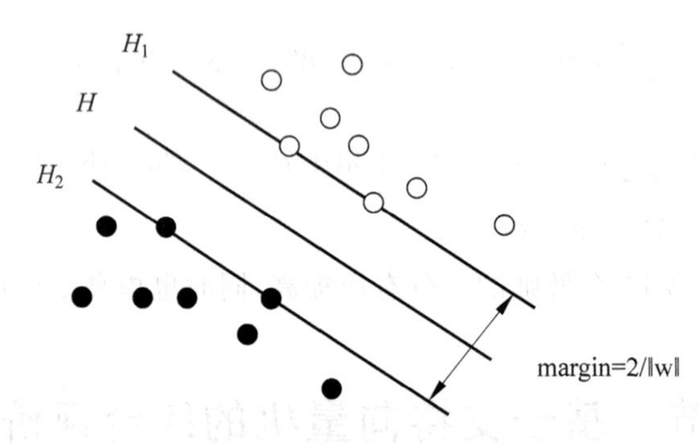

图 8-3　最优分类面示意图

所谓最优分类面要求分类面不但能将两类正确分开，而且使分类间隔最大。将两类正确分开是为了保证训练错误率为 0，也就是经验风险最小(为 0)。使分类空隙最大实际上就是使推广性的界中的置信范围最小，从而使真实风险最小。推广到高维空间，最优分类线就成为最优分类面。

设线性可分样本集为$(x_i, y_{i_})$，$i=1,\cdots,n$，$x\in R^d$，$y\in\{+1,-1\}$是类别符号。d 维空间中线性判别函数的一般形式为类别符号。d 维空间中线性判别函数的一般形式为 $g(x)=wx+b$，分类线方程为 $wx+b=0$。将判别函数进行归一化，使两类所有样本都满足$|g(x)|=1$，也就是使离分类面最近的样本的$|g(x)|=1$，此时分类间隔等于 $2/||w||$，因此使间隔最大等价于使$||w||$(或$||w||^2$)最小。要求分类线对所有样本正确分类，就是要求它满足

$$y_i[(wx)+b]-1\geqslant 0,\quad (i=1,2,\cdots,n) \tag{8-1}$$

满足上述条件，并且使$||w||^2$ 最小的分类面就叫做最优分类面，过两类样本中离分类面最近的点且平行于最优分类面的超平面 $H1$，$H2$ 上的训练样本点就称作支持向量(support vector)，因为它们“支持”了最优分类面。

利用 Lagrange 优化方法可以把上述最优分类面问题转化为如下这种较简单的对偶问题，即：在约束条件，

$$\sum_{i=1}^{n} y_i\alpha_i = 0$$

$$\alpha_i \geqslant 0, i = 1,2,\cdots,n$$

下面对 α_i 求解下列函数的最大值：

$$Q(\alpha) = \sum_{i=1}^{n}\alpha_i - \frac{1}{2}\sum_{i,j=1}^{n}\alpha_i\alpha_j y_i y_j (x_i x_j)$$

若 α^* 为最优解，则

$$w^* = \sum_{i=1}^{n}\alpha^* y\alpha_i$$

即最优分类面的权系数向量是训练样本向量的线性组合。

这是一个不等式约束下的二次函数极值问题，存在唯一解。根据 kühn-Tucker 条件，解中将只有一部分(通常是很少一部分)α_i 不为零，这些不为零解所对应的样本就是支持向量。求解上述问题后得到的最优分类函数是：

$$f(x) = \operatorname{sgn}\{(w^* x) + b^*\} = \operatorname{sgn}\left\{\sum_{i=1}^{n}\alpha_i^* y_i (x_i x) + b^*\right\}$$

根据前面的分析，非支持向量对应的 α_i 均为零，因此上式中的求和实际上只对支持向量进行。b^* 是分类阈值，可以由任意一个支持向量通过式(8-1)求得(只有支持向量才满足其中的等号条件)，或通过两类中任意一对支持向量取中值求得。

从前面的分析可以看出，最优分类面是在线性可分的前提下讨论的，在线性不可分的情况下，就是某些训练样本不能满足式(8-1)的条件，因此可以在条件中增加一个松弛项参数 $\varepsilon_i \geqslant 0$，变成：

$$y_i[(w \cdot x_i) + b] - 1 + \varepsilon_i \geqslant 0, \quad i = 1,2,\cdots,n$$

对于足够小的 $s>0$，只要使 $F_\sigma(\varepsilon) = \sum_{i=1}^{n}\varepsilon_i^\sigma$ 最小就可以使错分样本数最小。对应线性可分情况下的使分类间隔最大，在线性不可分情况下可引入约束：

$$||\mathrm{w}||^2 \leqslant c_k$$

在约束条件下求极小，就得到了线性不可分情况下的最优分类面，称作广义最优分类面。为方便计算，取 $s=1$。

为使计算进一步简化，广义最优分类面问题可以进一步演化成求下列函数的极小值：

$$\varphi(w,\varepsilon) = \frac{1}{2}(w,w) + C\left(\sum_{i=1}^{n}\varepsilon_i\right)$$

其中 C 为某个指定的常数，它实际上起控制对错分样本惩罚程度的作用，实现在错分样本的比例与算法复杂度之间的折中。

2. SVM 的非线性映射

对于非线性问题，可以通过非线性交换转化为某个高维空间中的线性问题，在变换空间求最优分类超平面。这种变换可能比较复杂，因此这种思路在一般情况下不易实现。但是我们可以看到，在上面对偶问题中，不论是寻优目标函数还是分类函数都只涉及训练样本之间的内积运算$(x \cdot x_i)$。设有非线性映射$\varphi: R^d \to H$将输入空间的样本映射到高维(可能是无穷维)的特征空间H中，当在特征空间H中构造最优超平面时，训练算法仅使用空间中的点积，即$\varphi(x_i) \cdot \varphi(x_j)$，而没有单独的$\varphi(x_i)$出现。因此，如果能够找到一个函数$K$使得

$$K(x_i \cdot x_j) = \varphi(x_i) \cdot \varphi(x_j)$$

这样在高维空间实际上只需进行内积运算，而这种内积运算是可以用原空间中的函数实现的，我们甚至没有必要知道变换中的形式。根据泛函的有关理论，只要一种核函数$K(x_i \cdot x_j)$满足 Mercer 条件，它就对应某一变换空间中的内积。因此，在最优超平面中采用适当的内积函数$K(x_i \cdot x_j)$就可以实现某一非线性变换后的线性分类，而计算复杂度却没有增加。此时目标函数变为：

$$Q(\alpha) = \sum_{i=1}^{n} \alpha_i - \frac{1}{2} \sum_{i,j=11}^{n} \alpha_i \alpha_j y_i y_j K(x_i \cdot x_j)$$

而相应的分类函数也变为

$$f(x) = \operatorname{sgn}\{ \sum_{i=1}^{n} \alpha_i^* y_i K(x_i \cdot x_j) + b^* \}$$

算法的其他条件不变，这就是 SVM。

概括地说 SVM 就是通过某种事先选择的非线性映射将输入向量映射到一个高维特征空间，在这个特征空间中构造最优分类超平面。在形式上 SVM 分类函数类似于一个神经网络，输出是中间节点的线性组合，每个中间节点对应于一个支持向量，如图 8-4 所示

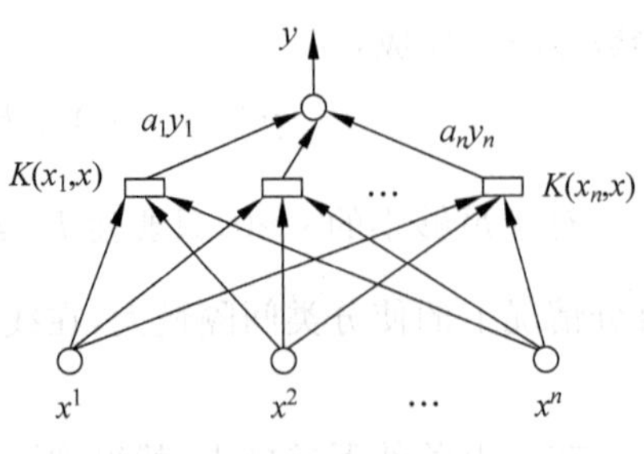

图 8-4　SVM 示意图

其中，输出(决策规则)：$y = \operatorname{sgn}\{\sum_{i=1}^{n} \alpha_i y_i K(x \cdot x_i) + b\}$，权值$w_i = \alpha_i y_i$，$K(x \cdot x_i)$为基于$s$个支持向量$x_1, x_2, \cdots, x_s$的非线性变换(内积)，$x = (x^1, x^2, \cdots, x^d)$为输入向量。

3. 核函数

选择满足 Mercer 条件的不同内积核函数，就构造了不同的 SVM，这样也就形成了不同的算法。目前研究最多的核函数主要有三类：

（1）多项式核函数

$$K(x,x_i) = [(x \cdot x_i) + 1]^q$$

其中 q 是多项式的阶次，所得到的是 q 阶多项式分类器。

（2）径向基函数（RBF）

$$K(x,x_i) = \exp\{-\frac{|x - x_i|^2}{\sigma^2}\}$$

所得的 SVM 是一种径向基分类器，它与传统径向基函数方法的基本区别是，这里每一个基函数的中心对应于一个支持向量，它们以及输出权值都是由算法自动确定的。径向基形式的内积函数类似人的视觉特性，在实际应用中经常用到，但是需要注意的是，选择不同的 S 参数值，相应的分类面会有很大差别。

（3）S 形核函数

$$K(x,x_i) = \tanh[v(x \cdot x_i) + c]$$

这时的 SVM 算法中包含了一个隐层的多层感知器网络，不但网络的权值，而且网络的隐层节点数也是由算法自动确定的，而不像传统的感知器网络那样由人凭借经验确定。此外，该算法不存在困扰神经网络的局部极小点的问题。

在上述几种常用的核函数中，最为常用的是多项式核函数和径向基核函数。除了上面提到的三种核函数外，还有指数径向基核函数、小波核函数等其他一些核函数，应用相对较少。事实上，需要进行训练的样本集有各式各样，核函数也各有优劣。B. Bacsens 和 S. Viaene 等人曾利用 LS-SVM 分类器，采用 UCI 数据库，对线性核函数、多项式核函数和径向基核函数进行了实验比较，从实验结果来看，对不同的数据库，不同的核函数各有优劣，而径向基核函数在多数数据库上得到略为优良的性能。

二、基于支持向量机的综合评价步骤

基于支持向量机的综合评价过程事实上也是一个模式分类过程，是指对表征事物或现象的各种形式的数值的、文字的和逻辑关系的信息进行处理和分析，以对事物或现象进行描述、辨认、分类和解释的过程。一般而言，包括如下几个步骤：

1. 数据采集和预处理

数据采集和数据预处理工作是对事物进行综合评价中相当重要的一步。因此数据采集过程需要对问题有较深入的理解，可惜的是原始数据提供者或者采集者往往都不是相关领域的研究人员，使得直接用原始数据进行训练性能不佳。因此，需要通过数据预处理和特征提取过程来提高数据的可分性和训练效率。

较常规的数据预处理方法是对原始数据进行归一化处理。归一化处理后的数据便于存储和运算，可以提高训练效率。归一化处理算法较多，可以使用线性极差变换、变换或标准差标准化等。数据预处理的另一个目的是提高数据的可分性，可以使用一些方法剔除异常样本点、检验数据的分布情况等。

2. 特征选择

在原始数据采集的过程中,用于采集数据的原始特征集由于各种原因,往往比较大,其中可能包含了很多对分类贡献不大甚至有负面影响的特征。对支持向量机模型来说,数据维度没有太大的影响,但是有效的特征选择对提高性能、降低错误率有一定的帮助。

特征选择是指从原始特征集中选择一个较小的包含了最能有效区分不同类别的信息的特征子集,特征选择的关键是识别出特征集中哪些特征是对判别问题贡献大的。因此有效的特征选择首先需要对问题域具有深刻的理解,根据对问题本身的经验和背景知识选择最能描述类别间差异的特征组成特征集合。

3. 特征提取

特征提取也是数据降维技术。与特征选择不同,特征提取的目的是在保留尽可能多的信息的前提下,通过特征组合生成新的特征,以降低特征集的维度。一般是通过对原始特征进行函数变换达到目的的。特征提取可能使用全部原始特征,但是变换后却降低了特征集维度。特征提取不但能够达到降维目的,还能尽可能地减少信息损失、减少冗余并帮助形成对数据的深入理解。

4. 模型选择

模型选择包括不同类型模型间的比较选择以及模型参数的确定。不同的模型具有不同的特点,因此适用于不同的问题。对于具体的问题,选择哪种模型一方面可以通过研究问题的背景和特点,根据经验选择。也可以通过对不同模型处理问题得到的结果进行比较选择出较理想的模型。模型选择还包括模型参数的确定。对于大多数模型,除了需要使用样本数据估计的参数外,还有很多外生的参数要在模型训练前确定。如神经网络的隐层数量、学习率等。这些参数的选择对训练效率和训练结果的影响也非常大,却往往缺乏确定的结构性理论指导,具体数值的选择一般是经验性的,或是通过多次尝试选择能够使结果最优的参数。

5. 模型训练

对于多数模型来说,需要使用全部训练集数据训练模型。多数模型的复杂度均受限于特征维度,而与训练样本数仅为线性关系。因此,这些模型能够处理海量训练数据也要求使用尽可能多的训练数据,无须设计特别的训练策略。而对于支持向量机来说。由于需要求解以样本数为变量的二次规划,其复杂度与样本数成指数递增关系,无法处理海量样本,因此需要设计特别的增量训练措施。主要涉及如何选择训练集以及如何增量迭代。

6. 结果评价

通过参数选择以及对模型的训练,可以对模型的性能和结果进行综合评价。需要指出的是,由于在综合评价中通常具有相当的经验性,在很多步骤中,选择怎样的策略和方法都与具体的问题相关。因此,很难一次性选择出最优的过程。所以这个步骤应该循环进行，通过多次迭代对每个步骤进行逐步优化，最后得到整体较优的结果。

三、应用实例

企业产品创新能力作为反映企业系统行为的一种综合能力，这里利用基于支持向量机的方法对企业产品创新能力进行评价，详细内容可参见文献[14]。

1. 指标体系构建

这里假定建立的企业产品创新能力评价指标体系包括以下8个指标：

X1：人均工业总产值＝工业总产值/职工总数

X2：R&D投入强度＝R&D经费/主营业务收入

X3：R&D人员比例＝R&D人员数/职工总数

X4：生产人员素质＝大本以上学历及中高级职称以上员工数/职工总数

X5：新产品销售率＝新产品销售收入/新产品产值

X6：新产品利润率＝新产品销售利润/新产品销售收入

X7：信息化投入强度＝信息化投入/主营业务收入

X8：新产品数

2. 数据的预处理

由于评价指标体系中，既有绝对指标又有相对指标，为使各指标在整个系统中具有可比性，必须对各指标进行归一化即标准化处理：$F_j=(x_j-x_{j\min})/(x_{j\max}-x_{j\min})$

其中，F_j 是目标值为 x_j 的标准化值；$x_{j\min}$是预先确定的第 j 个指标的最小值，$x_{j\max}$是预先确定的第 j 个指标的最大值，j 是评价指标的数目。

3. 确定评价等级

按照市直有关部门考核企业绩效和企业家业绩的标准，对相关指标及评价等级标准列表如表8-10所示。

表 8-10　评价等级确定

等级	X_1	X_2	X_3	X_4	X_5	X_6	X_7	X_8
Ⅰ	≥1500	≥0.012	≥0.15	≥0.5	≥1	≥0.3	≥0.003	≥11
Ⅱ	≥1000	≥0.008	≥0.09	≥0.35	≥0.95	≥0.2	≥0.002	≥7
Ⅲ	≥500	≥0.004	≥0.03	≥0.2	≥0.90	≥0.1	≥0.001	≥3
Ⅳ	<500	<0.004	<0.03	<0.2	<0.90	<0.1	<0.001	<3

4. 模型选择

设第 k 个评价等级中评价指标取值的下限和上限分别为 a_i^k 和 b_j^k，y_j^k 为相应的评价等级，则评价指标随机模拟公式为：$x_{ij}^k=\text{rand}(n_k)(a_j^k-b_j^k)+b_j^k$

式中，i 为某评价等级生成的指标序列容量，$i=1,2,\cdots,n_k$；k 为评价等级数目；j 为评价的指标数。

由上式可对第 k 个评价等级生成 n_k 组 (x_{ij}^k, y_i^k)，而后重新编排下标，获得新的序列 (x_{ij}, y_i) 并将其作为训练样本。

5. 模型训练

从某市官方统计数据中，选取 70 家工业总产值在 1 亿元以上且有产品创新活动的大型企业，其中随机选择 46 家作学习样本，另外 24 家作检验样本，具体数据见表 8-11。并设定核函数采用径向基函数，参数 gama＝0.125，C＝90。

表 8-11　具体数据

序号	X_1	X_2	X_3	X_4	X_5	X_6	X_7	X_8
1	3384.617	0.000328	0.07074	0.303859	0.900934	0.123551	0	14
2	167.5222	0.003905	0.034657	0.163466	1.130486	0.045972	0.000734196	22
3	298.4187	0.004484	0.031923	0.199703	0.747359	0.249989	0.001450471	13
4	2389.47	0.000394	0.04	0.22	1.063169	0.042363	0.000196819	1
5	567.826	0.000693	0.085806	0.463512	0.039773	0.000175036	18	
6	2552.37	0.000372	0.016711	0.17854	1	0.094994	0.000198874	5
7	1333.578	0.002154	0.066732	0.335623	0.348113	0.28148	0.001173225	16
8	190.2682	0.005378	0.106145	0.421089	0.97538	0.33985	0.002227096	17
9	208.5102	0.004344	0.033673	0.266327	1.165035	0.101587	0.000576297	5
10	238.1436	0.003714	0.007833	0.200174	1	0.399994	0.001412571	2
11	182.9439	0.005471	0.016355	0.200935	0.605083	0.200008	0.001367814	1
12	205.4306	0.005161	0.002381	0.147619	0.73061	0.221343	0.000131068	
13	527.0964	0.001909	0.023229	0.191638	0.995126	－0.00532	0.000390255	2
14	1355.103	0.000739	0.2	0.409091	1.463712	0.016581	0.000577631	3
15	519	0.001683	0.147727	0.761364	1.11111	0.062	0.00162583	
16	253.7875	0.00394	0.0625	0.8875	1	0.071615	0.00349702	12
17	53.2616	0.016204	0.021097	0.147679	0.978784	0.021191	0.00492274	1
18	80.1307	0.01332	0.009864	0.191739	0.991738	－0.06172	0.002324034	4
19	280.049	0.044118	0.335784	0.75	0.1	0.001134454	2	
20	57.04667	0.019843	0.026667	0.216667	0.638892	0.274873	0.005555923	1
21	174.2174	0.006168	0.074534	0.130435	1	0.315375	0.003026588	3
22	225.8909	0.00445	0.6	0.763636	0.854666	0.799865	0.005906149	4
23	223.0833	0.004421	0.030864	0.339506	1.064283	0.08	0.000750515	2
24	411.1183	0.00297	0.107527	0.784946	1	0.030726	0.001532714	4

6. 结果评价

使用 Matlab 编写运算程序，运行后输出结果见表 8-12。

表 8-12 评价结果

序号	BP	SVM	序号	BP	SVM	序号	BP	SVM
1	0.220619	Ⅲ	9	0.132303	Ⅳ	17	0.251435	Ⅲ
2	0.266218	Ⅱ	10	0.129555	Ⅳ	18	0.18899	Ⅲ
3	0.217413	Ⅲ	11	0.105404	Ⅳ	19	0.116156	Ⅳ
4	0.090733	Ⅳ	12	0.069026	Ⅳ	20	0.295472	Ⅱ
5	0.275526	Ⅱ	13	0.076378	Ⅳ	21	0.196423	Ⅲ
6	0.121124	Ⅳ	14	0.168665	Ⅲ	22	0.43333	Ⅰ
7	0.244678	Ⅲ	15	0.168029	Ⅲ	23	0.111805	Ⅳ
8	0.31435	Ⅱ	16	0.310387	Ⅱ	24	0.185244	Ⅲ

可见，采取支持向量机和采取神经网络两种方法所得到的评价结果大致相同。与评价等级标准相适应，支持向量机评价结果更符合实际，也更准确、更直观、更简洁，更适合企业产品创新能力考评。

第四节 基于结构方程模型的综合评价方法

结构方程模型(Structure Equation Modeling，SEM)是应用线性方程系统表示观测变量与潜变量，以及潜变量之间关系的一种统计方法，其本质是一种广义的一般线性模型。SEM 成功地结合了因子分析与路径分析两大统计分析技术，利用因子分析有效地解决了理论变量的测量问题，利用路径分析验证并探索理论变量之间的关系结构。它是一种实证分析方法，通过寻找变量间的内在结构关系检验某种结构关系或模型的假设是否合理。其最大的突破在于潜变量概念的引入，现实的社会经济生活中有许多变量是无法用具体指标测度的，通过引入潜在变量可以将无法观测的变量具体化，以便更清楚地了解客观现实，对社会经济现象进行深层次分析。

相比于其他的传统多变量分析方法，结构化方程具有十分明显的优势：传统的多变量分析多局限于同一时间单一变量对因变量之间的关系，不允许自变量有测量误差，无法分析和处理潜变量，显然无法解释潜变量和自变量间的因果关系，而 SEM 则可以对多组自变量和多组因变量进行因果分析，在进行单一自变量与因变量之间的相关性或路径分析时，同时考虑了其他因变量的影响，是一种广义的多元因果分析模型。SEM 允许自变量和因变量包含测量误差，能清晰地反映潜变量与因变量之间的关系，可同时估计因子结构和因子之间的关系，允许具有更大弹性的测量模型。另外，SEM 还可以估计整个模型的拟合程度，通过修正模型的路径和删减指标来达到最优的拟合，可以对不同的模型进行比较，从而选择更加贴近现实的模型。除此之外 SEM 模型还可以进行一些传统的回归分析、方差分析、t 检验等。目前 SEM 已成功应用在社会学、心理学、教育学、管理学、市场营销学、卫生统计学、经济学、管理学等多个学科。

一、SEM 相关概念

结构方程模型是基于变量的协方差矩阵来分析变量之间关系的一种多元统计方法。在结构方程模型中包含两种主要变量：潜变量和显变量。潜变量(Latent Variable)是指实际中无法直接测量的变量，显变量(Manifest Variable)指实际中能够直接观察和测量的变量。一个潜变量往往对应着若干个显变量，潜变量可以看作其对应显变量的抽象和概括，显变量可视为特定潜变量的反映指标，可分为外生显变量和内生显变量，潜变量可分为外生潜变量和内生潜变量。外生潜变量是那些只起自变量作用的潜变量，在模型内不受其他潜变量影响；内生潜变量指要受到其他潜变量影响的潜变量。外生显变量是反映外生潜变量的指标，内生显变量是反映内生潜变量的指标。

结构方程模型主要由测量模型和结构模型组成。测量模型(Measurement Model)也称为验证性因子分析(Confirmatory Factor Analysis，CFA）模型，反映了因子（潜变量）与其测量指标之间的关系。一般有两个方程组成，分别规定为外生潜变量与外生观测指标向量，以及内生潜在变量与内生观测指标向量之间的关系，模型的形式为

$$\boldsymbol{x} = \boldsymbol{\Lambda}_x\boldsymbol{\xi} + \boldsymbol{\delta}$$

$$\boldsymbol{y} = \boldsymbol{\Lambda}_y\boldsymbol{\eta} + \boldsymbol{\varepsilon}$$

前者是外生变量的测量方程，$\boldsymbol{x}$ 是由 q 个外生观测指标组成的 $q\times 1$ 向量，$\boldsymbol{\xi}$ 是由外生潜变量的因子组成的 $n\times 1$ 向量，$\boldsymbol{\Lambda}_x$ 是 $\boldsymbol{x}$ 在 $\boldsymbol{\xi}$ 上的 $q\times n$ 因子负荷矩阵，$\boldsymbol{\delta}$ 是 q 个测量误差组成的向量；后者是内生变量的测量方程，$\boldsymbol{y}$ 是由 p 个内生观测指标组成的 $p\times 1$ 向量，$\boldsymbol{\eta}$ 是由 m 个内生潜变量组成的 $m\times 1$ 向量，$\boldsymbol{\Lambda}_y$ 是 $\boldsymbol{y}$ 在 $\boldsymbol{\eta}$ 上的因子负荷矩阵，$\boldsymbol{\varepsilon}$ 是 p 个测量误差组成的向量，$\boldsymbol{\delta}$ 和 $\boldsymbol{\varepsilon}$ 表示不能由潜变量解释的部分。

结构模型又称为潜变量因果关系模型，主要表示潜变量之间的关系，也包括以及模型中其他变量无法解释的变异量部分。规定了所研究的系统中假设的外生潜变量与内生潜变量之间有因果关系，模型形式为：

$$\boldsymbol{\eta} = \boldsymbol{B}\boldsymbol{\eta} + \boldsymbol{\Gamma}\boldsymbol{\xi} + \boldsymbol{\zeta}$$

其中，$\boldsymbol{\eta}$ 是内生潜变量向量，$\boldsymbol{\xi}$ 是外生潜变量向量，$\boldsymbol{B}$ 是 $m\times m$ 系数矩阵，描述了内生潜变量 $\boldsymbol{\eta}$ 之间的彼此影响；$\boldsymbol{\Gamma}$ 是 $m\times n$ 系数矩阵，主要描述了外生潜变量 $\boldsymbol{\xi}$ 对内生潜变量 $\boldsymbol{\eta}$ 的影响；$\boldsymbol{\zeta}$ 是 $m\times 1$ 残差矩阵，模型中未能解释的部分。

二、基于 SEM 的综合评价步骤

尽管结构方程模型应用在评价领域的时间并不长，而且不同的评价问题所用到的结构方程模型技术也存在一些差别，但不同类型的结构方程评价模型的基本分析步骤大致

相同。通常,构造一个结构方程评价模型主要包括以下 5 个步骤,如图 8-5 所示.

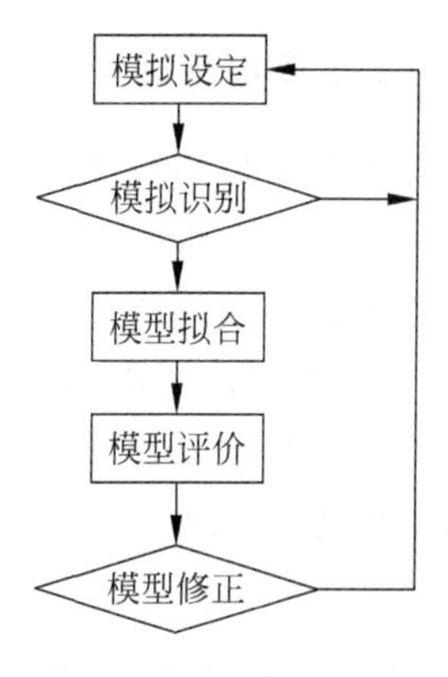

图 8-5 基于 SEM 的综合评价步骤

1. 模型设定

结构方程模型本质上是一种验证性技术,所以在进行评价之前需要根据相关的理论假设条件,确定结构方程模型中的各种变量以及变量之间的关系,可以用路径图或矩阵方程的形式表示。

2. 模型识别

一方面,用于结构方程模型的数据资料必须满足一定的前提假设,在模型估计过程中才不会产生错误的拟合结果。因此,在模型拟合之前通常要对数据进行初步的检查以满足设定的假设条件;另一方面,为了尽量消除评价指标体系的单位及其数量级的差别对评价结果的影响,还需要对数据进行无量纲化处理。

3. 模型拟合

在概念模型和数据准备完毕就要对模型中参数进行估计,此过程就是模型拟合。结构方程模型拟合的目标是求得参数使模型隐含的协方差矩阵与样本协方差矩阵"距离"最小。根据不同的距离计算公式,结构方程模型中有五种常用的模型拟合方法:极大似然法(Maximum Likelihood,ML)、最小二乘法(Generalized Least Squares,GLS)、迭代法(Iterative Method,IM)、两阶段最小平方法(Two stage Least Squares,TSLS)、一般加权最小平方法(Generally Weighted Least Squares,GWLS)。

4. 模型评价

该步骤主要考察所设定模型对所搜集到的数据资料的拟合程度,主要包括模型整体的绝对拟合程度和相对拟合程度评价。绝对拟合程度指标是绝对意义上的假设模型的拟合效果,这一效果依赖于拟合指标的分布状况,其评价标准是客观的置信标准,主要指标包括卡方值、卡方自由度比、RMR(Root Mean Square Residual)、GFI(Goodness of Fit Index)、AGFI(Adjusted GFI)、PGFI(Parsimony GFI);相对拟合程度主要借鉴一些参考依据与自身的计算结果进行比较来检验模型的拟合情况,主要评价指标有:NFI(Normed Fit Index)、IFI(Incremental Fit Index) 以及 RFI(Relative Fit Index)等。如果模型拟合效果不佳,则需要对模型的理论假设以及某些参数进行重新修正。

5. 模型修正

如果所建立的结果方程模型通过了模型拟合效果评价,则可以根据相关的计算公式得出各潜在变量得分,给出评价信息,可以进一步对评价结果进行分析给出相关的政策性建议。如果拟合不好,需要对模型中的参数进行修改,通过参数的再设定提高模型的拟合程度,重复上述步骤直到获得可以接受的模型拟合度。

三、应用实例

建立外包绩效评估体系并以此为基础对外包服务商的行为进行监控和激励，能引导外包服务商自觉履行外包合同，提高外包绩效。这里以文献[16]中的例子作为 SEM 在经济管理中的应用实例。

1. 设定评价模型

这里从影响业务外包的财务指标与非财务指标两个方面去构建结构方程模型，有关指标如表 8-13 所示。

表 8-13　外包绩效评估体系

	一级指标	二级指标	三级指标
外包绩效评估体系	财务指标	绩效	盈利能力 a_1
			营运能力 a_2
			偿债能力 a_3
			发展能力 a_4
	非财务指标	企业竞争力	业务成本的降低 b_1
			高质量能力 b_2
			灵活性能力 b_3
			多服务能力 b_4
		客户保持力	客户满意度 c_1
			市场份额 c_2
			客户忠诚度 c_3
		外包动机	战略伙伴关系的形成 d_1
			关键性技术的获取 d_2
			资源被集中与优势业务 d_3
			专业化的服务 d_4
		外包强度	外包所占公司业务的比重 e_1
			外包的增长率 e_2
		企业风险控制能力	技术退化风险的规避能力 f_1
			业务风险的分担能力 f_2

通过对现实企业的实际调研得到的数据，利用 SPSS 进行信度与效度分析，剔除了不符合信度检验的 c_3 后，构建的模型如图 8-6 所示。

这里假定外包绩效评价的二级指标为潜在变量 LV_j，可以用 k 个观测变量 $O_{ji}(i=1,\cdots,k)$ 评价。定义这 k 个观测变量为潜在变量 LV_j 的 k 个评价指标，O_{ji} 为评价指标的实际得分，μ_{ji} 为其权重，α_j 为 LV_j 的权重。从图 8-6 可以看出，表 8-13 可以改写为表 8-14。

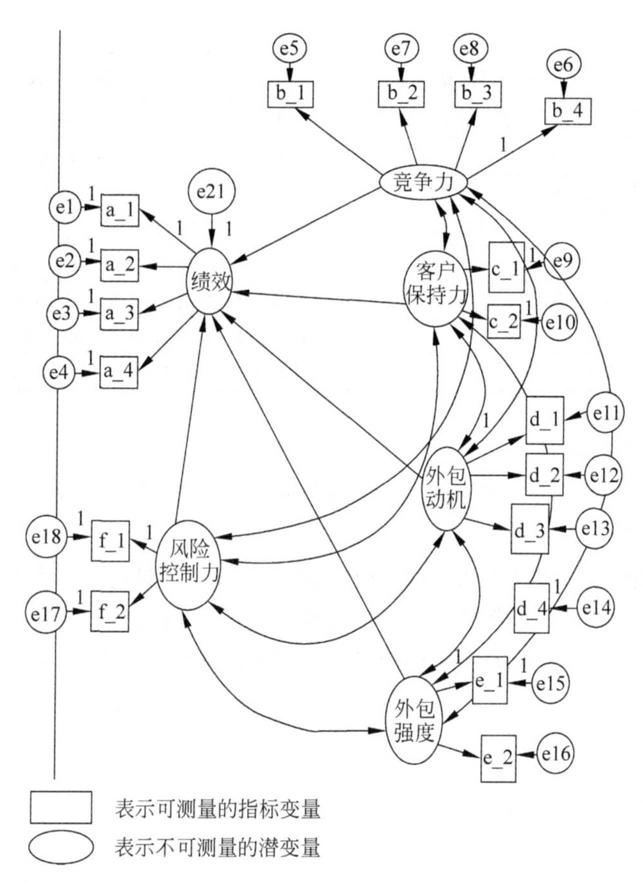

图 8-6　指标变量和潜变量之间的关系

表 8-14　观测变量与潜在变量

观测变量	潜在变量	含　义
企业竞争力 LV_1	业务成本的降低 O_{11}	对企业业务成本的降低进行描述和度量的变量
	高质量能力 O_{12}	对企业产品高质量能力进行描述和度量的变量
	灵活性能力 O_{13}	对灵活性能力进行描述和度量的变量
	多服务能力 O_{14}	对多服务能力进行描述和度量的变量
外包动机 LV_2	战略伙伴关系的形成 O_{21}	对战略伙伴关系的形成进行描述和度量的变量
	关键性技术的获取 O_{22}	对关键性技术的获取进行描述和度量的变量
	资源被集中与优势业务 O_{23}	对资源被集中于优势业务进行描述和度量的变量
	专业化的服务 O_{24}	对专业化的服务进行描述和度量的变量
客户保持力 LV_3	客户满意度 O_{31}	对客户满意度进行描述和度量的变量
	市场份额 O_{32}	对市场份额进行描述和度量的变量

续表

观测变量	潜在变量	含义
外包强度	外包所占公司业务的比重 O_{41}	对外包所占公司业务的比重进行描述和度量的变量
	外包的增长率 O_{42}	对外包增长率进行描述和度量的变量
企业风险控制能力	技术退化风险的规避能力 O_{51}	对技术退化风险规避能力进行描述和度量的变量
	业务风险的分担能力 O_{52}	对业务风险的分担能力进行描述和度量的变量
绩效	盈利能力 O_{61}	对盈利能力的形成进行描述和度量的变量
	营运能力 O_{62}	对营运能力的获取进行描述和度量的变量
	偿债能力 O_{63}	对偿债能力进行描述和度量的变量
	发展能力 O_{64}	对发展能力进行描述和度量的变量

2. 模型的拟合与估计

利用AMOS软件进行运算和拟合，得到修正后的业务外包绩效评价结构方程模型以及各个参数值，如图8-7所示。

需要说明的是，这里要对模型的合理性进行检验，包括对每个参数的合理性检验和显著性检验。建模者可以通过模型输出的拟合指数对模型进行评价和修正，这里忽略。

通过图8-7，即可写成业务外包绩效评价的结构方程模型，分别为

$$LV_1 = \sum_{i=1}^{4} O_{1i}\mu_{1i}$$

$$LV_2 = \sum_{i=1}^{4} O_{2i}\mu_{2i}$$

$$LV_3 = \sum_{i=1}^{2} O_{3i}\mu_{3i}$$

$$LV_4 = \sum_{i=1}^{2} O_{4i}\mu_{4i}$$

$$LV_5 = \sum_{i=1}^{2} O_{5i}\mu_{5i}$$

$$LV_6(A) = \sum_{i=1}^{4} O_{6i}\mu_{6i},$$

$$LV_6(T) = LV_1\alpha_{61} + LV_2\alpha_{62} + LV_3\alpha_{63} + LV_4\alpha_{64} + LV_5\alpha_{65} + \varepsilon$$

这里需要说明的是：$\sum_{i=1}^{k} \mu_{ji} = 1$。

通过对上式权重的归一化，可以分别得到 LV_1 的4个评价指标权重为(0.29，0.20，0.19，0.32)，LV_1 的权重为0.31；LV_2 的4个评价指标权重为(0.30，0.15，0.27，0.28)，LV_2 的权重为0.22；LV_3 的2个评价指标权重为(0.65，0.35)，LV_3 的权重为0.27；LV_4 的

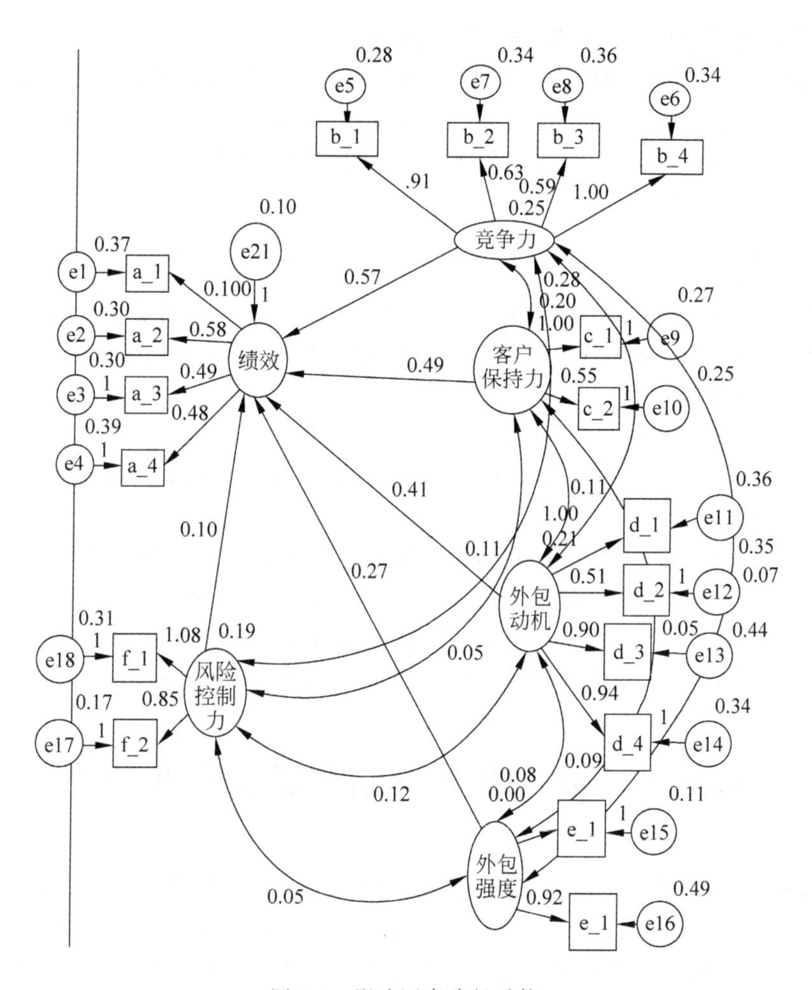

图 8-7　影响因素路径系数

2 个评价指标权重为(0.52,0.48),LV_2的权重为 0.15;LV_5的 2 个评价指标权重为(0.54,0.46),LV_5的权重为 0.05;LV_6的 4 个评价指标权重为(0.40,0.21,0.20,0.19)。

3. 计算潜在变量的分值

为了计算潜在变量的分值,可以先通过专家评分法得到每个评价指标的分值,然后依据有关公式分别计算出 5 个潜在变量的分值。这里假定通过专家评分法,以 10 分制记分,企业竞争力(LV_1) 4 个评价指标低成本能力(O_{11})、高质量能力(O_{12})、灵活性能力(O_{13})、多服务能力(O_{14})的得分分别为 9 分、8 分、7 分、8 分,则 LV_1的分值为:

$$LV_1 = \sum_{i=1}^{4} O_{1i}\mu_{1i} = 9 \times 0.29 + 8 \times 0.20 + 7 \times 0.19 + 8 \times 0.32 = 8.10$$

4. 计算业务外包绩效的实际分值与理论分值

为了计算业务外包绩效的实际分值，仍然先通过专家评分法得到业务外包绩效 $LV6$ 的 4 个评价指标的分值，然后依据有关公式计算业务外包绩效的实际分值。假定通过专家评分，得到业务外包绩效 LV_6 的 4 个评价指标的得分分别为 8.0、7.8、8.1、7.5 分，则业务外包绩效的实际值为

$$LV_6(A) = \sum_{i=1}^{4} O_{6i}\mu_{6i} = 8.0 \times 0.40 + 7.8 \times 0.21 + 8.1 \times 0.20 + 7.5 \times 0.19 = 7.96$$

将计算的各个潜在变量分值 $LV_1, LV_2, LV_3, LV_4, LV_5$ 代入有关公式，得到业务外包绩效的理论分值。如 $LV_1, LV_2, LV_3, LV_4, LV_5$ 分别为 8.10，9.0，8.9，8.8，8.7，则业务外包绩效的理论分值为

$$\begin{aligned} LV_6(T) &= LV_1\alpha_{61} + LV_2\alpha_{62} + LV_3\alpha_{63} + LV_4\alpha_{64} + LV_5\alpha_{65} + \varepsilon \\ &= 8.10 \times 0.31 + 9.0 \times 0.22 + 8.9 \times 0.27 + 8.8 \times 0.15 + 8.7 \times 0.05 = 8.65 \end{aligned}$$

5. 结果分析

在实际的评价过程中，可以把实际得分和理论得分进行比较，如果实际得分高于理论得分，则认为该企业的业务外包绩效较高；反之则认为该企业业务外包绩效较低。由上述可知该企业的业务外包绩效较低，企业的管理部门可以通过上述评价衡量该企业的竞争力、外包强度、风险控制力、客户保持力的情况，找出优势和不足，提出具体的解决措施。

第五节　基于集对分析的综合评价方法

集对是由一定联系的两个集合组成的基本单位，也是集对分析和联系数学中最基本的一个概念，由赵克勤在 1989 年正式提出。集对分析(Set Pair Analysis，SPA)是在一定的问题背景下，对集对中 2 个集合的确定性与不确定性以及确定性与不确定性的相互作用所进行的一种系统和数学分析。通常包括对集对中 2 个集合的特性、关系、结构、状态、趋势以及相互联系模式所进行的分析。这种分析一般通过建立所论 2 个集合的联系数进行，有时也可以不借助联系数进行分析。

不确定性理论是集对分析的本质，主要观点是：确定性和不确定性是构成一个系统的两个元素，且一个系统中仅有这两个元素。集对分析是一种对确定与不确定问题进行同异反定量分析处理不精确、不完整的信息的理论。集对分析理论的原理就是：在特定的情景下，对所论述的这两个集合的特性进行相同、相异、相反性分析并加以定量进行检释，得到相应的联系度表达式，由此进行系统的关联/决策、控制、评价等一系列问题的深入研究。

一、集对分析相关概念

集对是指具有某种关系的两个集合组成的一个对子，可由 $W=(A,B)$ 表示。集对分

析的本质是将确定、不确定系统从同异、反三方面分析事物的联系和转化。其中建立在问题背景下的两个集合同、异、反联系度 μ 计算式如下：

$$\mu = a + bi + cj = \left(\frac{N_1}{N}\right) + \left(\frac{N_2}{N}\right)i + \left(\frac{N_3}{N}\right)j$$

在上式中，N, N_1, N_2, N_3 分别表示集对中两集合的总特征数、共同具有特征数、相互对立特征数和既不共同也不对立特征数，其中 $N = N_1 + N_2 + N_3$，也要求 $a+b+c=1$，a，b，c 分别称为所论集合在指定问题背景下的同一度、差异度和对立度，反映了集对中的各集合的正、反和不确定趋势，i 表示差异度系数，取值范围为[$-1,1$]，j 为对立度系数，规定 $j \equiv -1$。这种刻画事物确定与不确定的定量描述，是从事物的同(同一)、异(差异)、反(对立)三个方面反映不确定性，因此又称为三元联系数。

将式中的 a,b,c 数值大小进行比较和状态排序称为同、异、反态势排序，相应的排序结果由[0.1,1]之间的数字来表达，称为态势度，如表 8-15 所示。通过态势度的大小可以表征问题的状态程度。

表 8-15　集对势的等级和次序关系

序号	集对势	**a、b、c 的大小关心**	态势度
1	准同势	$a>c, b=0$	1.0
2	强同势	$a>c, c>b>0$	0.9
3	弱同势	$a>c, a>b \geqslant c$	0.8
4	微同势	$a>c, b \geqslant a$	0.7
5	准均势	$a=c, b=0$	0.6
6	强均势	$a=c, a>b>0$	0.5
7	弱均势	$a=c, b=a$	0.4
8	微均势	$a=c, b>a$	0.4
9	准反势	$a<c, b \geqslant c$	0.3
10	强反势	$a<c, c \geqslant b \geqslant a$	0.3
11	弱反势	$a<c, a>b>0$	0.2
12	微反势	$a<c, b=0$	0.1

在系统综合评价中，有时候需要对论域的评价等级划分为 4 个、5 个或更多的等级，这时可采用多元联系数，其一般形式为

$$\mu = a + b_1 i_1 + b_2 i_2 + \cdots + b_n i_n + cj$$

在上式中，要求：$a, b_1, \cdots, b_n, c \in [0,1]$，且需要满足 $a + b_1 + \cdots + b_n + c = 1$。$i_1, i_2, \cdots, i_n$ 为差异度系数，在[$-1,1$]根据不同情况取值，$j \equiv -1$。一般当 $n=k$ 时，称为 $k+2$ 元联系数，当 $k \geqslant 2$ 时称为多元联系数。

二、基于集对分析的综合评价步骤

1. 确定评价指标与评价等级

设有 Q 个待评价对象 $x_1,x_2,\cdots,x_Q$ 构成空间 $X=\{x_1,x_2,\cdots,x_Q\}$，表征待评价对象属性的各指标构成指标集 $I=\{I_1,I_2,\cdots,I_m\}$，评价标准等级集为 $V=\{v_1,v_2,\cdots,v_n\}$，其中 $v_1,v_2,\cdots,v_n$ 构成属性的一个有序分割类，且 $v_1<v_2<\cdots<v_n$，每个指标的评价标准都是已知的，可以写成评价标准矩阵为：

$$
\begin{array}{c} \\ I_1 \\ \vdots \\ I_p \\ \vdots \\ I_m \end{array}
\begin{array}{c}
\begin{array}{cccc} v_1 & v_2 & \cdots & v_n \end{array} \\
\begin{pmatrix}
a_{11} & a_{12} & \cdots & a_{1n} \\
\vdots & \vdots & \vdots & \\
a_{p1} & a_{p2} & \cdots & a_{pn} \\
\vdots & \vdots & \vdots & \\
a_{m1} & a_{m2} & \cdots & a_{mn}
\end{pmatrix}
\end{array}
$$

在评价矩阵中，要满足：$a_{p1}<a_{p2}<\cdots<a_{pn}$ 或者 $a_{p1}>a_{p2}>\cdots>a_{pn}$。

根据待评价对象 x_q 的各指标实测值 $x_q=(t_{q1},t_{q2},\cdots,t_{qm})$ 判断评价对象属于哪一个评价类，判断 x_q 的各指标 I_p 属于综合哪一个评价类。

2. 各指标综合评价 n 元联系数的确定

定义评价对象 x_q 指标 I_p 的综合评价 n 元联系数为：

$$\mu_p = r_{p1} + r_{p2} i_1 + r_{p3} i_2 + \cdots + r_{p(n-1)} i_{n-2} + r_{pn} j$$

上式中 $r_{pl}\in[0,1](1\leqslant p\leqslant m,1\leqslant l\leqslant n)$ 是评价指标 I_p 相对 V_l 等级的联系度分量。

设指标 I_p 的测量值为 t_p，$a_{p1}<a_{p2}<\cdots<a_{pn}$，则

（1）当 $t_p\leqslant a_{p1}$ 时

$$\mu_p=1+0i_1+0i_2+\cdots+0i_{n-2}+0j$$

（2）当 $a_{p1}\leqslant t_p\leqslant a_{p2}$ 时

$$\mu_p=\frac{|t_p-a_{p2}|}{|a_{p1}-a_{p2}|}+\frac{|t_p-a_{p1}|}{|a_{p1}-a_{p2}|}i_1+0i_2+\cdots+0i_{n-2}+0j$$

（3）当 $a_{ps}\leqslant t_p\leqslant a_{ps}(s=2,3,\cdots,n-2)$ 时

$$\mu_p=0+\cdots+\frac{|t_p-a_{p(s+1)}|}{|a_{ps}-a_{p(s+1)}|}i_{s-1}+\frac{|t_p-a_{ps}|}{|a_{ps}-a_{p(s+1)}|}i_s+\cdots+0i_{n-2}+0j$$

（4）当 $a_{p(n-1)}\leqslant t_p\leqslant a_{pn}$ 时

$$\mu_p=0+\cdots+0i_{n-3}+\frac{|t_p-a_{pn}|}{|a_{p(n-1)}-a_{pn}|}i_{n-2}+\frac{|t_p-a_{p(n-1)}|}{|a_{p(n-1)}-a_{pn}|}j$$

（5）当 $a_{pn}\leqslant t_p$ 时

$$\mu_p=0+0i_1+0i_2+\cdots+0i_{n-2}+1j$$

显然，在上述五种情形中 r_{pl} 都满足 $\sum_{l=1}^{n} r_{pl} = 1$

3. 确定总指标的 n 元联系数

类似地，可以定义总指标的综合评价 n 元联系数为

$$\mu = r_1 + r_2 i_1 + r_3 i_2 + \cdots + r_{n-1} i_{n-2} + r_n j$$

在上式中，$r_l = \sum_{p=1}^{m} w_p r_{pl}$，$(1 \leqslant p \leqslant m, 1 \leqslant l \leqslant n)$，$w_p$ 是评价指标 I_p 在指标体系中的权重，满足 $\sum_{p=1}^{m} w_p = 1$。

4. 综合评价

根据待评价对象综合评价 n 元联系数，可得评价对象属于各个等级的程度。由于评价等级有序，故可以采取置信度识别准则，对评价结果进行识别。

令 $k_0 = \min_k \left\{ \sum_{i=1}^{k} u_i \geqslant \lambda, 1 \leqslant \lambda \leqslant n \right\}$，通常 $\lambda=0.8$，可以得到评价对象的评价等级为 k_0。

三、应用举例

这里以文献[20]中的例子来说明如何利用集对分析理论来进行综合评价。某企业欲进行信息化项目建设，为确保项目的顺利实施，现应用本文的研究方法对其信息化基础能力进行评价，以了解企业对该信息化项目的承受能力。

1. 确定评价指标体系与指标权重

经过对有关专家的咨询，并利用层次分析法，得到了企业信息化基础能力评价指标及等级标准，如表 8-16 所示。

2. 确定各指标的 n 元联系数

根据相关公式，可以计算出各指标的 4 元联系数。这里四个一级指标的 4 元联系数分别为

$$\mu_1 = 0.0156 + 0.5884 i_1 + 0.096 i_2 + 0.3j$$

$$\mu_2 = 0.126 + 0.4652 i_1 + 0.2088 i_2 + 0.2j$$

$$\mu_3 = 0.2385 + 0.6115 i_1 + 0.15 i_2$$

$$\mu_4 = 0.385 + 0.544 i_1 + 0.075 i_2$$

3. 确定总指标的 n 元联系数

综合考虑各一级指标的重要性权重，可得整体指标下该企业的信息化基础能力的集对分析评价结果：

$$\mu = 0.199 + 0.548 i_1 + 0.137 i_2 + 0.116j$$

表 8-16　企业信息化基础能力评价指标及等级标准

	一级指标(权重)	二级指标(权重)	各等级标准分割点				测量值
			优	良	中	差	
企业信息化基础水平	区域内信息化环境(0.2)	区域政府对信息化建设的政策扶持(0.26)	85	75	65	50	75.06
		政府对信息化建设的资助(0.24)	85	75	65	50	75
		区域内网络基础设施(0.2)	85	75	65	50	70.2
		区域软件公司等服务机构的能力风险(0.3)	10	30	50	60	65
	企业住处化设施(0.28)	信息化资金占固定资产的比例(%)(0.2)	20	10	5	1	7
		百人电脑拥有量(台)(0.12)	30	20	10	5	15
		企业数据库的规模及能力(0.12)	85	75	65	50	77
		企业局域网建设水平(0.12)	85	75	65	50	80
		计算机联网率及网络性能(0.12)	85	75	65	50	78.5
		系统及软件平台稳定性(0.12)	85	75	65	50	72.6
		企业标准化管理缺失风险(0.2)	15	25	35	45	50
	信息化人才状况(0.27)	信息化人才占员工人数的比例(%)(0.3)	30	20	10	5	15
		信息化人员的维护、开发能力(0.2)	85	75	65	50	78.8
		信息化人才流失率(%)(0.25)	5	10	20	40	8
		受信息化培训的人员比例(%)(0.25)	60	40	30	10	45
	信息化软环境(0.25)	高层领导对信息化建设的支持(0.25)	85	75	65	50	90
		信息化建设战略定位的科学性(0.2)	85	75	65	50	80
		员工对信息化建设的理解、支持度(0.25)	85	75	65	50	75.5
		企业信息安全风险(0.15)	15	25	35	45	30
		企业数据的完整及规范性(0.15)	85	75	65	50	76.5

4. 综合评价

根据上式中评价对象属于四个等级的联系度，利用置信度识别准则，取 $\lambda=0.8$，可得该企业的信息化基础能力综合评级为“中”，这表明该企业的信息化基础能力一般，可以承受一般信息化项目建设，在引进高级信息系统时需慎重，同时要采取措施提高信息化基础能力。

第六节　基于可拓学的综合评价方法

可拓学是蔡文研究员首先提出的，是研究不相容问题的转化规律与解决方法，现已发展成为一门学科。可拓学以物元为基元建立模型来描述矛盾问题，以物元变换作为解决矛盾问题的手段，并在可拓集合中，通过建立关联函数对事物的量变和质变过程进行定量描述，即利用可拓域和临界元素对事物的量变和质变进行定量化的描述。物元和可拓集合两个概念为描述事物的属性及其转化，以及不具有某种性质的事物向具有某种性质的事物的转化过程提供了可能。

利用可拓学方法，可以建立事物多指标性能参数的物元决策模型，能够较好地解决和反映事物的质量综合水平，这种方法在人工智能、自动控制、管理决策、系统工程、生物工程等诸多领域大量应用。基于可拓学的综合评价的基本原理是：把待描述或评价的对象、各特征和对象关于特征的量值组成一个整体——物元来研究，用可拓集合的关联函数值——关联度的大小来描述各种特征参数与所研究对象的从属关系，从而把属于或不属于的定性描述扩展为定量描述。

一、可拓学相关概念

1. 物元

将物 N、特征名 c 和 N 关于 c 的量值 v 构成的有序三元组 $\boldsymbol{R}=(N,c,v)$ 作为描述物 N 的基本元，称为一维物元，N,c,v 三者称为物元 $\boldsymbol{R}$ 的三要素，其中 c 和 v 构成的二元组 $M=(c,v)$，表示物 N 的特征。将物元的全体记为 $R(R)$，物的全体记为 $R(N)$，特征的全体记为 $R(c)$。关于特征 c 的取值范围记为 $V(c)$，称为 c 的量域。

如果事物 N 有 n 个特征，记作 $c_1,c_2,\cdots,c_n$，相应量值记作 $v_1,v_2,\cdots,v_n$，则物元记为：

$$\boldsymbol{R}=\begin{bmatrix} N & c_1 & v_1 \\ & c_2 & v_2 \\ & \vdots & \vdots \\ & c_n & v_n \end{bmatrix}=\begin{bmatrix} R_1 \\ R_2 \\ \vdots \\ R_n \end{bmatrix}$$

2. 事元

物与物的相互作用称为事，事以事元来描述。将动词 d、动词的特征名 b 及相应的量值 u 构成的有序三元组作为描述事的基本元，称为一维事元，记作：

$$I=(\text{动词},\text{动词的特征名},\text{量值})=(d,b,u)$$

与物元类似，称(b,u)为事元的特征元。对动词而言，它的基本特征名有：支配对象、施动对象、接受对象、时间、地点、程度、方式、工具。动词 d，n 个特征 $b_1,b_2,\cdots,b_n$ 和 d 关于 $b_1,b_2,\cdots,b_n$ 取得的量值 $u_1,u_2,\cdots,u_n$ 构成的阵列 $\boldsymbol{I}$ 称为事元，其中 $\boldsymbol{I}$ 可以写为：

$$\boldsymbol{I}=\begin{bmatrix} d & b_1 & u_1 \\ & b_2 & u_2 \\ & \vdots & \vdots \\ & b_n & u_n \end{bmatrix}=(d,B,U)$$

3. 关系元

某一物、事与其他的物、事之间可能有不同的关系，这些关系之间又相互作用、相互影响。因此，对应的物元，事元也与其他的物元、事元应能描述这样的关系及其相互作用。关系元就是描述这类现象的形式化工具。

以关系词或关系符（亦称关系名）s、n 个特征 $a_1,a_2,\cdots,a_n$ 和相应的量值 $w_1,w_2,\cdots,w_n$ 构成的 n 维阵列 $\boldsymbol{Q}$ 用于描述 w 的关系，称为关系元，其中 $\boldsymbol{Q}$ 可以写为：

$$\boldsymbol{Q}=\begin{bmatrix} s & a_1 & w_1 \\ & a_2 & w_2 \\ & \vdots & \vdots \\ & a_n & w_n \end{bmatrix}=(s,A,W)$$

4. 关联度

设 x_0 为实数域中的任何一点，$X_0=\langle\alpha,\beta\rangle$ 为实数域上的任何一个区间，称 $\rho(x_0,X_0)$ 为点 x_0 与区间 $X_0=\langle\alpha,\beta\rangle$ 的距，其中 $\rho(x_0,X_0)$ 为：

$$\rho(x_0,X_0)=\left|x_0-\frac{\alpha+\beta}{2}\right|-\frac{\beta-\alpha}{2}$$

一般地，设 $X_0=\langle\alpha,\beta\rangle$，$X=\langle\alpha',\beta'\rangle$，且 $X_0\subset X$，则点 x 关于区间 X_0 和 X 组成的区间套的位置规定为：

$$D(x,X_0,X)=\begin{cases}\rho(x,X)-\rho(x,X_0),x\notin X_0\\ -1,x\in X_0\end{cases}$$

$D(x,X_0,X)$ 就描述了点 x_0 与 X_0 和 X 组成地区间套的位置关系。

可以定义关联函数为：

$$K(x)=\frac{\rho(x,X_0)}{D(x,X_0,X)}$$

式中 $\rho(x,X_0)$ 为点 x 与区间 $X_0=\langle\alpha,\beta\rangle$ 的距；$D(x,X_0,X)$ 表示 x 关于区间 X_0 和 X 组成的区间套位置关系；当 X_0 和 X 取相同的区间时，$K(x)$ 在 $(0,1)$ 间取值，这时的关联度表征着 x 与标准取值区间 X_0 的关联程度。

二、基于可拓学的综合评价步骤

1. 确定经典域、节域和待评物元矩阵

根据分析积累的数据资料，选择评价指标，并确定其相应的变化范围，确定待评事物的经典域和节域，并确定待评事物的物元矩阵。

设事物的名称为 N，关于特征 c 的量值为 v。如果事物 N 有 n 个特征，记作 $c_1, c_2, \cdots, c_n$，相应量值记作 $v_1, v_2, \cdots, v_n$，则物元记为：

$$\boldsymbol{R} = \begin{bmatrix} N & c_1 & v_1 \\ & c_2 & v_2 \\ & \vdots & \vdots \\ & c_n & v_n \end{bmatrix} = \begin{bmatrix} R_1 \\ R_2 \\ \vdots \\ R_n \end{bmatrix}$$

(1) 确定经典域

$$\boldsymbol{R}_j = (N_j, c_i, x_{ji}) = \begin{bmatrix} N_j & c_1 & x_{j1} \\ & c_2 & x_{j2} \\ & \vdots & \vdots \\ & c_n & x_{j_n} \end{bmatrix} = \begin{bmatrix} N_j & c_1 & < a_{j1}, b_{j1} > \\ & c_2 & < a_{j2}, b_{j2} > \\ & \vdots & \vdots \\ & c_n & < a_{jn}, b_{jn} > \end{bmatrix}$$

式中，N_j 表示所划分的 j 个等级效果 $(j=1,2,\cdots,m)$，c_i 表示效果等级 N_j 的特征 $(i=1,2,\cdots,n)$，x_{ji} 为 N_j 关于 c_i 所规定的量值范围，即各效果等级关于对应特征所取的数值范围——经典域。

(2) 确定节域

$$\boldsymbol{R}_p = (P, c_i, x_{pi}) = \begin{bmatrix} P & c_1 & x_{p1} \\ & c_2 & x_{p2} \\ & \vdots & \vdots \\ & c_n & x_j p \end{bmatrix} = \begin{bmatrix} P & c_1 & < a_{p1}, b_{p1} > \\ & c_2 & < a_{p2}, b_{p2} > \\ & \vdots & \vdots \\ & c_n & < a_{pn}, b_{pn} > \end{bmatrix}$$

式中，P 表示效果等级的全体，x_{pi} 为 P 关于 c_i 所规定的量值范围。

(3) 确定待评物元矩阵

对待评标的物，把所检测得到的数据或者分析的结果用物元 R_0 表示，成为标的物的待评物元。

$$\boldsymbol{R}_0 = (P_0, c_i, x_i) = \begin{bmatrix} P_0 & c_1 & x_1 \\ & c_2 & x_2 \\ & \vdots & \vdots \\ & c_n & x_n \end{bmatrix}$$

式中：P_0 表示标的物，x_i 为 P_0 关于 c_i 的量值，即待评标的物检测所得到的具体数值。

2. 计算关联度

(1) 确定待评标的物关于各等级的关联度函数。

第 i 个指标数值域属于第 j 个等级的关联度函数为：

$$K_j(x_i)=\begin{cases}\rho(x_i,x_{ji})/[\rho(x_i,x_{pi})-\rho(x_i,x_{ji})] & x_i\in x_{ji}\\ -\rho(x_i,x_{ji})/|x_{ji}| & x_i\notin x_{ji}\end{cases}$$

其中：

$$\rho(x_i,x_{ji})=\left|x_i-\frac{a_{ji}+b_{ji}}{2}\right|-\frac{1}{2}(b_{ji}-a_{ji})$$

$$\rho(x_i,x_{pi})=\left|x_i-\frac{a_{pi}+b_{pi}}{2}\right|-\frac{1}{2}(b_{pi}-a_{pi})$$

(2) 计算关联度

$$K_j(P_0)=\sum_{i=1}^{n}w_{ij}K_j(x_i)$$

称 $K_j(P_0)$ 为待评标的物 P_0 关于等级 j 的关联度，其中 w_{ij} 为其关联函数对应的权重。

3. 确定评价等级

$$K_j=\max K_j(P_0)\quad(j=1,2,\cdots,m)$$

则评价标的物的评价等级为 K_j。

三、应用举例

这里，以文献[23]中的例子作为可拓学在经济管理评价中的应用举例。在经济管理中，经常需要对工程项目管理的绩效进行评价。在评价之前，需要建立起工程项目管理绩效的评价指标体系，指标体系如表 8-17 所示，包括四个一级指标和 15 个二级指标。这里，利用德尔菲方法对各个指标进行了打分，进而确定了各指标的权重。

表 8-17 工程项目管理绩效评价指标体系

一级指标	权重 1	二级指标	权重 2
质量控制指标	0.2	质量预防成本 C_1	0.08
		质量鉴定成本 C_2	0.08
		内部故障成本 C_3	0.06
		外部故障成本 C_4	0.04
		外部质量保障成本 C_5	0.04
费用控制指标	0.3	费用绩效指数 C_6	0.10
		费用偏差 C_7	0.10
		累计费用 C_8	0.10

续表

一级指标	权重1	二级指标	权重2
进度控制指标	0.3	工作持续时间 C_9	0.04
		进度偏差 C_{10}	0.08
		累计综合进度偏差率 C_{11}	0.05
		拖期影响度 C_{12}	0.05
		累加工程进度额 C_{13}	0.05
		累加现金流量 C_{14}	0.03
安全控制指标	0.2	安全系数 C_{15}	0.20

1. 确定经典域与节域

这里把评价指标划分为Ⅰ～Ⅳ级，分别对应项目管理绩效的优劣等级：好、较好、一般和不好，其中各个等级的评价标准为：Ⅰ级为＜0.75,1＞，Ⅱ级为＜0.5,0.75＞，Ⅲ级为＜0.25,0.5＞，Ⅳ级为＜0,0.25＞。进而可以分别确定节域与四个经典域。

$$\boldsymbol{R}_p=(P,c_i,x_{pi})=\begin{bmatrix} \text{Ⅰ}-\text{Ⅳ} & C_1 & <0,1> \\ & C_2 & <0,1> \\ & \vdots & \vdots \\ & C_{15} & <0,1> \end{bmatrix}$$

$$\boldsymbol{R}_1=(I,c_i,x_{1i})=\begin{bmatrix} \text{Ⅰ} & C_1 & <0.75,1> \\ & C_2 & <0.75,1> \\ & \vdots & \vdots \\ & C_{15} & <0.75,1> \end{bmatrix}$$

$$\boldsymbol{R}_2=(\text{II},c_i,x_{2i})=\begin{bmatrix} \text{Ⅱ} & C_1 & <0.5,0.75> \\ & C_2 & <0.5,0.75> \\ & \vdots & \vdots \\ & C_{15} & <0.5,0.75> \end{bmatrix}$$

$$\boldsymbol{R}_3=(I,c_i,x_{3i})=\begin{bmatrix} \text{Ⅲ} & C_1 & <0.25,0.5> \\ & C_2 & <0.25,0.5> \\ & \vdots & \vdots \\ & C_{15} & <0.25,0.5> \end{bmatrix}$$

$$\boldsymbol{R}_4=(\text{II},c_i,x_{4i})=\begin{bmatrix} \text{Ⅳ} & C_1 & <0,0.25> \\ & C_2 & <0,0.25> \\ & \vdots & \vdots \\ & C_{15} & <0,0.25> \end{bmatrix}$$

2. 确定待评物元矩阵

对某一实际工程进行绩效评价，通过实地调研和分析，可以得到 15 个评价指标的归一化数据，其物元矩阵为：

$$\boldsymbol{R}_0=(P_0,c_i,x_i)=\begin{bmatrix} P_0 & C_1 & 0.74 \\ & C_2 & 0.71 \\ & C_3 & 0.63 \\ & C_4 & 0.84 \\ & C_5 & 0.85 \\ & C_6 & 0.76 \\ & C_7 & 0.81 \\ & C_8 & 0.69 \\ & C_9 & 0.64 \\ & C_{10} & 0.85 \\ & C_{11} & 0.83 \\ & C_{12} & 0.70 \\ & C_{13} & 0.68 \\ & C_{14} & 0.71 \\ & C_{15} & 0.82 \end{bmatrix}$$

3. 关联度计算

利用 $K_j(x_i)$ 及 $K_j(P_0)=\sum_{i=1}^{n} w_{ij}K_j(x_i)$，可计算出待评标的物 P_0 关于各等级的关联度，如表 8-18 所示。

表 8-18　各指标关联度

	$\boldsymbol{K}_1(\boldsymbol{x}_i)$	$\boldsymbol{K}_2(\boldsymbol{x}_i)$	$\boldsymbol{K}_3(\boldsymbol{x}_i)$	$\boldsymbol{K}_4(\boldsymbol{x}_i)$
质量预防成本 C_1	−0.0400	0.0400	−1.9200	−1.9600
质量鉴定成本 C_2	−0.1600	0.1600	−1.6800	−1.8400
内部故障成本 C_3	−0.4800	−0.4800	−1.0400	−1.5200
外部故障成本 C_4	1.2857	−0.3600	−2.7200	−2.3600
外部质量保障成本 C_5	−2.0000	−0.4000	−2.8000	−2.4000
费用绩效指数 C_6	0.0435	−0.0400	−2.0800	−2.0400
费用偏差 C_7	0.4615	−0.2400	−2.4800	−2.2400
累计费用 C_8	−0.2400	0.2400	−1.5200	−1.7600
工作持续时间 C_9	−0.4400	0.4400	−1.1200	−1.5600
进度偏差 C_{10}	−2.0000	−0.4000	−2.8000	−2.4000

续表

	$K_1(x_i)$	$K_2(x_i)$	$K_3(x_i)$	$K_4(x_i)$
累计综合进度偏差率 C_{11}	−0.8889	−0.3200	−2.6400	−2.3200
拖期影响度 C_{12}	−0.2000	0.2000	−1.6000	−1.8000
累加工程进度额 C_{13}	−0.2800	0.2800	−1.4400	−1.7200
累加现金流量 C_{14}	−0.1600	0.1600	−1.6800	−1.8400
安全系数 C_{15}	0.3984	−0.2800	−2.5600	−2.2800

4. 确定评价等级

根据 $K_j = \max K_j(P_0)$，可以计算出来 $K_j = 0.3984$，这表明该工程项目管理的绩效评价等级为Ⅱ级，即较好。

参考文献

[1] 王莲芬. 网络分析法(ANP)的理论与算法[J]. 系统工程理论与实践，2001，(3)：45-51

[2] 孙宏才，田平，王莲芬. 网络层次分析法与决策科学[M]. 北京：国防工业出版社，2011

[3] Saaty T L. Decision Making with Dependence and Feedback [M]. Pittsburgh: RWS Publications，1996

[4] 赵国杰，邢小强. ANP 法评价区域科技实力的理论与实战分析[J]. 系统工程理论与实践，2004，(5)：41-45

[5] 孙宏才，田平，徐关尧. 网络层次分析法在政府招标采购中的应用[A]. 决策科学理论与发展[C]. 北京：海洋出版社，2005

[6] 李远远，云俊. 基于粗糙集的综合评价方法研究[J]. 武汉理工大学学报(信息与管理工程版)，2009，31(6)：981-985

[7] 张喜成，汪江洪. 粗糙集综合评价法在公交服务水平评价中的应用[J]. 统计与决策，2006，(4)：46-48

[8] 阎瑞霞，刘金良，姚炳学. 基于粗糙集理论的教师综合评价[J]. 宜宾学院学报，2006，(12)：32-35

[9] 庞庆华. 基于粗糙集的企业信息化水平评价方法研究[J]. 中国制造业信息化，2006，(17)：34-37

[10] 廖柏林，张勇华，董威. 基于粗糙集理论的多指标综合评价方法[J]. 吉首大学学报：自然科学版，2008，29(3)：80-83

[11] 费良军，武锦华，游黎，赵禄山. 基于支持向量机模型的大型灌区运行状况综合评价研究[J]. 沈阳农业大学学报，2010，41(4)：492-495

[12] 夏国恩，金炜东，张葛祥. 基于支持向量回归机的综合评价方法研究[J]. 科技管理研究，2007，(1)：255-258

[13] 左文明，杨文富，黄秋萍. 基于支持向量机的制造企业创新能力评价模型[J]. 数学的实践与认识，2011，41(9)：70-75

[14] 张朝阳，赵涛，张建波. 基于支持向量机的企业产品创新能力评价[J]. 西安电子科技大学学报

(社会科学版),2007,17(5):50-54
[15] 周平红,杨宗凯,张屹. 基于结构方程模型的我国高等教育信息化[J]. 电化教育研究,2011,(11):5-10
[16] 黄宜,董毅明,王艳伟. 基于结构方程模型的企业业务流程外包绩效评价研究[J]. 科技与管理,2008,10(2):18-22
[17] 谷晓燕. 基于结构方程模型的岗位评价研究[J]. 中国管理科学,2009,17(2):146-151
[18] 赵克勤. 集对分析及其初步应用[M]. 杭州:浙江科学技术出版社,2000
[19] 任玉清,郑吉辉,董晖. 基于集对分析的渔船安全综合评价模型[J]. 中国航海,2012,35(2):60-64
[20] 张洪亮. 集对分析理论在企业信息化基础能力评价中的应用[J]. 科技管理研究,2009,(9):385-387
[21] 蔡文,杨春燕,何斌. 可拓学基础理论研究的新进展[J]. 中国工程科学,2003,5(2):80-87
[22] 李燕,冯玉强. 基于可拓学的岗位等级综合评价[J]. 哈尔滨工业大学学报,2006,38(7):1184-1187
[23] 王增民,吴冲. 可拓学在工程项目管理绩效评价中的应用[J]. 科技管理研究,2009,(10):106-108
[24] 陈广宇. 基于可拓学的技术创新项目评价应用研究[J]. 数学的实践与认识,2005,35(2):37-42
[25] 李志林. 可拓综合评价方法及其应用特色[J]. 广东工业大学学报,17(2):105-108

第九章　结束语——综合评价方法研究与应用进展

一、研究和应用回顾

综合评价方法是综合评价的核心问题。现代综合评价方法可以说已经形成了综合评价理论体系和方法体系。理论体系表现在综合评价已经流程化,包括评价目的的确定、指标体系的构建、指标权重的确定、指标数据的获取与处理、评价信息的综合以及评价结果的使用。方法体系表现在不同分类,从定性评价方法到定量评价方法,从统计学评价方法到运筹学评价方法,从单一方法到集成方法,从经典方法到智能化方法。但无论如何,综合评价是在单个评价的基础上发展起来的复杂、科学、合理的评价系统。它的重要理论基础之一是系统科学,系统思维和方法为综合评价方法的研究和发展奠定了坚实的基石并提供了有力的支持。所以,本书强调的现代综合评价方法实际上也可以说是系统综合评价方法。

本书介绍的综合评价方法对促进综合评价理论与实务的发展起到了巨大的推进作用,每一种方法都有其独特的历史背景,也有其一定的适用性。然而,目前国内外对综合评价方法的研究大都过分重视理论的创新和方法的改进,反而忽视和混淆了综合评价的真正目的。比如,没有分清个体评价与群体评价,静态评价与动态评价,结果评价与过程评价,事前、事中和事后,以及自评和他评等,过分强调数学模型,最终造成评价结果偏离或背离了评估目标。再加上大数据、人工智能等新兴信息技术的发展,对管理决策环境和综合评价环境产生了新的影响,所以需要我们对综合评价方法进行一些新的思考。

如果说 1982 年开展的工业综合经济效益评价代表了我国综合评价活动的开端,那么,自 1985 年开展的一系列有关区域科技能力和科技绩效等综合评价活动可以看作是综合评价活动范围的拓展。自此以后,有关社会发展状况的评价、各种类型企业实力的评价等在各个领域广泛展开。特别是进入 20 世纪 90 年代以来,国外研究机构的评价取向对我国的综合评价活动起到了推波助澜的作用。随着经济与环境、资源可持续发展概念的引入,可持续发展综合评价活动涉足于我国众多领域和宏观、中观和微观各个层面。随着我国社会主义现代化建设第二步和第三步战略目标的提出,小康评价体系和现代化指标体系被广泛应用于我国各地区现代化进程的综合评价中。特别是有关国际竞争力的评价体系和评价方法的引进，更是掀起各领域、各地区有关竞争力评价的热潮。

回顾我国综合评价活动近 20 年的实践，对于奖优促劣、辅助决策、调动积极性等方方面面都收到了显著成效。一些综合评价活动由于持续时间长、评价体系和评价方法科学严谨，已经成为有关部门日常工作的重要组成部分，其定期公布的评价结果总会引起政府部门、相关研究机构以及社会公众的强烈反响。但是，毋庸置疑的是，各种类型综合评价活动无论从理念上、方法上、资料的使用上，以及目标的把握上仍有一些需要完善之处。

二、问题总结与思考

认真总结我国各领域综合评价的实践，主要存在以下一些问题。

1. 评价指标体系不能很好地体现选题

选题是一项研究活动的开始，是研究对象与研究目的的相互结合的焦点。在综合评价中，选题需要通过指标体系来得到具体而清晰的体现，而后，评价活动围绕着指标体系而展开并最终得到结果。从这一意义上来讲，评价指标体系是综合评价活动成败的关键。但是，一些综合评价中，经常出现评价指标体系与选题，即研究对象和研究目的不协调或不十分协调的问题。一是往往不能突出选题的特点；二是为追求“全面”，罗列过多的指标导致不同选题的指标体系雷同，很难体现出本选题的个性；三是为避免资料取得的难度，而自创一些似是而非的指标；四是评价指标与评价目标的不一致，甚至相互矛盾。所以，首先要吃透选题，它是设计指标体系的关键。

指标体系选择是否合理恰当，反映了评价者对问题的认识程度。在现实评价活动中，由于对这一问题的认识不足，缺少相关的理论指导，评价者在做出评价时经常会设计一些不合理的指标，导致出现形式上及逻辑上的不合理。要注意指标体系的检验与优化。指标体系的检验关注的是指标之间的联系，应用存在重叠与相关的指标体系进行评价时，若处理方法不当，不仅会夸大某方面的作用，而且会造成评价的失真。指标的优化是在指标体系简化的基础上完成的。优化是为了进一步认识决定评价结果的主要因素，寻找主要成分，提高评价的效率。

2. 评价方法选用不当

综合评价活动中运用的评价方法可划分为两类：一类属于经验方法，另一类属于数学方法。经验方法的优点是计算简单、适用面广，且方法应用过程的解释较为直观。数学方法的优点是理论基础牢固，可排除人为因素的干扰，如能够正确应用可大大提高综合评价的客观公正性。但这两类方法又都有一些缺陷。数学方法较为突出的缺点在于其约束条件太多，而现实的评价对象往往又不能满足这些条件，只能在许多假定的基础上，或在进行一系列变通处理后应用。再有，数学方法的研究过程难以被非专业人员所理解，许多评价并没有给予解释或给予较为清楚的解释，结果往往是由于不好解释而一带而过，从而影响到评价结果的可信度。所以，在方法的选择上要多花点工夫，不要简单套用某种方法。

选择不同评价方法对同一评价对象进行评价时，评价结果可能是不同或不一致的，这种不同反映的是人们认识世界的方式不同，不代表某种方法的科学与不科学。只要经过严密科学推理，符合人们认识世界的规律，任何一种评价方法都应当被采纳。另外，人们普遍有这样的心理，认为越是新颖的、复杂的评价方法，就越能代表评价结论的科学性。其实不然，复杂的东西往往影响人们认识事物的直观性，影响人们的价值判断。一种方法的好与坏，不在于它的新奇，而在于它是否真正解决实际问题。所以要理性地对待新的事物，批判地接受新的方法。

3. 权重的确定缺乏科学的依据

多数综合评价都要涉及权重的确定，对此可以采用多种多样的方法。在目前的评价活动中，大多数采用德尔菲法与层次分析法相结合的方法，即初始权重的确定采用德尔菲法，之后通过层次分析法对初始权重进行处理和检验，以生成各层指标的权重。就这一方法而言，问题并非出在技术层面上，而往往出在专家的聘请及经费的投入上。采用德尔菲法的前提条件是，专家应该是对本领域具有深入透彻了解的人。况且，由于众所周知的原因，即使聘请的是对口的专家，专家认真赋权，研究者认真地按规程操作，得到的权重也不一定“好使”。可以在此基础上多开展深入的研究，比如运用灰色关联分析方法来确定权重。因此，对权重的确定，一定要引起足够的重视。

权重是评价理论要解决的重要问题之一，它不仅是评价模型构造时的重要因素，而且直接体现评价者的价值取向，是最能反映人的主观能动性的方面。前面已指出了依据权重的生成方法划分有主观权重和客观权重。主观权重由评价者直接给出指标的相对重要程度，权重的确定和评价者对事物的认知程度密切相关，与指标值之间不存在函数关系。客观权重通过分析指标值内部的数据特征，用函数关系表现它们之间的相对重要程度，权重的生成过程不受人为因素影响。需要注意的是，客观权重一般只反映数值特征，与人们认识中的指标重要性有一定的区别。

综合评价无论是指标体系的设计、评价标准的选择，还是权重的确定，以及指标的无量纲化处理方法等，从方法论的角度看，都已经相对成熟，而且技术难度不大。那么为什么在评价活动中会出现上述带有普遍性的问题呢？我们认为，虽有技术层面上的原因，但真正的症结往往出在非技术层面上。人在评价的过程中起到至关重要的作用。比如，基于专家咨询的综合评价，要通过一批领域专家对被评对象的评定来实现。所以，应选择一定数量具有较高水平的领域专家作为评定人，组织他们充分了解被评对象的各方面情况，讨论并统一评分标准，而后让每个评定人针对每个具体因素对每个被评对象独立评分，这就产生了评价的原始数据。总之，对评价对象、外部环境、评价的要求等综合要素有充分的认识，才能真正有效地进行评价工作。

三、研究与应用展望

需要注意的是，虽然多指标综合评价的结果用数字表示，但其评价结果并不具有数学意义上的精确性，而只能大体反映被评价对象的特点，其评价结果的准确与否并不是绝对的，而只有借助必要的定性分析，才能解释其结果的合理性。定性分析对于综合评价方法的运用是至关重要的。由于评价这种做法本身就带有人的主观色彩，不同的评价实施者可能会得到不同的评价结果。因此，要想使评价结果合理又可信，关键是要首先根据研究目的对评价对象进行正确的定性分析，即先把握住现象的质，才能对想象的量进行合理的分析说明。因此，虽然多指标综合评价方法是一种定量研究问题的方法，但与定性分析的结合是必不可少而且至关重要的，在实际应用中应该特别加以注意。另外，对评价结果的检验，目前还没有形成系统的理论，这一问题应引起重视，希望今后能有更多的理论工作者对这一问题展开深入的研究。

实践是检验真理的唯一标准。多指标综合评价方法应更多地在实践中得到检验。这就要求我们自觉运用多种综合评价方法对大量错综复杂的社会经济问题进行研究，从中找出多指标综合评价方法在实际应用中的优势与不足，并对该方法进行不断的改进和完善。而对指标综合评价方法在实践中的应用也有助于该方法的创新，并促进整个多指标综合评价方法的不断发展成熟，从而使该方法更好地应用于实践。比如，通过在实践中不断的应用，检验该评价指标体系和综合评价方法的合理性和实用性，并根据实际情况的变化不断对其进行修正和完善；将得到成功应用的评价指标体系及相应的评价方法进行总结备案，以备将来对同一问题继续进行研究。

综合评价是人类社会中经常且重要的一类认识活动。但是，评价领域内存在着“方法与应用严重脱节”的现象，许多方法很难为实践中的诸多评价问题提供科学的决策支持，其原因是缺乏一种将方法与应用相联系的媒介。在信息技术飞速发展的今天，实现综合评价工作的信息化迫在眉睫。最有效的途径就是开发通用的综合评价决策支持系统。目前，很多是单一的综合评价方法应用程序，专门针对综合评价用途的DSS成果并不多见。或者说，通用的大型综合评价软件十分缺乏，离实现商品化应用更是相距甚远。因此，有必要在软件的设计与开发上投入更多的精力，开发网络环境下的集成式智能化的综合评价决策支持系统。

最后，要正确理解和正确发挥综合评价的功能。综合评价功能可以概括为两点：其一是评优，即通过排序评判出先进和落后，为决策提供依据，这是综合评价的基本功能，也可以说是最直接的功能；其二是揭示问题，即通过总排序和各层的排序与基础指标之间的联系，对其存在的问题进行揭示，找出被评对象的优势和薄弱环节，从而为决策者提供有益的参考，这是综合评价较为深层次的功能。综合评价不是到排序就结束了，而是刚刚开始。只有真正发挥好揭示问题的功能，综合评价才具有现实意义。

参考文献

[1] 王宗军. 综合评价的方法、问题及其研究趋势. 管理科学学报,1998,1(1):73-79

[2] 陈衍泰等. 综合评价方法分类及研究进展. 管理科学学报,2004,7(2):69-79

[3] 刘树梅等. 综合评价活动的发展、问题、建议. 统计研究,2002,(12):50-53

[4] 蓝兆辉等. 系统综合评价的功能扩展及其实现. 福州大学学报(自然科学版),1996,24(6):42-45

附录　现代综合评价软件包（MCE）使用帮助文档

一、关于 MCE

1. 什么是 MCE

MCE(Modern Comprehensive Evaluation)是一个包括 AHP(层次分析法)，Fuzzy(模糊综合评价法)和 Gray(灰色综合评价法)三种综合评价方法的软件包，它已被广泛运用于现代综合评价的实践中。

2. 系统要求

MCE v1.0 适用于操作系统 Windows 2000/2003/XP 或以上版本，若需要以文本文件导出评价结果及报表，则还需要安装 Microsoft Office Word 2000 或以上版本。

安装 MCE v1.0 时需要至少 15MB 的空闲内存以及至少 5MB 的磁盘容量。

软件运行最少需要磁盘空间为 5MB，但随着案例库和结果报表库内容的扩充，对磁盘空间的要求也会随这些扩充文件的大小而增大。

3. 其他

(1) 版本：version 1.0

(2) 技术支持：吴炎，杜栋

(3) 在线帮助：http://blog.163.com/mcess@126

(4) 开发说明：MCE 软件包开发以清华大学出版社出版的杜栋教授等编著的《现代综合评价方法与案例精选》为蓝本。

二、软件总体界面及菜单

1. 界面

AHP、Fuzzy、Gray 三个程序模块均采用了多页切换式框架，流程式的人机对话界面使用户操作简便易懂。详细信息见后文。

2. 菜单和快捷键

【文件】菜单：和普通的 Windows 菜单类似，它列出了 MCE 文件标准的存取命令，如【新建】、【打开】、【保存】、【退出】等。

新 建：清空控件中所有数据，并置一空白模型待用户操作处理。

打 开：从本地磁盘中打开已存模型。

保 存：保存本次评价操作的模型。

退 出：退出该软件程序。

【选项】菜单

参数设置：设定评价过程中所需方法或参数。

【帮助】菜单：包含了【辅助工具】、【帮助】、【关于】。

辅助工具：辅助评价工作完成的一些简单工具，如“计算器”和“记事本”，它们都是操作系统自带的简单工具。

帮助：丰富的操作帮助。

关于：关于本软件的相关信息，如版权、主页等。

快捷键：通常是 Alt+菜单后小括号内的字符键。

三、MCE 软件详细使用指南

1．如何安装

按软件打包提示步骤安装。

2．AHP 程序块(见图 1)

(1) 模型建立

您可以通过“新建”来建立全新的层次指标体系，也可以从本地磁盘案例模型库中“打开”已有的模型，进行适当的修改得到您所需要的模型。下面给出了几个需要注意的操作。

▲ 将所选节点在同一父节点下的同层中往上移一个位置。

▼ 将所选节点在同一父节点下的同层中往下移一个位置。

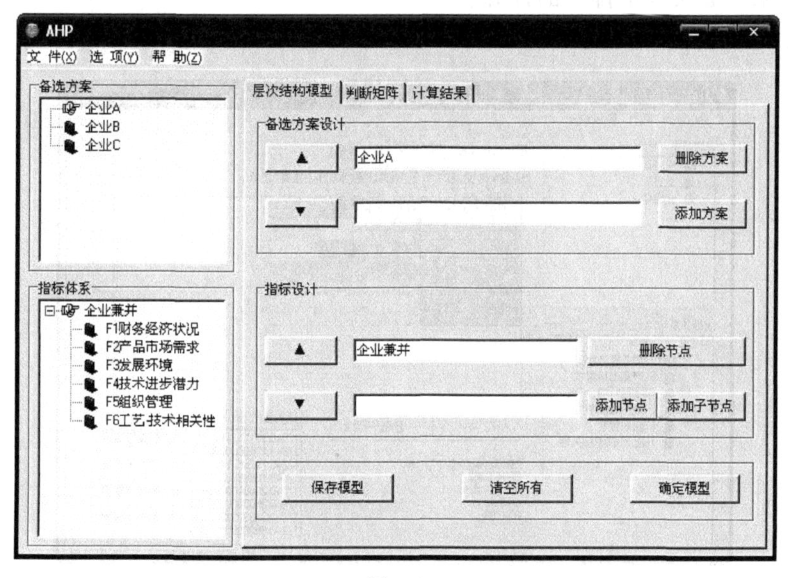

图 1

删除节点 删除的是该节点以及其下所有子节点。

添加节点 在已选节点的同一父节点下的同层添加一个节点。

添加子节点 在已选节点下添加一个节点(已选节点为父节点)。

注意：① 在建立好模型后应养成良好的习惯，最好保存模型信息。

② 备选方案设计、指标设计的第一个文本框中键入字符可以动态修改左边的被选节点。

③ 记得确定整个模型(变量初始化)。

(2) 参数设置(见图 2)

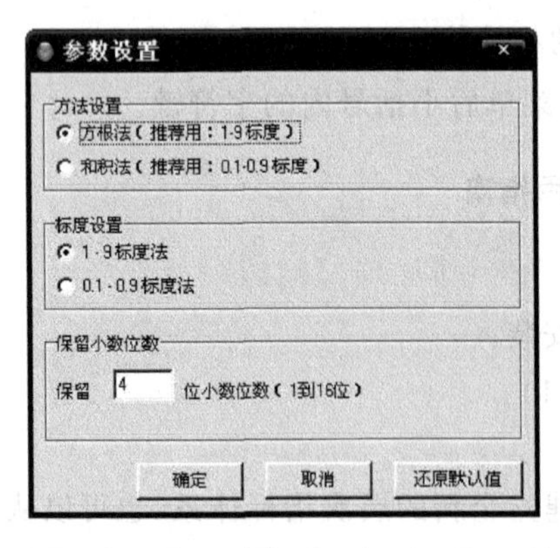

图 2

注意：考虑到 0.1～0.9 标度法的特殊性，在已选择了 0.1～0.9 标度的情况下，推荐使用和积法来完成层次单排序的计算。

(3) 层次单排序操作(见图 3)

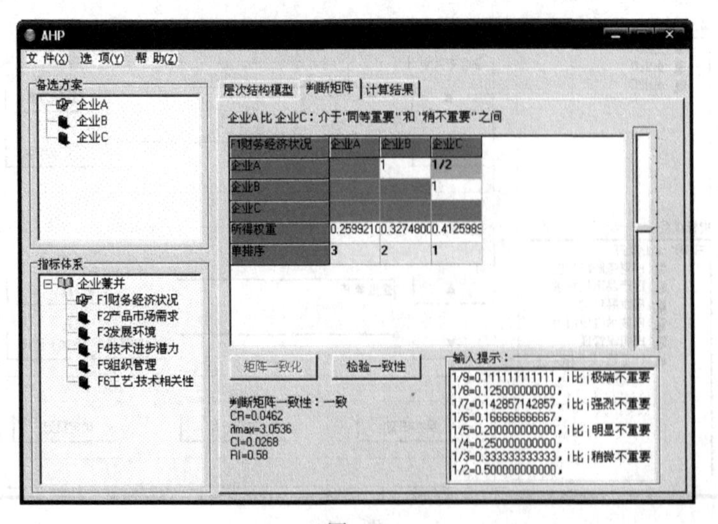

图 3

判断矩阵上三角阵的某一单元格被选中后的状态。可以拖动右边 Bar 的划栓得到所需要的重要程度值，也可以在选中某一单元格后，直接键盘操作输入值，支持分数和小数但一定要注意数据规范。

矩阵一致化 在选择 1～9 标度的情况下该按钮处于非可用状态，当选择 0.1～0.9 标度后，该步骤能够通过简易的判断矩阵变换，构造一个一致性的判断矩阵，免去了复杂麻烦的一致性检验。

检验一致性 计算判断矩阵的一致性，若矩阵一致则计算出权重，否则则提示用户调整相关数据。建议：经过矩阵一致化后仍再进行一次一致性检验。

（4）显示评价结果并导出数据（见图 4）

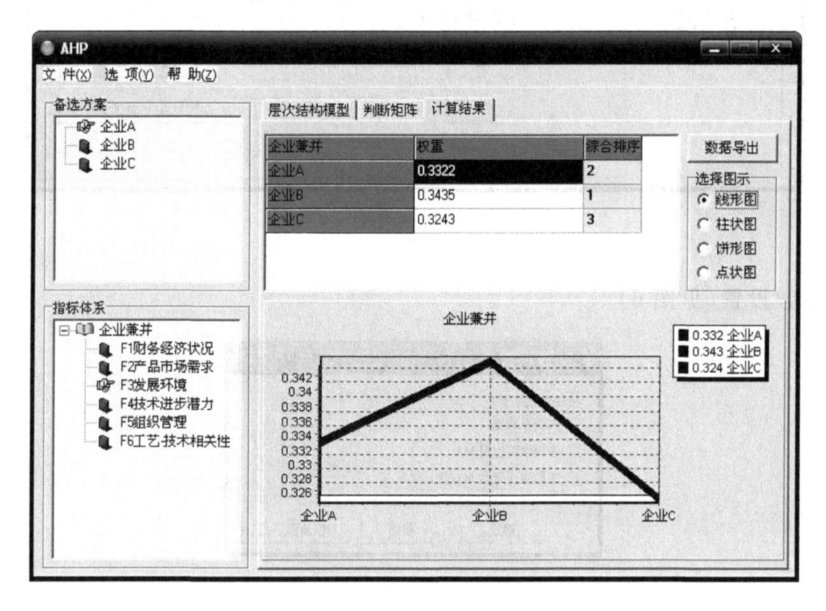

图 4

数据导出 将评价信息导出为文本文件（ 格式）

评价结果的图示方式。

3. Fuzzy 程序块

（1）模型建立

与 AHP 程序块类似（见图 5）。

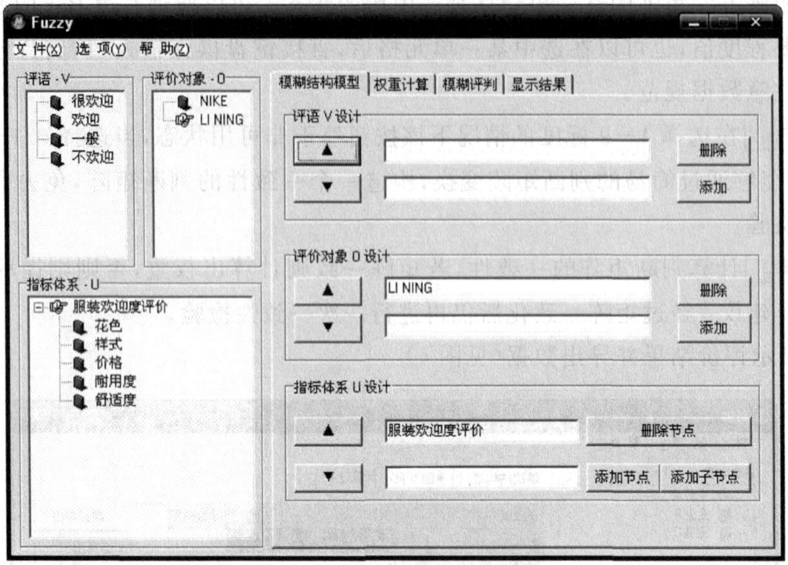

图 5

(2) 参数设置(见图 6)

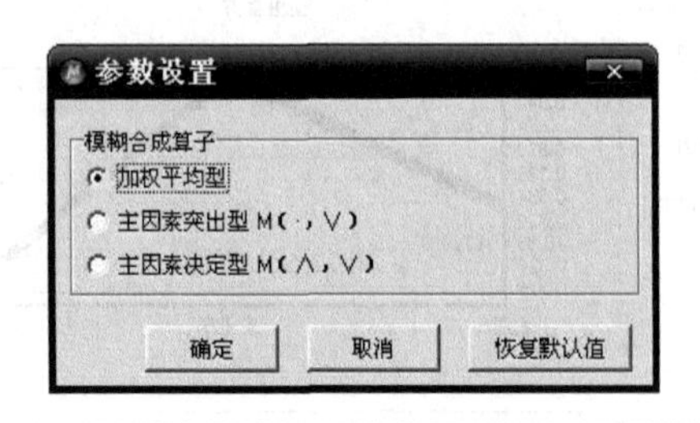

图 6

(3) 权重获取

与 Gray 程序块类似。

(4) 原始数据输入

模糊评价 将已输入的原始完备数据进行模糊综合评价。

结果归一化 将模糊综合评价的结果归一化,看各个评语的隶属度。

最终值 若对每个评语打分,则可以计算出该评价对象的最终分值,便于直观比较。如下界面中,很欢迎、欢迎、一般和不欢迎对应的打分分别为 10、8、6、4 分。在多评价对象中,评语的分值是固定的。因对各评语的隶属度不同,而得到不同的总分值。如图 7 中 NIKE 的最终得分为 7.29 分。

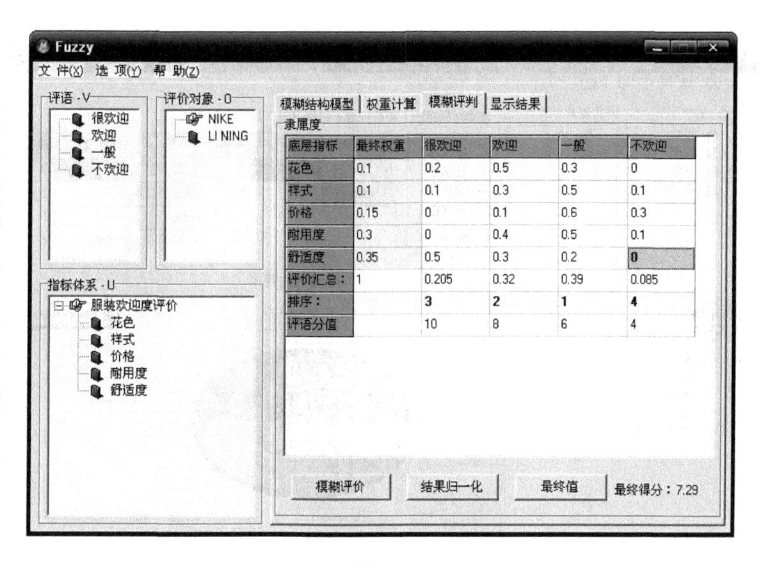

图 7

(5) 结果显示(见图 8)

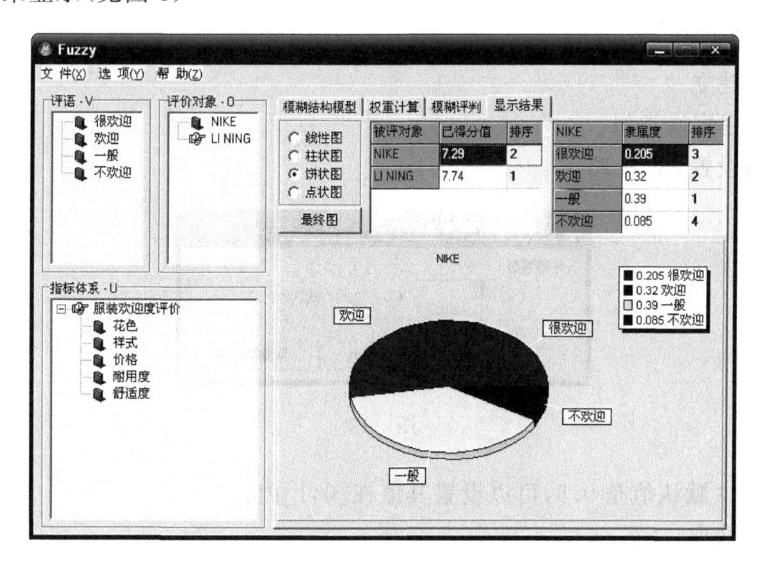

图 8

最终图 若只有一个评价对象则该项为非可控，若有多个被评价对象则在所有评价信息完备的情况下，该项为可操控 最终图 。如图 9 在评价完“NIKE”和“LI NING”后 最终图 被激活，点击后显示两个品牌的评价数据份额。

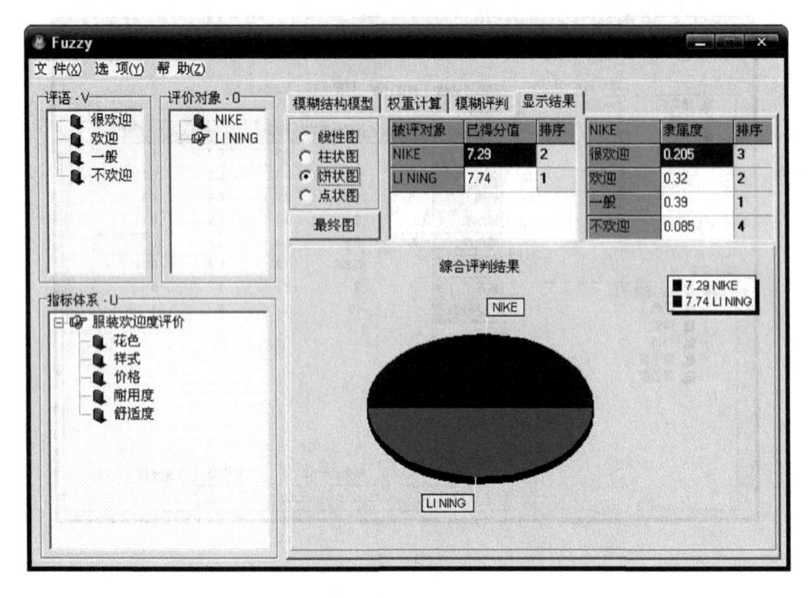

图　9

4. Gray 程序块

(1) 模型建立

与 AHP 程序块类似。

(2) 参数设置(见图 10)

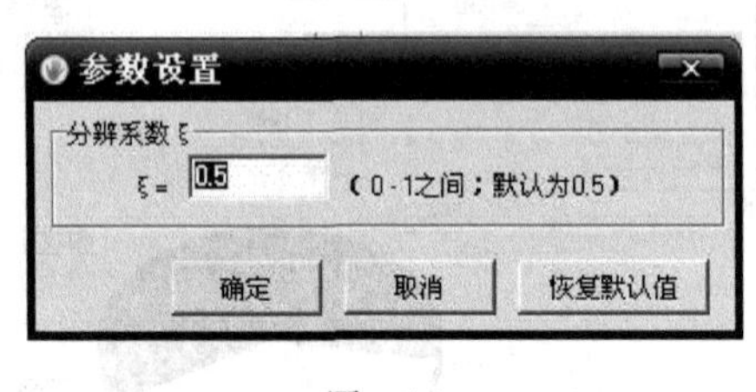

图　10

分辨系数 ξ 默认值是 0.5,可以设置其值在[0,1]内。

(3) 权重获取

Gray 程序块提供了“直接输入”和“AHP 赋权”两种获得权重的方法。当选择“直接输入”时,若>1,则需要进行归一化。“AHP 赋权”通过一致性检验后会将权重值导入到下面的表格中(见图 11)。

(4) 原始数据输入(见图 12)

其中的“图示趋近”是将刚输入的数据线性模拟,其效果如图 13:

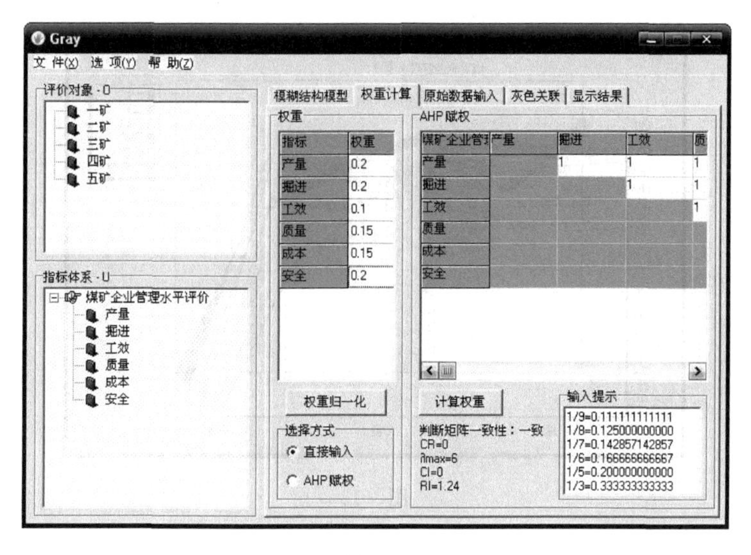

图 11

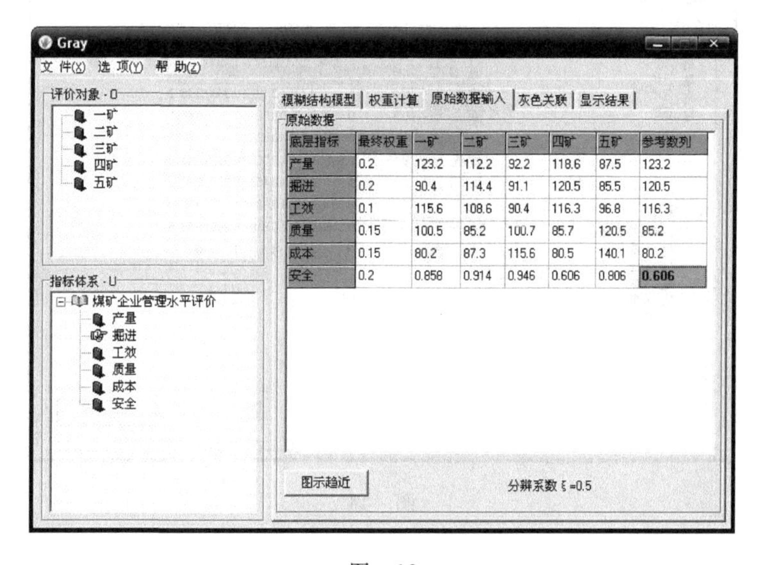

图 12

(5) 灰色综合评价(见图 14)

(6) 结果显示及报表导出(见图 15)

Gray 程序块提供了线性图、柱状图、饼状图和点状图四种视角去认真分析评价结果。3D、Legend 则是对图像的显示设置。在 3D 未选中的情况下,可以显示背景色 BackColor。

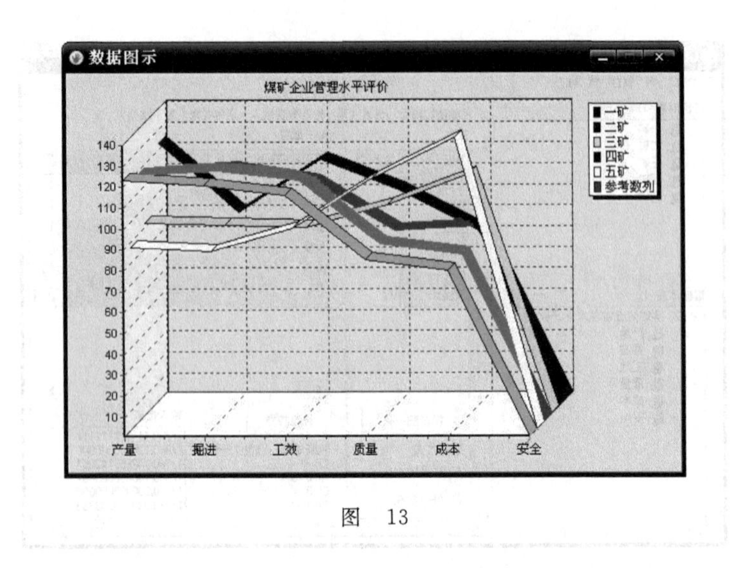

图 13

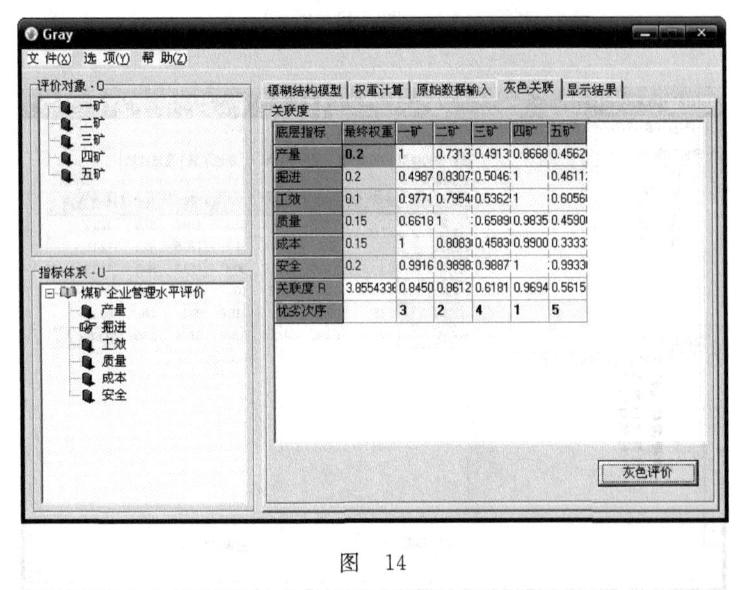

底层指标	最终权重	一矿	二矿	三矿	四矿	五矿
产量	0.2	1	0.7313	0.4913	0.8668	0.4562
掘进	0.2	0.4987	0.8307	0.5046	1	0.4611
工效	0.1	0.9771	0.7954	0.5362	1	0.6056
质量	0.15	0.6618	1	0.6589	0.9835	0.4590
成本	0.15	1	0.8083	0.4583	0.9900	0.3333
安全	0.2	0.9916	0.9898	0.9887	1	0.9933
关联度 R	3.8554336	0.8450	0.8612	0.6181	0.9694	0.5615
优劣次序		3	2	4	1	5

图 14

四、常见问题解答

(1) 为什么导入新评价问题模型后仍有其他非相关数据在控件中？

答：您在导入新的评价模型前应先点击“新建”或“清空所有”，这样保证所有控件和数据都被清除，然后再进行您的下一步操作。

(2) 节点下的子节点不全映射于父节点该如何处理？

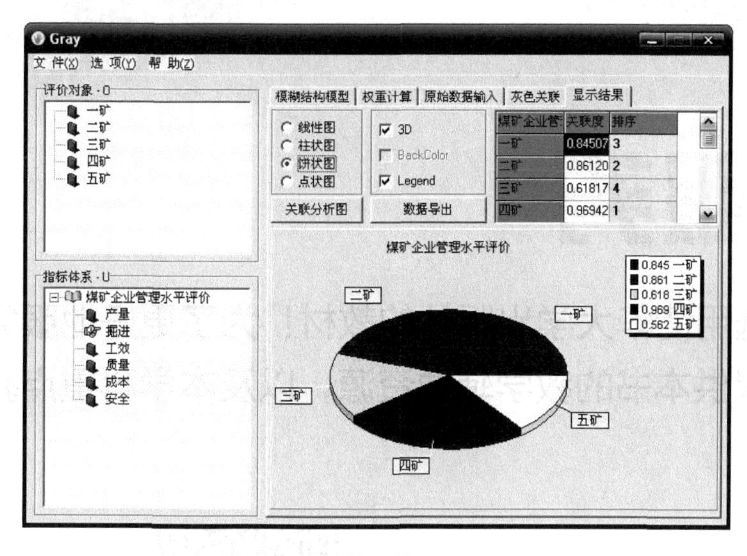

图 15

答：将判断矩阵对角线上的单元格内值设置为“0”即可。

(3) 除去方案层，是否支持层次节点交叉映射?

答：否。为了尽可能支持多层次的指标体系显示，除去方案层，MCE只接受一个节点只有一个父节点的情况，不接受交叉映射的“树”，若某一节点同时有两个或多个父节点的话容易造成逻辑混乱，不便于管理和评价。若出现该状况时，我们建议您先修改指标体系，符合规范后再进行评价。

(4) 模糊综合评价中有多个评价对象该怎么操作?

答：特别要注意多评价对象的情况，如Fuzzy程序块案例中进行评价时一定要先选中被评价对象然后再输入隶属度值，评价其他对象时，表格中残留的是上一个对象的隶属度值，所以只需稍作修改便能够快速进行评价。再次强调的是，要看清并先选中对象。

(5) 怎么知道所有评价对象是否都已被评价?

答：Fuzzy程序块案例中“结果显示”这个界面，显示了被评对象的最终分值，还未被评的对象分值为空，此时您再对未评对象进行评价则可以完备所有数据。

如果您有其他问题请您登录 http://blog.163.com/mcess@126 或发送 e-mail 到 mcess@126.com。

教师服务

感谢您选用清华大学出版社的教材！为了更好地服务教学，我们为授课教师提供本书的教学辅助资源，以及本学科重点教材信息。请您扫码获取。

教辅获取

本书教辅资源，授课教师扫码获取

样书赠送

管理科学与工程类重点教材，教师扫码获取样书

清华大学出版社

E-mail: tupfuwu@163.com
电话：010-83470332 / 83470142
地址：北京市海淀区双清路学研大厦 B 座 509

网址：https://www.tup.com.cn/
传真：8610-83470107
邮编：100084